叢書・ウニベルシタス　426

見えるものと見えざるもの

モーリス・メルロ＝ポンティ著（クロード・ルフォール編）
中島盛夫 監訳　伊藤泰雄／岩見徳夫／重野豊隆 訳

法政大学出版局

Maurice Merleau-Ponty
LE VISIBLE ET L'INVISIBLE
suivi de notes de travail

目次

付録

研究ノート

編者前書

モーリス・メルロ゠ポンティは、一九六一年五月三日、逝去した。彼の遺稿のなかから、とりわけ、その二年前に起草し始めていた著作の、第一部を含む手稿が発見された。これは、『見えるものと見えざるもの』（Le visible et l'invisible）という表題を掲げている。一九五九年の三月以前のものには、この表題の痕跡は、発見されていない。それ以前では、同じ企画に関わるノートには、次のような記載が見える。――『存在と意味』（Être et sens）あるいは『真なるものの系譜』（Généalogie du vrai）、また最後には『真理の起源』（L'origine de la vérité）

手稿

手稿は、みっちりと書き埋められ、夥しく修正された、大判一五〇頁を含んでいる。紙片は、表にも裏にも、書かれている。

第一頁には、一九五九年三月という日付がある。八三頁には、一九五九年六月一日の日付が見える。恐らく著者は、この同じ年の春と夏との間に、一一〇頁を認《したた》めたのであろう。次いで彼は、翌年の秋、第二章の初めとなるはずの最後の八頁（一〇三頁―一一〇頁）を別として、彼の草稿の手入れをおこなった。一九六〇年十一月という日付が一〇三頁の裏面、〈問いかけと直観〉（Interrogation et intuition）という表題の上に、記されている。

著作の構造

計画の呈示は稀にしかなく、それも互いに正確には一致していない。著者が筆を進めながら、その企画を手直ししていたことは、*確実である。しかしながら、著作は大規模なものとなるはずであり、われわれの手許にある原稿は、導入部の役を果たす、その第一部でしかないことが、推測されうる。

* 編者後書参照。

次に、われわれが発見することができた、いくつかの計画の概略を挙げておく――

（イ） 一九五九年三月、手稿の頭に――

第一部　存在と世界
　第一章　反省と問いかけ
　第二章　先客観的存在―独我論的世界
　第三章　先客観的存在―相互身体性（intercorporéité）
　第四章　先客観的存在―間世界（entremonde）
　第五章　古典的存在論と近代的存在論
第二部　自然
第三部　ロゴス

（ロ） 一九六〇年五月　ある覚書のなか、第一頁に――

存在と世界
　第一部——
垂直的世界　もしくは　問いかける　存在
無言の　　　　　　　　なまのままの
　　　　　　　　　　　野生の
第二部は、野生の存在と古典的存在論、となるだろう。

そして第二頁に——
第一章　現在の肉もしくは「……が現にある」（*il y a*）
第二章　時間の轍、個体発生の運動
第三章　身体、自然の光と言葉（verbe）
第四章　交差（chiasme）
第五章　間世界と「存在」
　　世界と存在

（八）　一九六〇年五月、ある覚書のなかに——
一、存在と世界
第一部　垂直的「世界」と野生の「存在」
第二部　野生の「存在」と古典的存在論——

自然
人間
神
結論　根本的思惟──野生の「存在」の差異化への移行。自然──ロゴス　歴史
開化された存在（être cultivé）
Erzeugung（生産）
二、ピュシスとロゴス

（ニ）一九六〇年十月、ある覚書のなかに──

一、存在と世界
第一部　反省と問いかけ
第二部　垂直的世界と野生の「存在」
第三部　野生の「存在」と古典的存在論

（ホ）一九六〇年十一月、ある覚書のなかに──

一、見えるものと自然
1　哲学的問いかけ
2　見えるもの
3　沈黙の世界

4　見えるものと存在論（野生の「存在」）

二、言葉（parole）と見えざるもの

（ヘ）　日付なし、しかし恐らく一九六〇年の十一月もしくは十二月、ある覚書のなかに――

一、見えるものと自然

哲学的問いかけ――

　問いかけと反省

　問いかけと弁証法

　問いかけと直観（ただいま執筆中のもの）

見えるもの

自然

古典的存在論と近代の存在論

二、見えざるものとロゴス

　以上の若干の指示は、著作がその内容及びその形態において、いかなるものになるはずであったかを想像させるに十分なものではない。読者は、われわれが原文に続けて公表した研究ノートを繙くだけでも、すでによりよくその姿を想い描くことができよう。しかし少なくとも、手稿そのものの配置をいっそう明瞭に察知するために、以上の指示を利用することは可能である。

　じじつテキストのなかに記された区分けに従うならば、〈第一部　存在と世界〉、〈第一章　反省と問いかけ〉を挙げるに止めねばならないだろう。これに反してあらゆる他の区分は、§という記号で無差別に示されているだけなのだから、同じ平面にならんでいることになるだろう。さて、覚書(ヘ)は、先行の覚書を追認し補完するものであり、〈問いかけと直観〉の章と同時に起草されているという利点をもつものである(著者は、ただ今執筆中のもの、と断わっている)が、これは、上述の区分をそのまま採用することが許されないという事情を明示している。第一部の表題〈存在と世界〉が放棄され〈見えるものと自然〉によって置き換えられているだけでなく、§によって示された諸断片が、それらのもつ意味に従って編成し直され、最後の二つが、先のものと同じ役割を果たすものではないことが、明瞭になる。

　われわれはそれゆえ、テキストを著者の最後の指示に従って、再編成することに決定した。まずは第一に、三つの章を区別し〈哲学的問いかけ〉という共通の表題のもとに整理した。第一章、〈反省と問いかけ〉は、三つの区分を含んでいるが、そのそれぞれは、知覚の信憑の、科学主義の、反省哲学の、批判を包蔵する。第二章、〈問いかけと弁証法〉は二つの部分に分かたれ、サルトル的思惟の分析と、弁証法と問いかけとの間の諸関係の解明とを、含む。第三章、〈問いかけと直観〉は、本質的に、現象学の批判を内容としている。

　覚書(ヘ)が言及していない〈編み合わせ《アントルラ》——交差《キアスム》〉と題された最後の断片の位置づけの問題が、残っていた。われわれは、これを〈哲学的問いかけ〉の最終章とすることも、予告された第二の部分〈見えるもの〉の第一章となすこともできたわけである。この選択は、基礎的な論拠によって正当化されうるものと、われわれは確信している。しかし、著者の強い勧告が見あたらない以上、これらの論拠も決して決定的なものとは思われないであろう。かかる事情のもとで、われわれの介入の余地の最も少ないような解決法に与《くみ》することを、つまり、この章を他の諸章の後にそのまま残しておくことを、われわれは選んだのである。

テキストの状態

『見えるものと見えざるもの』の手稿は、長きにわたって推敲されたものである。その模様は、数多くの抹殺や書き直しの存在が立証している。しかしながら、手稿がその決定的状態に到達したと考えることは、到底できなかろう。若干の蛇足的反復が、条件さえ許せば恐らく抹消されたであろうし、それに、もっと多くの手直しがおこなわれたであろうということも、ありえないことではない。特に、初めの部分の配置については、ある覚書が陳述の新しい整理の仕方の可能性を示唆しているのだから、疑いの余地がある。著者は次のように書いている「一一一三頁をすっかり編成し直すこと、すなわち、1 諸多の確信(物)(他人)(真理)、2 諸多の不確実性(ピュロン主義的諸困難、主題化の含む諸矛盾)、3 諸多の対立的主張を受け入れるわけにもゆかず、さりとて具体化された諸確信に甘んずるわけにもゆかぬ──→反省への移行」というふうに。

他方、著者が二度にわたって、しかも読者にこの反復について注意せずに、ポール・クローデルの同じテキストを使用(本書一六八頁と一九七頁参照)していることは、注目すべきことである。この二つの条りにおける引用文の役割は、重要な手直しが必要であったと思われるような類いのものである。

研究ノート

われわれは、『見えるものと見えざるもの』の本文に、その意味に光をあてると思われる若干の研究ノートを後続させることが、適当と考えた。著者には、たいていの場合文体に意を用いることなく、完全な文章に構成する努力さえせずに、幾多の着想を紙上に殴り書きする習慣があった。これらの覚書は、あるいは数行しかない短いものであったり、あるいは多くの頁に及ぶ長いものであったりするのだが、第一部に現われる、もしくは著作の後続部分に姿を現わすはずの、詳論の下準備をなしている。覚書は、一九五八年の末から始まり、規則正しく日付を付記され分類されていた。

それらの全部を公刊することは、可能でも、望ましいことでもなかった。こんなことをすれば覚書の嵩《かさ》が、本文を圧倒することになっただろうし、他方それらのうちの多数が、あまりの省略文であったり、探求の主題と直接の関係がなかったりで、この書物のなかに有益な形で収めることはできなかったのである。

選択が不可避であることが判明した以上、これにより若干の解釈の問題を提起されたことになり、われわれは誤りを犯すのではないかと心配になった。しかし、われわれは選択の冒険を放棄するよりはむしろ、敢えてその危険に挑んだのである。それというのも、著者が手をつけた主題の多様性、反省の質の高さ、思想の唐突ではあるがつねに厳密な表現によって、これらの覚書は読者に、哲学者の労苦を知らしめるに十分なものであると、われわれは確信したからである。

手稿と覚書の公刊に際して

手稿に関しては、われわれは、いっそう読み易くするという配慮から、句読点を修正するに止めた。それに引き替え、研究ノートにおいては原文の趣きは、これを、手を加えずにそのまま保存した。それというのも、表現に、そのもとの動きを残して置かねばならなかったからである。

研究ノートが必要とする照会を、われわれは可能な限りそのつど呈示し、もしくは著者のそれを補完した。

文章に意味を与えるために、語句を導入したり、復元したりせねばならない場合には、われわれはこの語句を、ブラケットで囲み、頁の下［訳書では各段落あるいは各覚書の末尾］に、その理由を示す注を付した。

判読し難い、もしくは疑わしい語句は、次のように原文の流れのなかで、指示した――

判読し難い語句――［?］

疑わしい語句――［真理?］

頁の下［訳書では各段落あるいは各覚書の末尾］の注は、著者の手になるものはアラビア数字で示し、編者の手になるものはアステリックで示した。われわれが印刷に付するように決定した原稿の欄外の注解は、本文のなかに文字通りに再現されない場合は、アステリックを付した注のなかに挿入した。いかなる混同をも避けるために、どんな注であろうと、著者の文はローマン体［訳書では普通字体］で、編者のはイタリック体［訳書では傍点付加］で印刷されている。

C・L・
［クロード・ルフォール］

［参照文献のうち、原著者によるものは、書名―イタリック体、著者名その他―ローマン体で、編者によるものは、書名―ローマン体、著者名その他―イタリック体、になっている――訳者］

見えるものと自然

哲学的問いかけ

反省と問いかけ

知覚の信憑とその暗み＊

われわれは諸事物そのものを見ている。世界とは、われわれの見るまさにこの世界である――この類いの定式は自然人にとっても、また、まぶたを開くやいなや哲学者にとっても、共通の信憑を表現しているのであって、われわれの生のなかに含蓄された無言のもろもろの「所信」（opinions）の深層を想い起こさせる。しかし、この信憑は、われわれがこれを主張《テーゼ》もしくは陳述《エノンセ》として明確に言い表わそうとし、われわれとは何か、見るとは何か、そして事物あるいは世界とは何かと自問する段になると、もろもろの難問と矛盾の迷路に迷い込むという、不思議な事情を伴っている。

＊　本章の表題に関する著者の覚書――信憑の概念を明確にすること。これは決断（定）の意味における信憑ではなく、いかなる措定にも先だつものという意味における信憑、動物的信憑そして［?·］。

アウグスティヌスが時間について述べたこと、つまり時間とは各人にとってまったく親しいものであるが、われわれのうち誰もこれを他の人びとに説明することはできない、という言葉は、世界についても繰り返されねばならない。［絶え間なく哲学者は］* 十分に基礎づけられた諸概念を再検討し定義し直し、新しい諸概念を創造し、これを示すために新しい用語を以てし、理解力の真の改革を企てることを余儀なくされて［いる］。そしてこの改革のあげくの果ては、諸真理のうちでも際だって明晰と思われる世界の明証性が外見上最も念入りに仕上げられたもろもろの思想に依拠することになり、この念入りに仕上げられた思想においては、もはや自然人はおのれを認知することができぬようになり、そしてこれらの思想は、哲学に対する積年の悪感情を、つまり哲学とは明晰なことと晦渋なこととの、それぞれの役割を逆転させるものだという、哲学に対していつも言い立てられてきた苦情を、甦らせる結果になる。彼［哲学者—訳者］がほかならぬ世界の素朴な明証性の名において自分は語っているのだと主張しても、また、自分はこの明証性に何ものも付け加えることを差し控えているとか、この明証性からあらゆる帰結を引き出しているだけだと申し立てても、これは彼の弁解にはならない。却ってまったく逆に、哲学者は、人類がおのれ自身を一個の謎と考えるように誘《いざな》うことによって、それ［人類］** をいっそう完全に収奪しているにすぎないのである。

* 絶え間なく哲学者は……いる。——後続の諸命題に意味を与えるために編者が導入した以上の言葉は、著者によって完全に抹殺された文章全体の最初の言葉であった。

** 人類を収奪する、と恐らく理解しなくてはなるまい。それというのも、これらの言葉は、著者によって抹殺されたが編者が下記のブラケットの間に復元した先行文章の最後の部分に属しているのだから。……哲学は明晰なことと晦渋なこととの、それぞれの役割を逆転させ、［そして僭越にも、疎外状態にある人類を最も完璧な疎外において生かしめると称している、それというのも哲学者は人類が自己自身を理解する以上にそれを理解すると主張するのだから］、哲学に対していつも言い立てられてきたこのような苦情を……。

事情はこのようであって、誰も手の下しようがないのだ。世界がまさしくわれわれが見る当のものであるということと、しかも、われわれが［改めて］それを見ることを学ばねばならぬということとは、二つながら同時に真実なのである。まず第一に、これは次のような意味においてなのだ、――すなわち、われわれは知（savoir）によってこの見るという働き（vision）に追い付き、これを所有し、われわれとは何か、ならびに見るとは何かを言い表わし、したがってあたかもわれわれがこれらの事柄について何ごとも知らず、改めてすべてを学ばなければならないかのように振る舞わねばならないということなのだ。しかしながら、哲学は辞書ではない。哲学は「語の意義」に関心をもっているのではない。それは、われわれの見る世界の、言葉のうえでの代替物を求めているのではない、つまり世界を言葉で述べられた事柄（chose dite）に変換するのではない。［また］論理学者が陳述（énoncé）のうちに、詩人が詞《パロル》のうちに、あるいは音楽家が音楽のうちに座を占めるような具合に、言葉（dit）や書きもの（écrit）の次元に身を置くのではない。哲学が表現へと誘いだそうと欲しているのは、物ごとそのものであり、それもその沈黙の底からしてである。哲学者が彼自身にあって現に作動しており、絶えず自己形成しつつあるところの、世界と世界への視覚《ヴィジオン》とに向って問いかけ、したがって、これらについて無知を装うとすれば、それは彼がこれらを信頼しそれらから彼の未来の学問の全体を期待しているがゆえに、まさしくそれらをして語らしめんがため、なのである。ここでは問いかけは否定の端緒、つまり「あること」（l'être存在）の代りに置かれた「あり-うること」（un peut-être 不確実なこと）ではない。問いかけとは、哲学にとっては、事実としてのわれわれの視覚《ヴィジオン》の働きと調子を合わせ、視覚にあってわれわれに思考を促すものに、つまり視覚の働きを構成するさまざまな逆説《パラドクス》に、応《こた》える唯一の仕方なのであり、事物と世界という――その中身の稠密《ちゅうみつ》な存在と真理とに互いに共存不可能な細かな諸事情がひしめきあっているところの――この形象化された謎に、順応する唯一の仕方なのである。

それというのも、要するに、次のような事情だからである――すなわち、私が今テーブルを眺めているのは確かであり、私の視覚の働きの末端がテーブルにあって、このテーブルが私のまなざしをその打ち克ちがたい密度によって固定し繋ぎ止めていることも、確実なことである、「それのみならず」私がテーブルの前に坐って、コンコルドの橋に想いを馳せている間でさえも、私は、私の想い《パンセ》のなかにいるのではなくて、コンコルドの橋に臨んでいるのであり、遂には、これらの眺めや眺めに準じたものすべての地平において、私はほかならぬ世界そのものに住んでおり、つまり自然的世界ならびに人間の加えたあらゆる手の跡を留める歴史的世界に住んでいるのだということも、確実なことである、しかも他方、以上のことが確実であるのと同様に、この確信に私が注意を向けるやいなや、まさに私のものたる視覚作用が問題となっているのだというひとことによって、この確信が異論の的となる、とこういう事情だからである。とはいえ、われわれが見ているものが、「虚偽」ではないかと検討を促すところの、夢、妄想あるいは錯覚を論拠とする昔からの論議を、今ここで想い浮かべているわけではない。この論議は、まさにこうしたやり方そのものにおいて、それが揺るがすかに見える世界へのかの信憑を使用しているのである。なぜなら、われわれが仮に幾度か、偽なるものを真なるものから区別したことがないとしたなら、虚偽なるものの何たるかさえ、知らないだろうからである。それゆえ、この論議は［却って］世界一般、真なるもの自体を要請しているのである。そしてわれわれの知覚の資格を奪うために、また夢とのあらゆる観察可能な差異を無視して、夢みている最中は夢も知覚に劣らず説得力をもったというだけの理由で、知覚と夢とをごたまぜにして、われわれの「内的生」のなかに投げ込むために、かかる主張がひそかに援用するのは、まさにこの要請なのである。——この場合、夢の「虚偽性」が明らかになるのもひたすら知覚と比較すればこそでしかないのだから、夢の「虚偽性」そのものは知覚に及ぼされえないこと、虚偽性について語ることが可能であるためには、われわれが真理についてのさまざまな経験をもっていなくてはならないことが、忘却されているのだ。この論議は、素朴な立場に対しては、つまりちょうど光が事物を、それが以前から存在していた夜の闇から引き出すように、知覚がいっさいの経験の彼方で諸事物を不意打ちしにゆくかのように考える知覚の観念に対しては、有効なのだが、この論議そのものは［事柄を明らかにする?］ものではない。［つまり］それ自体においてしかありはしないような、ある「存在」(un Être) に対面させることによってのみ、知覚と夢とを等しなみにすることができるのだから、この論拠自身あの同じ素朴な立場の刻印を帯びているのである。これに反して以上の論議がその有効な部分において明示しているように、かの［それ自体においてしかありはしないような、ある「存在」という—訳者］幽霊を完全に拒けるべきであるならば、その場合には、夢と知覚されたものとの間の本質的・記述的差異が存在論的な妥当性を獲得し、懐疑主義《ピュロニスム》に対して次のような仕方で、つまり、互いに符合しあう開かれた一連の探査を誘発する知覚もしくは真の視覚と、観察を許さず調べてみるとほとんど空所だらけでしかない夢との間には、構造上の差異、いわば肌理《きめ》の違いといったものが存することを示すことによって、十分太刀打ちできるのである。もちろん、以上のことだけで、世界へのわれわれの接近の問題に片がつくわけではない。いやむしろ、まさにここでこの問題が始まったばかりなのである。それというのも、われわれが実際は見てもいないようなものを見ているような幻覚をもつことが可能なのは、どうしてか、夢のぼろ切れが、夢見る人の前では、真実の世界の緊密に織られた織物として通用するのはいかなる次第によるのか、幻惑された人にあっては、観察しなかったことについての無意識が、観察したという意識に取って代わることができるが、これはどうしてなのか、といった事の次第を知ることが残っているからである。もしも、よくいわれているように、想像上のものの空虚さがどこまでも、その本来の状態にとどまり、決して知覚されたものの充実感に匹敵することはなく、したがってこれと同一の確信を生ぜしめることは決してなく、前者が後者として通用することはないとしても、［また］睡眠中の人間は、明晰なものと明確に表現されたものとの、いかなる目印、いかなる模範、いかなる基準をも喪失しており、したがって、彼のうちにほんのわずかな知覚世界の部分でも注ぎ込むなら、たちどころに魔法が解かれてしまうであろうということだとしても、われわれ自身それと知らないうちにおのれの目印を失うことが可能だとすれば、［逆に］目印をもっていると信じているときにも、実際にこれをもっていると確信することは決してできないという問題が残る。もしもわれわれがそれと知らずに知覚の世界から抜け出ることがありうるならば、われわれがそもそも知覚世界にいることを証明するものは何もなく、また観察されうるものがそもそも完全に観察されうるものであることも、それが夢とは別の織物からなるものだということも、証拠立てるものは何もないことになる。それらの間の差異は絶対的なものではなく、それらをひとまとめにして「われわれの諸経験」に数えあげることにも、理由がないわけではない。そして、われわれはまさに知覚そのものを超えた所に、知覚の存在論的機能の保証と意味とを探求しなくてはならない結果になる。われわれは反省的哲学の道であるこの道を、それがやがて開かれる暁には、示すことにしよう。[一] しかしかの問題［世界へのわれわれの接近の問題］が真に始まるのは、以上のような懐疑主義的《ピュロニアン》な諸論拠の彼方においてなのである。これらの論拠はもうそれだけでもって、われわれをすべての問題解明の道から逸《そ》れさせてしまうであろう。なぜなら、それらは、まったくの自体的「存在」という観念を漠然と前提し、そしてこれと対照的に知覚されたものと想像的なものとをごっちゃにして、ともにわれわれの「意識の諸状態」となすからである。懐疑主義《ピュロニスム》は根深くも、素朴な人間とさまざまな錯覚を共有している。闇夜のなかで、われとわが身を引き裂いているのはまさにこの素朴性なのである。懐疑主義は「存在」自体と「内的生」との間に、世界という問題を垣間見ようとさえしない。これに反して、われわれが進んでいこうとしているのはまさにこの問題に向ってである。われわれの関心を引くのは、世界の存在を「不確実」と見なすために、――あたかも、存在するとはどういうことかがすでに知られており、そしてあたかも問題のすべては、この概念〔存在という概念〕を適切に適用することに尽きるかのように――人びとが挙示しうるさまざまな理由ではない。われわれにとって重要なことは、まさしく世界の存在意味を知ることである。この際われわれはこれに関して何も前提すべきではない。それゆえ、存在自体という素朴な観念も、それと相関的な、表象の存在、意識にとっての存在、人間にとっての存在という観念も、前提してはならない。それというのも、われわれの世界経験に関して改めて考え直さねばならないのは、世界の存在と同時に、以上のすべての諸概念だからである。いかなる存在論的偏見にも捉われずに、そしてまさに世界‐存在、物‐存在、想像的存在ならびに意識的存在とは何かを知るためにこそ、懐疑論的《セプティック》諸論拠を定式化し直さねばならないのである。

したがって今や私が知覚において手にしているものは事物そのものであって、表象ではないのだから、私のまなざし、ならびに一般的に私の探査の先端に存するのは、事物であると、付言するにとどめよう。科学が他人の身体について教えることを何ひとつ前提せずに、私は私の前にあるテーブルが、私の両眼ならびに身体と次のような独特な関係を維持していることを、認めなくてはならない、――つまり私にテーブルが見えるのは、ただ単にそれが両眼の行動半径のなかに存する限りにおいてであること、その上方には私の前額部の陰暗な塊りが、そして下方にはいっそう不明確な私の頬の輪郭が存在し、いずれもぎりぎりの所でしか見えないが、あたかも世界についての私の眺《ヴィジオン》めが世界に属するある点からなされるかのようにテーブルをかくす能力をもっているという、こうした関係を認めなくてはならないのだ。そればかりではない。私の運動や眼の動きにつれて世界は振動するが、その有様は、ちょうど巨石墳《ドルメン》が一本の指で動かされながらもその土台の安定は少しも揺がないのと、さながらである。私の睫毛《まつげ》の搏《まばた》くたびごとに、私の視野をさえぎる幕が下ったり上ったりするのだが、その刹那、この眺めの欠落を事物そのものに帰属させることなど私は想いもしないのだ。眼前の空間を掃く両眼の運動のたびごとに、事物はその咄嗟に形の捻れを蒙るのだが、私はこれも同様に私のせいにする。そしてまた私が視線を家並の地平に据えながら街路を歩くときには、私を取り巻く近くの諸事物はアスファルトに踵が響きをたてるたびごとに震えおののき、ついでもとの場所に落ちつくのである。この間の事情を、「主観的な成分」とか「身体の出資分」がここにやって来て事物そのものを蔽い隠すのだなどと、仮に私が言い表わすならば、これは極めて不適切な表現といえよう。それというのも、事物と私との間に邪魔だてしにやってくるもう一つ別の層もしくは幕といったものが、問題となっているのではないからである。私の両眼が協働（synergie）して働く際に、二つの単眼視像が介入するのではないのと同様に、「現われ」（apparence）の揺動《ブージェ》は事物の明証性を砕くものではないからである。両眼による知覚は、止揚された二つの単眼による知覚から作られるのではない、それはまったく別の類いのものなのだ。［二つの］単眼視像は、両眼で知覚された物があるのと同じ意味においてあるのではない。前者は幻影《ファントム》であり、後者は現実のものである。かのものは物以前の物（pré-choses）であり、これは、まさに物（chose）である。つまり単眼視像は、われわれが正常な視覚に移行すれば消え失せ、白日のもとでのそれらの真実態に復帰するように、物のなかへと立ち戻るのだ。前者は、後者と太刀討ちするには、あまりに密度に欠けている。つまり前者は間近にせまった真実の視覚に対する単なる若干の距たりたるにすぎず、真の視覚たる［威信？・］をまったく欠いており、そしてまさにこの点において真の視覚の粗造り《エスキス》もしくは残滓にすぎないのであり、後者はこれらを吸収しつつ完成する、というわけである。単眼視像は［両眼］協働的な知覚と比せられうべきものではない。両者を対等に並置することは許されず、物か、移ろい易い物以前の物《プレーショーズ》か、のいずれかを選ばねばならないのである。われわれは、まなざすことによって、また世界へと目覚めることによって、この移行（二）を果たすことができるのであり、観客としてこれに立ち会うことはできない。さまざまな現われが、ひたすら真の知覚の不在のおかげでようやく所持していたある価値を俄かに奪われるのは、総合によるのではなく変容（métamorphose）によるのである。こうした次第で、知覚はその諸条件もしくは諸部分と思われているものを超出する一つの全体性の奇蹟にわれわれを立ち会わせる、つまりあたかもこれらの諸条件・諸部分がただ全体性の敷居の上にのみ存在していて、そのなかに姿を消すように予定されているかのように、これらを遠方からおのれの力のうちに捉えている全体性のこの奇蹟に、われわれを立ち会わせるのである。しかし知覚が実際におこなっているようにその諸条件・諸部分に取って代わるためには、知覚はその奥行のうちに、かの諸条件・諸部分のもつ身体的な関連のすべてを、保管しているのでなくてはならない。それというのも、私が真実の物に到達するのは、まなざすことによってであり、依然として私の眼でもってするのだからであり、先ほどまで私に［二つの］単眼視像を与えていたかの同じ両眼でもってするのだからである。ただし二つの眼はこのたびは一つにまとまって、いわば本気で働くのである。こういう次第で諸事物と私の身体との関係は、まったく独特のものである、――時として私が現われ（apparence 外見）のなかに留まるようにさせるのは身体だし、また時として私を事物そのものへと赴かせるのも、これもまた身体である。もろもろの現われのざわめきをたてさせるのも、あるいはこれを沈黙させ、私を充実した世界に投ずるのも、ともにまた身体なのである。あたかも、世界へと近づく私の能力と、諸多の幻覚《ファンタスム》のなかに立て籠る私の能力とが、互いに他なくしてはありえないかのように、いっさいが運ぶのだ。そればかりではない。あたかも世界への接近がまさに後退の他の側面にすぎず、世界の欄外へのこの後退が、世界へと参入する私の自然的な能力に隷属するものであり、そのもう一つの表現であるかのようである。世界とは私が知覚するまさにこの世界である。しかしその絶対的な近さは、また不思議なことに、これを吟味し言い表わすやいなや取り返しのつかぬ距たりともなる。「自然的」人間はこの連鎖の両端を捉え、自分の知覚が諸事物のなかに参入するとともに、同時に自分の身体の手前で起ると考える。しかし生活の行使(usage de la vie)（三）においては、この二つの確信は容易に共存するのと同様、それぞれ主張《テーゼ》や陳述《エノンセ》の形に要約されると、相互に破壊しあい、われわれを混乱のうちに見棄てるのである。

　仮に私が、私自身に対する私の眺め《ヴュー》のみならず、他人の彼自身に対する、ならびに私に対する眺めをも、顧慮するとしたら、以上の事情はどうなるであろうか。すでに知覚の上演者としての私の身体にしてからが、私の知覚と諸事物そのものとの合致という錯覚を炸裂させたのである。諸事物と私との間には、今後は隠れた諸力が、つまり、前述の、ありうべきもろもろの幻覚の肥大増進のすべてが存することになり、私の身体がわずかにまなざしの脆弱な作用においてのみ、これを抑え込むことができるといった次第なのである。確かに知覚する者がもっぱら私の身体である、というわけではない。それというのも私が承知していることといえば、私の身体が私の知覚を妨げることができ、身体の許可なしには私は知覚することができない、ということだけだからである。そして知覚が出現するやいなや、身体は知覚の前から姿を消し、知覚しつつある私の身体を知覚が捉えることは決してない*。たとえ私の左手が右手に触れ、しかも突然、触れつつある左手の作業を、私の右手で捉えようと欲したとしても、身体の自己自身に対するこの反省はいつでも土壇場で失敗する。なぜなら私が左手を右手で触知する刹那に、まさにその限りにおいて、私は左手で右手に触れるということを中止するからである。しかしこの土壇場での失敗は、触知する私自身を触知できるという、私が抱いていたかの予感から、すべての真理性を奪うものではない。それというのも私の身体が知覚するのではないにせよ、しかし身体はそれを通じて陽の目を見る知覚のまわりの、いわば枠組のようなものだからである。その内的な配備の全体によって、その感覚‐運動的諸回路によって、諸多の運動を規制し投げ返す反転の諸通路によって、身体は言うなれば自己知覚への備えをなしているのであり、これはたとえ私の身体が知覚するのが私の身体ではなく、あるいは私の身体を知覚するのも私の身体ではないとしても、然りなのである。身体の科学——これは他人との関係を予想している——に先だって、私の知覚の素地（gangue）としての私の肉（chair）の経験が、知覚はどこか任意の場所で生まれるのではなくて、一個の身体という隠れ処《が》のなかで姿を現わすということを、私に教えたのだ。「われわれと同様に」見るところの他の人びと、彼らが見つつあるのをわれわれが見る他の人びと、また、見つつあるわれわれを見る他の人びとを、持ち出してみてもただ以上のと同じ逆説の増幅が提供されるにすぎない。私の体験するがままの私の知覚が事物そのものに赴く、と述べることが、すでに困難だとすれば、他の人びとの知覚に、世界への接近を認めることは、まったく不可能である。そして一種の跳ね返りによって、私が彼らに拒否するこの接近を、彼らは同様に私にも拒絶することになる。なぜなら、他者たち（もしくは彼らから見た私）が問題となる際には、事物がもろもろの探査の運動と知覚的振舞いの渦巻きによって引っ捕えられ、内部に引き入れられると、ただ述べるに留まることは許されないからである。私の知覚ならびにそれが狙う事物が「私の頭脳のなかに」存すると述べることは、私にとっては恐らく何の意味もない（それらが「他所にはない」ことだけが確かなのだ）ことであろうが、私は、他人ならびに彼のもつ知覚を、彼の身体の背後に置くことを差し控えることはできない。もっと正確にいうと、他人によって知覚されるものは、二分されるのである。すなわち、——いずこにかは知らねども——彼が知覚するところの物がある、そして私が、まさに私が、彼の身体の外部に見るところの物、真実の物と私が称する物——ちょうど彼が見るテーブルを彼が真実の物と呼び、私の見るそれを諸多の現われへと帰属させるように——がある。真なる諸事物と知覚する諸身体とは、先ほど私の諸事物と私の身体との間に見出された両義的な関係には、このたびはもはやない。両者いずれも、近かろうと遠かろうと、ともかく世界のなかに併置されており、そして恐らく「私の頭脳のなか」には存在しない知覚は、世界に属する事物としての私の身体以外のどこにもないのである。今後は、知覚する者の内的確信に留まることは、不可能と思われる。つまり外部から見ると、知覚は事物の上を滑ってゆき、事物に触れるものではない。知覚のそれ自身への展望に権利を認めたいとしたら、せいぜい言えることは、われわれ各人が私的世界をもつということであろう。そしてこれらの私的世界は、それぞれの名義人（titulaire）にとってしか「世界」（mondes）ではないのであって、これらの世界は、世界そのもの（le monde）ではないのである。この単独の世界、すなわち唯一無二の世界とは κοινὸς κόσμος（共通の宇宙）ということになるであろう。そしてわれわれの知覚がそれに向って開いている当のものは、これではないのである。

＊ 欄外に——単眼視像としての ἴδιος κόσμος（私的世界）、それは間に置かれたもの、孤立したものではない。しかしそれは、無（rien）ではない。

しかし、知覚はいったい何に向って開いているのか。私の立場から見えるとおりに、他人のかの体験を、名付け記述するにはどうしたらよかろうか、「私の立場から見えるとおりにとはいっても」しかし私は他人の存在を信じているのだから他人の体験は無（rien）ではないし、——そのうえ、私に対する他人の眺めとして現われるのだから、まさに私自身に関わるものなのである。* ここに私の熟知している顔がある。つまりそのスタイルが私自身と同様に私にとって親しげなあの微笑、あの声の抑揚がある。恐らく、私の生活のたいていの瞬間にあっては、他人とは私にとっては、魅惑する力でもありうるところのこうした光景に還元される。しかし、声が調子を変えたり、対話の譜面のうちに突飛な内容が現われたり、あるいは逆に、私が先刻完全には口にすることなく心のなかで考えていただけのことに、あまりにもふさわしい応答が返ってきたりすると、――そして、かしこにおいてもまた、一瞬また一瞬と、生が生きられているという明証性の光が突如輝く段になると、いずこにか、これらの眼の背後に、これらの仕種の背後に、いやむしろそれらの前もしくはそれらの周囲に、何かわからぬ空間の二重の底からもう一つ別の私的世界が出現して、私の世界の織地を貫いて透けて見え、そして一瞬の間、私が生きるのはまさにこの別の世界においてであり、私は、もはや私に向ってなされたこの問いかけの応答者にすぎなくなるのである。もっとも、いささかでも注意し直して見るならば、私に侵入してくるこの他者なるものが、私を成り立たせる実質からしか作られていないことが納得される。つまり彼の色彩、彼の苦痛、彼の世界を、まさに彼のものとして理解するにしても、私の見る色彩、私の体験した苦痛、私の生きている世界に倣ってそうする以外に、いかなる理解の仕方を私はもっているのであろうか。［とはいえ］少なくとも、私の私的世界は私にのみ属するものではなくなったのであり、今や他者の弾ずる楽器であり、私の生に接木された一般化された生の次元なのである。

* 欄外に――補修――しかしながら、先刻単眼視の幻影が事物と張合うことができなかったように、今度も同様に私的な諸世界を「世界そのもの」(MONDE MÊME)に対する偏差(écart 隔たり)として記述することも、不可能ではなかろう。他人の体験を私はどのようにして思い描くのであろうか――私の体験の一種の二重化としてである。こ

の経験の不思議な点は——私が見るものを、そして他者が見るものと緊密な対応関係にあるものを、私が同時にあてにすることができ——真実のところすべてが、これを証拠だてている、つまりわれわれは、ほんとうに同じ事物ならびに事物そのものを見ているのだ、——そして同時に他人の体験に決して私は合体できないということである。われわれが互いに結び付くのは、世界においてである。「事物そのもの」という錯覚を復帰させようとするいっさいの試みは、実は私の帝国主義と「私の」（MIA）事物の価値への復帰の試みである。この試みは、したがって、独我論からわれわれを脱却させるものではない。却ってその新しい証明なのである。

c）帰結——真理もしくは「英知的世界」に関する自然的な観念の深い暗み。

科学はこの態度、つまり客観主義的存在論を延長しようとしているにすぎない。そして、この存在論はみずから自己の土台を掘り崩し、分析すれば崩壊するに至る。

しかしながら、私が他人と生をともにしていると信ずる瞬間においてすら、私が他人の生に加わるのは、その諸目的、その外面的な諸極においてでしかない。われわれが互いに交通するのは世界においてであり、われわれの生に属する分節化された要素によってである。私が他人の視覚に対する緑色の作用《インパクト》を垣間見ると思えるのは、私の眼前の芝生から出発してであり、他人の音楽的情緒に私が参入するのは、音楽によってであり、他人の私的世界へ近づく道を私に開いてくれるのは事物そのものである。ところで、物そのものとは、すでに明らかになったとおり、私にとっては、つねに、私の見る物なのである。他人を介入させたところで、私の知覚の内的逆説は解決されはしない。却って、私の最も秘められた生の他人への伝播という、この別の謎を付け加えることになる——この謎は［知覚の内的逆説と］別物であり、かつ同じ謎なのだ。それというのも、私が私自身から出ることができるのは、明らかに、世界によってでしかないからである。それゆえ、もろもろの「私的世界」が交通しあうということも、私的世界のそれぞれが一個の共通世界の変異体としておのれをその名義人に呈示するということも、なるほど真実である。交通《コミュニカシオン》は、ちょうど両眼の協働《シネルジー》がただ一つの物へと両眼を関わらせるように、われわれを唯一の世界の証人たらしめる。しかし、以上いずれの場合にも、この確信は、たとえどれほど抵抗しがたいものだとしても、依然として完全に闇に包まれている。われわれはこの確信を生きることはできる。だがそれを思惟することも、定式化することも、主張《テーゼ》として打ち建てることもできない。解き明かそうとするいかなる試みも、われわれをディレンマへと連れ戻すのだ。

　ところで、われわれにとって共通な感性的世界に関する、正当化しがたいこの確信は、われわれにあっては、真理の基礎なのである。幼児が思考する以前に知覚するということ、幼児はまず自分の夢を諸事物のなかに、自分の思想を他者たちのうちに置くことから始め、各人のパースペクティヴが未だ区別されないような共通の生のいわばひと塊りを、他者たちと形づくるといったこと、こうした発生的諸事実は、本質内在的分析（analyse intrinsèque）の諸要求の名において哲学が単純に知らぬ顔をして過ごせる事柄ではない。あらゆるわれわれの経験の手前に身を置き、経験がもはやその名に値しないような先経験的秩序のうちに立場をとるというのでなければ、思惟はおのれの明々白々たる歴史を無視することは許されず、自己自身の意味の発生の問題を、おのれに向って立てねばならない。感性的世界が思惟の宇宙よりも「いっそう年をへた」ものであるということは、本質内在的な意味と構造によることなのである。それというのも前者は可視的で比較的に連続的であり、後者は不可視で空隙があり、前者の基準的諸構造に依拠するという条件で、初めて、一見して一個の全体をなし、おのれの真理を所有する、という事情にあるからである。われわれの諸経験がそれらの最も固有の意味に従って相互に依存しあう仕方を再構成し、本質的な依存諸関係をいっそう明らかに露呈せんがためにこれらを思考上でばらばらにしてみるならば、われわれにとって思惟と呼ばれるものは、視野ならびに未来と過去の領野がわれわれに提供する、あの自己に対する距たり、あの最初の開披を必要とすることに気づく……。いずれにせよ、われわれのもろもろの自然的確信（certitudes naturelles）を一瞥することしか、ここでは問題ではないのだから、これらの確信が、精神と真理に関する点においても、感性的世界という第一の基層に基づいており、そして真理のうちにあるというわれわれの安心感（assurrance）が世界のうちにあるという安心感と一体をなしているということは、疑いえない。われわれは、われわれの実在性が思惟であることをデカルトを通じて学ぶ（もしくは自分自身で再発見する）ずっと以前から、語り、言葉《パロル》を理解している。われわれがそのうちに身を置いている言語活動《ランガージュ》は、われわれの国語《ラング》ならびにすべての言語《ラング》がその上に「依拠」（reposent）するところの知性的な諸原理を、言語学を通じて（これがそれらを知らせるものと仮定してのことだが）学ぶずっと以前から、道理にかなった仕方で言葉《ランガージュ》を操ることをわれわれに習得させているのである。真なるものについてのわれわれの経験は、それがわれわれの見る物の経験に直ちに還元されない場合には、他者たちとわれわれとの間に生ずるさまざまな緊張とその解決からさしあたり区別できない。事物や他人と同様に、真なるものは、情緒的な、ほとんど官能的（charnelle 肉的）な経験を通じて光を放ち、そしてかかる経験においては「諸観念《イデー》」——他人の諸観念ならびにわれわれのそれ——は、むしろ彼の相貌ならびにわれわれの相貌の特徴を示す表現であって、理解されるというよりむしろ、愛もしくは憎しみにおいて、迎え入れられるか、拒絶されるかするのである。確かに極めて早期からして、かかる野生の思惟のうちにも、非常に抽象的な諸動機や諸範疇が働いているのであって、これは幼児期のうちに成人の生が予示されているという異常な諸事実を見ても十分に明らかなことである。そして人の全体がすでにそこに存するとも言われうるのである。幼児は彼が口にしうることを遥かに越えて理解しており、彼が定義できそうなことを遥かに越えた返答をする。そしてこの事情は、なお成人の場合にも変りはない。ほんとうの対話というものは、私の与《あずか》り知らなかった、つまり私としては思いつくことのできなかった、もろもろの思想へと私を接近させ、そして私自身にとって未知な道、私の言葉《ディスクール》が相手（autrui 他者）によって投げ返されながら私のために伐り拓きつつあるような未知の道に、しばしば立ち入って［相手方に］後をつけられているような感じがする、といった式のものなのである。この際、一個の英知的世界（*monde intelligible*）が意見の交換を支えているなどと想定することは、一つの名辞をもって解決となすに等しいことであろう、――そしてそのうえ、これはわれわれが主張していることを、つまり真理と思想の宇宙がわれわれに対しておのれを構築するのは世界という構造からの借用によるということを、われわれに認めることでもあろう。われわれが真理について抱く意識を強く表現しようと思うときには、感性的世界がもろもろの感性的身体にとって共通であるように、諸精神もしくは人びとに共通であるような一個の τόπος νοητός（英知的場所）に訴えることにまさる方法はない。そしてこれは、ただ単に一個の類比《アナロジー》の問題ではない。われわれの身体ならびにわれわれの精神を包含するのは、同じ世界なのである。ただし次のような条件においてである――すなわち、世界という語によって、われわれの眼前に現われる、もしくは条件次第では現われうる諸事物の総和だけではなくて、また、それらの諸事物の共可能性の場所、これらの諸事物が遵守する不変の様式をも意味するという条件においてである。そしてこの場所、この様式は、われわれのさまざまなパースペクティヴを結びつけ、一方から他方への移行を可能ならしめ、――景観の細部を記述することが問題であろうと、見えざる真理についてわれわれの見解を一致させることが問題となろうと――同じ真なる対象を俯瞰しうる二人の目撃者であるという感じ、あるいは少なくとも、あたかも、厳密な意味での可視的世界においてわれわれの観察点を交換しうるように、この対象に対してもわれわれの立場を交換しうる二人の目撃者であるという感じをわれわれに抱かせる所以のものなのだ。ところで、ここでもまた、いや今まで以上に、世界に関する素朴な確信、英知的世界の予料は、主張《テーゼ》に変身しようと欲するやいなや、実践において強かった分だけ、弱くなるのである。可視的なものが問題となる場合は、多くの事実が以上の確信を支える。証言の相違を越えて、世界の統一と整合とを建て直すことは、しばしば容易である。これに反して、マドレーヌ寺院やパリ裁判所のようにわれわれの間で共有されていて、思考の対象というより遥かにわれわれの歴史的景観の記念物ともいうべき既設の所信（opinions *instituées*）の圏外に超出するやいなや、つまり真なるもの、すなわち見えざるものに近づくやいなや、むしろ人びとがそれぞれ自分の小島に住みつき、相互間の移行が存在しないかのように思われてき、たまたま何であれ何かについて互いに見解が一致し合うと、奇異に感ぜられるほどなのである。なんとなれば結局、各人が世に現われる初めにあたっては、生けるゼリー状の脆弱な塊りにすぎなかったのに、彼らが同じ個体発生の道を歩んできたということは、すでに大したことだからであり、全員が自分たちの侘《わび》住居の奥から、同じ社会的な機能方式と同じ言語活動によって捕えられるがままになったということは、また遥かにいっそう大したことだからである。しかし、言語をおのれの好みに合わせて使用し、誰も見たことのない事柄を言い表わすことが問題となる際に、彼らが互いに両立しあう諸命題に立ち至るということについては、「人類という」種の型も、社会の型もこれを保証してはいないのである。このいずれをも変質させる可能性のある多数きわまりない偶然性に思いを致すならば、真理の宇宙をもまた一個の世界と、つまり裂け目もなく共に可能的でないものを何ひとつ含まぬ一個の世界と、見なすという普遍化[四]（extrapolation 外挿法）以上に、ありそうにもないことはないのである。

科学は知覚の信憑を前提するものであって、これを説明するものではない。

以上のいくつかの解決しがたい二律背反は、直接的なもの、体験の、もしくは生活する人間の、混乱した世界に属するものであり、かかる世界は定義からして真理性を欠いたものであり、したがって唯一の厳密な組織である科学がやってきて、われわれを患わせているこれらの幻覚をその諸条件によって外部から説明してくれるようになるまでは、これらの二律背反を忘れていなくてはならないと、こうわれわれは言いたくなるかもしれない。真なるものとは、私に見える物ではないし、また同様に私の眼で見る他人でもないし、最後に感性的世界の、いや必要とあらば先ほどわれわれが描こうと試みた英知的世界を合わせた、全体的統一ですらない。真なるもの、それは客観的なもののこと、つまり測定に従って、もしくはより一般的には、ある類いの諸事実に関して私によって定義された諸変数あるいは諸実在（entités）が許容する手続き（opérations 演算）に従って、私が規定するのに成功したもののことである。このような諸規定は、われわれの、諸事物との触れ合いには、何も負うてはいない。かかる諸規定は近似法の努力を表明するものであるが、近似法の努力は体験内容に関しては何の意味ももつものではないであろう。それというのも、体験内容はあるがままに捉えらるべきもので、ほかの仕方で「それ自身において」考察されることはできないからである。こうした次第で科学は、発端からして、われわれと諸物との出会いから事物に到来するあらゆる述語を排除してしまったのである。この排除は、もっとも、暫定的なことにすぎない。というのは、科学は主観的なものとしていったん遠ざけたものを、包囲して捉えることを習得した暁には、再びこれを少しずつ導入するからである。ただし、科学にとって世界を定義するところの諸関係と諸対象との特殊な場合として、これを統合するはずである。こうなると、世界は自己自身に向っておのれを閉ざすことになり、われわれのうちにあって思考し、科学をおこなう者、つまりわれわれに宿るあの公平無私な観察者によるほかには、われわれ自身「大いなる客観」(Grand Objet)の諸部分、諸契機となってしまうであろう。

　われわれは、こうした錯覚の多様な変種に、幾度となく立ち帰らねばならないだろうから、今直ちに、これらを論ずるには及ばない。そしてただ、われわれの探求を出発点からして阻止しかねない原理的異議を退けるために必要なことだけを、ここでは言っておけばよいのだ。かいつまんでいうと、現実に存在する世界をおのれの手続き《オペラシオン》の限りなき一系列によって構築もしくは再構築する能力をもったΚοσμοθεωρός(宇宙観察者)なるものは、世界に対するわれわれの素朴な信憑の含む暗みを、霧散させるどころか、逆にその最も独断論的表現であり、この素朴な信憑を前提し、これを支えとしてのみ成り立つものであるということである。物理学がその客観化という課題を困難に出会うことなく追求してきたかの二世紀の間は、物理学は世界の分節構造に従っているだけであり、物理学的対象が科学に先だって、それ自体で存在しているものと、信ずることができた。しかし物理学の記述の厳密さそのものが、物理学をして、観察者と観察対象とのしかじかの諸関係、観察者のある状況に対してしか意味をもたないようなしかじかの諸規定を、究極の、まったき権利をもった物理学的存在として認知する(五)ことを余儀なくさせた今日では、Κοσμοθεωρόςとその相関者たる「大いなる客観」の存在論こそ、先‐科学的偏見を表わすものなのである。とはいえ、この偏見は極めて自然なものなので、物理学者は依然としておのれを純粋客観に直面する「絶対精神」だと考え、状況(situé 位置)づけられ受肉した物理学者と、観察されうるものの全体との、連帯性を表明する諸陳述そのものを、真理自体(vérités en soi)の仲間に算入し続けるのである。しかしながら、天文学的諸空間に向う一つの現実的パースペクティヴから、他のパースペクティヴへと移行することを可能ならしめる定式、そしてすべてのパースペクティヴに対して真実であるという理由で、現に語っている物理学者の事実上の状況（位置 situation）を超出しているこの定式（六）は、何がしかの絶対的認識に向ってこれを超出するわけではない、それというのも、この定式は、もろもろの観察に関係づけられ、それら自身つねに状況づけられているもろもろの認識の一個の生に挿入されて初めて、物理学的意味を獲得するものだからである。それは宇宙の一つの眺めではない。すべてそれぞれパースペクティヴたるところの、さまざまな眺めを相互に結びつけることを可能にする、方法的措置でしかないのである（七）。もしわれわれが、この定式に「絶対知」たる価値を与え、そこに例えば、空間・時間を汲み尽くす究極的意味を求めるというのであれば、その所以は科学の純然たる手続き《オペラシオン》がここで、これより遥かに古い、遥かに不明晰な、われわれの確信を――つまり「諸事物そのものに」接近するとか、あるいは世界に対して絶対的な俯瞰能力を所持しているといった確信を――おのれの利益のために改めて取り上げているからなのである。

　科学が、人間には自然のままでは与えられない諸領域――天文学的諸空間や原子物理学的諸存在――に近づいた際に、算式の取り扱いにおいて創造性を示せば示すほど、認識の理論に関しては、科学はそれだけ保守的な態度を示したのである。「存在」（l'Être）についての科学的観念を変化させずにはおかないはずの諸真理が、――表現上ならびに思考上の大変な諸困難を代価として――伝統的存在論の言葉に翻訳し直される、――あたかも科学が確立したもろもろの相対性から科学自身だけを除外し、おのれだけは場外に置く必要が存するかのように、そしてあたかも「存在」に対する盲目状態が、諸存在者（des êtres）の規定において成功するために科学が支払わねばならぬ対価であるかのように、である。例えばスケール（échelle）への顧慮（八）は、それが真剣に受け止められたなら、物理学に属するあらゆる真理を「主観的なもの」の側に移行させるはずのものではあるまい。仮にそうだとすれば、接近不可能なある「客観性」の理念に、今までどおり諸権利を保持させることになってしまうであろう。そうではなくて［真剣に受け取られたなら］スケールへの顧慮は、［主観性と客観性との］この分断の原理そのものに異議を申し立てるはずのものであり、「実在的なもの」（réel）の定義のなかに、観察者と観察対象との間の接触を、算入させるはずなのである。しかしながら、あるいは巨視的諸現象の緊密な構造と密度のなかに、あるいは逆に若干の原子物理学的領域の弛緩した空隙のある構造のなかに、決定論に有利な論拠、あるいは反対に「心的」もしくは「非因果的」実在性に有利な論拠を、探し求める多数の物理学者にわれわれは出会ったのである。以上の二者択一は、科学にとって科学自身を究極的に理解することが問題となるやいなや、どれほど深く科学が先‐科学に根付いており、存在意味（sens d'être）の問題にどれほど無頓着であるかを、十分に示している。十億分の一秒しか存続しない微粒子について物理学者が語るとき、彼らの最初の行動はいつでも、これらの微粒子が、直接観察される微粒子と同じ意味で存在し、ただ遥かに短時間存在するだけだと、考えることである。原子物理学的領野は、非常に小さい規模の巨視的一領野と考えられている。ここでは、地平的諸現象も、担い手のない諸特性も、集合的諸存在もしくは絶対的位置規定を欠いた諸存在も、権利の上では「主観的な現われ」にすぎず、何がしかの巨人のまなざしのもとでは、絶対的な物理的個体同士の相互作用［に還元されてしまうはずである］*。しかしながら、こうした考えは、スケールへの顧慮が最終的顧慮ではないということを要請するものであり、自体性の展望を放棄すべきことがわれわれに示唆されているまさにその瞬間に、この展望のもとで改めてかのスケールへの顧慮を考え直すことなのである。こうした次第で新物理学の「奇異な」諸概念は、逆説的な意見が常識を驚かすという意味においてしか、新物理学にとって奇異なことではなく、つまり、新物理学に深く教えるところがなく、その諸範疇《カテゴリー》に何の変化も加えるものではないのである。われわれは、ここで、新しい物理学的諸存在の諸特性が、新たな論理学もしくは新たな存在論を論証するものだなどと、ひそかに考えているのではない。もし数学的意味で「論証」（démonstration）という語が受け取られるなら、科学者たちだけがこれを提供しうるのであり、またこれを評価しうるのも彼らだけだということになる。若干の科学者が、かかる論証を先決問題要求の虚偽（pétition de principe）[九]として拒絶するならば[1]、この事実だけで、哲学者がこれを重視する権利もなければ、また責務もないとするに、十分である。哲学者にとって留意することが許されること――これは哲学者に思考の材料を与えることでもあるが――は、世界についてのデカルト的表象[2]を依然として保持している物理学者こそまさしくおのれの「偏好」を、ちょうどある音楽家あるいはある画家が、ある様式に対するおのれの好みについて語るのと同様な仕方で、尊重しているという事実である。この事実からして、われわれは次のように主張することが許される、つまりたとえ原子物理学の運命が今後どのようなものであろうとも、作業中の物理学的思考によっては、いかなる存在論も正確に言って要求されるものではないということ、とりわけ、客観に関する古典的存在論は、これを保持する学者にあってはこれが単に一つの偏好でしかないのだから、作業中の物理学的思考を援用することも、原理上の特権を請求することもできないということである。あるいは物理学ならびに科学なる語によって、算式による諸事実に対するある操作の仕方、その道具の所有者のみがその審判者たるある認識実践を意味するとする場合――そしてこの場合には、彼ら［道具の所有者］のみが、彼らの使う諸変数を彼らがいかなる意味に取るか、その意味の審判者でもあるのだが、しかし彼らはこの変数の想像に訴えるような解釈を与える責務も、いや権利さえももってはいないこととなる。また、現に何があるのか（*ce qu'il y a*）[10]という問題を彼らの名において解決する責務も権利も、そして世界とのあるいは起りうべき接触を拒絶する責務も権利もないことになる。もしくは逆に物理学が、何が［真に］あるのか（*ce qui est*）を語ろうと望んでいるとしようか、しかし、その場合は、今日では物理学が「存在」（l'Être）を「対象‐存在」（l'Être-objet客観‐たること）によって定義したり、体験をわれわれの「諸表象」の次元《オルドル》や「心理学的」な奇異《キュリオジテ》なる物ごとの区域に区画する根拠は、もはや存在しないのである。むしろ物理学は、測定と手続き（opérations 演算）からなる宇宙が、起源、場合によっては普遍的起源と見なされる生きられた世界（monde vécu）からして、おのれを構成するもろもろの歩みの分析を、正当なものとして認知せねばならないのだ。古典的客観化の相対的権利と諸限界とが認められるはずのこの分析を欠くならば、古典科学の哲学的装備をそのまま保持し、おのれ自身の成果を、絶対知の次元に投影するといったようなある種の物理学が、それの由来する源たる知覚の信憑と同様、いつまでも続く危機状態のうちに生きることになるであろう。他者知覚によって、また、われわれの知覚諸地平と他者たちの知覚諸地平との切り結び（recoupement 相互検証）によって、われわれが抱く同時的なものの経験を、アインシュタインが「心理学」として貶下するのは印象深いことではある（二）。彼にとっては、この経験が純粋な予料知もしくは原則知であって演算手続きや実際の測定なしになされるのだから、この経験に存在論的価値を認めることなど、問題とはならないのであろう。こういう考え方は、存在するものとは、それに向ってわれわれが扉を開いている当のものではなくて、ただ、それに向ってわれわれが操作することができる当のものであるということを、要請することにほかならない。そしてアインシュタインは、科学の手続き《オペラシオン》と「存在」との間の完全な合致についてのこの確信が、彼にあってはおのれの物理学に先立つものであることを、隠しはしない。彼は「野蛮なほど思弁的な」彼の科学と、これに対して彼が一個の自体的真理性を請求することとの間の対照《コントラスト》を、ユーモアを混じえさえして強調する。われわれは、物理学的理念化が、知覚の信憑をいかに超出し忘却するかを、今後明らかにしなくてはならないだろう。さしあたりは、物理学的理念化が知覚の信憑から発するという事実、ならびに、前者は後者の含む矛盾を解決しはしないし、その暗みを霧散させるものではなく、これをそれ自身において考察することを、われわれに免除するどころでは決してないことを確認すれば、十分であった。

＊「に還元されてしまうはずである」(Ramènerait à) は抹消されて retrouverait（が発見されるはずである）と加筆されている。編者はもとの表現を復元したが、これは訂正語が明らかに不完全だからである。

（1）例えば、Louis de Broglie, *Nouvelles perspectives sur la Microphysique* [Paris, Albin Michel, 1956.]

（2）Louis de Broglie 前掲書。

たとえ、「客観的」秩序の不確かな事どもを強調するかわりに、科学のイデオロギーにおいてその相手方であり、必須の補完物である「主観的」秩序に訴えたところで、われわれは同じ結論に到達するだろう、――そして恐らくこの結論は、この途による方が、いっそう受け入れ易いものとなろう。なぜというに、主観的秩序においては無秩序と不統一は明々白々だからであり、われわれの基礎的諸概念――精神活動（psychisme）の概念ならびに心理学の概念――がいわゆる古風な社会の等級分けと同様に神話的なものであるといっても、誇張したことにはならないからである。ある人びとは「内観」（introspection）を追放すれば、明晰性に復帰できると信じた。[三] そして実際、それを追放せねばならなかったのだ。それというのも、内部に向っての視覚作用など、どこにいつ、またいかにして、未だかつて存在したことがあっただろうか。自己の傍らなる生、自己への開披といったもの――だがこれはまったく別物であり、それなりの価値をもっている――は存在する、――しかしこれは、共通の世界とは別の世界に向って開くのではなく――必ずしも他者たちに対して扉を閉ざすことではない。内観の批判は、われわれのうちに含み込まれているがままの他人への接近の、かけがえのないこの仕方から、あまりにもしばしば注意をそむけさせる。そして「外部」に訴えることは、却ってそのことだけでは、内観のもたらす錯覚からわれわれを守ってくれることでは決してなく、むしろ心理学的「視覚」という、われわれの混乱した観念に、新しい衣装をまとわせることでしかない。つまりこれを内部から外部に移行させているにすぎないのだ。心理学者が「精神活動《プシシスム》」とか他の同類の諸概念によって何を理解しているのかを、明らかにすることは、有益なことであろう。それは、いわば若干の生ける身体の背後のどこかに見出されるある深い地層、見えざる一つの「物」といったもので、これに対して正しい観察視点を見出すことだけが問題なのだと、心理学者は想定しているのである。なるほど、私自身にあって「精神活動《プシシスム》」を認識することに気遣っているのは、「精神活動《プシシスム》」自身である。しかしこの点については、いわば絶えず誤って選ばれる職業に類するものが、「精神活動《プシシスム》」のうちに存することになる、それというのも、どうして一個の物が、自己を認識する、などということがあろうか。「精神活動《プシシスム》」はそれ自身にとって不透明であり、その外的な複製においてしか、自己と一つになることができないのだ。そして「精神活動《プシシスム》」は結局のところ、外的な複製がおのれに類似していることを確信するのだが、それはちょうど、解剖学者が、彼の切り開く器官のうちに、自分自身の眼の構造そのものを見ると確信するのと同様な仕方——つまり一個の「人類」が存在するのだから……——によるのである。仮に心理学的態度と、心理学者があたかも自明であるかのように使用している諸概念との、完全な解明が果たされたなら、心理学的態度のなかに、多数の前提なき結論や甚だ古めかしい構成的作業の存在が明らかとなるであろう。そしてこの古めかしい構成作業そのものは明るみに出されず、その諸成果は、どれほどこれらが混乱したものであるかという疑念さえ抱かれずに、そのまま受け入れられているのである。ここで働いているのは、つねに、諸事物と世界への知覚の信憑である。この信憑がわれわれに与えるところの、絶対的な上空飛行（survol 俯瞰）によって存在するものに到達できるという自信を、われわれは、事物に対するのと同様人間にも適用するのであって、その結果、われわれは人間における見えざるものをも、一個の物と考えるに至るのである。心理学者は心理学者で、絶対的な観察者の立場に自己を置く。外的対象の探求と同様、「心的なもの」の探求も、それが発見するさまざまな相対性の場《ば》外に自己自身を置き、精神活動《プシシスム》一般を、つまり私のそれ、もしくは他人のそれを、おのれの眼前に展開せしめるところの一個の絶対的主観をひそかに準備することによってしか、さしあたりは進歩しないのである。「主観的なもの」と「客観的なもの」との分断によって、物理学はその出発点においておのれの領域を定義し、心理学もこれと相関的にその領域を定義するのであるが、この分断は、両者が同様な基礎構造に従って理解されることを妨げるものではなく、却ってこれを要求するのである。つまり、これら「主観的なもの」と「客観的なもの」は結局、それらがそれら自体として何であるかを規定するところの純粋思惟によって、それらの本質内在的（intrinsèques）な諸特性において認識さるべき、二つの対象秩序なのである。しかし、物理学におけると同様、［心理学においても］また、知の発展そのものが、今までつねに前提されてきた絶対的な観察者を、再び問題化するような瞬間がやってくる。要するに、私が話題にしているこの物理学者、私が一個の準拠系（système de référence）を彼に帰す、当の物理学者、彼もまた語るところの物理学者なのである。ひっきょう、心理学者が話題にするところのこの精神活動《プシシスム》、これもまた心理学者の精神活動《プシシスム》なのである。この物理学者の物理学、あの心理学者の心理学、これらは今後、科学そのものにとっても、客観‐存在（l'être-objet）はもはや存在そのもの（l'être-même）ではありえないことを告げている。すなわち「客観的」と「主観的」とは、一つの全体的経験の内部で性急に構築された二つの秩序と見なされるのであって、全体的経験の文脈こそ完全な明晰さのもとで、復元されねばならぬものであろう。

われわれがその筋道を跡づけたばかりの、以上のような知的開披は、五十年来の心理学の歴史であり、とりわけ、形態心理学の歴史なのである。この心理学は、おのれのために、客観性の領域を構成しようと欲し、行動の諸形態《フォルム》のうちにこれを発見できると信じた。ほかの、より複雑でない諸構造が自然諸科学の対象をなしたように、これら［行動の諸形態］のうちに、一個の独自な科学の対象をなすことになると思われる独自の条件づけがあったのではなかろうか。物理学の領域と並ぶ判明な領域、行動もしくは精神活《プシシス》動《ム》なるものは、客観的に捉えられるならば、同じ方法によって原理的に理解可能であったし、同じ存在論的構造をもっていたのである。ここでも、かしこでも、対象は、それが一般的に遵守するところの、もろもろの関数関係によって定義されていた。確かに、心理学においては、対象への記述的（*descriptive*）（三）なアプローチの道があるにはあった。しかしこの道も、同様な関数的諸規定以外の場所には、原理的にいって導くことはできなかった。そして実際心理学者は、しかじかの知覚的実現がいかなる条件に依存しているか、［例えば］両義的形態のしかじかの知覚、空間もしくは色彩のしかじかの基準が、いかなる条件に依存しているかを、確定することができたのである。心理学は遂にその基礎を見出したと信じ、今後は、その科学としての地位をそれに保証するところの、さまざまな発見の蓄積を期して待つという次第であった。しかしながらゲシタルト心理学の登場後四十年たった今日、人びとは改めて、にっちもさっちもならない状態にあるという感想を抱くに至っているのである。確かに多くの点において、この学派の初期の仕事が匡《ただ》され、夥しい量の関数的規定が獲得されたし、今なお獲得されつつある。しかし、これに対する熱狂はもはやない。人間に関する一個の科学に近づきつつあるという感想は、今日ではどこにも見られない。それというのも、——学派の創立者たちがとうの昔に感づいていたことなのだが、——彼らが打ち建てた諸関係は、ただ実験室の人為的条件においてのみ支配力を発揮し、説明的たるにすぎないからである。これらの諸関係は、そこから出発して行動の全体的視点に一歩一歩移行することができるかのような、行動の基本的な層を表わすものではない。それらはむしろ統合のある初歩的な（一四）形態であり、単純な構造化の特権的な諸事例なのであって、これらに対して、「いっそう複雑な」諸構造化は、実は質的に異なるものなのである。これらの表明する関数関係は、それらの成立する水準においてしか意味をもたない。より上位の諸水準に対しては説明する力をもたず、遂には精神活動《プシシスム》の存在が、要素的なもろもろの「因果性」の交錯としてではなく、当の精神活動《プシシスム》において実現するところの「互いに」異質的で非連続的な諸構造化によって、定義さるべきものとなる。いっそう統合の度合の進んだ諸構造に関わるのにつれて、諸条件が条件づけられたものを説明するというより、むしろ条件づけられたものにとっての発動の機会であることに、人びとは気づく。かくして記述的なものと関数的なものとの平行関係の要請は、すでに否認されていたのである。例えば、人為的に実験装置によって単純化され狭められた一領野における光斑の見かけのしかじかの運動を、その諸条件によって説明することが容易なだけ、ちょうどそれだけ、ある瞬間におけるある生ける個人の具体的な知覚野の全体的規定は、さしずめ近づきがたいものというのではなくて、決定的に意味を剝奪されたものとして現われる。それというのも、互いに分離され、また分離可能な「諸条件」からなる「客観的」宇宙のなかでは名称さえもたぬ諸構造を、それは呈示するからである。地平線に向って遠ざかる一本の道を見つめるに際して、私は、ある距離におけるこの道の「見かけの幅」と呼ばれるもの――すなわち一眼で見つめ、眼前に私が提持する鉛筆上に転写することによって私が測定するところの道幅――を、これまた何らかの測定手続きによって規定された視野の他の諸要素と関係づけることができ、こうして私は、見かけの大きさの「恒常性」(constance)がしかじかの諸変項に依存することを、古典科学の対象を定義する関数的依存図式に従って、確定することができるのである。しかしながら、いっさいの孤立化的態度を棄てて、両眼で自由に眺めるときに私に与えられるがままの視野を考察するならば、これを諸条件によって説明することは、私には可能ではない。それというのも、これらの条件づけが、私の注意を免れ、もしくは私から隠されたままであるからではなくて、「条件づけられたもの」そのものが、客観的に記述されうるような秩序に属することをやめるからである。私に景観を与える自然のままのまなざしにとっては、遠方の道路は観念的にすら見積もることが可能であるようないかなる「幅」(largeur)ももってはいない。それは近くの道幅と同じ幅である。なぜなら同じ道なのだから。しかも同じ幅ではない。なぜなら、遠近法的な一種の縮みの存在は否定しえないことなのだから。遠方の道と近くの道との間には、同一性があると同時に、それにもかかわらず *μετάβασις εἰς ἄλλο γένος*（他種への推移）が、つまり見かけから現実への移行があり、そして両者は互いに通約不可能なのだ。また私はこの際、見かけを、私と実在的なものとの間に張られた被膜のようなものと理解すべきではない。遠近法的な縮小は変形ではないし、近くの道の方が「いっそう真実」というわけでもないのである。実は、近傍、遠方、地平線の三者が、記述しがたいそれらの対照《コントラスト》のうちにあってシステムを形成しており、知覚的真理とは、全体的視野におけるそれらの関係にほかならないのだ。関数的依存関係の「食い込む」余地のない知覚された存在の両義的秩序のなかに、われわれは入り込んでしまっているのである。学者たちが、視覚の心理学をかの存在論的枠組（五）のなかに維持しておけるのも、ただ人為的手続きによってでしかなく言葉のうえでのことにすぎない。奥行の「諸条件」――例えば「両眼の」網膜上の影像の間の不調和――は、ほんとうは条件ではないのである。なぜなら「両眼の」影像が互いに不調和なものとして規定されるのも、ひたすら、相似的両影像の融合のうちにおのれの釣合を求める知覚装置に対してでしかないからであり、したがって「条件づけられたもの」がここでは、条件を条件づけているからである。なるほど、ある知覚世界は、これらの条件が身体のうちに仮に与えられていないとしたら、しかじかの人間に現出しはしないだろう。しかし、それだからといって、知覚世界を説明するのがかかる諸条件であるわけではない。知覚世界は、その領野の諸法則や本質内在的組織化の諸法則に従って存するのであり、「互いにあい接する」因果関係の諸要求に従って、客体（*objet*）として存するのではない。「精神活動《プシシスム》」は客体ではない。だが、——心に銘記しておこう——ここで肝心なのは、「唯心論的《スピリチュアリスト》」伝統に従って、若干の実在性が科学的規定を「免れる」ことを示すことではない。それというのも、この類いの論証は、通常は依然としてまさにここで問題となっている存在論の言葉でもう一つの「実在性の秩序」として理解されている反‐科学の領域を、限定することにしか成功しないからである。われわれの目標は、客観的科学が整序する諸事実に、「この科学を逃れる」一群の事実——これを「精神活動《プシシスム》」と呼ぼうと「主観的諸事実」ないし「内的諸事実」と呼ぼうとかまわぬ——を対立させることではない、そうではなくて客観‐存在（être-objet）ならびにこれに対立して、またこれとの関連において理解された主観‐存在（être-sujet）のいずれも同様に二者択一を構成するものではなく、知覚世界は、以上の二律背反の手前もしくは彼方にあるということ、「客観的」心理学の挫折は、——「客観主義的」物理学の挫折とともに——「内的なもの」の「外的なもの」への、「心的なもの」の「物理的なもの」への勝利としてではなく、われわれの存在論の再検討、「主観」ならびに「客観」の概念の再吟味への訴えとして理解されねばならぬということを、明らかにする点にある。知覚を一個の客観と見なすことを妨げる同じ理由が、それを、いかなる意味においてであれ、一個の「主観」の作用（opération）と見なすことをも、また拒むのである。知覚がそれに向って開いている世界、もろもろの地平と遠方とからなる両義的な領野が、客観的世界の一領域ではないとすれば、それはまた同様に「意識の諸事実」もしくは「心的諸作用」の側に並べられることをも拒絶するのである。それというのも、心理学的もしくは超越論的内在性は、地平とは何か、あるいは遠方とは何かを、「客観的思惟」にもまして、より適切に説明することはできないからである。知覚が「内観」において自己自身に与えられるにせよ、あるいは知覚されるものの構成的意識であるにせよ、それは、いわば「このような」設定と原理からして、知覚自身についての知であり、自己自身の所有でなければならないことになろう、——知覚はもろもろの地平と遠方に向って窓を開くことはできないことになろう、——つまりまず最初に知覚にとってそこに存在するところの世界、そこからして初めて知覚が、景観のさまざまなパースペクティヴの帰趨目標たる匿名の名義人としておのれを知るようになる、当の世界へと、窓を開くことはできないこととなろう。主観の理念も客観の理念と等しく、われわれが知覚の信憑において所有している、世界ならびにわれわれ自身との関係を、認識の十全性に変えてしまう。主観・客観の両理念は以上の関係に光をあてるものではない。両者は暗黙のうちにこの関係を利用し、そこからいくつかの帰結を引き出すのだ。そして知の発展につれて、これらの帰結が矛盾するものであることが明らかとされるのだから、以上の関係を解明するために、この関係そのものに立ち戻ることが是非とも必要なのである。

　われわれは、心理学のさまざまな危機が原理的なもろもろの理由によるのであって、ある特定領域における研究のいくつかの遅れによるのではないことを、いっそう明らかにするために、知覚一般の心理学に問いかけた。しかしひとたびこの事実をその一般性において見たうえでは、同じ原理的な困難が、特殊な諸研究のなかにも再発見されてくるのである。

　例えば、どういう方法をとったら社会心理学が客観主義的存在論の体制において可能となるのか、わからない。ほんとうに学者たちが知覚は外的な諸変項の関数であると考えているとするなら、この図式は、わずかに、身体的・物理的条件づけに対してしか（それも甚だ近似的に）適用されうるにすぎない。そして心理学は、人間をただ単に物理‐化学的作用を受ける神経末端の集合としてしか考察しないという、かの途方もない抽象を余儀なくされる。「他の人びと」や、ある社会的ならびに歴史的な布置といったものが、刺激として介入しうるのは、次のような諸多の全体《アンサンブル》の効力をも、また認めるという場合に限られる。すなわちそれ自体は物理的存在を所有せず、人間に対してそれらの直接に感覚的な諸特性に従って作用するのではなく、それらの社会的全体形態（configuration）によって、社会的空間・時間のうちで、社会的コードに従って、結局原因としてよりもむしろ象徴として、働きかけてくるといった、そうした諸全体《アンサンブル》の効力をもまた認める場合に限られるのだ。社会心理学を実行するというただひとことによって、われわれは客観主義的存在論の埒外に立つのであり、「それでもなお」この存在論に留まりうるとすれば、われわれがおのれに与える「対象」に、研究を巻き添えにするようなある足枷を強いることによってでしかないのである。客観主義的イデオロギーは、この場合は知の発展にとって直接有害である。西欧の客観知に従って教養を受けた人間にとっては、例えば魔術や神話が、本質内在的な真理性をもつものではないということ、そして魔術的な効果や神話的・儀式的生活は「客観的」諸原因によって説明されるべきであり、残余は「主観性」の錯覚に帰せらるべきものだということは、自明のことなのである。しかしながら、社会心理学がもしほんとうに、われわれの社会をあるがままに見ようと欲するならば、それ自身西欧心理学の一部をなす以上のような要請から出発することは、許されない。この要請を採用したら、われわれは結論を先取りすることになってしまう。いわゆる古風な社会に直面する民族学者が、例えば、そこでも時間がわれわれにおけると同じような仕方で、つまりもはやなき過去、未だなき将来、ただ一つ完全に存在する現在という諸次元に従って生きられていると予断することは許されず、ある「太初の」出来事がずうっと引き続いて有効性を保持しているような時間を、記述すべきであるのと同様に、――社会心理学も、真にわれわれの社会を認識したいと思うなら、われわれの個人的ならびに公的歴史の成分としての神話的時間の仮説を、アプリオリに排除することは許されない。確かにわれわれは、魔術的なものを主観性のなかに抑えこんだ。しかし、人間同士の関係が不可避的に魔術的で夢幻的な構成要素を含んでいないと、保証するものは何もない。ここでは、「対象」がまさしく人間の社会なのだから、「客観主義的」思惟の諸規則は、これをアプリオリに規定することはできない。この規則そのものが却って、若干の社会－歴史的集合体《アンサンブル》の特殊性と見らるべきであり、したがって後者の鍵を必ずしも与えるものではないのである。もちろん客観的思惟が、若干の社会構造の結果もしくは産物にすぎないもので他の諸構造に向う権利はないなどと、初めから要請する謂れもまた存在しない。こんな要請をすれば、人間的世界が理解しがたい基礎の上に基づいていると前提することになろうし、かかる非合理主義は、それはそれでまた恣意的なものといわれよう。社会心理学にふさわしい唯一の態度は、「客観的思惟」(二〇)を、そのあるがままのものとして捉えることである。すなわち、科学を基礎づけた一個の方法であり、可能な限り制限なしに用いらるべき方法ではあるが、自然に関しては、いわんや歴史に関しては、完全な説明手段というより、むしろ篩い落とし(elimination)*の最初の位相を表わすものとして、捉えることである。社会心理学は心理学として、必然的に哲学者のもろもろの問いに――他人とは何か、歴史的出来事とは何か、歴史的出来事もしくは国家とはいずこにあるか、といった問いに――出くわす。そして他の人びとと歴史とを、前以て「客体」や「刺激」の列に片よせることは許されない。これらの問いを、社会心理学は真正面から扱いはしない。これは哲学の仕事だ。社会心理学は、おのれの「対象」を包囲しそれに向って進軍する仕方そのものを通じて、側面的にこれらの問いを扱うのである。そして社会心理学は、これらの問いに関しては、存在論的解明を不必要となすどころか、却って要求するのである。

＊　恐らく élimination *de l'irrationnel*（非合理的なものの篩い落とし、削除）と理解せねばなるまい。

人間という領域のなかに真の「客観性」の諸規則を断乎として受け入れ、そして関数的な関係の諸規則がそこでは非合理的なものを篩い落とすよりも、むしろこれを縁どる一つの仕方であることを容認することを怠っているので、心理学は、その研究対象たるもろもろの社会について、歴史が提供しうる展望に較べると抽象的・表面的な展望しか今後与えないことになろうし、事実これはすでにしばしば起っていることなのである。物理学者が、もはや客観主義的でなくなっている物理学を、依然として客観主義的存在論の枠内に押し込めているという事実を、われわれはすでに指摘した。今や心理学者についても事情は変らないこと、いやそれどころか客観主義的偏見が物理学者たちの一般的・哲学的考え方に立ち帰ってきてこれに憑《つ》きまとうのはまさに心理学からしてであるということを、付言しなくてはなるまい。自分自身の科学を機械論と客観主義との古典的諸基準から解放したある物理学者[1]が、物理的世界の究極の実在性についての哲学的問題に移るやいなや、第一性質と第二性質とのデカルト的区別[三]を、何のためらいもなく再び採用するのを見ることは、驚きである。あたかも物理的世界の内部における機械論的諸要請（postulats 公準）の批判が、身体に対する物理的世界の作用を理解するわれわれの仕方に何の変更も加えないかのように、またあたかもこの批判が、われわれの身体の境界において妥当性を失い、精神‐生理学の見直しを要求していないかのようにである。逆説的なことだが、機械論的図式の放棄は、何世紀もの間、この図式が正しい権利をもって正当なものとして通用してきた、世界の内部の物理的諸作用に関する場合よりも、人間に対する世界の作用に関する場合の方が、――実はここでこそかの図式は明白な若干の難問を提出することを決してやめなかったにもかかわらず――いっそう困難なのである。それというのも、この思考革命は、物理学自身においては一見、伝統的な存在論的枠組の内でおこなわれうるのに反して、諸感官の生理学においては、存在と人間と真理との諸関係に関する最も根深いわれわれの観念を、直接問題化するからである。知覚を純粋な物理的客体の、人間的身体に及ぼす作用と見なし、知覚内容を、この作用の「内的」結果と考えることをやめるやいなや、真なるものと偽なるものとの、方法的知と幻覚との、科学と想像との、いかなる区別も破壊されてしまうように、思われる。生理学が、今日の方法論的変革に物理学ほど積極的に参加せず、そこでは科学的精神がしばしば古めかしい諸形態のもとに留まり、生物学者の方が物理学者よりもいっそう唯物論的であり続けるのは、こうした次第によるのである。しかし彼らもまた、こうであるのはもっぱら哲学者としてであり、自分たちの生物学者としての研究実践においては、遥かにこのようである度合が小さい。彼らもやがて、彼らの研究実践を完全に解放し、人間の身体についてもまた、それが一個の客体であるかどうかを知るという問題、そして同時に、身体が外的自然と、関数の変数に対する関係にあるのかどうかを知るという問題を、立てねばなるまい。今やすでに――そしてわれわれにとって重要なのは、まさにこの点なのだが――この関係［関数‐変数関係］は精神‐生理学と同質同体（consubstantiel）たることをやめたのであり、それとともに、それと連帯するあらゆる概念も――物理学的に規定された刺激の固有にして恒常的な結果としての感覚の概念、そしてさらにそれを越えて感覚の諸規則に従わないものを説明する課題を担った、補足的抽象物としての注意や判断の概念(一八)など……も［精神‐生理学と同質同体たることをやめたのである］。デカルト主義は物理的世界をまったく本質内在的な諸特性によって、つまりそれ自身純化されたある思惟の前での客観という純粋なその存在においてそれが何であるか、ということによって、定義し、こうしてそれを「理念化した」と同時に、みずから望んでか否かに関わりなく、人間の身体をもまた、客観的な諸過程の交錯へと解体し、そして感覚の概念を通じてこの分析を「精神活動《プシシスム》」にまで延長するような、人間身体の科学を鼓吹したのである。この二つの理念化は、互いに連帯しており、両者まとめて解体されねばならない。われわれの知自身の歩みが炸裂させた当のある種の哲学の上におのれの基礎があると知が信じている場合に、この知の陥る危機状況をくい止めるには、ひたすら知覚の信憑に立ち戻って、デカルト的分析を匡《ただ》すことによるほかはない。

（1） 例えば、Eddington［Arthur Eddington, Cf. 特に *Sur les nouveaux sentiers de la Science*, Paris, Hermann & Cie, 1936］。

知覚はわれわれに一個の世界への、つまり自然的諸事実の厳格に結合された連続的な一個のシステムへの、信憑を与えるがゆえに、われわれはこのシステムが、あらゆる事象を、実にわれわれをそこへと案内した知覚に至るまで、おのれに統合できるかのように、信じたのである。今日では、自然がこうした類いの連続した一個のシステムだとは、もはや信ぜられない。いわんや、自然の上のあちらこちらに浮かぶ「精神活動《プシシスム》」の小島の間が、自然の連続した土壌によってひそかに結びつけられていると考えることなど、とてもできない。それゆえ、自然でないものが、一個の「世界」を形成するのかどうか、形成するとすれば、いかなる意味においてか、そしてまず第一に、「世界」とは何か、そして最後に、世界が存在するならば、見える世界と見えざる世界との間の諸関係は、いかなるものでありうるか、という問いを理解するという課題が、われわれに課せられるのである。いかにむずかしかろうとも、この作業は、科学者たちの哲学がわれわれを置き去りにした混乱のなかからわれわれが脱出すべきであるならば、免れられないことなのだ。ほかならぬ科学的思考が、世界のなかで動いており、世界を主題として取り上げるよりも、むしろそれを前提しているのだから、この作業は、科学者たちによっては完全に成し遂げられることはできない。しかしそれは科学と無関係なことではない。この作業は、われわれを世界の外に住まわせることではない。われわれが他の哲学者たちに同《どう》じて、知覚を惹起するもろもろの刺激は、知覚世界の原因ではない、むしろこれを明るみに出すもの（révélateurs 現像液）、もしくは発動させるもの（déclencheurs シャッター）であるという場合には、われわれは身体なしに知覚できるなどということを意味しているのではなくて、逆にいかにして身体が自然とわれわれとの生ける絆たりうるかを理解するために、純粋な客体として身体の定義を吟味し直さなければならないという意味なのだ。われわれは諸本質の宇宙に身を置くのではなく、却って、*that* と *what*（一九）との、本質と現実存在の諸条件との区別を、この区別に先行する世界経験を顧みることによって、再‐考することを、要求しているのである。哲学は科学ではない。それというのも、科学は対象の上を飛翔してこれを俯瞰できると信じ、知と存在との相関関係を、既定のことと見なしているが、これに反して、哲学は、問うもの自身が問いによって問題とされるといったような諸多の問いの全体だからである。しかし、物理学者を物理学的に状況づけることを習得した物理学、心理学者を社会‐歴史的世界のうちに位置づけることを学んだ心理学は、絶対的な上空飛行の錯覚を失った。これらの学問は、いかなる科学にも先だつ世界へのわれわれの帰属の根本的吟味を、ただ単に許容するにとどまらず、むしろ強いさえするのである。

知覚の信憑と反省

すでに世界のなかに住まわされているところの思惟が発明する証明と認識の諸方法、この思惟が導入する客観と主観の概念は、知覚の信憑の何たるかをわれわれに了解することを可能ならしめるものではない。それというのも、まさしく知覚の信憑が信憑であり、すなわちおのれを、証明の彼方にあるもの、必然的ではなくて、疑念の織り込まれているもの、絶えず不‐信によって脅かされているもの、と承知しているところの同意だからである。信ずることと疑い深いこととは、つねに一方のなかに他方が見出されるほど、ここでは極めて密接に結びつけられており、とりわけ真理のうちに非‐真理の萌芽が発見されるほどなのである。それというのも、まなざしを通じて私が世界に繋がれているという私の抱く確信は、まなざしを彷徨《さまよ》わせる際には、たちまち幻覚の疑似‐世界を私に約束するものとなるからである。危険を見まいとして眼を隠すこと、この仕種は、事物を信ぜず私的世界しか信じないことだと言われているが、むしろ、われわれにとって存在するものは絶対的に存在し、危険を伴わぬものとして見ることに成功した世界は危険を伴わずに存在すると信ずることにほかならず、それゆえ、われわれの視覚が物そのものに向うことを最高度に信ずることなのである。恐らくこの経験は、ほかのいかなる経験にもまして、世界の知覚的現前とは何かということをわれわれに教えてくれる。といっても、これが不可能でもあろうこと、例えば同じ関係のもとでの同じ事柄の肯定と否定、肯定的にして同時に否定的な判断、あるいは先ほどわれわれが述べていたように、信じていながらしかも疑い深い、といったことだ、というのではない。世界の知覚的現前とは、肯定と否定の手前、判断の手前――というのもこれらは批判的な所見、後からなされる作用なのだから――にあって、われわれの身体を通じて世界に住み、われわれ自身の全体によって真理に住まうという、いっさいの所見よりも古いわれわれの経験なのであるが、この場合、見ているという確信と真なるものを見ているという確信との間を、選ぶ必要はもとより、区別する必要すらないのである。それというのも、見ることと真なるものを見ることとは、原理的に同一の事柄だからだ、――それゆえ、信憑であって知ではない。なぜなら、この場合の世界は、世界に対するわれわれの取組みから分たれるものでないし、世界は主張されるというよりむしろ自明なものとして受け取られ、露呈されるというより［初めから］隠蔽されていない（non-dissimulé）、反証されないものだからである。

もしも、可能的な掩蔽（occultation）を排除しない、このような世界への最初の開披を、哲学がおのれのものとし、理解すべきであるならば、哲学はこれを記述することで満足することは許されない。世界の掩蔽の排除を伴わぬ開披がいかなる仕方で存在するのか、われわれが生まれながらにして光を授かっているのに、掩蔽が依然として毎瞬可能であるのはいかなる次第によるのかを、哲学はわれわれに告げねばならない。知覚の信憑が自己自身のうちに平行的に保存しているこの二つの可能性――両者が互いにその効力を廃棄しあわないのはどういうわけかを、哲学者は理解しなくてはならない。哲学者が両者の水準に留まり続け、一方から他方へと振動しつつ、代る代る「私の眺《ヴィジオン》めは物そのものに臨んでいる」「私の眺《ヴィジオン》めは私のものである、もしくは《私のうちに》ある」という限りは、哲学者はこの課題に成功しないであろう。彼は以上二つの見解を放棄し、一方も他方もともに差し控えねばならない。そして、両者は字義に従えばあい容れないものであるから、哲学者はそのものから自己自身へと転向し、自己自身に訴えねばならない。［実際］彼自身、両見解の名義人なのであり、それゆえそれらを内部から動機づけているものの何たるかを知っているはずだからである。そしてそれらが真実のところ何を意味しているのか、彼を知覚とさまざまな幻覚とに委ねるのは何であるかを、自己から学び知るために、事実状態としての両見解を「敢えて」手放し、おのれの諸可能性として再構築しなくてはならない。ひとことでいうと、哲学者は反省せねばならないのだ。さて、彼が反省するやいなや、世界そのものの彼方と、「われわれのうちに」しかないものの彼方とに、つまり存在自体とわれわれにとっての存在との彼方に、両者の不協和がおのずと廃棄される第三の次元が開けてくるように思われる。反省的転向によって、知覚も想像も、思惟することとの二*つの仕方以上のものではなくなる。視覚《ヴイジオン》と感覚作用《サンテイール》から、哲学者は、それらを賦活し疑いようもなく支えているところのもの、つまり見ることについての、あるいは感覚することについての、純粋思惟しか、もはや手許に残しておかないのだ。そして、ほかならぬこの思惟を記述し、それが世界についての私の探索と、探索が喚起する感覚的な応答との間の厳密な相関関係から成り立っていることを明らかにすることは可能である。われわれはやがて想像的なものをも、以上と平行する分析に付することになり、それを成り立たしめる思惟が、以上のような厳密な意味では、見ることについての、もしくは感覚することについての、思惟ではないこと、むしろ検証の諸基準を適用せず、いやそれどころか忘れさえし、見えないもの、見ようとしても見られないだろうといったものを、「よし」とする決意であることに、気づくはずである。かくして、知覚の信憑のもろもろの二律背反《アンテイノミー》は、取り除かれるかに見える。われわれが物そのものを知覚することとは、なるほど真実である、なぜなら物とは、われわれが見るところのもの以外の何ものでもないからである。しかし、われわれの両眼の隠れた能力によって見るのではない。両眼は、もはや視覚作用の主体ではなく、見られる事物の一つに算入されているのだ。そして、われわれのいわゆる視覚なるものは、両眼の運動に今ここで現われが規則に従って応答したことを証言する、思惟能力に属するのである。知覚とは、知覚についての思惟なのであるが、但し充実しているか、あるいは現勢的（actuelle）である場合のそれなのである。したがって、知覚が物そのものに達するにしても、それはまったくわれわれ自身の所業（fait）であり、あらゆる思惟と同様、すみずみまでわれわれのものであると、矛盾なしに、言わなくてはならないのだ。事物そのものに向って開かれてはいるが、知覚はそれでもやはり、われわれのものなのである。それというのも、事物は今後はわれわれが見ていると思惟する、そのものにほかならない、

——つまりcogitatum（思惟されているもの）もしくはノエマにほかならない、からである。知覚は想像と同様、われわれの思想の範囲を出るものではない。想像もまた見ることについての思惟なのだが、しかし実際の行使、証拠だて、充実を求めず、それゆえ、おのれについて勝手に好都合な考えを抱き、おのれをただ半ばまでしか考えていない思惟なのである。かくして実在的なものは思惟の相関者となり、想像的なものとは、同じ領域の内部にあって、途中までしか思惟されない思惟対象の狭隘な区域をなす、つまり、いかなる堅実さもいかなる固有の場所ももつことなく、思惟の太陽のもとでは朝霧のように消え失せ、思惟と、思惟が思惟するものとの間にあって、思惟されざるもの（impensé）の薄い層でしかないような、半‐対象あるいは幽霊の、狭隘な区域をなすのである。反省は知覚の信憑のすべてを保存している。つまり、あるものが存する、世界があるという確信と、真理の理念、与えられている真なる観念とを、保持している。ただし、反省は事物そのものに達するということの粗野な確信——これは錯覚の事実とはあい容れない——この確信を、確信が言わんとするもの、意味するものへと還元し、その真実態（sa vérité）へと転回させ、そして反省は、そこに思惟に対する思惟の適合性、同意、私の考えるものがこれを考える私にとって透明であるという事実を、発見するのである。両眼を開く際には私がすでにそこに見出すのだと信じていた世界の、なまのままの前以ての存在《エグジスタンス》は、今やある存在者の、つまりあるが早いか対自的にあるといった存在者の、——なぜなら、この存在者の全存在は現われることに尽き、したがって自己自身に対して現われることに尽きるのだから——そして精神《エスプリ》と呼ばれるこの存在者の、象徴にすぎなくなる**。純粋主観を前にして、idéats（観念された対象）[10]、*cogitata*（思惟されたもの）、もしくはノエマしかもはや存続させないこの反省的転回によって、論者は知覚の信憑のもつ曖昧な諸内容から遂に脱出する。知覚の信憑は、諸物そのものに接近することと、身体を介してこれらに近づくこととの両者を、逆説的にわれわれに保証していたのであり、それゆえ、われわれの私的な出来事の系列のなかにわれわれを閉じ込めることによってしか、世界に臨むわれわれの窓を開いていなかったのである。今後はすべてが明らかであるように思われてくる。つまり、独断論と懐疑論との混合物、知覚の信憑の混濁した諸多の確信は、疑いのうちに取り消されるのだ。私はもはや、見る主体たる私にとって外的な諸事物を、両眼でもって見ていると、信じはしない。なぜなら諸事物は、ただ私の身体にとってしか外的ではなく、事物と同様、身体をも上空から俯瞰する私の思惟にとっては、外的ではないからである。なおまた私は、他の知覚する諸主体が諸事物そのものに至るのではなく、彼らの知覚が彼らの内部で生ずるという、かの自明の事柄に――結局は他の諸主体の眼から見れば、私も「一個の他者」なのであり、私の独断論は他者へと引き継がれ、懐疑論となって私に舞い戻ってくるのだから、しまいには私自身の知覚にも跳ね返ってくるはずのこの自明の事柄に――よって、私はもはや心を動かされはしない。なぜなら、外部から見たならば各人の知覚が何らかの隠れ処《が》のなかに、彼の身体の「背後に」閉じ込められているように見えるのは、ほんとうだとしても、この外的な眺めはまさしく反省によって、整合性を欠いた幻覚や混乱した思想のなかに数え入れられるからである。思惟は外部からは思惟されない。定義によって思惟というものはただ本質内在的にしか、思惟されえない。もろもろの他者が、もろもろの思惟であるならば、彼らはそうした資格のゆえに、私の見る彼らの身体の背後に存するのではない。彼らは私と同様、どこにもいない。彼らは私と同様、存在と同延であって、受肉の問題など、ここにはないのである。反省は、雑種的なそして思考しがたい諸経験によって提起された擬似問題からわれわれを解放すると同時に、それにもかかわらず、受肉した主体から超越論的主観へと、世界の実在性から観念性へと、単に立場を移すことによって、以上の諸経験を正当化しもするのである。つまり、われわれは、みなそれぞれ世界に、それも同じ世界に到達している。そして世界は各人にとって、分割されず失われることなき全体である。なぜなら世界とはわれわれが知覚すると思っているもののこと、すなわち、あらゆるわれわれの思惟の共有の対象だからである。その単一性は数的な一ではないが、だからといって、また種的単一性であるわけでもない。それは、幾何学者の三角形を東京とパリとで、また紀元前五世紀と現在とで同一たらしめているところの、あの理念的もしくは意義上の単一性なのである。まさにこの単一性で十分であって、これがどんな問題をもあらかじめ骨抜きにしてしまう。なぜなら、それに対立させうるようなさまざまな分割、知覚野と生の多数性などは、その前では無に等しいものであって、理念性と意味の宇宙には属さず、そして判明な諸想念においておのれを定式化、もしくは明確化することができないからである。また、状況づけられ、埋め込まれ、受肉したあらゆる思惟の核心に、結局われわれは反省によって、思惟の自己自身への純粋な現出、内的適合性（adéquation interne）の宇宙を再認したからであり、ここに、われわれの所有する真なるものは何によらず、すべて容易に統合されるからである……。

* 欄外に——観念性《イデアリテ》（観念《イデー》と真理の内在性）。

** 欄外に——もろもろの二律背反の解決としての観念性《イデアリテ》への移行。世界は観念的なものとしては、私の cogitatum ならびに他者のそれと、数的に一つである（多と一との手前における観念的同一性）。

以上の反省の運動は一見した限りでは、いつまでも説得力をもち続けるであろう。ある意味では強制力さえもつ。それは真理そのものであり、哲学がこれなしに済ますことがいかにして可能であるか、わからないほどである。問題は、この運動が哲学を目的地まで導くかどうか、それが導く行先の思惟の宇宙が、ほんとうに自己充足し、あらゆる問題に終止符を打つ秩序であるかどうかを知ることにある。知覚の信憑は逆説なのだから、どうして私はそこに留まることができようか。そして、もしそこに留まらないとしたら、私自身のうちに立ち戻り、そこに真理の棲み処を探す以外に私に何ができようか。まさしく私の知覚が世界についての知覚であればこそ、私に世界を見ていると説得するところの諸多の理由を、世界と私との交渉のうちに見出し、私の視覚作用（三）の意味を私の視覚作用のなかに発見すべきであるということは、自明ではなかろうか。世界に臨んでいる私、この私以外の誰から、世界に臨むということ（être au monde）の何たるかを学び知りえようか、そして私がそれを知らなくては、私が世界に臨んでいると、どうして私はいうことができようか。私が自分自身については何もかも承知していると推定などせずとも、私がなかんずく知であることは少なくとも確かであり、この属性は、たとえ私が他の諸属性をもっているにしても、確実に私に属するのである。私は世界が私のなかに押し入ることも、あるいは私が世界に押し入ることも、想像することはできない。私がまさにそれである当のものたる、かの知に対して、世界は、一つの意味を呈示することによってのみ、すなわち世界という思惟の形式のもとでのみ、自己の姿を現わすことができるのである。われわれが探求している世界の秘密、それは、是非の如何を問わず、私の世界との接触のなかに含まれていなくてはならない。私が生き体験するところのすべてについて、私がそれを生き体験している限り、私はその意味をおのれのものとして所有している。そうでなければ、私はこれを生き体験するはずもなかろう。そして、私が世界に関して何がしかの光を探求しうるのも、私の、世界との交際に問いかけ、これを明るみに出し、それを内から了解することによってでしかない。反省哲学をして、ただ単に一つの誘惑たるにとどまらず、是非とも辿らねばならない途と思わせる所以のものは、それが否定する事柄、つまり世界内部に展開する諸過程の型に従った一つの過程と理解された、世界自体と私自身との外的関係——たとえこれによって私のうちへの世界の割り込みが想像されようと、あるいは逆に、私のまなざしの、諸事物のなかへの旅立ちが想像されようとも、いずれにせよ――かかる外的関係については、反省哲学［の否定的主張］が、真実だからである。しかし知覚する私と、私の知覚するものとの出生の絆を、反省哲学は然るべく了解しているであろうか。そして確かにわれわれは知覚する主体と知覚されるものとの外的関係の観念を拒むべきなのだが、だからといって［直ちに］まったく観念的で心的でさえあるような内在性という反定立に立場を移し、知覚する私、この私は知覚するという思惟であり、知覚された世界は思惟されたものであると、言わなくてはならないのだろうか。知覚は、私のなかへの世界の入場ではなく、求心的なものではないからといって、［直ちに］それは私が形成する思想や、はっきりしない現われに判断によって私が付与するところの意義と同様、遠心的でなければならないのだろうか。哲学的問いかけとそこから結果する解明とを、反省哲学は、唯一可能な様式ではない様式でおこなっているのである。それはさまざまな前提をそこに混じえており、われわれは、これらを吟味しなくてはならないのだが、結局これらは、反省へと思い立たせた着想(三)に反するものだということが明らかになるのである。われわれと世界との出生の絆、反省哲学がこれを理解できると思うのは、ひたすら、これを解体し造り直すことによってでしかなく、それを構成したり製造したりすることによってでしかないのだ。反省哲学は分析によって、明晰性を発見できると信じている。つまりいっそう単純な諸要素のうちにではなくても、少なくともなまのままの所産のなかに含まれたいっそう基本的な諸条件のうちに、［すなわち］所産が帰結として由来する諸前提のうちに、［あるいは］所産の源たる意味の源泉のうちに、明晰性を発見できると信じている。*したがって、われわれの置かれている事実的状況の手前で、われわれがそこから由来した、諸事物の中心に――しかし、われわれはとうの昔にこの中心からはずれてしまっているのであるが――立ち戻り、この中心から［現在の］われわれへとすでに辿られた道を、われわれから出発して辿り直すこと、これが反省哲学にとって本質的な課題なのである。この内的合致（adéquation interne）の努力そのもの、つまりわれわれが現在、暗黙裡にそれであるところの、そして為しつつあるところの当の物ごとのすべてを、顕在的に回収しようというこの企ての意味することは、次の事柄なのである、すなわち、われわれが現にあるところのものであるのは最終的には所産的なもの（naturés）としてであるが、まず最初は能産者（naturants）として能動的にそれであるのであり、世界がわれわれの出生の場所であるのも、ひたすら最初にわれわれが諸精神として世界の揺籃であればこそである、ということである。ところで以上の企てにおいて反省がもしもこの最初の運動に甘んじてしまい、後退的にわれわれの思想の内在的宇宙にわれわれを据えつけ[二三]、そして残滓がある限りは、混乱した、出来損ないの、もしくは素朴な思惟として、それから自己自身に関する立証能力を剝奪してしまうということならば、反省はおのれの課題と、おのれの法《のり》である徹底性（radicalisme）とに背くことになろう。それというのも、捉え直し、取り戻し、自己還帰の運動、内的合致への歩み、すなわちすでにわれわれ自身である能産者、自己の前に諸事物と世界とを繰り広げると考えられているこの能産者と一致[二四]せんとする努力そのものにしても——まさに帰還（retour）もしくは失地回復（reconquête）のつもりなのだが——こうした再-構成（re-constitution）もしくは復旧（restauration）の二次的な作業は、ちょうどエトワール広場からノートルダムに至る道が、ノートルダムからエトワール広場への道の逆であるのと同様な具合には、世界の内的構成、ならびに世界の創設（instauration）の鏡像では原理的にありえないからである。つまり反省はすべてを取り戻すが、回収の努力としての自己自身は別であり、またすべてに光をあてるが、自己自身の役割には光をあてない。精神の眼もまた、その盲点をもってはいるが、精神[二五]に属するのだから、これを知らずにいることはできぬし、また、われわれに関する限り（*quoad nos*）その出生の行為である当の反省の行為《アクト》そのものを、いかなる特別の言及も要求しない単純な非《ノン》-視覚《ヴイジオン》の状態と見なすことは許されない。もし反省がおのれを知らない――これは定義に反することであろう――というのでなければ、反省は精神が最初に巻いておきでもしたかのような糸、その同じ糸をときほどく振りをするとか、反省する主体が定義によって私であるのに、反省は私において自己に立ち戻る精神であるかのように装うことはできない。反省は主観Xへの前進として、主観Xへの訴えとして、おのれに現われるはずであり、そして、普遍的な能産者に立ち戻れるという反省の自信は、まさしく反省がまだ無知であり、普遍的能産者を呼び出すのであって、これと合致しているのではないのだから、これとのあらかじめの何らかの接触からそれに由来するものではありえず、ひたすら世界からしか――あるいは世界を形成するのが私の諸多の思惟である限りにおいては、またそのうえ、これらの思惟の脈絡、逃亡線が、反省自身の手前に、私がまだそれと合致してはいない潜在的焦点を指示する限りにおいては――私のこれらの思惟からしか、反省にやってくることはできないのである。現存する世界を世界についての思惟の上に基礎づけようとする努力として、反省は絶えず世界のあらかじめの現前から着想を得るのであって、反省はこれに従属し、これからそのエネルギーを借用するのである。カントは、その「分析論」のそれぞれの歩みを、かの周知の「もし一個の世界が可能であるべきならば」という言葉で正当化しているが、この際彼の強調していることは、彼の道しるべが世界の非反省的イメージによって彼に与えられていること、反省的手続きの必然性が『世界』の仮設（二六）に懸っていること、そして「分析論」がその露呈を課題としている世界の思惟なるものは、私にとって一個の世界の経験が存在したという事実の根拠であるよりむしろその二次的表現であること、換言すれば思想としての世界の本質内在的な可能性は、私が世界を見ることができるという事実に、すなわち、あるまったく別の型の可能性――それが不可能性と隣接しているということはすでにわれわれの見たとおりだが――に依拠している、ということである。反省が自己への還帰であり、内在性に居を据えることであるかのような錯覚を抱くことができるのも、実はこの可能-不可能なるもの（possible-impossible）にひそかに、そして不断に訴えることによるのであり、われわれの内に還帰するわれわれの能力は、われわれの外に出る能力によって正確に見積もられており、後者は前者より古くも新しくもなく、正確にこれと同義なのである。反省的分析の全体は虚偽ではないが、まだ素朴なのだ、――それがそれ自身の原動力をおのれに隠している以上は、そして世界を構成するためには、先-構成されたものとしての世界の概念を所有していなくてはならず、かくして［反省的分析の］歩みが原理的にそれ自身に遅れることになる以上は、まだまだ素朴なのである。論者は恐らく次のように答えるだろう――偉大なもろもろの反省哲学は、スピノザにおける、与えられた真なる観念への準拠や、カントにおける、世界の前-批判的な経験への甚だ意識的な照会が、明らかに示しているように、以上の事柄をよく承知しているのだ、しかし非反省的なものと反省との循環関係は、これらの哲学においては故意のもので、ともかく始めなくてはならないのだから、非反省的なものから始めるのだが、反省によって開かれた思惟の宇宙は、出発点の不備な思想を説明するために必要なものは何もかも含んでおり、出発点の思惟は［反省にとっては］それを足場に登攀したあげくにおのれの方に引き寄せてしまう梯子にすぎないのだ……と。しかし事情がこのようであるならば、もはや反省哲学なるものは存在しない。なぜなら、もはや原初的なものと派生的なものとのいずれも存在せず、条件と条件づけられたもの、反省と非反省的なものとが対称的《シメトリック》ではないにしても相互的《レシプロック》な関係にあり、端緒が終局のうちにあるものと同様、終局が端緒のうちにあるという、円環的思惟があることになるからである。われわれも、別のことをいっているのではない。われわれが反省についてなしてきた諸考察は、決して非反省的なものや直接的なもの（これらを知るのは反省を通じてでしかない）のためを計って、反省を貶《おとし》めるように予定されていたのではなかった。反省に換えて知覚の信憑を置くことが問題なのではなくて、却って、相互的な回付を含む全体的状況を尊重することが肝心なのだ。与えられている事象は重々しい不透明な世界でもなければ、あるいは十全的な思惟の宇宙でもない、与えられているのは、世界の厚みを照し出すために、これに向って振り返る反省なのである。しかし世界の厚みに対して遅まきに、ただそれ自身の光(二七)だけを送り返す反省なのである。

＊　欄外に——還帰の——潜在的なものの観念、構成の足跡へと立ち戻る反省の観念。構成されたものがその開花であるような、本質内在的可能性の観念。構成されたものが所産であるような能産者の観念。本質内在的なものとしての原初的なものの観念。それゆえ、反省的思惟は、全体の予料であり、それは、おのれが産出すると主張するところの総体性の保証のもとでのみ、ひたすら働くのである。カントの「もし一個の世界が可能であるべきならば……」参照。こうした反省には、原初的なものは発見されない。

知覚の信憑が私をそのなかへと投げ入れた厄介な諸事情から脱出するためには、私の世界経験に問い合わせるしか道のないことは真実である。すなわち、毎朝眼を開くや否や再開する世界とのこの混淆、朝から晩まで脈打ち続けてやむことを知らぬ世界と私との間の知覚的生のあの流れ、——そしてこの流れは、私の最も秘められた諸想念が人びとの顔付きや風景の相貌を私に対して変化させ、同様に逆に顔付きや風景が、私の生に注ぎ入れる人間たるあり方で、あるいは私に援助の手を差し延べ、あるいは脅威をもたらすようにさせる所以のものなのであるが、——これに問いかけるよりほかに道がないのは真実である。ところで以上の事柄が真実であるのと同様、——思惟のその対象への、*cogito*（我思う）の *cogitatum*（思惟されたもの）への関係が、われわれの、世界との交わりのすべてを含んではおらぬこと、いや本質的なものすら含んではおらぬことは確かであり、この関係を、世界とのいっそう暗黙裡の関係のなかに、そしてかの関係の基礎をなし、反省的還帰が介入するときにはつねにすでに済まされている世界への導入（initiation）のなかに、復位させねばならないということも、同様に確かなのである。この関係――われわれが世界への開披（ouverture）と呼んでいるこの関係――を反省的努力が捕えようと試みるなら、その途端にわれわれはこれを取り逃すであろうし、そしてまた反省的努力のこの試みの成功を妨げる諸理由と、場合によってはわれわれがこれに成功するでもあろう道をも、同時に垣間見ることができるはずである。私は見、感覚している。そして、見るとは、感覚するとはどういうことかを了解するためには、見る働き、感覚する働きがそれへとおのれを投ずる当の見えるもの、感覚されるものにおいて、これらの働きに寄り添うことを差し控え、それら自身の手前に、それらが占有しないある領域を、そしてそこからそれらの働きがその意味と本質とに従って了解可能となる領域を、しつらえねばならないということは確かである。これらの働きを了解することは、それらの行使を一瞬見合わせることなのである。それというのも、素朴な視覚作用は私をすっかり占有してしまうからであり、視覚作用にあてがわれるそれへの注意は、このまったき献身（don）から若干の成分を差し引くことであるからであり、なかんずく了解するとは事象と世界そのもののなかにさしあたり捕われている一つの意味（sens）を、自由に処理しうる諸意義（significations disponibles）へと翻訳することだからである。しかしこの翻訳は、原文《テキスト》そのもの（le texte）を言い表わすことを目指しているのである。あるいはむしろ［次のように言うべきだろう］、見えるものと、見えるものの哲学的解明とが、記号の二つの集合体《アンサンブル》のように、ある原文（un texte）とその他国語への翻訳とのように、あい並んでいるのではない。仮にそれが一個の原文（un texte）であったとしたら、直接われわれ全員に与えられている奇異な原文ということになるだろう。その結果、われわれは哲学者による翻訳だけに頼らざるをえぬ羽目に陥るわけではなくなり、この翻訳を原文と比較対照することもできるのである。そして哲学は哲学で、翻訳以上のものであるとともに、それ以下のものでもある。つまりひとり哲学のみがわれわれにそれ［原文］の意味することを述べるのだから、哲学は翻訳以上であり、またもしわれわれが原文を所持していなければ、哲学は何の役にもたたないのだから、それは翻訳以下の代物である、というわけだ。したがって哲学者は、ただ単に、表現されたものの次元へと移行させるためにのみ、なまのままの視覚を一時見合わせるにすぎない。なまのままの視覚がどこまでも哲学の模範《モデル》ないし尺度であって、これが*、それ［視覚］を取り戻すために組織する諸意義の網が向うべき当のものは、まさになまのままの視覚なのである。したがって哲学者は、見られていたもの、もしくは感覚されていたもの、ならびに視覚もしくは感覚することそのものを、存在しないものと仮定し、デカルトの言葉に従って、これらに「見ることについての、感覚することについての思惟」を置き換えるには及ばないのだ。「見ることについての、感覚することについての思惟」が、確乎不動なものと考えられるのも、ひたすらこの思惟が実際に存在するものについてはいかなる憶測もせず、思惟に対する思惟されたものの現出のうちに立て籠るからにすぎず、これがこの思惟の難攻不落なる所以である。内在性のみが確実だという口実のもとに、知覚を知覚についての思惟に還元することは、懐疑に対して安全保険を掛けることであるが、その掛金の方が、それが補償するはずの損失より高くつくことになる。なぜなら、これは現実の世界を理解することを断念して、世界の「現存」（il y a）をわれわれに決して返してくれないといった類いの確信へと移行することだからである。あるいは懐疑なるものは、心の分裂状態ならびに蒙昧状態にすぎないとしようか、その場合は懐疑は、私に何も教えはしない、――あるいは、それが何ごとかを私に教えるとするならば、懐疑が故意になされた戦闘的で筋道のたったものだからであり、この場合には、それは一つの能作なのである、そして、ついで懐疑自身の存在が懐疑への限界として、無ではないあるものとして私に強いられることになるわけだが、たとえこうであったとしても、このあるもの（quelque chose）とは諸能作の類いに属するもので、ここに私は今後閉じ込められることになる。錯覚中の錯覚は、この際、われわれがおのれの能作しか実のところかつて確信したことはなかった、と信ずることであり、永遠の昔からいつでも知覚というものは精神の洞察[一八]（inspection de l'esprit）だったのであり、反省とはただ単に自己自身へと復帰した知覚にすぎない、つまり事物に関する知からの自己知への転回であり、この自己知から事物は成り立っていたのである、「要するに」反省とは結合そのものであったところの「結合者」の出現であると、信ずることである。このデカルト的「精神性」（spiritualité）、この空間と精神との同一性——「遠方の」対象が遠方であるのは、ひたすらこの対象と他のいっそう「遠方の」もしくは「より近い」諸対象との関係によってでしかないことはまったく明白だと述べることによって、われわれは以上の同一性を証明したと信じているのであるが、そして他の諸対象との関係なるものは、いずれの対象にも特に属するものではなくて、精神の、すべての対象に対する直接的臨在《プレザンス》であり、結局世界へのわれわれの帰属性を世界に対する上空飛行によって置き換える結果になるのだが、——このデカルト的「精神性」、空間と精神とのこの同一性は、ひたすら（まさしく世界によってわれわれに示唆された）極めて素朴なある要請からその外見上の明証性を得ているにすぎないのである。この要請に従えば、注意のまなざしが移動して、おのれ自身からおのれを条件づけているものに立ち戻ったところで、私が思惟しているのは、つねに同一のものなのである。これは外的経験から誘導された重みのある確信なのだ。外的経験においては私の眼前の諸事物が、私がこれらをいっそうよく吟味しようとして近づく間も依然として同一であり続けるという信念を、私は実際抱いている。しかし、それというのも、視点を変える可能性としての、「見る装置」としての、もしくは「視点」に関する沈澱した知（science）としての、私の身体の働きが、先ほどはもっと遠くから見ていた物そのものに私は近づくのだという確信を私に与えてくれるからなのである。知覚の明白化をここで支え、保証しているのは［却って］私の身体の知覚的生なのであり、知覚的生は、それ自身、私の身体と外的諸物との内‐世界的（intra-mondaines 世界‐内部的）もしくは相互‐客観的（inter-objectives 客観‐相互間の）諸関係に関する認識であるどころか、むしろ客観のいかなる概念のうちにもすでに予想されているものであり、世界への最初の開披をなし遂げるのも、ほかならぬ、それなのである。物そのものを見るという私の確信は、知覚による探査の結果ではないし、近くからの視覚作用を示すための言葉でもない。逆に、「近くからの」、「最善の」観察視点とか、「物そのもの」といった概念を私に与えるものこそ、かの確信なのである。それゆえ、事物を「よく見る」とはどういうことか、首尾よくこれをおこなうためには事物に近づかねばならぬし、また近づくことができるということ、そして、こうして獲得された新しいもろもろの与件が同じ物の諸規定であることを、知覚経験を通じて学んだうえで、われわれはかかる確信を内部に移し入れ、「人間のなかの小さな人間」[二九]という仮構に訴えるのだ。そして以上のような次第で、知覚についての反省とは、知覚される物ならびに知覚作用は依然としてもともとあったとおりのものであるとしたうえで、それらに現在住まっており以前からつねに住まい続けてきた真の主観を露呈することであると、われわれは考えるに至ったのである。実際は、反省が中和化し、そして反省された‐知覚と、反省された‐知覚‐における‐知覚された‐物へと、変容したところの、知覚された物とこの物への開披がそこにはあったのだと、私はいうべきであろう。そして探索する身体の働きと同様、反省の働きも、私にとっては不分明な諸能力を使用するのであり、なまのままの知覚を反省による検討から分つところの持続のサイクルを反省の働きが跨ぎ、この時間の間、知覚内容と知覚作用との恒存性を精神のまなざしのもとに保持できるのも、ひたすら私の精神による吟味と、精神の諸態度とが、私の感覚的・身体的な探索の「我能う」（je peux）を継承延長しているからにほかならないと、私はいうべきであろう。後者を前者の上に、そして事実としての知覚を、反省に現われるがままの知覚の本質の上に基礎づけるということは、捉え直し（reprise）という別個の能作としての反省そのものを、忘却することである。換言すれば、われわれは、反省的転回とは別の、それよりもっと根本的な作用の必要性を、つまり一種の超反省（surréflexion）といったものの必要性を垣間見ているのである。この超反省がおこなわれたとすれば、それは反省自身をも、また反省が場面《スペクタル》のなかに導入する変化をも顧慮し、したがって、なまのままの物と知覚とを見失ったり、結局それらを抹殺してしまうこともなかろうし、また非存在（inexistence）（二〇）の仮説によって、知覚と知覚される物との有機的ないくつかの絆を断ち切るなどということもしないであろう。却ってこれらの絆を思考し、世界の超越性について、これをまさに超越性として熟慮することを、おのれの課題とするであろう。そのうえ既存の言語《ランガージュ》に内属する諸語の意義法則に従ってこれについて語るのではなく、諸事実がまだ言葉で言い表わされた事物となっていない時分における、われわれと諸事物との沈黙の接触を、こうした語意義の彼方で表現するのにこれらの語意義を使用するという、恐らく困難な努力によって、これ［世界の超越性］について語ることを、おのれの課題となすであろう。それゆえ、反省が、おのれが何を見出すかについて、予断すべきではなく、また、後から事象のうちに見出すかのように装うつもりのものを、あらかじめ事象のなかに強いて入れておくべきでないとするならば、世界への信憑を保留するのも、ひたすら世界を見るためにのみ、なされるのではなくてはならない、すなわち世界がわれわれにとっての世界となることによって辿った道を、世界のうちに読みとるためにのみ、なされるのでなくてはならない。そして反省は、世界自身のうちに世界とのわれわれの知覚の絆の秘密を探求し、この先論理的な絆を言い表わすために語を使わなくてはならないのであって、既成の語義に従った使い方に縛られてはならない。反省は世界を支配する代りにそのなかに没入せねばならぬ、つまり――あらかじめ世界に対するわれわれの管理の諸条件をこれに課するような――世界を思惟する事前の可能性へと溯行する代りに、あるがままの世界に向って降りてゆき、これに問いかけ、われわれの問いかけがそこに浮かび上がらせる諸多の照合関係（références）の森のなかに入ってゆかねばならない。反省は結局、世界をして、その沈黙のうちにそれが言わんとする（il veut dire 意味する）ものを、語らしめなくてはならない……。われわれがこうして身を委ねるところの、世界のこの秩序とこの符合とが、正確なところ何なのか、われわれは知らないし、また、この企てがどこに至るのかも、いやそれがほんとうに可能かどうかさえも、知らないのである。しかしながら、選択は、これと、反省の独断論との間でなされるのだ。後者については、それがどこに向って進むのか、われわれはあまりにも知りすぎている。それというのも、反省の独断論の場合は、哲学は始まると同時に成就するからであり、そしてまさにこの理由のために、われわれ自身の暗みをわれわれに理解させてはくれないのである。

＊　これ［Elle］とは、すなわち哲学。

反省哲学は、方法的懐疑としても、世界への開披の、「精神的諸作用」への、［あるいは］観念とその観念対象（idéat）との本質内在的諸関係への、還元としても、この哲学が明らかにしようと目論んだものに対して三たび不忠実である。すなわち、見える世界に対しても、それを見る人に対しても、彼と他の「視幻者」（visionnaires）（三）との関係に対しても、不忠実である。知覚は「精神の洞察」であり、今までもつねにそうであったと主張することは、知覚を、それがわれわれに与えるものによってではなくて、知覚にあって非存在（*inexistence*）の仮定に抵抗するものによって、定義することであり、肯定的なものを最初から否定の否定と同一視すること、無垢なるものに無実の証拠だてを強いること、そして、われわれの「存在」（l'Être）との接触を、錯覚に対しておのれを弁護するためのもろもろの論弁的手続きへと前以て還元し、真なるものを真実《まこと》らしきものへと、現実的なものを蓋然的なものへと、前以て還元することなのである。最も真実らしい想像、経験の文脈に最もふさわしい想像でさえ、「現実《レアリテ》」の方へわれわれを一歩も前進させるものではなく、直ちにわれわれによって、想像的なものの数に入れられるということ、そして逆にまったく予期していなかった予見不可能なある騒音が、たとえ「経験の」文脈との絆がどれほど弱かろうと、直ちに現実的《レエル》なものとして知覚されるということ、このしばしば指摘された(1)単純な事実に鑑《かんが》みると、「現実的なもの」と「想像的なもの」とに関しては、二つの「秩序《オルドル》」、二つの「場面《セーヌ》」もしくは二つの「舞台《テアトル》」――つまり空間のそれと幻影のそれ――が問題となっているのであり、これらは曖昧な場合にのみ介入してくる識別の作用に先だってわれわれのうちに準備されていて、われわれの体験するものは何によらず、基準に即したいっさいの検閲の外部で、おのずとこれらのいずれかの内に居を占めるのだ、という考えにならざるをえないのである。時として「基準に即した」検閲が必要となり、現実性についての判断に訴えて素朴な経験を匡《ただ》すことになるという事実は、かかる類いの判断が、以上の区別の起源にあるとか、これを構成するとか、ということの証拠になるものではなく、したがって、この区別をそれ自身として理解するという課題からわれわれを免れさせるものではない。それゆえもし、われわれがこの区別を理解するなら、現実的なものをその首尾一貫性によって、想像上の物ごとを、それらが支離滅裂であったりもしくは隙間だらけということによって、定義してはならないだろう。現実的なものが首尾一貫していて真実らしいのはそれが現実的であるからであって、首尾一貫しているから現実的なのではない。また想像上の物ごとが支離滅裂で、ありそうもないのは、それが想像上の物ごとだからであり、それが支離滅裂なるがゆえに想像上のことだというのではない。知覚されたもののほんのわずかの断片であっても、最初からこれを「知覚されたもの」へと組み入れるし、最も真実らしく装った幻覚といえども、世界の表面を滑ってゆく。われわれの理解しなくてはならないことは、一個の反映にも全世界が現前しているという、まさにこのことであり、また、最も豊かな最も筋の通った妄想にあっても、世界は取り返しがつかぬほど不在であるということ、である。そしてこの差異は程度の大小の違いではない。なるほど、この差異が勘違いや錯覚を生ぜしめることは、ある。そこから論者はしばしば、――だからこの差異は本性上のものではありえず、現実的なものとは結局、ありそうにないという程度の最も少ないもの、もしくは最もありそうなことにすぎないと、――こう結論するのである。以上の態度は、真なるものを偽なるものによって、肯定的なものを否定的なものによって思惟することであり、まさにそこにおいてこそ、われわれが「現実的なもの」の脆弱さを知ることを学ぶ所以の当の経験たる、幻-滅（dés-illusion 錯覚からの覚醒）の経験の、極めて不適切な記述をなすことなのである。なぜなら、ある錯覚が消失し、ある外見（apparence）が突然炸裂する場合は、つねにかの錯覚や外見の存在論的機能をわがものとして継承する新しい現われ（apparence）の利益のためだからである。私は、海水に揉まれて磨かれた一片の木材が砂浜の上に見えると信じていた。だがそれは粘土質の岩礁だったのだ。最初の外見の炸裂と破壊は、今後「現実的なもの」を、単なる蓋然的なものと定義する権能を私に与えるものではない。なぜなら最初の外見の炸裂と破壊とは、ただ単に新しい現出（apparition）の、別名たるにすぎず、それゆえ、これ［新しい現出］こそ、幻-滅に関するわれわれの分析のうちで重要な役割を演ずべきものだからである。幻-滅がある明証性の喪失であるのも、ひたすらそれが別の明証性の獲得であればこそである。私が慎重を期して、この別の明証性も「それ自身においては」疑わしいとか、あるいは（それ自身においては、つまりやがて［対象に］もっと近づくか、もしくはよりよく［これを］見つめた際には、私にとって）単に蓋然的なことにすぎないというに至ったとしても、このことは、私が語っている瞬間においてはこの明証性がいかなる異議申し立ての余地もなく「現実的」としておのれを呈示するのであって、「極めて可能的な」とか蓋然的なものとしてではないということを、妨げるものではない。そして、ついでこの明証性もそれはそれで炸裂する破目になる場合にも、ただ新しい「現実性」の推進力のもとにおいてでしかないのである。これらの幻滅もしくは期待はずれから私が結論できることは、したがって、恐らく「現実性」（réalité 実在性）は決定的にはいかなる特殊な知覚にも帰属せず、この意味においては、それはつねにいっそう遠くにあるということである。しかしこの事態は、それらの特殊な知覚を次々と現実的なものへと連結する絆、まず先に後続の知覚との間に結ばれるのでなければ先行の知覚との関係も断絶されないといった絆を断ち切ったり、あるいは不問に付することを、私に許すものではない。この絆の存する結果 *Erscheinung*（現象）なしには *Schein*（仮象）も存在しないことになり、いっさいの *Schein* は *Erscheinung* の相手方であり、そして「現実的なもの」の意味は、「蓋然的なもの」の意味には還元されず、逆に、「蓋然的なもの」は、その［いわば］満期期限が単に引き延ばされているにすぎない「現実的なもの」の決定的経験を呼び求めることになるのである。知覚の一つの現われ方に直面して、われわれはただ単にこの現われ方がやがて「炸裂」することがありうることを、承知しているだけではない、そのうえまた、これが炸裂するのも、ひたすらその痕跡を何らとどめぬほど見事に別の現われ方に置き換えられてしまったためでしかないということ、［例えば］先ほどまで海水に磨かれた一片の木材であったものを、今や白亜質の岩の中に探し求めても無駄であるほど見事にこれに置き換えられてしまったためでしかない、ということをも、承知しているのである。

それぞれの知覚は、不安定な、ただ単に蓋然的なものでしかない。いうなれば、それは臆断（opinion）にすぎないといってもよい。しかし臆断でないことがある。それは各々の知覚が、たとえ偽りの知覚であろうと確証する事柄であって、それぞれの知覚が、同じ世界に帰属しているということであり、それらが、同じ世界の諸可能性という資格で、これを顕わにする等しい能力であることである。ある知覚が別の知覚に、——一瞬後には錯覚の跡かたももはやとどめないほど見事に取って代るのは、まさしくいずれの知覚も不可知のある「存在」（un Être）に関してあい継いで立てられる仮設ではなくして、その一方を受け入れずには他方を排除することが不可能であることをわれわれがよく承知しているところの、親しみ馴れた同じ「存在」（le même Être）に臨むさまざまな展望であるからであり、いずれにせよ、この同じ「存在」なるものは異論の余地のないものだからである。それゆえ、ある知覚が破砕されて他の知覚に取って代られるという事実によって証拠立てられる、この知覚の脆弱さそのものが、すべての知覚から「現実性」の指標を抹殺することをわれわれに許すどころか、却ってすべての知覚にそれを認め、いずれの知覚のうちにも、同じ世界の異なった読み方（variantes）を認知し、結局それらをすべて虚偽としてではなく「いずれも真実な知覚」と見なし、つまり世界の規定における失敗の反復としてではなく、漸進的な接近と見なすように強いるのである。それぞれの知覚は、他の知覚によって取って代られる可能性を、したがって事物の一種の取り消しの可能性を、含んでいるが、このことはまた次の事柄をも意味するのである。——各知覚が一つの接近過程の、一連の「錯覚」の終局なのであり、そしてこれらの錯覚とは、「対 - 自 - 存在」とか、「思惟でしかない」といった制限的な意味での単なる「思惟」にすぎなかったのではなくて、むしろ場合によっては存在することもありえたと思われるような幾多の可能性であり、「現に存する」（il y a）ところのこの唯一の世界のもろもろの発現でもあり……、——そして、かかる資格のゆえに、あたかも未だかつて現われたこともないかのように、無や主観性に帰るなどということは決してなく、むしろフッサールのいみじくもいうように、(三)「新しい」現実性によって「棒で消され」(barrées)たり「抹消され」(biffées)たりするところの、諸可能性、諸発現である、ということである。反省哲学は、虚偽を、歪曲されたもしくは部分的な真理と見なすという点で、誤謬を犯したのではない。その誤りはむしろ、あたかも部分的なものが、総体性の敢えて説明する必要もない事実上の不在でしかないかのように、振る舞っている点にある。このやりくちは遂には、現われに固有の存立のすべてを抹殺して前以てこれを「存在」へと統合する結果になり、そして部分的なものとしての現われからは、その真理性の含有分を剝奪し、「存在」と存在の諸根拠とが一つであるような内的な十全的合致(adéquation interne)のうちに、手品のように巧みにそれを隠匿することを意味する。幻‐滅の諸事実が証言するところの、適合(adéquation)への前進とは、十全的「思惟」(une Pensée adéquate)の自己還帰ではない。[仮にそうだとすると]十全的な思惟が自己を見失うなどという、説明不可能なことが起ったことになるであろう――しかしまた徴候と符合の数を根拠とした蓋然性の盲目的進捗でもない、――それは、一個の総体性の先‐所有(pré-possession 予‐持)であって、この先‐所有は、それがいかにして生じたか、何故に生じたかが知られる以前にすでにそこに存するのであり、[しかも]そのもろもろの現実化は、いったいそれらがどのようなものであるかを、われわれがひょっとして想像したであろうと思われるようなものでは、決してない。それにもかかわらず、この総体性の先‐所有は、われわれが倦むことなく、その現実化の可能性を信じているのだから、われわれのうちにおいて、ひそかな期待を充たすものなのである。

(1) 特にサルトルによって Sartre, *L'Imagination*.

論者は恐らく次のように答えるに違いない――、もし諸君が先客観的な主題としての「世界」における独特のものを救い出すために、これを精神的作用の内在的相関者たらしめることを拒むならば、自然の光[三三]つまり世界に臨む私の知覚の開披はただ単に、私がその諸結果を記録するところの一つの予定（préordination）からしか、すなわち私があらゆる私の器官の法則を甘受するようにその法則を甘受するところの、ある合目的的秩序からしか、結果しえないことになる、そのうえまた、かかる受動性がいったん私のなかに導入された挙句には、やがて当然おこなわれなくてはならないように、思惟の秩序への移行を遂行し、私の知覚について私がいかように思考するのかを説明しなくてはならなくなった際に、私におけるいっさいを腐蝕するに違いないと。［そして続けて］なぜなら、私が知覚の水準で放棄した自律性をこの［思惟の］水準で再建するにもせよ――だがこの場合はこの能動的な思惟者が、既成のものとして与えられる知覚のもろもろの道理（raisons）を、いかにして改めて把握しうるのか、わからなくなるからであり、――あるいはマールブランシュにおけるように[三四]、受動性がかの能動的な思惟者をも襲うにもせよ、そうなると知覚と同様、思惟者も自己独自の効力を失い、思惟者不在のうちに彼のうちで働くある因果関係からおのれの光を期待しなくてはならないことになる――ちょうど、知覚がその光を、ひたすら心身統合の諸法則の働きによってしか得られないのと同じように――したがって思惟の思惟自身に対する把握、英知的なものの光は、理解不可能な神秘となるからである。それというのも、このような存在者にとっては、真なるものとは、彼の精神の働きを支配する既成のシステムに適合した自然的傾向の結果となってしまい、もはや真理つまり自己の自己への適合性（conformité 合致）、光ではないからである……と。そして[三五]実際、受動性を能動性に連結するいかなる試みも、受動性を全体へと拡げるか――これは、われわれを「存在」（l'Être）から解離する結果になる、なぜなら私の私自身との接触を欠いているため、いかなる認識作用においても、その諸前提が私には隠蔽されている思惟の組織に、つまり一個の事実として私に与えられている心的体制に、私は委ねられるからである——あるいは全体にわたって能動性を復活させるか、このいずれかに立ち至ることは、確実である。以上の事情は、とりわけ自己自身の極限まで徹底しない反省的諸哲学の欠陥なのである。これらの哲学は思惟のもろもろの必要条件を定義したうえで、これらの条件は事物に法則を強いるものではなくて、事物そのものの秩序を喚起するものであると付言する。それというのも、諸事物の秩序は、われわれの思惟の秩序とは対照的に、諸規則を受け入れるとすれば、それらは外的な規則でしかありえないだろうから、というのである。しかしながら、われわれは、内的な光に、この光が透入しようとしても不可能な諸事物自体の秩序を、対立させているのではない。なにがしか超越的なるものに対する受動性と、内在的思惟の能動性とを接合することなど、問題とはなりえない。能動的なものと受動的なものという互いに連帯しあう概念を考察し直すこと、それも次のような仕方で、つまり、一方では存在と真理を説明しはするが世界を顧慮しない哲学と、他方では世界を顧慮するがしかし存在と真理とからわれわれを根こそぎにするような哲学との、二律背反《アンティノミー》の前にもはやわれわれを立たせないという仕方で、再考察することが、肝心なのである。反省哲学は「世界」を「思惟されていること」（l'être-pensé 思惟された‐存在）によって置き換える。論者がこの欠陥を認めながらも、われわれの思惟が外的に規制されているとなすことから帰結する諸多の事柄の維持しがたい難点のゆえに、何が何でも反省哲学を正当化する、などということは許されない。なぜなら、二者択一が上述の二律背反という形をとるのは、ひたすら反省哲学の観点からしてだけでしかないからであり、われわれが問題視しているのも、まさにこの反省哲学だからである。われわれが提案していることは、反省哲学と同様な出発の仕方をした後でこれを推し止めることではない。——これはまったく不可能である。そしてすべてを考え合わせると、完全な反省の哲学は、たとえ、われわれの経験のうちで、それに抵抗するものを、ただ単に縁取ることによるにすぎないにせよ、われわれの目には、もっと遠くまで進むように思われる――われわれの提案は［反省哲学とは］別の出発の仕方をすることなのである。

以上の点に関して、いかなる曖昧さも残さないために、次のことを、つまりわれわれが反省哲学を非難するのは、単に世界をノエマに変えるということについてだけではなくて、反省する「主観」の存在をもまた、これを「思惟」と理解することによって歪曲し――そして要するに、他の諸主体と共通なる世界における、主観と他の「諸主体」との関係を考えにくいものとなすことに関してでもある、と再言しておこう。反省哲学は、もし知覚が私の知覚でありうべきであるなら、すでにもうそれは私の「諸表象」の一つであり、換言すれば私は「思惟」として、対象が自己をそのもとに呈示するところの諸相の結合と、一個の対象への総合を遂行するものであらねばならぬ、とこういう原理から出発するのである。［この原理が仮に正しいとすれば］反省、すなわち内部への還帰は知覚の姿を変容するものではなかろう。それというのも反省は、最初から知覚の骨組ないし関節をなしているものを露呈するにとどまり、知覚される事物も、それが無に等しいものでないとしたら、反省が数えあげ顕在化する結合の諸作用の全体《アンサンブル》であるからである。反省のまなざしが、対象から方向を転じて私の方に向うと言われうるのかどうかも、微妙なところである。それというのも、私こそ、思惟として、対象の一点から別の点へと、ある距離が現存し、そして一般的にいって何でもよいが何がしかの関係を現存する（il y a）ようにさせる当のものだからである。反省哲学は一挙に現実の世界を超越論的視野へと変貌させる。［しかし］それは、私がそれと知らぬ間にみずから組織していたがゆえにこそ初めて私がもつことができた、一つの光景の起源に、私を置き戻すだけのことである。それが果たしていることといえば、それはただ、私が上《うわ》の空で今までずっとそうであった当のものに、自覚的になるようにさせること、私の背後のある次元、すなわち実際は私の視覚の働きがすでにそこから出発しておこなわれていたある深みに対して、私がその名を与えるようにさせる、ということに尽きる。反省によって、おのれの諸多の知覚のうちに見失われている「私」というもの（le *je*）が、知覚を思惟として再発見することによって自己を再発見するのである。「私」はもろもろの知覚のために自己から離脱し、それらのうちに展開したのだと信じていた。今や「私」は、仮に「私」がおのれから離れていたとするなら、知覚も存在しないであろうということ、ならびに、もろもろの距離や事物の展開そのものが「私」の自己自身との親密な関係（intimité）の「外面」（dehors）でしかなかったこと、世界の展開（déroulement）とは、思惟がおよそ何がしかのものを思惟するのもまず最初におのれを思惟するがゆえでしかない、といったような一個の思惟の自己自身への巻き込み（enroulement）であったということに、気づくのである。

　ひとたび、われわれが反省に居を据えたなら、反省は難攻不落な哲学的立場となる。それというのも反省の行使に対するいかなる妨害、いかなる抵抗も、事象の示す反抗としてではなくて、単なる思惟されていないという状態、諸多の思惟作用からなる連続した織物における裂け目として、軽く処理されるからである。［なるほど］この裂け目は説明不可能なものではあるが、文字通り何ものでもないのだから、これについて言うべきことは何もないのである。しかしながら、そもそも反省のなかに入り込まねばならないのだろうか。その発端の作用のなかには、ひとたび暴露されれば、反省からその外見上の明証性を剝奪することになるいかさまな決断[三六]が隠されているのである。やがて不死身なものとなるこの方法を最初に購うための哲学的虚構が、まさに一挙に成し遂げられている。事実的状況から出発することは、反省的分析にとって必須なことである。仮に反省的分析が真なる観念、つまり私の思惟しているものへの私の思惟の内的な十全適合、もしくはまた世界についての現勢的な思惟といったものを、初めから自己自身に与えていないとするならば、すべての「我思う」を「我思うと我思う」に、さらにこれを、「我思うと我思うと我思う」等々……に、次々と依存させねばならないであろう。可能性の諸制約の探求は原理的に、現実の経験の後になるのであり、この事実からして、それに引き続いてかかる経験の「不可欠条件」(ce sans quoi)を厳密に規定したところで、これは事後になってから(*post festum*)発見されたという、この原初の汚点から決して洗い清められることはできないだろうし、この経験を積極的に根拠づけるものともなりえないであろうということが、帰結する。それゆえ不可欠条件が(たとえ超越論的意味においてであれ)経験に先行するというべきではなくて、前者が後者に伴うことができねばならない(三七)、と、すなわち前者は後者の本質的性格を翻訳もしくは表現しているが、そこから後者が由来するかのごとき前以ての可能性を示すものではないと、いうべきであろう。したがって、反省哲学は、そこ[精神]から精神の相関者として世界を眺めるために、それが明るみに出した精神のなかに、居を据えることは決してできないだろう。ほかならぬ反省(réflexion)であり帰還(re-tour 再-回転)であり失地回復(re-conquête 再-征服)もしくは取り戻し(re-prise再-取)であるがゆえにこそ、反省哲学は世界の光景《スペクタクル》のなかですでに働いている構成的原理と単純に合致するなどと、そして構成的原理が逆の方向に進んだとも思われる道そのものをこの光景から出発して辿るなどと、自惚れることは許されない。さて、それにもかかわらず、反省哲学がほんとうに帰還(*retour*)であるならば、すなわちその到達点がまた出発点であったなら、まさに以上のことを、それはなさねばならぬはずである。——これは好みに従ってどうにでも決めうる条項などではない。なぜならこれが欠けるなら、後退的分析は、いかなる前進的総合をも辞退して、もろもろの起源を顕わにするという主張を放棄し、哲学的寂静主義(quiétisme)の技術以上のものではなくなるからである。それゆえ、反省は、構成という逆の歩みを、要求すると同時に排除するという奇妙な状況のうちにあることになる。この遠心的運動がないとすると、反省は回顧的構築であるとみずから告白せざるをえなくなるという点においては、これはそれ［構成という逆の歩み］を要求する、――原理的にいって、反省はおのれがまさに解き明かさんとしている世界経験もしくは真なるものの経験の後からやってくることになるので、まさにこの事由によって、世界が自己生成する領域ではないところの理念化と「事後」の秩序《オルドル》のなかでおのれを確立することになるという点においては、反省はかの歩みを排除する。これは、フッサールが、すべての超越論的還元はまた形相的還元でもある、(二六)と言った折に、換言すれば、世界の光景を内部から、そしてもろもろの起源から理解するための、いかなる努力も、われわれに、われわれの知覚と世界の知覚との現実の展開から離脱し、それらの本質で満足し、われわれの生がそれに向って扉を開いている当の世界の、全体的な歩みぶりと原理的な分節化とを辿り直すために、生の具体的な流れと一体化している状態を中断することを要求すると、主張した折に、憚ることなく明るみに出したことであった。反省するというのは、流れの起源から最後の枝分れに至るまで、これと合致することではない。それは、諸事物、諸知覚、世界、世界の知覚を、組織的な変更（variation systématique）に付することによって、これらから、この変更に抵抗する英知的核心（noyaux intelligible）を解き放つことであり、経験が否認しない仕方で、一方［事物、知覚、世界、世界の知覚］から他方［英知的核心］へと進むことなのである。しかしこの仕方は経験の普遍的輪郭しか提供せず、したがって現存する世界の発生と反省的理念化の発生という二重の問題を、原理的に手つかずのままにしておき、結局、究極の諸問題を真剣に取り上げるはずの超反省（*surréflexion*）を、おのれの基盤として喚起し要求することになるのである。実をいえば、もろもろの本質を通過するところの反省なるものが、その予備教育的な課題を果たし、悟性の訓練というその役割を充たすことができるということが、そもそも確実ですらないのである。つまり、経験の全体が、本質的ないくつかの不変項のうちに表現されうると、われわれに保証するものは何もないのだ。若干の存在――例えば時間の存在――にしても原理的にかかる固定化を免れるものではないとか、そしてもしこれらの存在がわれわれによって思考されうべきだとした場合に、最初から事実の考察、事実性の次元、それに超反省を要求するものではないなどとは、何もわれわれに保証してはいないのだ。そして超反省は、この場合、少なくともこれらの存在に対しては、哲学の最深の場所におけるいっそう高い段階ではなくて、哲学そのものとなるであろうと思われる。ところで、仮に時間が反省の手を逃れるとするなら、空間もこの離脱に含まれるであろう。それというのも時間はそのあらゆる糸によって現在に結びつき、現在を通じて同時的なものに結びついているからである。そのうえ空間・時間のなかに状況づけられた主体性も、本質の言葉によってではなく事実性の言葉によって記述される必要が出てこよう。一歩一歩、経験の全体が、そして本質そのものと、諸本質の主観、形相的反省としての反省が、再考されることを要求するだろう。もろもろの形相的不変項の固定は、もはや *what*（何か）の考察のうちにわれわれを閉じ込めることではなくて、不変項と事実上の働き（fonctionnement effectif）との間の隔たりを明るみに出し、われわれを誘《いざな》って、経験そのものを、その頑迷な沈黙から脱却せしめること……を、正統な役割としてもつことになろう。すべての反省は形相的であり、それゆえにわれわれの非反省的な存在と世界との問題を残存させるということを認めることによって、フッサールは、反省的態度が通常回避している問題、つまり反省の出発状況とその諸目標との不調和を、まさに承諾する以外のことをなしているわけではない。

いっさいの明晰性の根源たる精神に、英知的な図式へと還元された世界を直面させつつ、首尾一貫した反省は、両者の関係に関するすべての問いを消滅させてしまい、この関係は今後は純粋な相関関係となるのである。つまり精神とは思惟するものであり、世界とは思惟されるものである。相互間の踏み越え（empiètement）は考えようとしても考えられないだろう。相互の混合も、移行も、いや両者間の接触さえも同様、考えられないだろう――それというのも、一方が他方に対して、結合されたものの結合者に対する、もしくは所産的なもの（naturé）の能産的なもの（naturant）に対するごとき関係にあるので、一方が他方によって先だたれうるには両者があまりにも完全に同延で、一方が他方を包括することができるにしてはあまりにもはっきりと区別されていて取り返しがつかないほどだからである。それゆえ哲学は、世界の精神に対する、あるいは精神の世界に対する、いかなる跨がり（enjambement）も、意味なきものとして拒絶するのである。世界が、世界についての私の意識に先だって存しうるなどということは、問題外である。私が想到しうるような私なきいかなる世界も、私が想到するというまさにこの事実によって、私にとっての世界となるということ、そしてまた私が他人のまなざしの起源に推測する［他人にとっての］私的世界が、［これを推測すると］同時に私がこの世界の準‐目撃者とならないほど、私的なものではないということは、明白なことではなかろうか。世界はそれ自体で存する、もしくは私の知覚の彼方に、ならびに他者たちがそれについてもつ知覚の彼方に存する、ということによって表現されているもの、それは、単に、すべての人びとにおいて同一であり、われわれの幻覚から独立な「世界」なる意義（significa-tion）ということである。この事情は、ちょうど三角形の諸特性が、あらゆる場所、あらゆる時において同一であり、これらの諸特性が、それと認知された日に初めて真となり始めるのではないのと同様である。われわれの知覚に対する世界の先在性ということがある、他人の知覚する世界の諸相の、私がこれらについて後からもつはずの知覚に対する、先在性、やがてこれから生まれてくる人びとの世界に対する、私の世界の先在性が存する。そして、これらの「諸世界」のすべてが唯一の世界を造り上げている。だがこれもただ単に、諸物と世界とが本質内在的な諸特性を伴った思惟の諸対象であり、いずれも真なるもの、妥当するもの、意義の秩序に属しており、出来事の秩序に属するものではない点においてのことにすぎないのだ。あらゆる主体にとって世界は唯一か否かという問いは、世界の理念性《イデアリテ》が認められた場合には、いっさいの意義を失う。私の世界と他人の世界とが数のうえで同一なのか、それとも種のうえで同一なのかを問うことは、もはや何も意味してはいない、それというのも、世界は英知的構造として、つねに出来事としての私の思惟の彼方にあるのだが、しかし同様に他人の思惟の彼方にもあり、その結果、世界は、われわれがそれについてもつ知によって分割されることはないからだし、またわれわれの各人がそれぞれ唯一だという意味において唯一なのでもないからである。世界についての私の知覚、ならびにある他人が世界についてもつ知覚、この両者は、われわれの生が互いに通約可能ではないにもかかわらず、それらが意味する事柄のあらゆる点において、同一なのである。なぜなら、意義（*signification*）、意味（sens）は、内的な十全適合、自己の自己への関係、純粋な内面性であると同時に全面的な開放性であって、決して一個のパースペクティヴに従属した姿でわれわれのうちに降りてくることはないからだし、この理由のゆえにわれわれは、決してわれわれ自身に特有のわれわれの光ではなく、かくして、われわれのすべての真理はおのずから、真理たる限り合体しあい、権利上、唯一のシステムを形成するからである。こうした次第で、思惟と対象との原理的な相関関係とともに、もろもろの難問も、問題も、逆説も、逆転も与《あずか》り知らぬ一個の哲学が確立される。つまり思惟する主体とこれが思惟するものとの純粋な相関関係とともに、私は最終決定的に私の生の真理――これはまた世界の真理、他の諸多の生の真理でもあるが――を、私自身のうちに捉えたのである。客観-存在(三九)は私の前に最終決定的に、私にとってそれのみが意味を付与された唯一のものとして置かれており、他者たちの、彼らの身体へのいかなる内属も、私自身の、私の身体へのいかなる内属も、混乱として拒けられる。——自己‐存在は、最終決定的に、私の思惟の思惟自身に対する十全適合性において私に与えられ、そしてこの側面からも、精神と身体との混淆を真剣に受けとめることは、問題とはならないのである。私は、思惟対象を思惟に対して存在せしめる遠心的運動に永劫に、無理やり従わされている。そして私がこの立場を離れて、私によって、もしくは同じことに帰着するが、一個の他者によって思惟される以前の「存在」（l'Être）とはいったい、いかなるものであろうか、われわれのまなざしが、そこにおいて互いに交叉し、われわれの知覚が互いに検証しあう場たる相互世界（intermonde 間世界）とは、どんなものであろうか、ということについて自問するなどということは問題とはならない。それというのも、なまのままの世界などおよそ存在せず、加工された世界しかなく、また相互世界なるものも、およそ存在せず、ただ「世界」という一個の意義しかないからである……。そして、ここでもまた、反省的態度は、反省されたものについてのテーゼ（thèse）において主張していることを、基礎命題[四〇]（hypothèse 仮設）において、そして反省として打ち消してはいないのだと仮にするなら、それは難攻不落のものであることだろう。それというのも、反省以前には、私は私の身体によって、自分が現実の世界のなかに位置づけられ、かつ［同様に］おのれの身体によって世界のなかに位置づけられている他の人びとのさなかにいると信じていたし、私が知覚する同じ世界を、彼らもまた知覚しているのが見えると信じ、そして私も彼ら自身の世界を見つつある彼らの一人であると、みずから信じていたが、この私は、反省によって近づかんと欲していた初見の意味を、この素朴な手ほどき（initiation）と、これらの交錯した知覚に見出したのではないとしたら、いったいどこに見出したというのであろうか。* 仮に私が、光景に意味を付与する者として自己自身を発見する以前に、換言すれば——反省哲学は私の存在と、私がこの存在について思惟する事柄とを、同一視するのだから——私がまさにかかる意味付与者となるに先だって、却って光景の方が私に対して意味を有していたがゆえに、というのでなければ、どうして私は意味の普遍的源泉として私自身に訴えること、つまり反省することをなしえただろうか。反省によって普遍的精神に私が接近するという企ては、私がずっと以前からそれであったし現在もそれであるところの当のものを、遂に発見するどころか、却って私の生と他の諸多の生との、私の身体と可視的諸事物との、絡み合いによって、私の知覚野と他者の知覚野との斬り結び（recoupement 相互検証）によって、私の持続と他のもろもろの持続との混淆によって、動機づけられているのである。もし私の経験をずっと以前からつねに支え続けてきた前提を、普遍的精神のなかに見出すかのようなそぶりを私が反省によって装うとするなら、これは出発点をなす非‐知（non-savoir）——といってこれは決して無に等しいものではないし、また反省的真理でもなく、そしてこれまた釈明しなくてはならないものなのであるが——を忘却することによってでしか可能ではない。私が、世界や他者から翻《ひるがえ》って敢えて私自身に訴えることができ、反省の道を取ることができたのも、ひたすら、まず初めに私がおのれの外にあり、世界のなかに、諸多の他者の傍にいたからこそであり、そして絶えずこの経験が、私の反省をはぐくみ養っているからこそなのである。哲学が説明すべき総体的状況とは、以上のごときものである。ただ、反省の二重の極性と、ヘーゲルがよくいっていたように、自己への還帰はまた自己からの脱出でもあるという事情を容認することによってのみ、哲学は以上の課題を果たすことができよう。**

＊　欄外に——反省が相互主観性を抹殺するという事情を明らかにすること。

＊＊　欄外に——恐らく（終りに）フッサールの意味における反省について別のパラグラフを設けることになろう。これは究極的には、能動的構成者（*Auffassungsinhalt-Auffassung* 把捉内容—把捉）に居を占めるのではなくて、あらゆる反省の起源に、自己への実質的な臨在（présence à soi massive）を、すなわち Rétention（過去把持）の *Noch* im Griff（まだ掌中に納めつつ）と、これを通じて Urimpression（原印象）と、この両者を賦活する絶対的な流れとを見出すところの反省である。この反省は、「自然」を内在的な諸統一へと還元することを、予想してはいる。しかしながら Tönen（音調の鳴り響き）は、内在性ではない、——内在性を脱自性の意味に理解しない以上は！——それは流れの構造そのものを利用しているのである。

恐らく、次の三つの反省を区別すべきこと——（1）自己との接触としての反省（カント的なもの、結合者）-可能性の諸条件。（2）鏡に写し出すような反省（Réflexion spéculaire）、まなざし（regard）（フッサール）、心理学的内在性、すなわち内的時間の主題化。（3）絶対的流れの反省。

問いかけと弁証法

知覚の信憑と否定性

哲学は、知覚の信憑をいったん保留し、それを支えている諸動機を露呈させることによって、知覚の信憑の諸矛盾を乗り越えることができると信じた。この作業は不可避的であるように思われる、そのうえ、それは結局のところ、われわれの生が暗黙のうちに含意しているものを語ることにほかならないのだから、まったく正当であるとも思われる。しかしながら、この作業は、まさにそれを理解することが問題であるところの知覚の信憑の姿を変え、これを他のもろもろの思いなし（croyance）と並ぶ一つの思いなしとなす点において、つまり他の思いなしと同様、もろもろの理由に――世界があると思惟するためにわれわれが所持しているもろもろの理由に基礎づけられた一つの思いなしとなす点において、欺瞞的であることが明らかとなるのである。ところで、知覚の場合、帰結が理由の前に来るのは明白なことであって、理由がそこに現われるのも、帰結が揺がされた場合にその帰結の代りになるため、もしくはそれを救うため、でしかないのだ。われわれが理由を探求するのは、もはや首尾よく見ることができないからであり、あるいは錯覚のような他の諸事実が知覚の明証性それ自身を拒否するように、われわれを仕向けるからである。しかしながら、知覚的明証性がいったん揺がされた場合、それになんらかの価値を返してやるのにわれわれが所有するもろもろの理由と、この明証性とが同一であると主張することは、知覚の信憑が例外なく疑いへの抵抗であったこと、肯（措）定的なものは否定の否定であったことを要請することである。「内的なもの」への訴えとしての反省的歩みは、世界の手前へと退き、世界への信憑を、語られたものないし命題（*statements*）の序列へと移行させる。ところがこの「解明」（explicitation）なるものが［実は］取り返しのつかない変容なのだということ、この「解明」はわれわれに知覚の信憑の正確な内容を与えみずからその尺度であると言い張っているのだが、却ってそれ自身[一]この信憑に基づいているということを、われわれはまさしく感じとるのである。それというのも、私が私の思惟の秩序と連結とを信ずるのは、まず第一に世界と諸事物とを信ずるがゆえ、だからである。したがってわれわれは、反省する哲学者が自己自身のうちに、その諸想念のなかに、世界の手前に求めているもろもろの信憑理由を、反省それ自身の下に、いわばこの哲学者の前方に（*devant*）探求するように、誘われるのである。

　反省に対する以上の批判は、ただ単にその初歩的な諸形態に、すなわち心理学的反省に向けられるだけではない、つまり、それによって事物がわれわれに与えられる所以をなす「意識の諸状態」へと立ち帰り、意識の流れのなかに位置づけられた出来事としての、形相的実在性[二]において捉えられたわれわれの「諸思惟」へと赴くために、事物から遠ざかるところの心理学的反省に適用されるだけではない。おのれ自身をいっそう自覚した、改めておこなわれる反省にも適用されるのだ。つまり意識の諸状態を今度は絶対的主観の前で構成された諸単体と見なし、この主観を心理学的出来事へのいかなる内属からも解放し、われわれの諸思惟をその「客観的実在性[三]」への、その観念対象（idéat）やその意義への純粋な関係と定義する反省にも適用される。この純化された反省でさえ、世界への開披を自己の自己に対する同意へと変化させ、世界の制定（institution）を世界の観念性へと、知覚の信憑を世界に関与しない主観の諸作用や諸態度へと、変化させるという反省的欠陥を免れるものではない。いったん踏み込んだら立ち戻れないこの第一の虚偽を避けようと思うのなら、反省とともに、そして反省を通じて、「主観‐存在」と「存在」そのものとを、改めて考察し直さねばならない。そしてこの考察は反省的宇宙の果てにある世界という地平にわれわれの注意を集中することによってなされる、つまり、われわれのおこなう諸構築作業においても密かにわれわれを導き、そしてわれわれが世界を再構成すると主張する所以のもろもろの反省的歩みの真相を包蔵しているところの、世界という地平——すなわち、われわれの懐疑のいかなる否定もその等価物ではありえない最初の肯定性に、注意を集中することによって、なされるのである。

したがって、論者は、(四)反省に先だって、そして反省を可能にするためにこそ、世界との素朴な交際が必要なのであり、われわれが立ち戻るところの「自己」なるもの（le Soi）は、疎外された、つまり「存在」へと脱‐自（ek-stase）している一個の「自己」（un Soi）に先立たれている、と言うであろう。世界や、諸事物や、存在するものは、おのずからしてあり、われわれの「思惟」とは共通の尺度をもたずに存する、と言うであろう。「事物」がわれわれに対して何を意味しているかを探求するなら、われわれは、事物とは自己自身のうちに休らっているところのものであり、まったくの現勢態において、いかなる潜在性も可能性も伴わずに、正確にそのあるがままのものであり、それは定義によって「超越的」であり、外部に存し、いっさいの内面と絶対に無縁なものであることを見出すのである。事物が誰かによって、とりわけ私によってたった今知覚されたばかりだとしても、知覚されることとは、事物それ自身の意味を構成するものではない。反対に、事物の意味とは、無関心のうちに、同一性の闇のなかに、純粋な即自として、そこに

(la) 存することである。仮に「存在」への開披という前反省的地帯を真に再発見しようと望むとしたら、われわれが導かれるであろう「存在」の記述とは、以上のごときものであろう。この開披が生ずるためには、そして断固としてわれわれがおのれの思惟から脱出し、何ものもわれわれと存在との間に介在することを許さぬためには、以上と相関的に、「主観 - 存在」から、かつて哲学がそれを満たしていたすべての幻影を、取り除かねばならないであろう。私は脱 - 自として、世界と諸事物のうちにあらねばならないのだから、何ものも私を、諸事物から遠くに、私自身のうちに、留めおくことは許されない。いかなる「表象」も、いかなる「思惟」も、いかなる「心像」も、いやそれどころか哲学者がそれによって私を諸事物から絶対的に区別しようとする「主観」、「精神」、あるいは「自我」というこうした資格づけでさえ、例外ではない。実はこれらの資格づけも、それはそれで人を欺くものとなるのである。なぜなら、それは、あらゆる名称指示と同様に、結局のところまた肯定的《ポジティブ》なものに舞い戻り、私のうちに実在性の幻影を再び導入し、そして私とは思惟するもの（*res cogitans*）、であると——すなわち、非常に特殊で捉えられない見えざる物ではあるが、それでもやはり物であることには変りがない思惟するものであると、信じさせることになるのだから。事物そのものへの私の接近を保証する方法ありとするなら、その唯一の方法は、主観性について私の所持する概念を完全に純化することであろう。「主観性」や「自我」というものさえ存在せず、意識には「住みびと」がいない。私は、意識を身体の裏面としたり、「精神活動《プシシスム》」の特性となしたりするところの、もろもろの二次的統覚から、意識を完全に解き放ち、そして意識を、世界の充満を容れることができる「無」「空虚」として、あるいはむしろおのれの空虚性を担ってもらうために世界の充満を必要とする「無」「空虚」として、発見するのでなければならない。

　まさに絶対的充満ならびに絶対的肯定性としてのこの存在の直観と、われわれがそこに混じり込ませている総ての存在的なものから純化された無という見方とによってこそ、サルトルは事物へのわれわれの原初的接近を、つまりもろもろの反省哲学のうちにつねに暗黙裡に含意されており、また実在論においてはわれわれへの事物の作用という考えにくい事柄としていつでも理解されている原初的接近を、説明できると考えるのである。私が自分を否定性として理解し、世界を肯定性として理解するやいなや、そこにはもはや相互作用は存在しない、私はまったく自分自身から稠密な世界を迎えにゆく。世界と私との間には、出会いもなければ逆撫《さかな》でもない。なぜなら世界は「存在」であり、私は何ものでもないからである。われわれ［世界と私と］は、同じ秩序に属していないがゆえに、厳密に対立し、かつ厳密に合一し、いつまでもそうあり続ける。私は、私自身の中心によって絶対的に諸事物の存在に無縁のままである。――そして、まさにそのことによって、諸事物へと充当され、諸事物へと向けられている。この際、存在について語られたことと、無について語られたこととは、一体をなす、それは同じ考えの表と裏である。われわれの眼前にある、あるがままの存在を――平穏に、頑固にそれ自身であり、それ自身のうちに居坐っている事物の存在として、絶対的非‐我として――明晰に見ること（vision）は、不在と逃亡としての自己という考え（conception）にとって、補足的であるいは同義的でさえある。存在の直観は、無のある種の負直観（négintuition）（負エントロピーについて語られる意味において）と、つまり、われわれをどんなものにも、［例えば］意識状態、思惟、自我あるいは「主観[1]」にさえ、還元することができないという不可能性と、密接に繋がっている。この場合すべては、否定的なものをどれだけ厳密に思惟しうるかに懸かっている。否定的なものを「思惟対象」として扱うこと、あるいはそれが何であるかを語ろうとすることは、否定的なものを否定的なものとして考える所以ではない。それは否定的なものをより精緻なあるいはより繊細なある種の存在となすことであり、存在に再統合することである[2]。否定的なものを考える唯一の方法は、それがあらぬと考えることであり、その否定的純粋性を守る唯一の方法は、否定的なものを、別の実体として存在に併置するのではなく、――こんなことをすればすぐに否定的なものを肯定性で汚染することになるのだから、――そうではなく、仮に絶対的充実に何かが欠けることが可能だとするなら存在に欠けているであろうものとして存在に含まれている、存在の単なる縁（ふち *bord*）でしかないものとして、そっと盗み見ることである、――より正確に言えば、みずから無にも等しきもの（rien）ではなくなるために存在を呼び出し、それゆえ存在の考えられうるただ一つの補足として存在によって呼び出されたものであって、同時に存在欠如であるが、しかしそれ自身おのれを欠如として構成する欠如であり、したがって埋められれば埋められるほどまさにそれだけ自己を穿つところの裂け目なのである。私の眼前に存し、私がそれであるところの当の空虚をその塊りでふさぐように思われるこれ（*ceci*）なるものが、あるとしよう。実はこのコップ、このテーブル、この部屋が私に如実に現前するのは、何ものも私をそれから分つものがなく、私がそれらにおいてあるのであって、私自身のうちや私の表象や思惟のうちにいるのではなく、私が何ものでもない場合に限られるのである。しかしながら、私がおのれの前にこれをもつ限り、私は絶対的無（rien absolu）ではなく、規定された無（rien déterminé）であると、言われもするであろう。例えば、私はこのコップではない、このテーブルではない、この部屋ではない。私の空虚は任意のものではなく、少なくともその限りにおいては、私の無（néant）は埋められ無効にされている。[五] ところが実は、私の現在のこの擬似 - 肯定性はより深い、ないしは二重化された否定でしかないのだ。それが有効な現在というその重さをもち、私の生の領野を効果的に占めるのも、それがつねに新たなものであり、全体的世界という地の上に「輝き出る?」からでしかない。しかしこのことは、それがまさに全体的世界に吸収されようとしていることをも意味している。すなわち、もう一瞬たつ間に、そして私がなおそれについて語っている間に、それは消失し、別のこれに席を譲り、残余の世界へと溶けて消えてしまうだろう。それが私の空虚を規定するのは、それがつかの間のものであり、他のこれによって基本的に[六]脅かされているからでしかない。その効力ならびにその現前と呼ばれるものは、この脅かしの無限小の中断であり、全体の一瞬の後退である。その私への「圧力」は、残余のものの不確かな不在にすぎない、つまり過去の諸多のこれが「かつて「それで」あった」ところの、そして未来の諸多のこれが「「それで」あるであろう」ところの他の諸否定の否定であり、やがてこの諸否定と非現在的なものにおいて合体するはずの、そしてこれからまた幾度も繰り返されるはずの、一つの否定であるにすぎない。それゆえ、裂け目を埋めることは、実はそれを穿つことである。なぜなら裂け目に投げ入れられる現在が、かつてあった、ないし時至ればあるであろう諸否定を否定し、それに取って代るのも、ひたすら現在が同じ差し迫った運命に身を曝すことによってでしかないからである。現在の充実そのものも、吟味してみると、われわれを構成する空虚の自乗であることが明らかとなる。有効な、ないし根源的な否定は、おのれが否定するものをそれ自身のうちに担っておらねばならず、能動的に自己自身の否定でなければならない。「……を欠いている存在が、それに欠けているものであらぬ限りにおいて、われわれは、この存在のうちに一つの否定を捉える。けれどももしこの否定が――それとともに否定一般のあらゆる可能性が――純粋な外面性のうちに消失すべきでないとすれば、否定の根拠は、……を欠いている存在がおのれに欠けているものであるという必然性のうちに存する。それゆえ、否定の根拠は、否定の否定である。けれどもこの根拠としての否定（négation-fondement）は、否定を本質的契機とする欠如と同様、一つの所与ではない。すなわちこの根拠としての否定は、あるべきであるものとしてある（……）。欠如が対自存在にとって内的欠如でありうるのは、ただ、除去されるべき欠如としてのみである[3]」。無がおのれを穿つのも、また満たすのも、結局のところ同じ運動に属している。真に否定を思惟する哲学、すなわち否定を徹頭徹尾あらぬものと思惟する哲学は、また、「存在」の哲学でもある。* われわれは、一元論と二元論とを越えた地点にいる。なぜなら、二元論が、徹底的に押し進められた結果、もはや競合関係にはないその両対立項が、互いに対して休らっており、相互に外延を共にするからである。無はあらぬところのものであるから、「……認識は存在に吸収される。といって認識は、存在の一つの属性でも、機能でも、偶有性でもあるのではなくて、却ってある（il y a）のは存在だけである、ということなのである（……）。われわれは、この書物の終りにおいて、〈即自〉に対する〈対自〉のこの節合（articulation）を、やがて〈存在〉（l'*Être*）と名付けうるところの準‐全体性の、不断に動いてやまない粗描と見なすことさえできよう。この全体性の観点からすれば、〈対自〉の出現は、ただ単に〈対自〉にとっての絶対的出来事であるばかりでなく、〈即自〉に到来する何ものか、すなわち〈即自〉にとって可能な唯一の意外な出来事（aventure）でもある。事実、あたかも〈対自〉がその無化そのものによって、おのれを《……についての意識》として構成するかのように、いいかえれば、〈対自〉がその超越そのものによって、肯定の働きが肯定されるものに粘り付かれるというこの〈即自〉の法則から、脱れ出るかのように、事は経過するのである。〈対自〉は、その自己否定によって、〈即自〉についての肯定となる。志向的肯定は、いわば内的否定の裏である（……）。けれども、その場合には、〈存在〉の準‐全体性のうちにおいて、肯定が即自に到来することになる。肯定されるということは、〈即自〉にとって意外な出来事なのである。〈即自〉によっては、その即自存在を破壊せずには自己についての肯定としてはおこなわれえなかった、この肯定、それが〈対自〉によって実現されるという事態が、〈即自〉に起る。この肯定は、いわば〈即自〉の受動的脱自であり、この受動的脱自なるものは、〈即自〉を無傷のままにしておくし、しかも、〈即自〉のうちに、〈即自〉から出発して、実現されるのだ。あたかも、〈世界〉という肯定が〈即自〉に到来するために、みずから自己を失うところの〈対自の受難〉（Passion du Pour-soi）といったものがあるかのように、事は経過するのである[4]」。絶対的否定性の哲学――それは同時に絶対的肯定性の哲学である――の観点からすれば、古典的哲学のすべての問題は雲散霧消する。なぜなら、その問題は「混合」（mélange）と「統合」（union）との問題であったからであり、混合と統合とは、あるところのものと、あらぬところのものとの間では、不可能であり、しかしまた混合を不可能にするその同じ理由によって、互いに他方なしには一方も思惟されえないだろうからである。それゆえ、観念論と実在論との二律背反は消失する。なぜなら、無化としての「認識」は、それがそのなかへと消え去るところの事物そのものによってしか支えられず、認識は存在に影響を与えることができず、存在に「何も付け加えず」、存在から「何も取り除かず[5]」、認識は存在の表面に輝く「無のきらめき[6]」であるということが、真であるのと同時に、――認識は、やはり無化として、そして無が存在に絶対的に知られていない限りにおいて、存在に、「あるがままにかくある〈存在〉」（l'Être *tel qu'il est*）であるという、つまり認知され、ないしは確かめられた存在であり、意味をもつ唯一の存在であるという、否定的でしかも原的な規定を、与えるということも、真だからである。「……至るところから《わたしを包囲し》、私をそれから分つものが何も（*rien*）ないこの存在、この存在から私を分つのはまさにこの何ものでもないもの（*rien*）なのである。そしてこの何ものでもないものは無（néant）であるがゆえに、乗り越えられないのである（……）」。〈対自〉は、存在への直接的臨在であるとともに、自己自身と存在との間に無限の距離として滑り込む[7]」。同様に、事物がすべての「思惟の客観[七]」や「意識状態」から永《とこしえ》に区別されたものであり、超越的であることが、真であるのと同時に、事物を認識する意識が、自己自身への臨在によって、その内在によって、現象することと存在することとの意識のうちにおける厳密な同一性によって、定義されるということも、真である。意識は、無化であり空虚であり、透明であるがゆえに、内在なのである。そして、意識は超越的事物へと開かれている。それというのも、この空虚はそれだけでは何ものでも（*rien*）ないからであり、実存する意識はつねに諸性質で満たされており、おのれが無化する存在のうちに、そして別の次元に属しているがゆえに意識がいわばそれに対してなんの動かす力ももたない存在のうちに、埋没しているからである。私による私の把握は、私の生の原理的可能性として、この生と外延を等しくする。あるいはより正確に言えば、この可能性こそ私であり、私はこの可能性であり、そして、この可能性を通じて、ほかのすべての可能性なのである。しかしこの可能性は無化の可能性であり、あらゆる存在の現実性と同様、私の受肉された存在の絶対的現実性には手をつけない、つまり私が反省によって私の生におのれを傾注しない限り、私の生の不透明性をそのままにしておく。そして私の存在の経験としてのコギトは前反省的コギトであって、それは私の存在を私の面前に対象として措定しはしない。あるがままの姿において（八）は、そしてあらゆる反省以前においては、私は私の状況を通じて私に触れるのであり、私が私に送り返されるのはこの状況から出発してであり、私は無としてはおのれを知らず、ただ諸事物の存在しか信じていない。私のもつ最も固有なものにおいては、まさに私は何ものでもないがゆえに、何ものも私を決して私自身から分ちはしないが、しかしまた何ものも私を私自身に告知はしない、そして私は諸事物へと脱-自しているのである。もし否定的なものが、それがまさにそれである当のもの（ce qu'il est（8））として認められ、否定的なものに対して負直観が行使されるなら、非反省的なものと反省との間、すなわち知覚の信憑と、思惟する私への私の諸思想の内在との間を、選択する必要はもはやない。つまり何ものでもないことと世界に住むこととは同じことなのだ。したがって自己知と世界知との間には、もはや観念的にすら優先性の論争は存在しない。とりわけ、世界は、「結合されたもの」が「結合するもの」に基礎づけられるようには、もはや「我思う」に基礎づけられはしない。私がみずから「……である」ところのものであるのは、距離を隔てて、かしこにおいてでしかなく、私が自分の前に押しやるところの、そしてそれぞれ隔たる度合の最も少ない私の遠方でしかないこの身体、この人物、この諸思想においてだけなのである。そして逆に、私は私自身に対してと同じ程度に密接に、私ではないこの世界と結びついており、世界は、ある意味で、私の身体の延長でしかない(9)。私には、私は世界である、と言う理由があるのである。観念論と反省的痙攣は消失する。なぜなら、認識関係は「存在関係」に支えられているからであり、私にとって、存在するとは同一性に留まっていることではなく、私の眼前に同一視されうるものを把持すること、すなわち「あるがままにかくのごとく」(tel qu'il est)という最小限の対応語以外の何も私が付け加えずに、あるところのもの(*ce qu'il y a*)を把持することだからである、——そしてさらに私がそれであるところの当の徹底的否定が自己自身を否定することを求めると同時に、なまの存在(l'être brut)から確認された存在もしくはその存在の真理へのこの移行が、外的存在の根底から、その外的であるという性質そのものによって、要求されているからである。

(1) 私は存在に対して絶対的に無縁であり、このことが私を「絶対的充実とまったくの肯定性」としての存在に開かせているのである。(*L'Être et le Néant*, p. 51). [Paris, NRF, 1943.] [上記の文句は指定された頁には見当らない——訳者]

(2) 無の観念に反対して呈示されうるすべての論拠を、サルトルは受け入れる。その論拠はすべて、無があらぬものであり、無にとってまさしくこれが唯一の存在様式である、ということを証明する。

(3) *L'Être et le Néant*, pp. 248-249, *op. cit.*

* 欄外に——無の運命と存在の運命とは、無が適切に思惟されるとき、同一である。

(4) *Id.*, pp. 268-269.

（5）*Id.*, p. 232.
（6）*Id.*, p. 268.
（7）*Id.*, pp. 269–270.
（8）それが……であるところのものとして（pour ce qu'il est）、と語るべきであろう。
（9）ベルクソンが『二源泉』で「私の身体は星辰にまで達する」と語っていたように。〔*Les Deux Sources de la Morale et de la Religion*, Paris, Alcan, 1932, p. 277〕「なぜならわれわれの身体は、われわれの意識がおのれを充当する物質だとするならば、われわれの意識と外延を等しくするからである。われわれの身体はわれわれが知覚するすべてのものを包含し、星辰にまで達する。」〔Œuvres, p. 1194—訳者〕

ところで次に、他の人びとにも知覚される世界そのものに到達するのだという、知覚の信憑の、かのもう一つの確信を考察するなら、真に否定主義的な哲学においては、これは次のように言い表わされる。私が見るものは、私的世界という意味で、私のものなのではない。テーブルは今後もテーブルである。私がテーブルについてもつところの、そして私の身体の位置に結びついているところの諸多の遠近法的展望でさえも、存在に属しているのであって、私自身に属しているのではない。私の精神物理的組成に結びついているテーブルの諸相——例えば、私が色盲で、テーブルが赤く彩色されている場合、テーブルが呈示するこの奇異な色——でさえ、やはり世界のシステムの一部なのである。私の知覚において私に属するものといえば、知覚のもつもろもろの空隙である、そしてこれらでさえも、事物そのものがそれらの背後にあってそれらを空隙として指し示していないとしたら、空隙ではないであろう。したがって、結局、知覚の「主観的」側面を構成するものとしては、事物をあるがままにかように見ると言うことによって表現される事物の二次的重複しか、残存しないことになる。さて今度は、私の前に、私が「テーブル」と呼ぶものを、「まなざす」もう一人の人物がいるとしよう。私の思惟の一つではなくてほかならぬテーブル自身であるところの、私の領野に属するテーブルと、［他者の］この身体、このまなざしとの間には、独我論的分析が与える二つの関係のどちらでもない関係が結ばれているのだ。つまり事物への他人のまなざしは、おのれ自身を忘れ果て事物そのものへと開披する否定でもないし、また、私が事物に呈する空間を通じて白日のもとに坐を占めつつある、同一性の闇における事物でもないし、あるいは、私がその周囲にしつらえる空虚のおかげで減圧しつつある、事物のもつ充満でもない。なぜなら事物への他人のまなざしは、私にとって取るにたらぬもの（un rien）(九)ではなくて、外部の証人だからであり、［しかし］また究極のところそれが何であろうと、それは、私が私自身にとって無（rien）であるようには、無ではないからである。他人のまなざしは、事物をその真理へ、ないしその意味へと押しやるという、そして事物を「そのあるがまま」の姿で把握するという、私のもっているこの能力をもってはいない。他者たちが世界についておこなう知覚は、私にいつも盲目的な手探りといった印象を残す。そして、彼らが世界の知覚について、何かわれわれの知覚と符合するようなことを語るとき、われわれはまったく不意をつかれたように驚くのだが、それはちょうど幼児が……を「理解」し始めたときびっくりさせられるのと同様である。そしてそれと相関的に、他人のまなざしの端にある事物は、それ自身の存在の確認として、つまりそれを真の事物ないし確認された事物となすものとして、他人のまなざしを呼び求めることはない。他者たちがまなざすものは、つねに私の事物であり、彼らがなす事物との接触は、その事物を、彼らに属する世界に、合体させることはない。他者による世界の知覚は、私自身による世界の知覚と競い合うことができない。それというのも私の立場は、他者たちの立場に同化されることを許さず、私は内から、そして内面から私の知覚を生き、その知覚は個体発生（ontogénèse）の比類のない力をもつからである。事物に接近する私のもっているこの力そのもの、したがって私の私的意識状態を超出するこの力そのものは、それが内面から生きられた知覚にもともと具わるものであり、すなわち私の知覚にもともと具わるものであるという事実によって、私が独我論から解放されると信じたその刹那に、（このたびは超越論的な）独我論へと私を連れ戻すのだ。個体発生のこの力は、私の特殊性となり、私の［他者との］差異となる。しかし、まさにこの点に関して、見知らぬ目撃者の介入は、私の事物との関係を、そのままにはしておかない。それは、「あるがままにかくある」世界に、行動のあるいは私的生の下位世界（sous-univers）を、そっと忍び込ませながら、存在への私の献身を試練にかけ、私が僭称していた万人に代って存在を思惟するという権利を問題にし、私の寛容を文字通り受け取り、私が自分は何ものでもなく、存在によって超出されていることを承認したときになした約束を、守るようにと促すのである。他の人びとの諸事物へのまなざしは、おのれの当然受くべきものを請求する存在であり、それに対する私の関係が、他の人びとを経由することを、承認するように私に厳命する存在である。私だけが依然として個体発生の証人であり、他者たちは、私にとっての存在の明証性に何も付け加えることはできない。存在が私の意識の諸状態に何も負っていないことを、私は他者たちが介入する以前から、すでに承知していた。しかし、私がそれであるところの無（le rien）と、私が見る存在とは、それでもやはり一つの閉じた領域を形成していた。事物への他者のまなざしは、もう一つの開披なのである。私がそれであるところのこの開披において、この第二の開披は独我論的領域に対する疑問符であり、私がそれであるところの無と存在との間の偏差（écart）の可能性である。私は依然として唯一の自己（*ipse*）である。他人は、語らない限り、依然として私の世界の一住人にとどまる。しかし、彼は、この自己なるものが一個の無（un rien）であることを、すなわちこの匿名なるものが自分自身に対して光景を形成するのではなくて、Xに対して、［あるいは］それへの参加を望むのであろう推定上すべての人に対して、光景を形成することを有無をいわせず私に思い出させる。これらの人びとの登場に際してたった一つの条件が提示されている、すなわち彼らがそれぞれ否定性の他の中心として、私に立ち現われることができるということだ。彼らは、私の眼前にあって、存在の側にいるのだから、いかにしてこの条件を満たしうるのかがわからないのは、確かである。しかし、彼らが世界の中にいかにして現われうるのか、その事情がわからなくとも、そして私の展《パースペクティヴ》望の特権が絶対的であり、私の知覚が避けて通ることのできない[10](indéclinable)ものだと思われるにしても、この特権が私に属すると認められるのも暫定的な資格においてでしかないのだ。すなわちこの特権は、私自身にだけに取っておかれた「主観的」系列の特権ではない。私は、私によって生きられた世界が他者たちによっても参加されうるようにするために、いわば私の自由になしうることはすべてなしているのである。なぜなら、私はひたすら世界から何も奪わない一個の無(un rien)としてのみおのれを区別し、私の身体や諸表象、私の思想すらをも、私の所有物として、世界の戯れのうちに置くからであり、そしてただ単に他者のまなざしがまさに登場しようとしさえすれば、私と呼ばれるすべてのものが原理的に他者のまなざしに曝されることになるからである。

ところで他者のまなざしは登場するのだろうか。それは諸事物のさなかに登場することはできない。普通の見解がどのようであれ、私が他者たちを見るのは、彼らの身体においてではなく、いかなる場所においてでもない(*nulle part*)。他者のまなざしが発するのは空間のある一点からではない。創世記が、最初の他者はアダムの肉体の一部分から作られた、と語っていたように、他者は、一種のさし枝ないし二重化によって、私の側に(*de mon côté* 私の脇腹から)誕生する。しかし、何ものでもないものが二重化するのをどう理解したらよかろうか。一つの「無」(rien)がもう一つの無からいかにして識別されるのだろうか。この問いはただ、われわれが途中でわれわれの原理を忘れてしまったということを、つまり、無

（néant）は存在せず、われわれが無を捉えるのは負直観によるのであり、存在の裏面としてであるということを、忘れてしまったことを示すに過ぎない。もし複数の存在がありうるなら、それと同数の無（néants）があるはずだ。問題は、いかにして一つの無（un néant）をもう一つの無から識別するかを知ることではない。なぜなら、私が同一性の意味においては何ものでもないと述べることは、私は能動的な意味で私の身体であり私の状況であると述べることだからであり（二）、正しい表現に直すなら、この問いは、一つ以上の身体と一つ以上の状況が存在しうるかどうかを知ることになるからである。けれどもこうした表現で問いが立てられると、それは直ちに解決される。もっとも私は決して私の状況のうちに、現に他のもろもろの状況が（その名義人とともに、つまり彼らもまた存在をあらしめ、そして私があらしめるのと同じ存在をあらしめている、そうした名義人とともに）存在するという証しを見出しはしないであろう。しかし、仮に私の状況がそのことを証拠だてるとするなら、それは必要以上のことを論証することにもなるだろう。なぜなら他者の存在が私の存在から結果することになるからである。要求されうるいっさいは次のことに尽きる、すなわち私の状況——私の構成的無から最小限に離れているこの存在の領域——は、私にとって、私のまなざしが鳥瞰するすべての対象のうちの一個の対象ではないということ、デカルトがよく言っていたように（三）、私がそれを私のものだと呼ぶある特権が存在するということ、私の状況とは、私が最初に引き受ける存在の領域であり、それを通じて残りすべてを引き受ける存在領域であるということ、私はこの領域とある特殊な結びつきをもち、それが私のまなざしの普遍性を制限し、その結果、存在に対する私の眺めは存在と同じ拡がりをもたず、そして他者たちが存在することに成功するなら、私の見るものの彼方に、他者たちの見るもののための余地が区画されるようにならねばならぬ、ということである。ところで、以上の事柄は、状況の概念そのものと無の負直観のなかに含まれている。すなわち、私は何ものでもないので、世界に到来するために特に存在の一部分に倚りかかるのであるが、この存在の部分はそれにもかかわらず、依然として外部であり、世界を横ぎる諸作用に従うのをやめないのだから、そして私はこれらすべての作用について予告されていないのだから、なまの事実としてその諸帰結を引き受けねばならないような諸作用があることになる。したがって私の状況は私自身の目には不透明であって、私から逃れる諸相を呈示しており、そして、仮に外からのまなざしが可能だとしたら、これはそれらの諸相に対して、より多くの光をあてることになるであろう。私がそれであるところのものの総和は、私が私自身にとってそれであるところのものをはみだしており、私の無の普遍性なるものは私の側での思いあがりに過ぎない。そしてこの無の普遍性は私の状況を通じてしか働いてはいないのだから、私の状況を包み込む外からのまなざしは、また私の無をも包み込むであろう。私が自己の非存在の非存在性を完全に思惟することに成功するならば、非存在が真に非存在である(三)(être)ために、私がそれである当のものの総和ないし事実的にそれであるところのもののためを計って、非存在がおのれを放棄する、という事情を納得することができるであろう。ここまで来ればすべての用意が整うことになるが、それは肯（措）定的な仕方では(positivement)可能ではないことがすでに明らかとなっている他者経験のための用意ではなく、また他者を私から出発して必然的なものとなすことによって却ってその目的に反することになる他者論証のための用意でもなくて、存在の内部での私の受動性の経験のための用意が整ったということなのである。といってもそれは、存在がただ存在だけで私の無を覆って閉じ込めることができるかのような意味合いではなくて、私の無が事実上まとうところのすべての属性を少なくとも存在が包含しているからなのである。存在はあり無はないのだから、この諸属性が私の状況であるという事実だけからして、私はこの諸属性と不可避的に一致するがゆえに、この限りにおいて私は「人目に」曝され、脅かされている。この可能性が実現されるということは、実際、羞恥の経験によって、つまり私が私の状況において見えるものへと還元される経験によって証拠だてられる。他者についての肯《ポ》（措《ジテ》）定的《イヴ》な経験は存在せず、私の全存在が私自身の見える部分へと巻き込まれ危くされるという経験が存するのである。反省の眼前では、われわれ、つまり他者と私とは、数的に同一であるような一個の世界を共有することは許されず、われわれの思惟の共通な意味と理念性の共有とにおいて改めて合体しあうことができるにすぎなかった。反対に、負直観の帰結に最後まで従うならば、いかにしてわれわれの超越論的存在とわれわれの経験的存在とが互いに表裏の関係にあるかという事情が理解され、この角度からすると、われわれは見えるものであって、われわれ自身が現にそれであるところのすべてのものの十全的な原因ではない、ということも理解される。そしてまた、世界なるものは、ただ単にわれわれの私的個体発生の終末項なのではなく、われわれが、それはそれなりの仕方で世界に属しているまなざしでもって、世界を見回す間でも、すでにわれわれを捉えて離さないものなのだ、ということが理解される。私は、私自身おのれを知るという強い意味では、他者を知らず、したがって、理念的に同一であるはずの世界の思惟に他者と共に与《あずか》るなどと軽々しく思い込むことは許されない。しかし、世界についての私の知覚はおのれを外部と感じ、私は私の可視的な存在の表面で、私の敏捷性（volubilité）が鈍化して、私が肉となるのを感じる。そして私であったこの惰性体の端に、他の事物があることを、あるいはむしろ事物ではない他者が存することを感じる。したがって、他者はどこにも座を占めない。他者は、夢幻的存在あるいは神話的存在が遍在するように、私の周囲の至るところに存在する。なぜなら、他者はまったき自己（*ipse*）ではないが——自己であるのは私だけである——しかし同様に他者は、私が存在と呼ぶものの織地のうちに捉われてはおらず、却って他者はこの織地を包み込むからである。他者とは、いずこでもないところから到来するまなざしであり、したがって、至るところから、私、ほかならぬ私と、私の個体発生の能力とを包むものだからである。私は、自分が何ものでも（*rien*）ないこと、そしてこの無（rien）がみずから、存在のためにおのれを忘失するということを、十分承知していた。［だが］私にはまだ、この犠牲だけでは存在の充満と等しくなるのに十分ではなく、私の根本的否定はそれ自身、他者のまなざしによって外部から否定され、諸存在者のうちに数え入れられない限り、完全ではないのだ、ということを他人から学ぶ仕事が残っていた……。しかし同時に、無（néant）には度合というものがないのだから、他人の介入は、私の無に関して、私がまったく与《あずか》り知らずにいたようなことを、私に教えることはできない。独我論的存在は、即自的にもすでに絶対的他者なのだ（一四）、そして他人の出現とともに、対自的に絶対的他者となるのである。私は、私に接近不可能な彼方（au-delà）として、他人の私的世界を作り上げるために必要なすべてのものを、すでに「即自」の闇のなかに所持している。私にそそがれる他人のまなざしの経験は、おのれが何ものでもなく、世界に寄生して生きているにすぎず、身体と状況に住みついているという、私の内的確信を延長するものにすぎない。したがって、結局のところ、負直観の厳密な哲学は、われわれをそれぞれ私的世界に閉じ込めることなしに、諸多の私的世界の存在を説明するのである。厳密に言えば、間世界（intermonde）なるものは存在せず、各人は自分の世界にしか住まず、自分の視点に従ってしか見ず、自分の状況を通じてしか存在の内に入らない。しかし、各人は何ものでもなく、各人の、それぞれの状況やそれぞれの身体との関係は、存在関係なのだから、各人の状況やその身体やその諸思想は、彼と世界との間の遮蔽幕ではなくて、反対に見知らぬ目撃者たちが介入しうる「存在」への関係の担い手なのである。それが空隙であることを私がよく承知しているところの、私の私的世界の諸空隙のなかに、見知らぬ目撃者たちの場所が前以て記されているのである。なぜなら、私がそれであるところの「無」（le rien）が完全に自己実現するためには、存在の総体を必要とするからであり、そして私の状況、私の身体、私の諸思想がこの存在の全体の一部でしかないことは、まったく明らかだからである。意識の哲学ないし反省哲学が、世界の唯一性を世界の同一性についての意識へと還元し、錯覚を単なる欠如となすことによってしか、世界の唯一性に関する知覚の信憑を正当化しえないのに反して、否定の哲学は、われわれのものたる諸多のパースペクティヴ（展望）を貫いて、すべての人に共通な数的に一である世界に、われわれを開くという知覚の信憑の主張を、全面的に承認するのである。それというのも、孤独なる自己（*solus ipse*）は基礎的否定として、あらかじめおのれのすべてのパースペクティヴ（展望）を越える背後世界（arrière-monde）へと開かれているからであり、この「比類のない怪物」（一五）は、自分の眺めが全体には合致しておらぬことを心のうちで確信し、もし誰かと出会うなら、「彼といわば」家族を築くあらゆる心構えが出来ており、おのれを越えて彼方へと向うための動きを保持しているからなのである。反省哲学にとって、いかにして構成的意識が、自己と同等の他の意識を、したがって同様に構成的な他の意識を、定立しうるのかを理解することは、解きがたい困難である。——なぜなら、そうすればたちまち最初の構成的意識は、構成された意識の身分へと移行せねばならないからである。この困難の所以は、この両意識がともに遠心的作用、精神的総合として理解されており、両者がいかにしてここから両者の起源へと溯れるのかがわからない、という点にあるのである。これに反して否定の哲学にとっては、事実的状況に加わること、あるいは事実的状況を「存在」とおのれとの絆として保持することは、自己（*ipse*）の定義そのものなのである。この外部が、自己をその個別性において確保し、他者のまなざしのもとで部分的存在として可視的たらしめると同時に、自己を「存在」の全体へと連結するのである。反省哲学にとって躓きの石であったものが、否定性の観点からは解決の原理となる。まことにすべては、否定的なものを厳密に思惟することに帰着するのである。

最後に、否定的なものの思惟は、出発点で語られていた知覚の信憑の第三の要求に、満足を与える。知覚の信憑は、あらゆる事物、もろもろの身体と精神とが共存する場、そしてそれが世界と呼ぶところの不分明な総体性におのれが関わっていることを、あらゆる哲学に先立って確信していると、われわれは述べたものである。反省はここでもまた、われわれが現にその経験をもっているものを破壊することによってしか、厳密さに到達しない。すなわち反省は世界の交錯した姿を、互いに平行する諸多の意識の総体に置き換える、――この際それぞれの意識が他の意識と同じ時計師によって調整されたとすれば、おのれの法則を遵守することになるし、(一六)あるいは、各意識がすべての意識に内在する普遍的思惟の諸法則を遵守するとしてもよいのだが。(一七)否定主義的哲学の観点からすれば、諸意識の共時性（synchronisme）は、「存在」への諸意識共通の帰属によって与えられることになる、［ただし］いかなる意識も「存在」についての符牒をもっているのではなくて、あらゆる意識が「存在」の法則を遵守するのである。あるいはむしろ、共時化（synchronisation）なるものがあるなどとは、もはや言うまい。それというのも各人が、他者に与《あずか》っていることを体験しているからであり、われわれ各々がおのれの状況を通じて「存在」に内属している以上、「存在」そのものであるところの出会いの場が存するからである。「〈存在〉しか存しない」（Il n'y a que de l'Être）。各人は、おのれが身体と状況に捧げられており、それらを通じて存在に捧げられていること(一八)とを体験する。そして彼が自己自身について承知していることは何であれ、彼が他人のメデュサ的能力を体験するまさにその瞬間に、まるごと他人へと移行する。各人は、したがって自分と他者たちとが世界に記入されている（*inscrits*）ことを承知している。彼が感じているもの、生きているところのもの、他者たちが感じ、そして生きているところのもの、彼の夢や他者たちの夢でさえ、そして彼の錯覚や他者たちの錯覚さえも、存在の孤島、存在の孤立した断片ではない。それらはすべて、われわれの構成的無の基本的要求によって、存在に属しており、堅実さ、秩序、意味をもち、それらを理解する手段が存するのである。現に私が生き体験している事柄が錯覚であると判明するようなときでさえ、私の錯覚についての吟味は、私の錯覚をただ単に世界の外に投げ捨てるのではなく、反対に私に、錯覚の場所、その相対的正当性、その真理性を示すであろう。無が「存在」へと予定されているのなら、無としての私の臨在は全体性と脈絡(cohésion)の要求であり、あらゆる場合に同じ存在が問題になっているのだということを要請している……。すべての部分的なものは再統合されるべきであり、いかなる否定も実は規定であり、自己‐であること(l'être-soi)と、他‐であること(l'être-autre)、ならびに即自存在は唯一の存在の諸断片なのである。否定主義とは、それがもし厳密で絶対的であるなら、ある種の肯定主義である。私の生のうちに一つのこれ(*ceci*)が、あるいは世界のうちにまさにこの生が、はっきりと姿を現わす所以の運動そのものは、ただ単に否定の頂点、みずからそれ自身を破壊する否定でしかないのだ。真に無として理解された無は、もしそれがこの理由によって存在によるあらゆる汚染を免れ、存在といっしょになって併置的全体を形成することを拒むならば、——すべてであることを要求すると同時に、存在をそのまったき要求において支え、(一九)そして可から否への転換によって存在へと合体する。われわれが、存在と無との根本的な区別や分析といった抽象的で表面的な発端の手続きを乗り越えた暁に、事象の中心に見出した事柄は、あの両対立項が互いに他方なしには抽象でしかないほどにまで排他的であるということ、存在の力はその共犯者である無の弱さに基づいているということ、「即自」の暗みは、「私の意識」の明晰性のためではないにせよ、「対自」一般の明晰性のためにあるということである。「何故に無ではなくてむしろ何ものかが存在するのか」という有名な存在論的問いは、次の二者択一によって消失する——すなわち、無ではなくてむしろ

（*plutôt que rien*）何ものかが存在するということではない、［それというのも］無は、何ものかの、あるいは存在の代りになることはできないだろう［から］、［あるいは］無は（否定的な意味で）非存在し（inexiste）、存在はある、そして一方の他方へのこの正確な符合は、問題が入り込む余地をもはや残さない、［以上のいずれかである］。否定的なものを否定的なものとして思惟しなかったときには、すべてが不明瞭であり、否定的なものを否定的なものとして思惟したときには、すべてが明晰となる。なぜなら、その場合には、否定と呼ばれるものと肯（措）定（position）と呼ばれるものとは、共犯的な姿を呈し、ある種の等価関係のうちに現われさえするからである。否定的なものと肯（措）定的なものとは「静寂にも似た波のざわめきのなかで」［P・ヴァレリー『海辺の墓地』―訳者］顔を突き合わせており、世界とは飛行機から見た、海に浮かぶ泡の帯のようなものである。それは一見動いていないように思われる、が、やがて一本の線［のように見えたもの］から幅を広げたので、近くから見れば流れており生きているであろうということが、突如として悟られる、しかしまた十分に高い所から見ると、存在の幅は無の幅を決して越えようとはしないし、世界の物音もその静寂を越えないことが理解されるのである。

ある意味においては、否定的なものについての思惟は、われわれの求めていたものを提供し、われわれの探求を終結させ、哲学を死点に置くのである。[10] 哲学は、反省それ自身を可能にするところの、存在との反省以前の接触を必要とする、とわれわれは述べた。無の「負直観」とは反省と自然さ（spontanéité）とを、ある種の等値関係に置く哲学的態度である。もし私が無はあらぬこと、これこそが無特有のあり方であるということを、ほんとうに理解するなら、無を存在に合体させることは問題になりえないこと、無はいつまでも手前にあるであろうこと、私は、否定性としてつねにあらゆる事物の背後にあり、目撃者という私の資質によってあらゆる事物から取り除かれ、世界への私の加入を差し控えることによってこの加入を世界についての思惟となすことがいつでも可能であるということを、理解すると同時に、——しかしながら、この世界についての思惟は何ものでも（*rien*）ないこと、この自己自身への還帰において、私は世界がそれの帰結でもあるかのような諸前提の総体を発見するのではなく、反対に世界が前提であり、私が世界についてもつ意識が帰結であるということ、私の諸志向はそれら自体では空虚であり、私の空虚が存在の傍へと逃げ去る姿でしかないということ、そしてこの逃亡はその方向と意味とを存在に負っているということ、われわれの再構築あるいは再構成は、それ自身おのれの分節を私に示すところの世界の最初の明証性に依存しているということを、理解するのである。私が「私の内に」見出すものは、つねにこの原初的現前への準拠である。そして自己へと立ち帰ることは自己から脱出することと、同じことなのである。否定的なものをその純粋性において思惟するものにとっては、世界に身を委ねることと反省的取り戻しという二つの運動が存在するのではない。すなわち、一方は、事物への注意という自然的な態度であり、他方は、事物の意義への注意という哲学的な態度であって、その各々が他方へと変容する可能性をいわば欄外に保持しているという、そうした二つの態度があるのではない。相互に外延を共にし、一体をなしているところの、存在の知覚と無の非知覚とがあるのである。絶対的否定主義——すなわち、否定的なものをその独自性において思惟するものと、絶対的肯定主義——すなわち、存在をその充満とその充足性において思惟するものとは、正確に同義であり、その間にはどんな小さな隔たりもない。無はあらぬと言うことと、存在しかあらぬと言うこととは、——換言すれば存在する諸事物の間に、その一つとして無を見出そうとしてもそれは不可能であり、したがって、無は諸事物に背を寄せかけていなければならず、また無は、諸事物をしてそれぞれ自律的にあるのではなく、いっしょになって、唯一の「存在」であるようにさせる所以のものであり、それでしかない……と言うこととは――、同じことなのである。「存在」と「無」が絶対的に対立しているという展望と、「存在」は定義によって自己と同一なものとしておのれを与えるのだから、「存在」は、「無」との接触を――初めになされ、次には破棄され、また取り戻される「無」との接触を――、つまり認知されるという-その存在性（être-reconnu）を、その否定された否定を、優越的(三)に含んでいるという展望との、――この二つの眺めは一体をなしているのである。それというのも絶対的に対立している以上、「存在」と「無」は区別されえないからである。「無」の絶対的非存在（inexistence）こそが、それに「存在」を必要とさせる所以であり、したがって「無」を「非存在の湖」（lacs de non-être）という現われ方においてでなければ、つまり相対化され位置づけられた諸多の非存在や、世界におけるもろもろの起伏もしくは空隙という現われ方においてでなければ、見えるものとさせない所以のものも、この「無」の絶対的非存在なのである。まさに「存在」と「無」とが、「ウイ」と「ノン」とが、二つの成分のように混合されえないからこそ、われわれが存在を見るとき、無は即座にそこにあるのであり、そしてそれも、われわれの視野のまわりの非-視覚の圏域として、欄外にあるのではなくて、われわれの見るものに座を占め、それをわれわれの前に光景として立て配置するものとして、その全延長にわたって存するのである。否定的なものについての厳密な思惟は不死身である。なぜなら、それは絶対的肯定性の思惟でもあり、したがって自分に対立しうるすべてのものをすでに含んでいるからである。否定的なものの思惟には、裏をかかれる心配も、不意打ちをくわされる恐れも、ありえない。

　しかし、これは否定的なものの思惟が、捉えどころのないものだからではないだろうか。その思惟は、最初に存在と無とを絶対的に対立させておいて、最後には、唯一宇宙である存在に対して、無がいわば内的であることを示すに至る。どの時点で、この思惟を信じなければならないのか。初めにおいてか、終りにおいてか。それは同じことだ、違いはないと論者は答えるだろう。しかしながら、出発点における「存在」、その全外延にわたって絶対的に無を排除する「存在」、そして無が名付けられえねばならないときに必要とする狭い意味での「存在」と、到達点における、いわば無を含む「存在」、完全に存在となるために、つまり「あるがままにかくある」存在となるために、無を呼び求める広い意味での「存在」との間には、相違がある。無が存在を呼び求める運動と、存在が無を呼び求める運動との、二つの運動は合流しない。この二つの運動は交叉している。最初の運動に従えば、存在は、否定の否定であり、無という下部構造をもち、認識の一属性である。第二の運動に従えば、無は、つまるところ、繰り返された肯（措）定（position）、肯定の肯定であり、存在という下部構造をもつのであり、認識は、存在の一属性である。最初の関係のもとでは、存在は無の観点から考察されている。第二の関係のもとでは、無が存在の観点から考察されている。いずれの場合においても、同一化に到達するとはいえ、最初の場合には、同一化は無のために起り、第二の場合には、存在のために起るのであって、この二つの関係は同じものではない。この関係を代る代る検討することにしよう。

まず第一に、純粋に否定的なものから出発して思惟することが、可能である。存在について自分に問いかける私、この私が何ものでも（rien）ないことが示される。論者は、この言葉によって、私という反-自然（une anti-nature）を限定するのである。私は本性（nature）というものをもたないものであり、私は一個の無（un rien）である。この概念的あるいは言語的確定は、分析の最初の契機にすぎないが、それは後続部分を導入するために不可欠なものであり、それを支配している。この確定は、否定的なものの思惟が到達するはずの、互いにまったく対立する諸帰結すらをも動機づけており、両対立項が相互に追いかけ合うことはできるが、互いの中に移行しあうことはできないといった一義的真理の次元に、この諸帰結をあらかじめ据えることによって、それらの意味をもいっしょに規定するのである。無（néant）はあらず、非‐存在（non-être）ということこそその存在の仕方であり、無は徹頭徹尾非‐存在である、と主張することによって、この確定は、存在を絶対的充満ならびに絶対的近接性として定義せざるをえなくなり、存在はある、と主張するのである。存在について問いかけるものが一個の無（un rien）であるから、すべては絶対的にその者の外に、その者の遠くにあらねばならない。そしてその原理的遠隔には、程度の差を考えようとしても考えることができないだろう。問いかける者は、最終決定的に無（*rien*）と定義されることによって、無限のうちに身を据え、そこから絶対的等距離において、すべての事物を認知する。あらぬものの面前では、諸事物はすべて、いかなる程度の差もなく存在に属し、絶対的充満と絶対的に肯定的なるものに属するのである。否定的なものが根拠づけるのであるから、根拠づけられた存在は絶対的肯定性である。ここには推論（*inférence*）がある、と言うことさえできない。それというのも無の負直観はすでに存在への直接的臨在だからである。哲学者自身がそれであるところの当の無（néant）を名指すという、哲学者に認められた能力、存在におけるこの裂け目と合致する能力は、すでに、存在を定義している同一性の原理の一つの言い換えなのである。純粋に否定的なものから出発して思惟することによって、論者はすでに同一性に従って思惟することを決心しており、すでに同一性のうちにいるのである。なぜなら、おのれの次元においては何ものによっても制限されえないこの否定的なものは、自己自身の極限にまで至らねばならないので、その場合、また徹底的に自己自身を否定することにもなり、したがって純粋な存在の到来という形をとっておのれを明示することになるからである。否定的なものの思惟には罠がある。すなわち、否定的なものがあるというならば、われわれはその否定性を破壊することになるし、しかしだからといって、否定的なものはあらぬと厳格に主張する場合にも、否定的なものをある種の肯定性に高め、それにある種の存在を付与することになるのである。それというのも、否定的なものは、徹頭徹尾、絶対的に無（*rien*）であるからである。否定的なものは、その拒否と逃亡の能力においてまさに固定されるのだから、ある種の性質となる。否定主義的思惟は、そのまま肯定主義的思惟なのである。そして、かかる［否定主義から肯定主義への］逆転においても、この思惟は、無の空虚、もしくは存在の絶対的充満を考察しているのだから、いずれにしても厚み、奥行、諸平面の複数性、もろもろの背後世界といったものを知らぬという点で、依然として同じ思惟のままに留まることになる。この思惟が、無から出発して存在を絶対的充満、絶対的肯定性として定立するに至るとき――そのうえ、存在しかあらず、存在はある意味で無を呼び求め無を含む、と公言するに至るときでも――この思惟は、最初に方法論的に排除しておいた諸要素を再び導入するわけではなく、つまり具体的なものに接近するのではなく、全体のなかのさまざまな分節に付き従うわけではないのであって、一つの抽象をもう一つの、それに反する抽象によって、埋め合わせているのである。純粋に否定的なものが純粋な存在を呼び求めるということを、われわれは否定主義的思惟に対して認めねばならない。しかしそれによって、自己意識が事物の超越を損わないことになるというような立場が、哲学のために見出されたわけではない、それどころか、自己意識と事物の超越との、どちらをも危険に曝すことになり、困難を累積させることになるのである。なぜなら、純粋な否定というものは原理的なものにすぎず、実存する「対自」は、内部ではないにしても外部でもないところの身体によって、つまり対自と対自自身との間に介在する身体によってふさがれていることはまったく明らかだからであり、――他方、純粋な存在というものもまた、見出されえないからである。それというのも、事物と称せられるすべてのものはやがておのれが外観であることを顕わにするからであり、そしてそれらの交替しあいせめぎあう諸像も、――存在の程度や奥行への組織化が欠如している限りは――唯一の存在の諸像としては理解されえないからである。そしてこの存在は、肯定的で充満しているために、平面的でなければならず、したがって、われわれが閉じ込められているこのアンビバレンスの彼方で、それがそれである当のもの（*ce qu'il est*）であり続けなければならないからである。「存在」と「無」の分析論によって、論者が内在的意識と存在の超越とを和解させるのも、見かけにおいてでしかない。存在が超越的であるのではなく、私が一種の自己犠牲によって腕の先で存在を支えているのである。世界そのものに厚みがあるのではなく、世界をむこうに存在させるのに十分なほど、私が敏捷なのである。実をいえば、ここで、無から存在へと移行し、次に存在から、これを「それがあるがままにかように」認識するところの、無における存在の脱自へと移行するに際して、進展も総合もあるのではなく、出発点の対照（antithèse）に何の変容も、おこなわれてはいないのである。出発点をなす分析がその限界にまで押し進められているのであり、これは依然として文字通り有効であり続け、絶えず「存在」についての全面的な眺めに活気を与えている。無に対する「存在」の呼びかけは、ほんとうは、無が「存在」に向っておこなう呼びかけであり、無の自己否定である。無と存在とはつねに絶対的に他者であり、それらを結び付けるのは、まさしく両者の孤立性である。存在と無とは、真実に結び付いているのではなくて、思惟の面前でただいっそう速く互いに継起しあうだけなのである。*「対自」の空虚はほかならぬ自己自身を埋めているのだから、そして人間は全体に直接に立ち臨んでいるのではなくて、とりわけ身体に、状況に立ち臨んでおり、そしてひたすらこれらを通じてのみ世界に臨在しているのだから、論者は自己自身の内に、非反省的存在の厚みを認め、反省的操作が二次的なものであることを認めているわけである。ところで彼は、前反省的コギト（*cogito préréflexif*）について語りはするが、[三] しかしこの言葉のアンビバレンスは、次のような思惟のアンビバレンスを言い表わしているのである。つまり、思惟自身であり続けるか、あるいは「即自」の闇夜のうちでおのれを否定するか、いずれも可能であるが、しかし自己自身のうちに惰性的なものを見出すことはできないといった思惟のアンビバレンスを、である、——前反省的コギト、それは、コギトとコギトを導入する反省より以上に、われわれ自身であるところの、われわれにおける何ものかなのだろうか、あるいは、われわれの奥底でおのれに先行し、われわれ自身、思惟なのだから、われわれがそれを表明する前におのれを表明するはずのコギトなのだろうか。第一の仮定は、私が一個の無であるなら、排除される。第二の仮定は、私の生が自分自身にとって不透明でありうるのはいかなる次第によるのかを理解することが問題となっている際に、私に私の空虚性を取り戻させることになる。探求が進展しても、われわれが「存在」と「無」とについて抱く観念が、これによって変化を受けることはありえない。存在の意義（la signification de l'être）と無の無 - 意味（non-sens du néant）から出発して思惟する限り、探求は存在と無との観念の気づかれざる含蓄（implications）を露呈させることができるだけである。たとえこの展開（explication）が、外見上さきの見透しを逆転させるとしても、この逆転は有効ではなく、すべてはこの存在性（entité）と否性（négatité）との間で起るのだし、また無において一種の被昇天（assomption）(三)を受けると語られるところの存在も、依然として純粋な「即自」、絶対的肯定性であり続ける。存在が、それにとって予想外のこの出来事（aventure）を経験するのは、かかる資格においてでしか、ないのである。そしてこの純粋な「即自」は、その発端からして、認知さるべく運命づけられていたのだ、それというのも、これは、すでに否定的なものの自己否定として現出していたからである。おのれを変換もしくは超出するところの端緒の把握が——自己性と存在との端緒の把握が——存するのではない。可から否への逆転は、出発点の対立関係の別の形の言い表わしなのであり、かの対立関係は、この逆転で止むことはなく却ってそこで再生するのである。純粋に否定的なものもしくは純粋に肯定的なものの思惟は、したがって上空飛翔的思惟である。この思惟とは、本質ないしは本質の純粋な否定に対して作用する思惟であり、そしてその意義が固定されているところの、思惟の掌中にある諸項に対して作用する思惟なのである。サルトルは確かに、この書物の終りには、〈存在〉と無とを含む、〈存在〉のより広い意味に移ることが可能となるであろう、と語ってはいる。[一四] しかし、最初の対立は超出されなかったし、それは依然としてまったくその厳格さのうちに留まっている。それ自身の逆転を理由づけ、この敗北にあってもなお勝利を博しているのは、ほかならぬこの対立なのである。存在が存するためにおのれを犠牲とする「対自」の受難（passion）は、あい変らず「対自」の自己自身による否定である。次のことが暗黙のうちに了解されている。すなわち、この書物の最初から最後まで、同じ無、同じ存在について語られており、ただ一人の観客が進行の証人であり、この観客自身は運動のなかに取り込まれず、この限りにおいてこの運動は錯覚だということである。否定主義的思惟もしくは肯定主義的思惟は、次のような反省哲学の要請に、つまり反省のいかなる成果も、遡って反省を遂行する者を巻き添えにすることはできないし、われわれが彼について形成していた観念を変化させることもできないという要請に、再会するのである。そして純粋に否定的なものから出発する場合でも、事情は別様ではありえない。なぜなら、純粋に否定的なものは決して自己のうちに何ものも受け入れないであろうし、そしてたとえそれが「存在」を必要とすることが気づかれたとしても、これを必要とするのは、それを変質させない遠方の取り巻きとしてだけだからである。純粋に否定的なものは、「存在」を、おのれのまわりに純粋な光景として、あるいはおのれがそれであらねばならぬ当のもの（ce qu'il a à être）[一五] として配置し、「存在」を真理あるいは意義へと高めるであろうが、しかし自己自身は依然としてかつてそれであったところの無であり、「存在」への献身が［却って］それを無として確証し続けるであろう。

＊　欄外に、ブラケットの中に――私は、「無はあらぬ」ということと「存在はある」ということとは同じ思惟であると、――そしてまた、無と存在とは統合されていないと、代る代る述べた。この両者を連結すること。両者は、まさに二つのあい矛盾することにおける同一の事柄＝アンビバレンスなのだから、統合されていないのである。

否定主義的思惟（ないし肯定主義的思惟）は、無と存在との間に隙間のない結合を、硬直的であると同時に、しかも脆い結合を打ち建てる。硬直的というのは、結局、無と存在とが区別できないものだからであり、脆いというのは、無と存在とが最後まで絶対的対立のままに留まっているからである。両者の関係は、心理学者たちがいうような意味で、不安定（labile）である。この有様は、無がどのようにして存在をおのれのうちに受け入れるのかを、理解することが問題となるたびごとに、見られるはずである。したがって、われわれが今しがた言ったように、ただ単に、私の受肉を理解することが問題となるときだけでなく、どのようにして私は、他人が私についてもつ眺めを引き受けることができるのかを、あるいは結局世界にわれわれがともども内属しているという事の次第を、理解することが問題となるときにも見られるはずである。「対自」が自分を同類（semblables）の一員と認める次第を、論者は相も変らず「対自」の否定的純粋性によって理解しようと努めているのである。それというのも、私はいかなるものでもないからであり、そして、それでもなお、私はこの空虚であらねばならず、この空虚を世界のうちにあらしめねばならず、私の身体と私の状況とを私の責任において引き受け、そして、私であるこの外部に向けられているのをほかならぬ私が見てとるところの他人のまなざしについても、その責を負うからである。他人の能動性と臨在とは私にとっては存在せず、私の側に、私に関わっているとみずから私が認めるところの受動性と疎外の、経験が存するのである。私に関わっていると私が認めるのは、私は何ものでもないので私の状況であるのでなければならないからである。したがって、結局この関係は、無としての私と人間としての私との間に、依然としてとどまっている。そして私は他者たちに関わっているのではなく、せいぜい中性的な非‐我に、つまり私の無の拡散した否定に関わっているだけなのである。私は他人のまなざしによって、自分自身から引き出されるのであるが、しかし、他人のまなざしの私に及ぼす力は、私が私の身体、私の状況に与えた同意によって正確に測定されるのであって、他人のまなざしが疎外する力をもつのは、私自身が私を疎外するからである。哲学的には、他人についての経験は存在しない。他人との出会いが思惟されるためには、私が自己自身についてもつ観念をいささかも変更する必要はない。他人との出会いは、私から発してすでに可能的であったものを、現実化するということなのだ。それがもたらすものは、ただ単に事実の力である。すなわち、私の身体と私の状況に対するこの同意、――それは、私がすでに準備し、その原理を手にしていたのであるが、しかしただ原理だけを手にしていたにすぎない、なぜなら、ひとが自分自身で定立する受動性なるものは「そのままでは」有効ではないのだから、――そうした同意が、突然現実化されるのだ。サルトルがいうように、他人との関係は、「明らかに?」一つの事実である、つまりそれなしには、私が私ではなく、彼が他者ではなくなるような、一事実なのである。他人は、事実として存在するのであり、そして私にとって、事実としてしか存在しないのである。しかし、「存在はある」ということが「無はあらぬ」ということに何ものも付け加えず、そして「存在」を絶対的充満と絶対的肯定性として承認することが、無の負直観に何の変化も引き起さないのと同様に、私を突然凝固させる他人のまなざしは、私の世界にどんな新しい次元も付け加えないし、私が内部からすでに承知していた、存在のうちへ包含されるという事態をただ単に私に対して確証するだけなのである。したがって、私は、ただ単に私の世界の周囲に外部一般が存在するということを学ぶだけであって、そのことは、知覚の照らし出す諸事物が同一性の闇のなかで知覚以前に息づいていたことを、知覚によって知るのと同様である。他人とは、「存在」への埋没の経験的形態のうちの一つなのである……。そして、この分析にもそれなりの真理があるのは確かである。それというのも、私が何ものでもないことが真であるまさにその限りにおいては、他人はひたすら上に述べたようなものとしてのみ、つまりまなざしがそこから出てくる超世界(ultra monde) としてのみ私に現われうるからであり、そのまなざしについて私はただ私の身体への衝撃を感じるだけだからである。それにまた、私が思惟・意識であるまさにその限りにおいては、私はひたすらこの思惟・意識によってのみ世界の内に入ることを強いられており、そしてもろもろの他の意識、他の思惟も、どこまでも私の意識・思惟の分身、ないしは［いわば］妹たちでしかなかろうからである。私は、決して私の生しか生きはしなかろうし、そして他者たちは、決して他の私自身以外のものではなかろう。しかし、この独我論、諸現象のこの相、つまり他人との関係のこの構造が、この関係のすべてであるとか、あるいは、その本質的なものであるとさえ、いえるのだろうか。［実は］この構造は[二六]、他人との関係の経験的一変種*——他人とのアンビバレントな、ないしは不安定な関係——でしかないのだ。もっとも、いっそう分析を進めるなら、この関係のうちに、正常な、規範的な形態が再発見されもしよう、——つまり特殊な場合にあっては、他人を、匿名的な顔のない強迫観念、すなわち他者一般となすような歪曲に委ねられることにもなるといった、正常な規範的形態が、再発見されもしようが。

＊　この文の冒頭が結びついているところの、先行する文の受けた訂正は明らかに不完全である。削除された最初の文案は次のようなものであった。——しかし、諸現象のこの相、他人との関係のこの構造を露呈させる否定主義的思惟ないし肯定主義的思惟が、この関係の全体をあるいはその本質的なものをさえ把握しているのかどうか、それを知ることが問題である。われわれは、この思惟は、原理的に、他人との関係の経験的一変種しか把握できない、と言おう

他人とは、私が自分に向けられたと感ずるところの、そして私を凝固させるところの、このまなざしの名義人Xであると、想定しさえしてみよう。しかし、この現象が私によって内部で準備されたものであると言い、この私、無たる私が、私の身体や私の状況を、私の外部を、まさに私のものとして引き受けることによって、このまなざしにみずから身を曝したのだと語り、結局のところ、他人とは私が存在に埋没する極限の場合であると述べたところで、この現象の解明において私は一歩も前進してはいないのである。なぜなら、「存在」の内に私を挿入するのがほかならぬ私である限り、挿入する私と挿入される私とが、互いの距離を保っているからである。これに反して、他人のまなざしは、——そしてこの点においてこそ、他人のまなざしは私に新たなものをもたらすのだが、——私をすっかりまるごと、存在も無も包み込むのである。このことこそ、他人との関係において、いかなる内的可能性にも依存することのないものなのであり、この関係が純粋な事実であると、言うことを余儀なくさせる所以なのである。さて、他人との関係は私の事実性に属しており、「対自」から演繹されることのできない出会いであるとはいえ、しかし、それでもなお、それが私に対してある意味を呈示していることに変りはない。それは私を石化させる名もなき破局（catastrophe sans nom）ではなく、他の誰かの登場なのである。私はただ自分が凍えさせられるように感じるだけではなく、あるまなざしによって凍えさせられるのである。そして、仮に、私をまなざすのが例えば動物だとした場合には、私はこの経験の弱められた木霊《こだま》しか体験しないはずである。したがって、他人のまなざしの意味は、それがまなざす私の身体の一点に残す焼けつくような感じで汲み尽くされるどころか、他人のまなざしにおける何ものかが、他人のまなざしをまさに他人のまなざしとして私に告知するのでなくてはならない。そして、私をわが物とするこの知覚に、私が存在たると無たるとを問わず、すっかり包み込まれ、他人は私の身も心をも知覚するのだということを、この何ものかが私に教えるのでなければならない。したがって、アンビバレントな関係を他人との関係の規範的形態となし、私が蒙る客観化を前面におし出したとしても、ある外部の自己性［＝他者］による自己性［＝私］の肯（措）定的な知覚を、認めねばならないということは避けるわけにはゆかないのだ。それというのも、このアンビバレントな関係は、ある外部の自己性による自己性の肯（措）定的知覚をおのれの条件として、溯示するからである。換言すれば、確かに否定的なものの思惟は、あらゆる肯（措）定の基礎を否定の否定に見出し、あらゆる求心的関係の基礎をある一つの遠心的関係に見出すことができる。しかし、存在一般が問題であれ、他人の存在が問題であれ、この否定の否定が、一個のこれ（*ceci*）の単純性のうちに結晶する瞬間がやって来る。つまりそこに事物があり、ここに誰かがいるということだ。これらの出来事は、「対自」の下部構造より以上のものであり、今後は、「対自」の否定の能力はこれらの出来事の至上の肯定性から由来するのであって、私の認識は、存在がすでにそれ自身でこのようにあった当の事態を是認するだけとなり、「あるがままにかくある」（tel qu'il est）存在に改めて合体するにすぎなくなる。そして同様に、私の羞恥が他人の存在の意味の全体を形成するどころか、他人の存在こそが私の羞恥の真理なのである。結局、もしわれわれが、もはや単に独我論的「存在」に対する私の関係ならびに他人に対する私の関係を考察するだけではなく、われわれすべてによって目指されている限りの「存在」、つまり相互に知覚し合い、同じ世界を——そしてまた私が知覚するのと同じ世界を——知覚する他者たちでいっぱいになっている限りでの「存在」に対する、私の関係を考察するならば、否定主義的思惟は、やはり今一度、次のごとき二者択一の前に立たされる。すなわち、私を無と定義し、「存在」を純粋な肯定性と定義することに忠実であり続けるのか、――この場合には、われわれの前にあるのは、私をも含めた自然、人類ならびに歴史からなる全体としての一つの世界ではない。もろもろの否定は存在の表面の玉虫色の輝きでしかなく、存在の固い核は、そこからあらゆる可能、あらゆる過去、あらゆる運動が抹殺され、私に属していて存在に属していないあらゆる想像的属性あるいは錯覚的属性が消し去られてしまった後に、初めて見出されるのだ。［あるいは］論者が、そこには現に存するものは何もない（il n'y a rien）という純粋な肯定性[二七]のこの極限に存在を押し込めようとはせずに、したがってわれわれの経験の全内容をなすものを「対自」に帰せしめようと欲しないならば、その場合には、否定性がおのれの運動そのものに従って、その自己否定の極点にまで至る際に、多くの否定的属性や、移行と生成と可能的なものとを、存在に合体させなければならない。あい変らず、この同じ否定主義的思惟は、一方を犠牲にすることも両者を統一することもできずに、これら二つの像《イマージュ》の間で揺れ動いている。それはアンビバレンスそのもの、つまり存在と無との絶対的矛盾であり、かつ両者の同一性である。この思惟は、プラトンが語った「腹話術的[二八]」思惟、つまり、つねに、命題《テーゼ》において否定したものを仮定《ヒポテーゼ》において肯定し、命題において肯定したものを仮定において否定している思惟なのである。それは、上空飛行的思惟と同様に、存在が無に内属することと、無が存在に内属することとを共に否認する思惟なのである。

　反省哲学はおのれ自身について無知を通そうというのでなければ、反省哲学自身に先立つものについて、すなわち、われわれの内と外におけるあらゆる反省以前の、存在とわれわれとの接触について、自問せざるをえなくなる。しかしながら、反省哲学は、原理的にこの接触を反省に先だつ反省としてしか考察することができない。なぜなら、反省哲学は、「主観」「意識」「自己意識」「精神」という概念の支配のもとで展開するからであり、これらの概念はすべて、たとえ洗練された形態においてであるとしても、思惟するもの（*res cogitans*）という観念、つまり思惟の措定的《ポジティフ》存在という観念を包み隠しており、したがって、そこから反省の諸成果の、非反省的なものへの内在という結果が導かれるからである。それゆえに、われわれは、否定的なものの哲学が非反省的なものという、なまの存在（l'être brut）を、われわれの反省能力を危うくすることなく、われわれに取り戻してくれないかどうか、自問したのである。何ものでもない主観性は、存在への直接的臨在、もしくは世界との接触のうちにあるのと同時に、また思いのままに自己の近くにもあるのである。それというのも、この主観性におけるいかなる不透明性といえども、主観性をそれ自身から分離することはできないだろうからである。しかしながら、この存在と無の分析論はある難点を残している。この分析論は、原理的に存在と無とを絶対的に対立させ、相互排他的なものとして定義する。しかし、存在と無とが絶対的に対立するものであるなら、それらは、それぞれに固有のいかなるものによっても定義されず、したがって一方が否定されるやいなや、他方がそこにあることになる。それらの各々は他方の排除でしかなく、結局それらが互いに役割を交換しあうのを妨げるものは何もない。ただ一つ存在と無との間の裂け目だけが残っている。存在と無とはまったく二者択一的なものであるにしても、いずれの側においても、それらはいっしょになって唯一の思惟世界を組み立てる。なぜならその各々は他方の面前での後退にすぎないからである。全体的存在――それは完全な姿で存し、したがってまたそれに欠けているものは何もないものなのであり、つまりすみずみまで存在なのであるが――これを思惟するためには、われわれはその外にあって、非存在という余白でなければならない。しかし、全体から排除されたこの余白は、全体がまさに全体であることを妨げる。それというのも真の全体性があるとすれば、それはこの余白をも包含するはずだからである。――［しかし］それは、この余白が非存在という余白なのだから、まさに不可能なことである。したがって、存在と無とが絶対的に対立するものならば、一種の「超‐存在」(Sur-être)の内に共に融け合うことになる。［しかし］かかる超‐存在は、これを要求する力が存在と無との絶対的反発関係なのだから、神話的なものである。以上が、われわれの辿って来た循環であり、それは絶対的対立から対立の別の形にすぎないある同一性へと導くところの循環なのである。——すなわち、存在と無とを、あるものとあらぬものとの間の対立において思惟するにせよ、あるいは反対に、存在を、否定の重複となすことによって無と同一視するにせよ、もしくは逆に無が存在にもたらす認知を優越的に含むほど、存在を完全な肯定性となすことによってそれを無と同一視するにせよ、これらの関係の一方から他方への移行に、進展も変形も、不可逆的な順序もないのである。われわれを一方から他方へと導くものは、思惟された事柄に属する運動ではない。それは、われわれの注意の移動であるか、もしくは、われわれがいずれを出発点として選択するかによるのである。けれども、「存在」と「無」の分析論が存在とわれわれとの接触の根本構造に従う記述であるなら、このアンビバレンスという非難も、この分析論に対して力をもちはしない。もし真実この接触がアンビバレントであるのなら、それに甘んずべきなのはわれわれの方なのであり、論理的諸困難もこの記述に対して何の異議を申し立てることもできない。実は、存在をあらゆる点で、かつ制限なしに存するものとして定義すること、そして無をいかなる点においても存しないものとして定義すること、すなわち直接的存在と直接的無との思惟によるこの獲得、この直観とこの負直観とは、経験の抽象的描写なのであり、それらを詮議だてしなければならないのは、まさに経験の場においてなのだ。それはわれわれの、存在との接触を、的確に表現しているだろうか、それを完全に表現しているだろうか。それは確かに視覚の経験を表現してはいる。視覚はパノラマである。両眼の穴から、つまり私の奥まった見えないものの底から、私は世界を見渡し(domine)、世界が存するまさにその場所においてこの世界に追いつくのである。視覚には一種の狂気ともいうべきもの、つまり視覚によって私に世界そのものに赴くようにさせると同時に、——しかしまったく明らかなことだが、——この世界の諸部分が私なしには共存しないようにさせる所以のものが存する。例えば、テーブルそれ自体は、そこから一メートル離れた所にあるベッドと何の関係もない。——世界とは世界についての眺《ヴィジオン》めであって、それ以外のものではありえないであろう。存在は、存在についての、それ自身は一個の存在ではなく非存在である視覚によって、その全域にわたって縁取られている。真にまなざしと一致し、真に見るものの立場に身を据えるものにとっては、このことは異論のないところである。しかし、以上が真理のすべてであろうか。そして、「即自」は肯(措)定としてあり、「対自」は否定として存在しない(inexiste)と言うことによって、そもそも真理の全体を定式化することができるのだろうか。この定式は明らかに抽象的である。文字通り受けとるなら、その定式は視覚の経験を不可能にするだろう。なぜなら、存在は、それがまったく即自的にあるとすれば、同一性の闇においてのみそれ自身であることになり、そして、その同一性の闇から存在を引き出す私のまなざしは、それを存在としては破壊するからである。そして、「対自」が純粋の否定であるなら、それは「対自」でさえないのである、つまり自分のうちにあるはずの(*il y ait*)知られるべき何かが欠如しているのだから、「対自」はおのれを与《あずか》り知らないことになる。私が存在を所有するのは、決してそのあるがままの状態においてではなく、ただ内面化された状態において、光景という存在のもつ意味に還元された状態においてでしかない。そのうえ、私は無を所有しているのでもない、無はすっかり存在に捧げられており、なるほど存在をつねに取り逃しはするが、しかしこの挫折の反復も、非存在にその純粋性を返すものではない。それでは、私はいったい何を所有しているのか。私の所有するのは存在によって満たされた無、無によって虚ろにされた存在である。そして、もしこれが両項のそれぞれの他による破壊でないとするなら、つまり世界による私の破壊、私による世界の破壊でないとするならば、存在の無効化と無の存在への埋没とは、互いに外的な関係であってはならぬし、互いに区別される二つの働きであってもならない。このことこそ、論者が、視覚を無化（*néantisation*）と考えることによって獲得しようとするものである。このように理解されることによって、視覚は「即自」それ自身を、見られた世界という状態に移行させ、「対自」を存在の内に埋没し、状況づけられ、受肉された「対自」という状態に移行させるのである。働きつつある無（néant opêrant）として、私の視覚には惰性も不透明性も伴わないのだから、*それは世界そのものへの遍在的臨在（présence d'ubiquité）であり、それと同時に、おのれの見る当のものから取り返しのつかないほどに区別されているのである、それというのも、私の視覚は視覚であることを可能にしている空虚そのものによって、それから分離されているからである。**ところで、われわれはこの際、この経験の分析のうちに、以前、存在と無の弁証法のうちに確認したものを、再び見出すのである。もし本当に論者が存在と無の対立に甘んずるなら、――つまり、見ることはあらぬことであり、見られるものが存在であるというなら、――視覚が世界への直接的臨在であることは理解されるが、しかし、その場合、私がそれである当の無（le rien）が、同時にいかにして私を存在から分離することができるのかわからない。この無が私を存在から分離することができるのも、また存在が視覚に対して超越的であるのも、視覚を純粋な非存在として思惟することをやめ、そしてそのうえ存在を純粋な「即自」として思惟することをやめた場合のことである。［すなわち］次の二つの場合のいずれかになる、――存在と無の分析論は観念論であり、われわれが求めているなまの存在ないし前反省的存在をわれわれに与えるに至らないか、あるいは、この分析論が別の物であるというのなら、それは、これが最初の諸定義を超出し、変形するからなのである。その場合は、もはや私は純粋に否定的なものではないし、見ることももはや単に無化することではない。私が見るものと見る私との間の関係は、直接的な、あるいは面と向い合う、矛盾関係ではない。諸事物は私のまなざしを惹き寄せ、私のまなざしはそれらの事物を愛撫し、その輪郭や起伏《レリーフ》を象《かたど》る（épouse）のであって、われわれは、まなざしと事物との間に、ある共犯関係を垣間見るのである。存在に関していえば、私はもはやそれを、私の視覚から存在に到来するところの否定的諸特性の背後の、肯定性の固い核として定義することはできない。なぜなら、もしその否定的諸特性のすべてを存在から取り除くとしたら、見らるべきものはもはや何も残らないからであり、それに、この否定的諸特性を「対自」に帰属させることを私に可能ならしめるものは何もないのである、そしてそのうえ「対自」は、それ自身「存在」のうちに嵌り込んでいるからである。私がかつては非本質的な名称と見なすことを学んだ、諸多の否定、パースペクティブ的な諸変形、諸可能性を、今や私は存在に再統合しなければならないのだ。したがって、存在は、奥行に向って縦長に配置され、自己を顕わにすると同時におのれを隠し、深淵であって充満ではない。存在と無の分析論は、すでに諸事物そのものの上に触知できないほどの薄い膜を広げていた。すなわち、われわれに諸事物をそれ自身において見せる、諸事物の私にとっての存在なるものを広げていたのである。ところで、私の側に、私の視覚がそこに埋没している身体的存在の層が現われていたのに対して、事物の側にも、諸多のパースペクティヴが充ち溢れ、しかもそれらは無のようなものであるどころか、私に事物そのものはつねにいっそう遠くにある、と言うことを余儀なくさせるのである。視覚とは「対自」から「即自」へと向う直接的関係ではない、そしてわれわれは見られた世界と同様、見る者をも改めて定義し直すように促される。存在と無の分析論、それは、おのれが身体をもっていることと、ならびに、おのれの見るものがつねに、おのれの見るものの裏にあるということを忘却している見る者なのである。彼は、純粋な視覚に座を占めることによって、純粋な存在と純粋な無への通路を無理やり押し拓こうと試み、自己を視幻者たらしめるのであるが、しかし［結局］彼自身の不透明性と存在の奥行へと差し戻されるのである。事物そのものへの接近の記述にわれわれが成功するのは、決して消えてなくなることのないこの不透明性とこの奥行を通じてだけであろう。完全に観察可能な事物は存在しないし、隙間のない全面的であるような、事物の洞察というものも存在しない。事物がそこに存在すると言うために、われわれは事物を観察し終えてしまうまで待つわけではない。却って、事物の現われる相が、われわれに事物が観察可能であることを直ちに納得させるのである。感覚的なものの肌理《きめ》（le grain）のうちに、一連の検証（recoupements）の保証をわれわれは見出すのだが、これらの検証が事物の個体性（l'eccéité）を形成するのではなくて、［却って］それらは事物の個体性から由来するのである。逆に、想像的なものといえども、絶対的に観察されえざるものではない。想像的なものは、それを具象化するところの、それ自身の類同物《アナログ》を、身体のうちに見出すのだ。この区別も、他のもろもろの区別と同様、改めて取り上げ直されねばならない。そして、それは充満と空虚との区別に還元されるものではないのである。

＊ 欄外に――世界の私－にとっての－存在の層は、一、即自存在の「奥行」、二、対自存在の「不透明性」を顕わにする。

＊＊ 原文そのもののなかに、以下の数行が挿入されている――
一、主張すべきこと――私は非存在のマフによって存在から分離されている。それはそのとおりだ。しかし、この非存在のマフは「自我」（MOI）ではない。視覚は認識ではないし、視覚の我（le je）は無ではない。
二、サルトルの語る固い「存在の核」。私にほかならないはずの［否（non）?・］（諸否定、存在の表面での玉虫色の輝き）を伴い、その周囲にあるといった核なるものは存在しない。存在が超越的であるということは、まさに次のことを意味している。存在は、結晶するもろもろの現出であり、充満かつ「空虚」である。それは地平を伴う「ゲシタルト」であり、もろもろの平面の重複であって、それ自身、Verborgenheit（被隠蔽性）である。――私のうちで語るのが存在であるように、おのれを知覚するのも存在である。

純粋な視覚、パノラマ的鳥瞰に身を据える哲学にとっては、他者との出会いは存在しえない。なぜなら、まなざしは見渡す（domine）のであり、それが支配する（dominer）ことができるのは諸事物だけなので、たとえまなざしが人間にたまたま出会うとしても、ゼンマイによって動くに過ぎない人体模型《マネキン》に変えてしまうからである。ノートルダムの塔の高みからは、たとえ私が願ったとしても、壁の中に閉じ込められ、私には不可解な仕事をこまごまと続けている人びとと私自身とが対等であると感じることはできない。高い場所は、鷲のような目を世界に投げ掛けようと望む人びとを惹きつける。視覚が独我論的であることをやめるのは、間近から見る場合だけである。つまり間近から見るときには、他者は私に対して、私が彼をそのなかに捕えていた光の束を送り返し、彼の目のすばやい運動のなかにすでに私が予感していたこの身体的束縛を、明確化し、至高の権限をもつ私の視覚の中心に私自身察知していたこの盲点を途方もなく広げて見せ、そして彼は、私の領野のなかにそのあらゆる境界線を越えて侵入しつつ、彼のために私が用意しておいた牢獄に逆に私を引き入れ、彼がそこにいる以上、私の孤独を不可能ならしめる、といった次第なのである。いずれにせよ、疎外状態におけると同様、独我論的状態においても、われわれがおのがまなざしの端に、見えざるものとしての一個の精神を、いつかは見出すということが、そもそもいかにして起るのであろうか。あるいは、他人もまた純粋な視覚であるなら、いかにしてわれわれは彼の視覚を見るのだろうか。その場合、［われわれが］彼［他人］でなければならないだろう（二九）。他人は家宅侵入によってしか、つまり痛みと破局としてしか、見る者の宇宙に入ることができない。それゆえ他人は、見る者の面前や光景のなかにではなく、［これを］根本的に問いただすこととして、側面から出現するはずである。他者は純粋な視覚でしかないのだから、見る者は、他者と出会うことはできない。「仮に出会うことができたとすれば」他者は見られた物となってしまうであろう。見る者が自己から抜け出すとすれば、それは、視覚の見る者への反転によってでしかなかろう。それゆえ、見る者が他人を見出すのは、自己自身の見られた存在としてだけであろう。私による他人の知覚は存在しないのである。だしぬけに、見る者としての私の遍在性が打ち消され、私は自分が見られるのを感ずるのだ。そして他人とは、突然私がもっていると感ずるこの見える身体を説明するために、私がまさに考えねばならない、かしこの、このXなのである。一見したところでは、他人を知られざるものとして導入するこの方法は、他人の他者性を考慮に入れかつ説明する唯一の方法である。他者が存在する場合にも、私は他者のうちに身を据えることや、他者と合致すること、つまり他者の生そのものを生きることは、定義によってできない。私は私の生しか生きはしないのである。他者が存在するとしても、他者は私の眼にとっては決して、私が自分にとって「対自」であるという正確かつ一定の意味において「対自」なのではない。たとえわれわれの関係が、「他者もまた」思惟し、「他者もまた」私的な景観をもっていることを、私に認めるように仕向け、あるいは体験さえするように仕向けるとしても、私は、私の思惟であるようにはこの思惟ではないし、私の景観をもつようにはこの私的な景観をもつのではないのであって、私が他者について語ることは、いつでも、私が自分自身で私について承知していることから引き出されるのである。私は譲歩して、私が仮にこの身体に住みつくとしたならば、私は私の孤独に比せられうる別の孤独を、そして私の孤独に対してつねにパースペクティブ的にずらされた別の孤独をもつであろう、ということを認めてもよい。しかし、この「仮に住みつくとしたならば」は、一個の仮定ではない。それは虚構もしくは神話なのである。他人によって生きられるがままの他人の生は、「それについて」語るところの私にとっては、起りうべき経験もしくは一つの可能性ではない。

すなわち、それは禁じられた経験であり、不可能なことであって、もしほんとうに他人が他人であるなら、事情はまさにこのとおりでなければならない。真に他人が他人であるなら、すなわち私が私に対して（pour moi）存するという強い意味において他人が一個の「対自」（Pour Soi）であるなら、他者は私の眼には決してこれではないのでなければならず、この別の「対自」は私のまなざしのもとに決して属してはならない。つまり他人知覚はあってはならず、他人は私の否定ないし私の破壊でなければならない。それ以外のどんな解釈も、われわれ、つまり他人と私とを、同一の思惟宇宙に置くという口実のもとで、他人の他者性を破壊し、したがって偽装された独我論に勝利の刻印を押すことになるのである。逆に、私が他人の他者性を保証し独我論から脱け出すのは、他人を私にとって接近不可能なものとするだけでなく見えざるものとなすことによって、なのである。しかしながら、われわれの難儀な仕事は終ってはいない。そして迷宮は思ったよりいっそう困難である。それというのも、今しがた語ったことを命題にして表わしてみると次のようになるからである、――すなわち、他人は私にとっては存在しえず、それゆえ他人とは見られた私の存在でしかありえない、つまり他人とは、私が見られているのを感じるがゆえに私が存在のうちに点線でたどることを余儀なくされるところの、私のものではないこの圏域の、知られざる名義人なのである、――ところで他人の他者性を保証するように思われていた、他人の対自存在に関するこうした不可知論が、突然、彼の他者性への最悪の侵害として現われるのである。なぜなら、この不可知論を表明する者は、この不可知論がそれを聞くすべての人びとに適用されるということを、当然想定しているからである。つまり、彼はただ単に自己や、彼のもつ展望《パースペクティヴ》について、そして彼自身のために語るのではなく、すべての人に代って語るのである。彼は、「対自」（一般）は単独だ……とか、あるいは対他存在は「対自」の死であるとか、もしくはこうした類いのことを語るのだが、――この際、彼が生きるがままの対自存在が問題なのか、あるいは彼の言葉を聞く人びとの生きるがままの対自存在が問題なのかを特定せず、また彼が体験するがままの対他存在が問題なのか、あるいは他の人びとが体験するがままの対他存在が問題なのかも特定せずに語るのである。論者が自分に対して使用を許すこの単数形、――すなわち「対自」(le Pour Soi)、「対他」(le Pour Autrui)――は、彼がすべての人の名において語っていると思っていることを示している、すなわち彼がその記述のなかにすべての人に代って語る能力を含ませていること、――実はこの記述そのものはこの能力を否認しているというのに――を示しているのである。したがって、私が自分の経験だけに――つまり、私の対私存在と対他存在だけに――ひたすら関わっていて、他人の対自存在と私に対する彼の存在との根本的な独自性を私が尊重しているというのも、ただ見かけ上のことでしかないことになる。私が自分の独我論の壁に、他者のまなざしが通り抜ける穴を開けるというひとことだけからして、私が関わるのはもはや一個の二分法――「対自」《の》それと「対他」《の》それ――ではなくなる。私は四つの項からなる一つのシステムに、つまり私に対する私の存在、他人に対する私の存在、他人の対自、ならびに私に対する彼の存在という四項からなるシステムに関わるのである。私の羞恥の創造者と、私について彼の描き出す私には思いも及ばない影像《イマージュ》を、住まわせるために、私の宇宙の地平線上に私がしつらえようと欲していたこの空虚は、たとえ私がどう考えるにしても、空虚などではないし、私自身と私の宇宙との単なる否定あるいは直接的否定ではない。たとえ他人が点線で辿られるにせよ、私が彼を限定するという単なるひとことによって、彼は私の宇宙のなかから切り抜かれるのであり、したがって私の宇宙と他人の宇宙との交叉部が存在するのである。われわれがもっているのは、対自が支えているところの「即自」一般なるもの(*l'En Soi en général*)を伴った「対自」一般なるもの(*le* Pour Soi en général)ではない、つまり「対他」一般なるもの(*le* Pour Autrui en général)ではない。すなわち、われわれはすべての「対自」が見知らぬまなざしによって「即自」一般なるものに合体されるという可能性をもっているのではない。言い換えると、n個の類例に潜在的に多数化された、私の対私存在と私の対他存在とをもっているのではない。——われわれが差し向いの形で所持しているのは、私の対私存在と、見世物として他人に呈示されたこの同じ対私存在であり、私の対自存在の複製たる、ある対自存在の担い手としての他人のまなざし、しかし私の対自存在を凝固（méduser）させる力をもったまなざしである、そして最後に、他人に向けられた私のまなざしの目標とされ、何等かの仕方でそれによって到達され、知覚される他人のこの同じ対自存在なのである。確かに、私と他人との相互的関係は問題ではない。なぜなら、ひとり私のみが私たりうるのであり、私自身にとって私が人間性の唯一の原型だからである。そしてこの視覚の哲学が私‐他人という関係の不可避的な不均衡を強調するのも、もっともなことである。しかし、こうした見かけにもかかわらず、これらすべての状況を透入不可能なものと宣言し、それらを相互に絶対的な否定として思惟することによって、まさにこの視覚の哲学は、却って同時にすべての状況に独断論的に居を捉えるのである。けれども、私は否定のこの絶対性に到達することとさえできないのであって、否定はここでは一個の独断論なのであり、諸対立者の絶対的肯定をひそかに隠しもっているのだ。まさに、私と他者たちとがそれぞれ、原理的に等価な宇宙として独断論的に定立されないためにこそ、そして自己にとっての「対自」の特権が認められるためにこそ、他人から私への、私から他人への移行が存しなければならないのだ。他者経験を他人の面前における私の客観化の経験に基づけることによって、視覚の哲学は他人と私との間に、存在関係であると同時に純粋な否定関係でもあるような一個の関係を打ち建てたと信じた、——この関係が存在関係であるのは、私が他人のもつ私についての眺めによって襲われるのが、私の存在そのものにおいてであるからであり、——純粋な否定関係であるのは、私が蒙るこの客観化が私にとって文字通り窺い知れざるものだからである。われわれはここで改めて、［次の選択肢のいずれかを］選ばなくてはならないことを確認するのである。すなわち、あるいは、*この関係がほんとうに存在関係であるとするのか、その場合は、他人は私から見ても「対自」の価値をもたねばならず、彼が支配権を有する私自身の外部が、純粋な「対自」としての私をもまた彼の思いのままに委ねるのでなければならず、私の構成的な無は私自身の眼から見ても私の状況に埋没するのでなければならない。そして結局のところ、他人と私（三〇）とは、それぞれ各自が各自として致命的な同じ災いを――つまりわれわれ自身の「即自」の宇宙の只中で、われわれを代る代る粉砕するところの他者の臨在という同じ災いを――蒙る二つの平行的な「対自」であるのではなくて、お互いたちにとって（les uns pour les autres）（1）相互的に「対自」の体系《システム》なのであり、あい互いに（l'un à l'autre）可感的なもの（sensibles）でなければならないのだ。その一方は他方を知っているのだが、ただ単に他方から蒙る受苦においてこれを知るだけでなく、より一般的に彼を証人（目撃者）として、しかもそれ自身忌避されうる証人として、知っているのである。なぜなら、その証人も嫌疑をかけられている（三一）からであり、彼もまた私と同様、純粋な存在に向けられた純粋なまなざしではないからである。つまり彼の眺めと私の眺めとは、部分的諸展望からなる体系《システム》に前以て挿入され、そこでわれわれが共存し、これらの諸展望が互いに検証しあう場所たる一つの同じ世界へと、関連づけられているからである。他人が真に他人であるためには、彼が禍いであり、味方から敵への完全な逆転の絶えざる脅威であり、強迫観念のように場所もなく、相対的諸関係もなく、顔もなく、あらゆる異議申し立ての彼方に超然としている判事自身であって、一瞥をもって私を私自身の世界の塵埃のなかに粉砕する力をもつ、ということでは十分ではないし、こうしたことが必要でもないのだ。必要かつ十分なこととは、彼が私の中心をずらし、私の中心化に彼の中心化を対立させる能力をもつことなのである。そしてこれが可能となるのも、われわれが二つの「即自」の宇宙に身を据えた比類のない二つの無化ではなく、われわれが同一の「存在」への二つの入口であり、しかもその各々はわれわれのうちの一方だけにしか接近できないのであるが、しかし二つとも同一の「存在」に属しているので、他方にとっても権利上通行可能なものとして現われるからである。必要かつ十分なこととは、私の領野のうちに直接現前するものとして私に与えられるところの、私の見る他人の身体、私の聞く彼の言葉が、それらなりの仕方で、私が将来も決してそれに立ち臨むはずのないようなものを私に現前させるということなのである。これは私にとっていつまでも見えざるものであり、私が直接には決してその目撃者とはならないようなもの、したがって一個の不在、しかし、何でもよい任意の不在ではなく、ある特定の不在、次に述べるような諸次元に従ったある特定の差異なのである。この諸次元とは、われわれにとって最初から共通の次元であり、私が他者の鏡であるのと同様、他者も私の鏡であるようにあらかじめ定めているものなのである、そして、われわれ自身が、誰かある人についてとわれわれについてと、二つの像《イマージュ》をあい並べてもつのではなく、われわれ二人ともどもそこに含まれている唯一の像《イマージュ》をもつようにさせる所以のものであり、私自身についての私の意識と他人について私が抱く神話とが互いにあい容れぬ二つのものではなくて、相互に相手の裏面である、というようにさせる所以のものなのである。論者が、他人とは私の見られた存在の責任者Xであると言うときに意味していることは、恐らく以上のすべてであろう。けれども、そうだとすれば、次のように付言せねばなるまい――すなわち、他人が私の見られた存在の責任者Xでありうるのは、彼が私をまなざすのを私が見る限りにおいてでしかなく、そして他者が見えざるものたる私に視線を向けうるのも、われわれが、対自存在と対他存在との同一の体系《システム》に属し、同一の統辞法《シンタックス》の諸契機であり、同一の世界の仲間であり、同一の「存在」に属しているからでしかない、と。ところで以上のことは、純粋な視覚としての人間にとっては意味のないことである。なぜなら、この人間は確かに諸事物そのものに向うという確信をもっているが、しかしまさに見るという作用の最中に不意に襲われ、突然諸事物の一つとなるのであって、彼にあっては眺めの一方から他方への移行は存在しないからである。純粋な見る者として彼は、存在論的破局によって、すなわち彼にとってはありうべからざる純粋な出来事によって、見られた物となる。あるいは彼がこの存在論的破局を理解しうるとするなら、それは、視覚のいわゆる遍在性を再検討し、すべてであることを、すなわち何ものでもないことを放棄し、視覚そのもののうちに諸事物のある種の触知を認め、鳥瞰そのもののうちに内属を認めることを学ぶことによってのみであろう。確かにわれわれの世界は原理的かつ本質的に視覚的である。人は香や音によっては一つの世界を形成しないであろう。しかし視覚の特権は、無から（*ex nihilo*）無限に広がる純粋な存在へと開き通ずることではない。視覚は、それもまた、一つの領野、一つの射程をもつのである。視覚がわれわれに与える諸事物が純粋な事物、つまりそれ自身と同一でありまったく肯定的であるような事物であるのは、星辰のように非常に遠大な距離においてでしかない。そして、この「即自」の地平が見えるものとなるのは、近くにある諸事物の背景としてだけであり、近くにある諸事物、これらは開かれたものであり、汲み尽くせないものなのである。

＊　テクストの続きには、もう一つの〈あるいは〉（ou bien）が見あたらない。二者択一の最初の項についての反省が第二の項がどんな類いのものかを決定している。事実、すぐ後で明らかとなるように、他人は私を私の即自的宇宙において粉砕するものではない、と言うことと、他人は私がそれであるところの「対自」の不可解な否定ではないと言うこととは同じことなのである。著者はさらにこの後者の思想について以下の註で再び取り上げている。

（1）「お互いたちにとって」（les uns pour les autres）であって、単に「互いにとって」（l'un pour l'autre）ではない。他人の問題は、否定の諸哲学によれば、あたかも困難のすべてが一方から他方への移行に存するかのように、つねに他なるもの（l'autre）という問題形態において立てられる。この事実は意義深いことである。なぜなら、そこでは他者（l'autre）はある一人の他者（*un autre*）ではなく、非-我一般であり、私を断罪しあるいは無罪放免する裁判官であり、そして彼に対して他の裁判官たちを対立させることなど私には思いも及ばないような裁判官なのだから。ところで、例えば、シモーヌ・ド・ボーヴォワールの『招かれた女』（*L'Invitée*）が示したように、ある三人組《トリオ》が三つのカップルに解体されるということ、そして、あらゆる抽象的相互性の外部で、成功したカップルがいくつか存在すると仮定する場合でも、同じ意味において成功するようなトリオは存在しえないということ、それというのも、カップルの諸困難に、このトリオを形成する三つの可能的カップルの間の調和という困難が付け加わるからであるが、以上の事情が示されうるとしても、——それでもやはり、他人の問題が他なるものの問題に帰着しないことには変りはない。それに最も厳密な意味でのカップルでさえ、つねに第三の目撃者たちがいるのだから、ますます以て然りである。恐らく、否定の諸哲学の習慣的な秩序を逆転させ、次のように言わなければならないだろう、——他なるもの（*l'autre*）の問題は他者たちの（*des* autres）問題の特殊な場合であって、ある誰かとの関係はつねに第三の人びととの関係によって媒介されており、この第三者たちは、一なるもの（*l'un*）のもつ諸関係と他なるもの（*l'autre*）のもつ諸関係とを共に規制するような、諸関係を自分たちの間でもっている。そして、オイディプス的状況がやはり三角形的なものだから、人生の始まりへとどれほど遠くまで溯行しようとも、この事情に変りはない、と。ところで、ここではただ単に心理学だけが問題なのではなく、哲学が問題なのである、——すなわち、他人との関係の諸内容だけでなく、またその形式とその本質も問題なのである。他人への接近が他者たちの星座（もちろん、そこには、多様な大きさの星辰が存在している）への参入であるなら、他者とは私自身のまさに絶対的否定ということ（*la* néga-tion absolue）であり、それ以上のものではない、と主張するのは困難である。というのも、絶対的否定はただ一つしか存在せず、この絶対的否定は競合するいかなる否定をも、おのれのうちに吸収してしまうからである。たとえ、われわれがある中心的な他者（*un autre principal*）をもち、そこからわれわれの生における他の多くの二次的他者が派生するのだとしても、この他者が唯一の他者ではないということからして、われわれはこの他者を絶対的否定としてではなく、モデル化された否定として理解しなければならなくなる。すなわち、結局のところ、私の生を否認するものとしてではなく、これを形成するものとして、私がそこで疎外されるような他の宇宙としてではなく、ただ単に私の生だけであったことは未だかつてないような生の、選好された変異態として、理解しなければならない。たとえ、われわれ各人が他者についての自分なりの原型をもっているとしても、その原型が参与を許すものであり、他者の一種の符牒ないし象徴であるという事実そのものによって、われわれは、他者問題を他の無化への接近の問題としてではなく、もろもろの他者の象徴論と範型論への導入の問題として立てることを余儀なくされ、対自存在と対他存在とは、この象徴論と範型論の反省的読み変えであって、その本質的形態ではないのである。

私と諸事物との関係が問題であれ、私と他人との関係が問題であれ（この二つの問題は同じことに帰する、なぜなら、もろもろの「対自」の島国的性格は、「同一の」諸事物へとそれらがそれぞれ扉を開いていることによってのみ超えられるからである）、問題は、われわれの生が、結局のところ、われわれの背後の絶対的に個別的でかつ絶対的に普遍的な無と、われわれの面前の絶対的に個別的でかつ絶対的に普遍的な存在との間で、生起するのかどうか――もしそうだとすると、われわれが「存在」から取り上げたすべてのものを、すなわち、われわれがそれである当のもののすべてを、思惟と行動という仕方で「存在」に返すという、われわれにとっては不可解で不可能な課題を伴うことになるが――あるいはそれとも、私から「存在」へと向うあらゆる関係は、視覚においてさえも、言葉においてさえも、世界の肉との肉的関係ではないのかどうか、つまりそこにおいては「純粋な」存在がただ地平線上に、ある距離を隔てて透けて見えるにすぎないといった、世界の肉との肉的関係ではないのかどうかを、知ることである。ところでこの距離は無にも等しきものどころではないし、私によって繰り広げられたものでもなく、何かあるものであり、したがって、ほかならぬ存在に属しており、「純粋な」存在と私との間にあって、私に対するその存在の厚みであるとともに、他者たちに対するその存在の厚みなのである。そして、結局のところこの距離こそが、存在の名に値するものをして「純粋な」存在という地平線ではなくして、そこへと導き入れる諸展望の体系《システム》たらしめるものなのであり、まったき存在をして私の面前にあるのではなくて、私の諸多の眺めの交点に、私の眺めと他者たちのもつ眺めとの交点にあらしめ、私の諸作用の交点と、私の諸作用と他者たちの諸作用との交点にあらしめる所以なのである、そしてまた感性的世界と歴史的世界とがつねに相互世界（intermondes 間世界）であるようにさせる所以なのである。それというのも、これらの世界は、われわれの眺めの彼方で、これらの眺め同士を互いに結び付け、またそれらを他者たちの眺めとも結び付けるからであり、われわれが生きている以上そこへと問い合わせる裁決機関であるからであり、われわれの見るものやおこなうことがそこで事物、世界、歴史となるために記載されるところの登録簿だからである。われわれの生は純粋な「存在」ないし「客観」という目も眩むような光に向っているどころか、言葉の天文学的意味において大気（atmosphère）をもっている。われわれの生は、感性的世界もしくは歴史と呼ばれるこれらの霧に絶えず包まれている、すなわち身体的生に属するひと（*on*）と人間的生に属するひと（*on*）とに包まれ、現在と過去とに包まれているのである。これらは、諸多の身体と精神の入り交った全体として、さまざまな表情や言葉、行為の混淆として、われわれの生を包んでおり、それぞれが一つの同じ何ものかの極端な差異、偏差なのだから、それらすべての間に、それらに対して拒むことのできないこうした連関が伴っているのである。抜け出すことのできないこの錯綜した絡み合いについて、われわれは二つの仕方で過ちを犯しかねない。その一つは、この絡み合いが私の身体に起る偶発事、死によって、あるいは単に私の自由によって、解体されうることを口実にして、この絡み合いを否定することによるのである。それというのも、こうした事態は、絡み合いが生起する場合に、それらなしにはこれが存在しえないところの部分的諸過程の総和に、それが過ぎないことを意味するものではないからである。この際、原理中の原理は、あたかも非存在を抹消することが存在の必要にして十分な定義であるかのように、生の諸能力を死の諸能力によって判断することは許されないし、生を死に抵抗する諸能力の総和として定義することも恣意なしにはできない、ということである。世界への人びととの絡み合い、人びとと相互の絡み合いは、たとえそれがもろもろの知覚と行為とを介してしか形成されえないとしても、現実的なものの空間的・時間的多様性を貫き横断しているのである。［だからといって］このことが、絡み合いのこの秩序を超越論的・無時間的秩序と見なしたり、アプリオリな諸条件の体系と見なすという、反対の過ちにわれわれを導いてはならないのだ。これでは、いま一度、生とは無効にされた死にすぎないということを、要請する結果となろう。なぜなら、これでは、生において単なる生の必要条件の総和(三)を超えるすべてのものを、外的な原理によって説明せねばならないと信ずることになるのだから。自然的かつ歴史的な世界への開披は錯覚ではないし、アプリオリなものでもない。それは、「存在」へのわれわれの絡み合いなのである。サルトルはかかる事情を、「対自」は想像的な「即自-対自」によって必然的に憑きまとわれている、と言うことによって表現していた。われわれはただ、「即自-対自」は想像的なものより以上のものである、と言っているだけである。想像的なものは堅実さをもたず、観察不可能なものであり、人が視覚に移ると同時に消失してしまう。したがって、「即自-対自」は、哲学的意識の前で解体して、存在する「存在」と存在しない「無」とに場所を譲るのである、すなわち、「存在」を必要とし、おのれの否定であることによってこれに到達し、そしてこのようにして、もともと「存在」に内在的であった沈黙裡の自己肯定を成就するという、「無」についての厳密な思惟に場所を譲るのである。サルトル的「即自-対自」の真実態は、純粋な「存在」についての直観と「無」についての負直観である。これに反してわれわれにとっては、「即自-対自」に対して神話のもつ耐久性を、すなわちわれわれの備え（institution）に属し、「存在」そのものの定義に不可欠な、現に働きつつある想像的なもの（imaginaire opérant）の耐久性を認めねばならない、とこう思われるのだ。それを除けば、われわれが語っていることはまさに同じことであり、存在と無との間を取り持つものを指で差し示したのは、サルトル自身なのである。

探求の大本《おおもと》に、無（rien）としての無を（したがって存在としての存在を）置く否定性の哲学は、これらの見えざるものをその純粋さにおいて思惟している。そしてそれと同時に、無（néant）の知は知の無であること、無への接近は雑種的な諸形態において、つまり存在に合体された形態においてでしか可能ではないことを認めている。否定の哲学は論理であり、かつそれと分かちがたく、経験である。すなわち、これにあっては、存在と無の弁証法は経験への準備たるにすぎず、その代り、この哲学が記述したような経験は、存在の純粋な存在性（entité）、無の純粋な否性（négatité）によって支えられ加工されているのである。純粋に否定的なものは、自己自身を否定することによって肯定的なものに犠牲としておのれを捧げ、純粋に肯定的なものは、無制限に自己を肯定する限りにおいて、この犠牲を承認するのである、——この諸意義の運動、これは帰結に至るまで追求された存在の存在と無の非存在にすぎない、つまり実際に適用された無矛盾の原理にすぎないのだが、これが、哲学者がそれに合致すべき純粋視覚の図式を提供しているのである(三三)。もし私が世界についての私の眺め（vue）と合致し、その眺めをその現勢態（en acte 活動性）においていかなる反省的距離もとらずに考察するなら、その眺めはまさに、存在それ自身の、すなわちそれ自体あるがままにかくある存在の、無の一点への集中、つまりそこで世界が見られる-存在（être-vue）となるところの無の一点への集中である。具体的諸記述と論理的分析とに存する共通なるもの、——そのうえ否定の哲学において存在と無の絶対的区別と、存在に埋没した無についての記述とを同一化するもの——それは、これらがいずれも直接的思惟の二つの形態だということである。すなわち、一方で論者は、存在と無とをその純粋な状態において探求する、つまりそれらに最も近くまで接近しようとし、存在そのものをその充満において、無そのものをその空虚において目指している、そして不分明な経験を押しつぶして、そこから存在性と否性とが漏れ出るほど凝縮し、経験を存在性と否性との間であたかもペンチで挟むかのように締めあげるのだ、彼は、われわれが存在と無という用語で思惟するところのものに、見えるものの彼方で全面的に信倚し、経験の彼方の諸意義に準拠する「本質主義的」思惟を実践する、そしてこうして彼は世界とわれわれとの諸関係を構築するのである。他方で論者は同時に、見る者というわれわれの条件に身を落ち着け、それと合致し、彼自身それについて語るところの視覚をみずから行使し、内側から生きられた視覚そのものから由来するのではないようなことは何ひとつ言わないのである。諸意義の解明と生の行使とは同じことでしかない。なぜなら、論者がやがて言わんとするように、生きることあるいは思惟することとは、つねにおのれを同一化（s'identifier）すること、あるいは無化（néantiser）することだということが、暗黙の了解となっているからである。否定の哲学が本質の確定であると同時に体験との合致であるのは、偶然でもなければ、筋違い、あるいは折衷主義によるのではない、むしろそれは、おのずとあるがままの生（la spontanéité 自然性）が、ないという仕方である（être sur le mode du n'être pas）ことであり、反省的批判があるという仕方でない（n'être pas sur le mode de l'être）ことにほかならぬからであり、そしてこの二つの関係が一つの回路を形成し、この回路こそわれわれ自身だからである。かかる普遍的なアンビバレンスのうちにあるので、われわれはこの否定の哲学を捉えがたいものだと述べたのである。そして実際、この否定の哲学は、評者がそれに対立させるものを何もかも受け入れる。無は存在しないのでは［なかろうか］。無の観念は擬似観念では［なかろうか］。存在は超越的なのでは［ないか］、もしくは「人間存在」（réalité humaine）とはある存在への接近なのでは［ないか］。人間が存在をもつのではなく、存在が人間をもつのでは［ないか］。否定の哲学はこれらの申し立てに真っ先に賛成する哲学であり、これらこそこの哲学自身の原理なのである。ただこの諸原理は否定の哲学においては、反対の諸原理と同一化されている。まさに空虚な無（*nichtiges Nichts*）が存在しないからこそ、「現にある」（il y a）は混り気のないある存在、肯（措）定的な充実したある存在に取って置かれるのである。まさに無の観念など存在しないからこそ、無は自由に無化し、その一方で存在は存在するのである。まさに超越が「存在」への接近であり、「自己」からの逃亡であるからこそ、われわれにほかならぬところのこの遠心的で感知できない力は、「存在」のすべての現出を司っているのである。そして、「現にある」が生起するのは、ほかならぬ「自己」から出発してであり、脱-自ないし疎外を通じてなのである。存在が人間をもつのであるが、しかし、それは人間が存在におのれを与えるからである。そこからして、この否定の哲学が残す、かの類いの居心地の悪さが生ずるのである。この哲学はかつて試みられなかったほど鋭くわれわれの事実的状況を記述する、——しかしながら、人はこの状況が上空から鳥瞰されたものだという印象を脱することができないし、実際にも、鳥瞰されているのである。経験を存在と無の混合として論者が記述すればするほど、存在と無の絶対的区別は強固にされ、思惟が経験に密着すればするほど、思惟は経験を遠くに隔てて保持することになるのである(三)。以上が否定的なものの思惟の妖術なのである。しかしこれは、次のことをも意味している。つまり、この思惟はそれが主張するものによって縁取られたり、識別されたりされうるのではなく——それというのもそれはいっさいを主張するからである、——ただまさしくいっさいであらんとするその意志のゆえにこそそれが脇に打ち棄てておいたものによってのみ、縁取られ識別されうるということである。すなわち、哲学者がそれについて語る当のものとは異なるものとしての、語る哲学者の状況によってである。つまり状況の明白な内容ではないある潜在的な内容でもって哲学者自身が語るところのものに影響を与える限りにおける、その状況によってであり、哲学者が確定する諸本質と状況がおのれを押しあてるところの体験との間の隔たりを、すなわち世界を生きる活動と哲学者がそれらにおいてこの活動を表現するところの諸存在性ならびに否性との間の隔たりを、含んでいる限りにおける状況によってである。もし論者がこの残余を考慮に入れるならば、もはや体験と無矛盾の原理との同一性は存在せず、思惟は、まさに思惟としては、もはや体験の全体を表現するなどと自惚れることはできない。思惟は体験の全体を保持するが、その厚みと重さとを取り残している。体験はもはや、われわれが体験から引き出す諸多の理念化のうちに、自己自身を再発見することはできない。上空飛行たるところの思惟もしくは諸本質の確定と、世界への内属もしくは視覚たるところの生との間に、隔たりが再び姿を現わし、思惟に対して、体験のうちに前以ておのれを投影しておくことを禁ずるとともに、いっそうこまやかな記述を改めて試みるようにと、誘《いざな》うのである。おのれが先行的経験の認識であり二次的確定であることを自覚している哲学にとっては、存在は存在し、無は存在しないという定式は、総体的状況の理念化、近似的表現なのであって、この総体的状況は、われわれが語り述べるもののほかに、われわれがこれをそこから汲み取ってくるところの物言わぬ経験を伴っているのである。そしてわれわれは、存在への直接的臨在としての視覚の背後に、存在の肉と見る者の肉とを再び見出すように促されるのと同様に、λεκτα（語られたもの）でしかない存在と無が、そこでお互いに対して働きあっている共通の場を、再び見出さねばならないのだ。われわれの出発点は、存在は存在し、無は存在しない(三五)という定式ではないことになろうし、——そして現に「何がしかの」存在しかありはしない(三六)ですらないであろう、——つまり総体化する思惟の定式、上空飛行的思惟の定式ではないのであって、——現に存在があり、世界があり、何ものかがある(三七)ということ、ギリシア語でτό λέγειν について語られる際の強い意味において(三八)、現に連関《まとまり》があり、意味があるということなのである。われわれは存在を無から（*ex nihilo*）出現させるのではなく、われわれが出発するのは、その地が何ものでもないとは決して言えないような存在論的起伏《レリーフ》からである。最初にあるのは無の地の上の充満した肯定的な存在ではなくて、むしろ諸多の現われの領野であって、その現われの各々は、別々に捉えられれば、恐らくやがて次々と炸裂するものであり、あるいは［棒線によって］抹消されるものでもあろう（これが無の持分である）。しかしながら、こうした現われについて、私はただ、次のことを承知しているだけだ、つまりこの現われは別の現われに取って代られるのであり、この後続の現われが前の現われの真理になるであろうということである。それというのも、現に世界があるからであり、何ものかがあり、一つの世界があり、一つの何ものかがあるからであり、そしてこれらが存在するためにまず最初に無を無効にする必要などありはしないから、なのである。無について無は存在しないとか、無は純粋の否定であると言うことも、言い過ぎである。なぜなら、否定性は名称も、静止も、本性ももたないものとしてのみ値打ちがあるものなのに、以上のように言うことは無をその否定性において固定し、その否定性を一種の本質と見なし、否定性のうちに言葉のもつ肯定性を導入することだからである。原理的にいって、否定の哲学は「純粋の」否定から出発することもできないし、それを自己自身の否定の作因となすこともできない。肯定的なもの全体を内部に置き、外部を単なる否定的なものと見なしてきた反省哲学の諸定立を逆転させ、反対に、精神を、それが外的存在と接触することでのみ生きる純粋に否定的なものと定義することによって、否定の哲学はその目標を通り過ごしている。それというのも、今度は反対の理由からであるが、それは、知覚の信憑というこの存在への開披をここでもまた不可能にしているからである。反省哲学は、観念と観念の観念との間の、つまり反省するものと非反省的なものとの間の、距離に配慮しなかったために、存在へのこの開披を説明していなかった。いま欠けているのはここでもまた、この距離なのである。なぜなら、思惟する者は、何ものでもないのだから、素朴に知覚していた者から何ものによっても分離されえないし、この知覚する者も自分が知覚していたものから分離されえないからである。思惟［作用］とわれわれのもつ内在的思惟［内容］の哲学にとっては、存在への開披なるものは存在しないが、――それのみならず、存在と無の哲学にとっても、存在への開披は存在しないのである。それというのも、先の場合と同様にこの場合も、存在は正直のところ遠隔のもの、距離を隔てたものと、されていないからである。存在への開披について語りうるためには、思惟はあまりにも自己に向って閉ざされている、しかし［逆に］無はあまりにも自己の外にある。そして、この点から見れば、内在と超越とは区別されないのである。それならそれでよい、と恐らく論者は言うであろう。然らば、われわれは存在への開披から出発しよう。しかし、真に開披なるものが存在するためには、われわれは形而上学的充満から脱け出なくてはならないのではないか、存在に向って開かれている者、見る者は存在における絶対的空隙であり、そして結局彼は純粋に否定的なものであらねばならぬのではなかろうか。そうでなければ、われわれは通俗的相対主義のように現われから現われへと盥《たらい》回しされて、絶対的な現われ、ないしは意識も、存在自体も、決して生起しないことになりはすまいか。絶対的否定性なしには、われわれは、誰にも意識されずに漂っている物理的あるいは心的諸形像《イマージュ》の宇宙に、いることにならないだろうか。以上の反論は問題となっている事柄を却って要請しているのである。すなわち（物理的、生理学的、「心的」）諸存在者か、もしくは物としての現実存在とはまったく無縁の「諸意識」か、しか一般に思惟されえないということを、要請しているのだ。この反論は、諸多の反省的二分法への思惟の回帰を告知している。そしてこの思惟はそれらの二分法を乗り越えるよりも、むしろ前以てこの二分法をおのずと生きる生（la vie spontanée）へと合体させていたのである。

それゆえ[三九]、存在に埋没した無の記述に到達する際にも、存在と無の二分法がなおも存続するとはわれわれは考えない。したがって、存在と無の二分法は、この記述への抽象的導入部であり、前者から後者へは、運動、進展、超出が存在するのだと、われわれには思われるのである。以上のことをわれわれは、存在の直観と無の負直観に弁証法を置き換えねばならないと述べることによって、単純に言い表わすことができるのではなかろうか。最も表面的な事柄から最も奥深い事柄に至るまで、弁証法的思惟とは、幾多の逆方向の作用もしくは相互作用を許容する思惟なのであり、——したがって、A項とB項との間の全体的関係が唯一の命題に表現されえないことを認め、互いに重ね合わすことのできぬ、いやそれどころか対立しさえする他の多くの命題を包含しているということを容認する思惟なのである。そして、この諸命題は、論理的には共立不可能であるが、ほんとうは全体的関係のうちに統合されている同じ数だけの観点を言いあてるものであって、そのうえ、その各々の観点はおのれの反対の観点、ないしおのれ自身の逆転へと導き、しかも自己自身の運動によってそこに導くのである。したがって、各々のパースペクティヴのもつ要求そのものによって、ならびに「そのつど」「存在」を定義するところの排他的観点からして、「存在」は多くの入口をもった一個の体系《システム》となる。それゆえ「存在」は外部から、同時性において眺められるものではありえず、実際に遍歴踏査されねばならないのである。この推移過程において、過去の諸段階は、私が通り越した道路の一部分のように、単に通過されただけではない。それらは、現在の諸段階がもつ、ほかならぬ新たなもの、戸惑わせるものにおいてすら、現在の諸段階を呼び求め、あるいは要求したことになるのであって、したがって、それは現在の諸段階のうちに存在し続けており、このことはまた、過去の諸段階は遡行的に現在の諸段階によって変容されるということをも意味する。こういうわけだから、ここではあらかじめ設定された道程を辿る思惟が問題なのではなく、みずから自己の道程を切り拓く思惟、前進することによって自己自身を見出す思惟が問題であり、道というものはそれを辿ることによって通過可能となるのだということを証明する思惟が問題なのである。——おのれの内容に完全に従っているこの思惟は、その内容から刺激を受けるのであって、おのれを外的過程の反映ないし模写と解することはできなかろう。この思惟は他方の関係から一方の関係を産み出すことなのである。したがって、この思惟は外部の目撃者でもなければ、そのうえ純粋な作因でもないのだから、運動のうちに取り込まれており、これを上空から鳥瞰するものではない。とりわけこの思惟は、そっくりそのまま受け取るべきでもあるかのようなあい継起する陳述において、言い表わされるのではない。そして陳述のそれぞれが真であるためには、運動の総体において、その属している段階に関連づけられねばならず、それぞれがそのまったき意味をもつのは、ただ単にそれが明白に語っているものだけではなく、その潜在的内容を形成している全体におけるその位置も考慮に入れられる場合だけである。こういう次第で、語る者（そして彼が言外に暗示しているもの）が、つねに彼の語るものの意味を共に規定しており、哲学者はいつでも、彼が提起する諸問題のうちに巻き込まれているのであって、いかなる陳述の内容を見積もる際にも、申し述べる当の哲学者の存在を考慮に入れないならば、真理は存在しないということになる。顕在的内容と潜在的内容との間には、単に差異のみならず、また、矛盾も存在することがありうるが、しかしこの二重の意味が陳述に属しているのである。——それはちょうどわれわれが事物それ自体を考察しようと欲して、まさにそれゆえに事物に意識を集中しながら、却ってわれわれにとってあるがままにそれを規定するに至るといった場合と同様である。したがって、弁証法的思惟にとっては、「自体」（En Soi）という観念と「われわれにとって」[30]（Pour Nous）という観念とは各々おのれの真理性を自己自身の外部にもつのであり、無際限の解明によって初めて定義されるような、総体的ないし完全な思惟には属さないのである。したがって結局、弁証法的思惟とは、存在にとって内的な関係においてであれ、存在と私との関係においてであれ、次のことを認める思惟である。すなわち、各項がそれ自身であるのは対立項へ向うことによってのみであり、それがまさにそれである当のものとなるのも、この運動によってであるということ、各項が他項へと移行することと自己と成ること、自己から脱出することと自己へと還帰することとは、同じことであるということ、求心運動と遠心運動とはただ一つの運動であるということを認める思惟である。なぜなら、各項は自己自身の媒介であり、生成の要求であり、他項を呈示するところの自己破壊の要求でさえあるからである。もし弁証法的思惟がこのようなものであるなら、「存在」と「無」の二分法に対してもわれわれが適用しようと試みたのは、まさにかかる思惟ではないだろうか。われわれの議論の主旨は、（相対的な意味で、世界内部にあるものとして捉えられるにせよ、あるいは絶対的意味で、思惟する者と思惟されるものとの指標として捉えられるにせよ）二項関係が、二重の意味（sens 向き）をもつ、あい容れないがしかし互いに必要な（今日の物理学者の言葉遣いでいえば、相補的な）諸関係の錯綜を包含しているということ、そしてこの複合的総体性が、論者の出発した抽象的二分法の真実態であるということを、示すことにあったのではないだろうか。弁証法とは、その転変する姿を通じて、いずれにせよ諸関係の逆転であり、逆転による諸関係の連帯性ではないだろうか。そして存在は存在し、無は存在しないというような諸命題や諸陳述の総和ではなくて、それらを多くの面に配置し、奥行をもった存在へと統合するような、理解可能な運動ではなかろうか。とりわけ、思惟と存在との関係に関して、弁証法は上空飛行的思惟の拒否、反省性の拒否であるのと同様、まったく外的な存在の拒否であり、「存在」において働いている思惟、「存在」と触れ合っている思惟ではないだろうか。そして「存在」に対してこの思惟は発現空間を開くのであるが、しかしそこには、たとえ乗り越えられた誤りとしてでしかないとしても、思惟のすべての創意が記載され登録されあるいは沈澱するのであって、たとえ円環を描くにせよ、あるいはジグザグに歩むにせよ、それ自身の意味をもつ歴史という形態をとるのである。結局、弁証法とはまさしくわれわれが求めている思惟であって、つまり、アンビバレントな、「腹話術的」思惟ではなくて、すでにヘラクレイトスが、対立する諸方向の円環運動における合致を明らかにしたように、二重の、ないし多様でさえある意味（sens 向き）を、唯一の宇宙のうちに差異化し、かつ統合（intégrer 積分）する能力をもった思惟なのである。――そしてつまるところかかる統合（積分）がおこなえるのも、この円環運動が対立する運動の単なる総和でも、これらの運動に付け加えられる第三の運動でもなくて、それらの運動の共通の意味（向き）であり、唯一の運動として目に見える二つの運動成分、全体性すなわち光景へと生成した二つの運動成分だからである、――したがって、弁証法というものが見られた‐「存在」（l'Être-vu）の思惟だからであり、つまり一個の存在の、といっても単純な肯定性、「即自」、一個の思惟の「措定されてあること」（l'Être-posé措定‐存在）ではなくて「自己」の発現（*manifestation de Soi*）、開示であり、生成しつつあるところの一個の「存在」の思惟であるからである……。

弁証法とはまさしく以上のすべてなのであって、かかる意味においては、弁証法こそわれわれが求めているものなのである。しかしながら、われわれがこの言葉をこれまで使わなかったのは、哲学史のなかでは、弁証法は、かつて純粋な状態において以上のごときもののすべてであったことはなかったからであり、化学者のいう意味において不安定でり、本質的に、また定義によってすら不安定だからである。したがって、弁証法は変質されずには決してテーゼとして定式化されえなかったし、その精神を保持しようと欲するなら、恐らく弁証法の名を挙げることさえしてはならないほどなのである。弁証法がそれに準拠している存在の流儀（genre d'être）、そしてわれわれが今しがた示そうと試みた存在の流儀は、実際のところ、積極的指名を受け入れることのできないものである。感性的世界にはこの種の存在の流儀がふんだんにあるが、しかし、もろもろの存在論が感性的世界に付け加えたものすべてを、感性的世界から剝ぎ取ってしまうという条件においてのことである。弁証法の課題の一つは、状況の思惟として、存在と触れ合っている思惟として、虚偽の明証性を揺さぶり、存在経験から遮断され空虚となった諸意義の実態を暴露し、そして弁証法がそうした諸意義の一つとなる以上は、みずから自己自身をも批判すべきだということである。ところで、弁証法はテーゼや一義的諸意義においておのれを言い表わし、その前‐述定的文脈（contexte anté-prédicatif）から自己を切り離すやいなや、こうしたものになる危険性を孕んでいる。弁証法にとって、自己批判的であることは必須なことであり、――そしてまた一個の哲学と呼ばれるものとなるやいなや、この課題を忘れることも、それにとって不可避なことである。弁証法がそれによって存在の運動を記述するところの諸定式そのものが、この場合その存在の運動を変造する危険に曝されているのである。自己による媒介、すなわちそれによって、各項が自己自身となるために自己自身であることをやめ、自己実現するために自己を粉砕し、おのれを開き、自己否定するところの運動という、深い観念を取り上げてみよう。この観念が純粋であり続けられるのは、媒介する項と媒介される項とが――「同じもの」であり――しかも同一性の意味において同じものではない、という場合だけに限られる。それというのも、同一性の意味で同じだとすると、そこには何の差異もないことになるので、媒介作用、運動、変容が存在せず、まったくの肯定性に留まることになるからである。けれども、媒介するものが媒介されるものの単純な否定、ないし絶対的否定である場合にもまた、自己による媒介は存在しないのである。なぜなら、この場合には、絶対的否定は媒介されるものを単純に無に帰せしめ、そして自己自身に反転することによって、おのれをもまた無効にすることになって、その結果やはり媒介作用は存在せず、肯定性への純然たる単純な後退が存在することになるからである。したがって、媒介作用があたかも肯（措）定的な項の諸特性の一つであるかのように、おのれの起源をこの項のうちにもつという可能性は排除される――しかしまた、この項に対して影響力をもたずそれを手つかずに残しておくような外的否定性の深淵から、媒介作用が由来してこの項にやってくるという可能性も、排除される。それにもかかわらず、弁証法が、われわれの接触している存在、おのれを発現しつつある存在、状況的存在を解読する一つのやり方であるのをやめ、そして最終決定的におのれを残りなく定式化し、教説として言い表わし、自己自身の総決算をつけようと欲する場合には、弁証法は上記の第二の仕方で表現されるのである。その場合は、要するに、否定は絶対者に高められ、否定自身の否定となる。同時に、存在は純粋に肯（措）定的なものに舞い戻り、否定は肯（措）定的なものの彼方で絶対的主観性として自己集中する。そして弁証法的運動は対立する両項の純粋な同一性、つまりアンビバレンスとなる。まさにこのような仕方で、ヘーゲルにおいては、深淵ないし絶対的主観として定義された神は、世界が存在するようになるために、すなわち神のもつ眺めではない神自身への眺めが存在し、そしてこの眺めから見れば神が存在より後なるものとして出現するようになるために、みずから自己を否定する。言い換えると、神は人間になるのである。――したがってヘーゲルの哲学は神学的なものと人間学的なものとのアンビバレンスなのである。サルトルにおいて、「存在」と「無」との絶対的対立が肯定的なものへの還帰、「対自」の犠牲を惹起するという事情も、これと変りはない。――もっとも、サルトルが否定的なものについての意識を存在の余白としてその厳格さにおいて保っていること、否定の否定はサルトルにおいては思弁的操作、すなわち神の展開ではないということ、したがって「即自‐対自」はサルトルにとってはどこまでも対自におのずと具わる幻影でしかないということを別とすればの話であるが。しかし、これらの点を留保するならば、弁証法の同じ変容が、アンビバレンスへの同じ失墜が、ここでもかしこでも生じているのであり、しかも同じ理由によるのである。この理由とは、思惟が弁証法的運動に同伴すること、あるいはこの運動［そのもの］であることをやめ、この運動を意義[四一]（signification）、テーゼ、もしくは語られたものに変えているということであり、そして同時に、「存在」をしてあらしめるために、おのれを犠牲にする「無」と、おのれ［存在］の優位という真相からして「無」に認知されることを許容する「存在」との、アンビバレントな心像《イマージュ》へ舞い戻っているということである。弁証法には一つの罠がある。すなわち、弁証法とは、内容の運動そのもの、内容が自己構成によって実現するがままの内容の運動そのものであり、あるいは呼び掛けと応答との関係や問題と解決との関係を辿り直し、それに付き従う技《わざ》であるのに、そしてまた弁証法とは原理的に形容語（épithète）であるのに、人びとが弁証法を標語と見なし、それを実践する代りにそれについて語るが早いか、それは存在の力、説明原理となるのである。「存在」のあり方であったものが意地悪い魔神（malin génie）となる。哲学者が、真の哲学は恐らく［いわゆる］哲学を嘲弄するだろう、ということに気付いたとき、おお弁証法よ、と彼はいうのである。ここでは、弁証法とは、ほとんど誰かある人物なのであり、いわば物ごとの皮肉な成行、つまりわれわれの期待が笑いものにされるような、世界に投げ掛けられた呪いであり、われわれを狼狽させ、おまけにおのれの秩序と合理性とをもっている、われわれの背後の狡猾なある能力なのである。したがってそれは、ただ単に無意味と化するという恐れであるだけではなく、いっそう悪いことには、物ごとには、われわれがそれに認めることのできる意味とは別の意味があるという、確信なのである。われわれはすでに悪しき弁証法の道、つまり弁証法の原理に反して、外的な法則と枠組とを内容に押し付け、自分の都合のよいように前‐弁証法的思惟を復興する悪しき弁証法の道を歩んでいるのである。原理的に、弁証法的思惟はあらゆる拡大普遍化（*extrapolation* 外挿法）を排除する。なぜなら、弁証法は、存在のなかにはつねに存在の補足がありうること、量的差異は質的なものに転化すること、外的なものについての部分的・抽象的な意識としての意識は、つねに出来事によって裏切られるということを教えているからである。しかしながら、外的なものについての意識のなしたであろうような問題解決の仕方とは別の仕方で（あるいはよりよく、あるいはよりまずく）問題を解決するところの生と歴史のこの脱漏自体が、弁証法的運動のベクトル・極性として理解される、つまりつねに同じ方向（sens）に働くある優越した力、過程の名において過程を飛び越し、したがって、不可避なものによる決定を正当化する優越した力として、理解されることになる。そして弁証法的運動の意味（*sens* 方向）が具体的布置から切り離されて定義されるやいなや、事情はこのようになるのである。弁証法なるものとほとんど同時に悪しき弁証法が始まるのである、そして、みずから自己自身を批判し、［具体的布置から］分離された陳述としての自己を超出する弁証法以外に、良き弁証法は存在しない。つまり超弁証法（hyperdialectique）以外に良き弁証法なるものはない。悪しき弁証法とは、おのれの魂を救うためにほかならぬこれを失うことを肯んじない弁証法であって、直接的に弁証法的であろうとして自律化し、そしてそれ自身の二重の意味を避けたために冷笑的態度（cynisme）・形式主義に行き着くのである。われわれが超弁証法と呼ぶものは、反対に真実を受け容れうる思惟である。なぜならそれは、多様な諸関係と、両義性と呼ばれたものとを、無条件的に考察するからである。悪しき弁証法は、存在を措定的《テティック》思惟によって、陳述の組み合せによって、定立、反定立、総合によって再構成できると思っている弁証法である。良き弁証法は、いかなるテーゼも理念化であり、「存在」とは、古い論理学がそう信じていたように、理念化や語られたものからではなく、互いに結合した諸全体から形成されているということを自覚している弁証法である。ところでこの結合した諸全体においては、意義は傾向としてしか決して存在せず、内容の惰性的性格のゆえに、ある項を肯定的なもの別の項を否定的なものとして定義することは決して許されず、ましてや第三項を否定的なもののそれ自身による絶対的止揚として定義することなど決して許されないのである。注意すべき点は次の点である。すなわち、われわれが語っている総合なき弁証法とは、それにもかかわらず、懐疑論や、通俗的相対主義、ないし言いがたきものの支配などではないということである。われわれが却下し、あるいは否定するものは、取り集めまとめる超出（dépassement）という観念ではなくて、超出が新たな肯定項、新たな定立（position）に到達するという観念である。思惟においても歴史においても、われわれは、生におけるのと同様に、具体的で部分的でしかない超出、諸多の残存物で一杯になり、諸多の不足物を背負わされた超出しか知らないのである。先行する諸局面が獲得したものすべてを保持し、それに機械的にそれ以上の何ものかを付加するような、そして弁証法的諸局面を、実在性の最も少ないものから最も多いものへ、妥当性の最も少ないものから最も多いものへと、階層的秩序に配列することを可能ならしめるような超出、あらゆる観点における超出なるものは存在しない。けれども、道程の限られた部分では進展は存在しうるし、とりわけ、進展につれてしまいには排除されるような解決も存在する。換言すると、われわれが弁証法から排除するものは、純粋に否定的なものという観念であり、われわれが探求するものは、存在の弁証法的な一つの定義なのである。これは対自存在でも、即自存在でもありえないし、——［対自存在・即自存在などという］定義は、手っ取り早くて壊れやすい、不安定な定義であり、ヘーゲルがいみじくも言ったように、われわれを一方から他方へと盥《たらい》回しにする定義である、——*またアンビバレンスに輪をかける「即自‐対自」でもありえない。［われわれの求める存在の弁証法的］［定義は］存在を、反省による裂け目の生ずる以前に、この裂け目の周囲に、その地平に再発見すべきなのであり、われわれの外部にでも内部にでもなく、二つの運動が交叉しあう場所、何ものかが「現にある」（il y a）場所に存在を再発見するはずの定義なのである。

＊ 編者注　われわれは、あらゆる曖昧さを避けるために、この用語をブラケットでくくって再び挿入して置いた。

否定性に関する上述の諸注意によって、世界を前にしてのわれわれの問いの意味を明確にすることが、われわれにとってすでに可能となる。それというのも、最も困難なことは、われわれの問いが何であり、何でありうるのかについて、われわれの問いの正しい本来の意味について、われわれの問いが何を問い尋ねているのかについて、見誤らないことだからである。われわれは、世界がほんとうに存在するのかどうかとか、あるいは世界というものはうまく調整された夢でしかないのかどうかを知ることが、問いの眼目ではないことをすでに承知している。［それのみならず］以上のような疑問は、他のもろもろの問いを覆い隠している。この疑問は、夢とか心像とかを既知のこと、それもいっそうよく知られていることとして仮定し、ひたすら心的なもの（psychique）のいわゆる確実性（positivité）の名においてのみ世界を吟味し、世界に可能的非存在（inexistence）の影を投ずるのである。しかしこの疑問は、おのれが世界の代りに置くところの心的存在なるものを、明らかにしてはいない。実はこれを、弱められ格下げされた実在的存在と、理解しているのである。そして、かくのごとくに理解された疑惑が、仮に何らかの論拠によって氷解することがあったとしても、われわれの夢に返却されるであろう「実在的」存在なるものは、われわれがそこから出発した、曖昧で不可解な、かの心的存在にほかならぬことになり、したがってすべて最初からやり直さなくてはならないことになろう。われわれがおのれに問うことは、世界が存在するのかどうかということではなく、世界にとって存在することとは、そもそもいかなることか、ということなのである。

だが、かくのごとく変容されたところで、問いは未だ根本的な問いとはなっていない。なぜなら、この問いは、その真の活力を覆い隠してしまうような表面的な意味においてそれを理解することも、依然として可能だからである。われわれが、もろもろの事物や世界にとって、存在することとはいかなることか、と自問する際に、人びとは、語を定義することだけが問題なのだと、こう信ずることもできよう。所詮、これらの問いは言語のなかで生ずるのだ。たとえ肯定的思惟は、言葉から離れて、おのれの内的な十全適合性に根拠を置くようにわれわれには思われるとしても、否定とりわけ問いは、もろもろの事物の本質内在的特性をなんら言い表わしてはいないのだから、もっぱら言語の装置によってしか、おのれを支えることができないことになる。したがって世界についての哲学的問いを、言語上の諸事実のうちに算入したい気持ちに、われわれが駆られることもありえよう。そして、問いに答えが与えられるのは諸語においてなのだから、答えについても諸語のもつ諸意義のなかにしか、それが探し求められないように思われてくるのである。しかしながら、これまでのわれわれの反省から、われわれはこのような問題の立て方が問いをごまかすことになることを、すでに学んでいる。すなわち、世界の存在の意味についての問いは——言語ならびにそのもろもろの能力、その働きに関する有効な諸条件の研究から引き出されるであろうところの——諸語の定義をもってしてはほとんど解決されず、却って言語の研究の内部に、この問いが再び現われてくるといった有様であり、言語研究はこの問いの特殊な一形態でしかないのである。哲学が言語分析へと切り下げられうるのは、言語がおのれの明証性をおのれ自身のうちにもち、「世界」や「事物」といった語の意義が原理上いかなる困難も提供せず、語の正しい使用諸規則が一義的意義のうちにまったく明白に読みとられうることを、仮定する場合だけである。ところで言語学者たちは、まさしくこんな仮定が実情にまったくそぐわないことを、われわれに教えている。彼らは一義的意義が語の意義の一部分にすぎず、その彼方に、新しい思いがけない使用法のなかに現われる意義の縁暈《えんうん》がつねに存すること、言語の言語に対するある作用があって、ほかの刺激がない場合でさえも言語を新しい歴史へと投げ返すであろうこと、かくして語の意義それ自身を一つの謎たらしめるということを、われわれに教えている。言語は世界や存在の秘密を掌中に納めているどころか、それ自身一つの世界、一つの存在——二次の世界、二次の存在である。それというのも、言語は空しく語っているのではなく、存在について、世界について語っており、したがって、これらの謎を消滅させるどころか、それを二重化しているからである。それゆえ、世界についての哲学的問いかけは、言語の内部で繰り返されるわけだから、それは、世界そのものから、これについてわれわれが述べることへと赴くことに存するのではない。哲学することは、語の名において事物に疑いをかけることではない——あたかも語られた事物の宇宙が、なまのままの事物の宇宙よりもいっそう明晰であるかのように、現実の世界が、言語のなかの一区域でもあるかのように、知覚が混乱した、毀損された言葉でもあるかのように、もろもろの語の意義が、われわれをまったく安心させる確実性の領域でもあるかのように。さて以上の注意は、ただ単に言語の実証主義を相手としているだけではない。それは、もろもろの純粋な意義（significations）のなかに意味（le sens）[四二]の源泉を探究するどんな企てにも、——たとえ言語についていかなる言及もなされていないにしても、——及ぶのである。例えば「人間的現象」の秩序のためを計って、世界それ自体や物それ自体を疑ってかかるところに、世界についての哲学的問いの本領が存する、などということはありえない。すなわち、われわれのものたる事実上の諸制約のもとで、われわれの精神-物理的組成に従って、ならびに「客観」への関係をわれわれに対して可能ならしめるところの諸結合の型に従って、われわれが、ほかならぬわれわれ人間が、構築しうるような諸現出の首尾一貫した体系のためを計って、世界それ自体や物それ自体を疑ってかかるところに、世界についての哲学的問いが存する、などということは、ありえない。客観のかかる構築が諸科学の方法に従って、また算式のもろもろの手段によって理解されるにせよ、もしくは学が結局のところ直観知（*scientia intuitiva*）、つまり世界そのものの知解であろうとするとの理由で、論者が構築の所産（*constructa*）を具体的なものとつき合わせるにもせよ、もしくは最後に論者が、いっそう一般的にあらゆる種類の――情緒的、実践的、価値論的な――作用や態度を――意識がそれによって諸対象もしくは準‐対象におのれを関係づけたり、それらを互いに関係づけたりする作用や態度を――明るみに出すことを企て、そして一つの態度から他の態度への移行を遂行するにもせよ、いずれにせよ立てられた問いは未だ根本的な究極的な問いではない。それというのも、論者は不透明である諸事物や世界と向い合せに、――世界や諸事物がその最終の所産であると仮定されているところの――意識の諸作用ならびに構築された諸意義の領野をおのれに与えているからであり――そのうえ（この領野が事実上予想している）言語の領野と同様、この領野についても哲学者は次のことを自問すべきであるからである、すなわち、彼は、この領野が閉じられていて、自己充足しているのかどうか、この領野は人為構造（*artefact*）として、自然的存在の原始的展望へと扉を開いていないかどうか、この領野が検証された‐存在（être-vérifié）、真実であると確かめられた‐存在（être-avéré）、客観へと転化された存在に関しては決定的であると仮定されるにしても、それがなまの存在やなまの精神という地平――この地平から、構築された諸対象や諸意義が出現するのであるが、この地平をこれらの諸対象や諸意義は説明しはしない――を、もっていないかどうか、と自問すべきだからである。

かくして、知覚された世界を前にしてのわれわれの驚きの意味が、明確になった。それはピュロン風の懐疑ではないし、また知覚された世界がその影にすぎないところの、肯定的思惟の内在的領域への訴えですらない。［それというのも］この影は外部というよりもむしろわれわれのうちにある［からである］。世界の明証性を保留し、世界についてのわれわれの思惟もしくは意識、ならびにそうした意識のもろもろの作用やもろもろの主張《テーゼ》へ依拠しようとしても、われわれは、われわれの眼前の世界の堅固さや世界におけるわれわれの生の連関を凌駕したり、もしくはただ単にそれらと比肩することだけでもできるような、そしてそれらを説明するような、いかなるものをも見出せないであろう。可から否へのこの逆転によって、われわれはただ否定的思惟を本原的《オリジナル》な思惟の一つの仕方として復権させるだけでなく、さらに因果律を否定的に――それなしには表象が存在しない不可欠なあるものとして――言い表わすに至り、結局スピノザにとっては肯定的なものそのものであった思惟を否定性として理解するに至ったのであるが、今やこの逆転を次のように述べることによって成就もしくはむしろ超出しなくてならないのであろうか、つまり私が私にとってあることができるのは、私自身の中心において私がまったく何ものでもない限りにおいてでしかないが、しかしこの中心的な空虚は何がしかの存在、ある状況、ある世界によって担われねばならず、それらに向う諸多のパースペクティヴが示唆する焦点としてしか決して知られることがなく、そしてこの意味において思惟に対する存在の優位性があるのだ、と、こう述べることによってである。以上のような次第だとするとデカルトが、見ることについての思惟は見られた物ないしは視覚の働きよりも確実であること、――思惟はまさしく絶対的現われでしかないのだから、絶対的に疑いえないものであること、そして思惟は存在と無との中間でありながら、懐疑の面前では肯定的で充実した諸事物よりもいっそう堅固であるということを明らかにしたときに、開かれた周期《サイクル》が、閉ざされることになるであろう。なるほど、デカルトおよびデカルト主義は、半ばしか存在しないところの思惟するもの(四三)(chose pensante)を、最終的には「存在」の側に押しやってしまった。それというのも、つきつめてみれば思惟するものとは無にも等しきもの（rien）どころではなく、［これに反して］無（néant）はいかなる特性ももってはいないので、思惟するものはすでに、無限の「存在」、精神的実在性（positivité）の印《しる》し、足跡[四四]となっていたからである。しかしながら、世界からの後退、内的人間への還帰、反省的否が、それでもやはりコギトによって哲学のうちへと据えられてしまったのであり、思惟が、自己原因たる「存在」の自然発生をもはや思惟自身のうちに捉えることができるとは、みずから思えなくなった今日[四五]、以上の諸事情があらゆるその帰結を哲学のうちに生ぜしめたのは、当然のことであった。こうなると、見えるものではない、もしくは特性をもたない否定性は、もはや世界そのものによってしか担われることができなくなり、存在のなかの空隙でしかないものとなろう。それと世界との間にはもはや懐疑という［判断］保留[四六]のための余地すら存在しないことであろう。現勢態における否定性は、現実存在（existence）そのもの、もしくは少なくとも世界の「現存在」（il y a）となるであろう。そして哲学は問いであることをやめて、二重の側面をもった次のような作用の意識、つまり然りであるこの否と否であるこの然りという二重の側面をもったかの作用の意識となろうとするであろう。肯定的なものを世界から、世界の相関者や世界の結合原理となったところの意識の側へと、移行せしめた長い発展の道――しかしながらこれは同時に哲学に非存在を存在の軸として据えることを用意させることになったのだが――この道は、観念論の極点において突如として「即自」を復権させ、その優位性を確立することによって、おのれを成就することになるであろう……。

　このようなことは、究極のところ不可能とわれわれには思われた[四七]ことである。われわれには、こうした哲学の最終的な豹変（avatar）が、観念論を乗り越えるというよりは、むしろこれを過度に補充するものであるように思われ、また何ものでもないものから存在するものへの無限の距離によって形成されると同時に解体されるような、「即自」への私の直接的臨在とは、一つの解決というより、むしろ実在論と観念論との間の往復運動であるように見えたのである。哲学とは、世界との関わりを断絶することでも、世界と合致することでもないが、しかしまた世界との断絶と合致との交替でもないのだ。『存在と無』（*L'Être et le Néant*）の哲学が、かくもいみじく表現しているところの、この二重の関係は、この哲学の立場においては、恐らくいつまでも理解されることはあるまい。というのも、この二重の関係を支える任務を帯びているものは、依然として意識――すなわち、すみずみまで現われることであるような存在――なのだから。［むしろ］果たさるべき課題は、世界へのわれわれの関係を、存在に向っての無の開披としてではなく、端的に開披として厳密に記述することであるとわれわれには思われたのだ。つまりこの開披によってこそ、われわれは存在と無を理解しうるのであって、存在と無によって、われわれがこの開披を理解しうるのではない、ということである。『存在と無』の観点からすれば存在への開披とは、私が存在を、それ自身において訪れることを意味するのである。この際、存在が依然として隔たったままでいるのは、無、つまり見るものたる、私のうちなる匿名者が、そこにおいては存在がもはやただ単に存するだけではなく見られてもいるような、空虚な地帯を、おのれ自身の前に、押し広げているからなのだ、というわけである。それゆえ、存在への近さと同様に存在への遠さをも、すなわち、パースペクティヴを事物そのものから区別されたものとして生ぜしめるのは、私の構成的な無なのである。これこそが、私の領野の限界を限界として構成するものなのだ。しかしこの無は、これらの限界を、この隔たりを、これを形成することによって踏み越えるのである。この無は、実測図をまず最初に生ぜしめることによって初めて、もろもろのパースペクティヴを生じさせるのであり、それが全体へと向うのは、それが何ものでもないからである。――したがってもはや何かあるものが存在するわけではないし、開披も存在しないことになる。それというのも、私の視野の諸限界に対抗するまなざしの働きというものがもはや存しないからであり、つまり、われわれには世界へと開く窓がある、と言わしめる所以の、視覚作用の惰性というものがもはや存しないからである。見らるべきものの全体との妥協によって、世界へと向う私の視点を与えてくれるのは、視覚の働きに属する一種の仕切板であるが、この種の仕切板はもちろん固定したものではない。まなざしの運動によって、これらの限界を踏み越えることをわれわれに妨げるものは、何も存在しない。だが、この自由は依然としてひそかに拘束されている。われわれはまなざしを移動することしかできない。すなわち、まなざしの限界を別の所へ移すことしかできない。しかし、限界はつねに存しているのでなければならない。一方で獲得したものを、他方では失わねばならないのである。間接的かつ暗々裡の必然性が私の視覚にのしかかる。この必然性は、永遠に横切ることのできない客観的な境界のもつ、必然性ではない。つまり私の視野の輪郭は線ではなく、視野は暗闇のなかから切り取られた区域ではない。私が視野の輪郭へと近づくと、もろもろの事物がむしろ互いに分離しあうという事情にあるのであって、「近づかねば」私のまなざしは「そのあたりでは」不分明となり、「やがては」見る者と、分節化された諸事物とが欠如するために、視覚の働きがやむという次第なのである。(四八) こういうわけだから、私の運動能力について語らない場合でも、私は可視的な世界の一区域のなかに閉じ込められているのではない。だがそうはいってもそれでもなお、私は制約されている。これは檻や格子のない動物園にいる動物たちの発揮できる自由が、ひと飛びで飛び越えるにはいささか大きすぎる何がしかの堀のところまでで、穏やかに終っているのと同様である。世界への開披は、世界が地平でありかつどこまでもそうであり続けることを仮定しているが、それは、私の視覚の働きが世界をおのれ自身の彼方へと押しやるからではなくて、いわば見る者が世界に属し、そこにいるからなのである。それゆえ哲学は、われわれと世界との関係を分析し、あたかもこの関係が寄せ集めによって作られたかのごとくに、それを分解することを求めているのではない。しかしながら、哲学は、もうこれ以上語るべきことは何もないかのように、「存在」を直接的かつ総括的に確認することをもって、完結するものでもない。哲学は、われわれと世界との関係を明らかにするにあたって、われわれがこの関係のうちにあらかじめ置いておきでもしたかのようなものをこの関係のなかに再び見出しているのだと、自惚れることは許されない。哲学は、われわれが後になってから初めて事物と世界とについて思惟し、それらについて語ることのできるようになったすべてのことを、含蓄態の形式において、あらかじめこれらのなかに畳み込んでおくことによって、これらを再構築するなどということは、許されない。そうではなく、哲学とはどこまでも問いであり、世界と事物へと問いかける。哲学は、世界と事物の結晶作用を、われわれの面前で、捉え直し、反復し、あるいは模倣したりする。なぜならば、この結晶作用は、一方ではわれわれに完全に出来上がった仕方で与えられていながら、他方では決して完了せざるものであり、これを通じて、われわれは、世界がいかにして生成するのかを見て取ることができるからである。世界は、若干の構造的法則の支配のもとで生成する。［それゆえ］もろもろの出来事は、まなざしとか言葉《パロル》といったような、十分に一般的な諸能力を、透けて見えるようにさせるのである。そして、この一般的な諸能力は、同定されうる一つの様式に従って、「もし……ならば、その場合には……だ」といったような諸関係に従って、つまり行為における論理に従って、働くのである。思惟、主体、対象といった既成の概念がわれわれをそこへと投げ入れているところの厄介な諸事情から、われわれが脱出しようとし、そして結局、世界とは何か、存在とは何かを、われわれが知ろうと欲するならば、この一般的な諸能力の哲学的身分を定義せねばならないのである。哲学とは、世界とのわれわれの関係を実在的諸要素へと分解することではないし、あるいは、世界を観念的対象たらしめてしまうような、観念的な照合関係（références）へと、かの関係を分解することですらない。そうではなくて哲学は、世界とのわれわれの関係のうちに、もろもろの分節化構造を見分け、〔未来の〕予持、〔過去の〕要約反復、〔両者の〕跨ぎ越し（enjambement）という規則正しい諸関係を目覚めさせる。それというのも、こうした諸関係は、われわれの存在論的景観のなかでいわば眠り込んでおり、もはやその痕跡という姿でしか存続していないのだが、それにもかかわらず、終始そこで働き続け、新たなものをそこに設定しつづけているからである。

それゆえ、哲学者の問いの手法は、認識の手法ではない。存在と世界とは、哲学者にとって、既知項との関連で規定することが問題となるような種類の未知項、つまり把握的思惟ができるだけ相互に近づけようと努めるところの諸変項の同じクラスに、既知項とともにあらかじめ属しているような、未知項ではない。哲学はまた、自覚というものでもない。それというのも哲学にとっては、おのれが世界と存在に対して名目的定義（définition nominale）によって与えておきでもしたかのような意義を、立法的意識のうちに再発見することが問題ではないからである。われわれは語るために語るのではなく、ある事柄について、もしくはある人物について、ある人に向って語るのであり、そしてまた語り（parole）のこうした発意のうちに、世界と他者とを目標として目指すことが含まれており、しかも、われわれが語ることのすべては、こうした狙いにかかっているのであるが、それと同様に、辞書的意義や、そのうえ幾何学的な諸意義のように意図して再構築された純粋な諸意義ですらも、なまの存在や共存の宇宙を目指しているのである。そして、われわれが語ったり思惟したりした際には、すでにわれわれはこのなまの存在や共存の宇宙へと投げ出されており、しかも、この宇宙自身は、客観化的な、もしくは反省的な接近（*approximation* 近似法）の歩みを原理的に許さないものなのである。なぜなら、この宇宙は、距離を隔てて、地平という仕方で、潜在的に、もしくは隠蔽された姿で存しているからである。哲学が狙うのは、まさにこの宇宙であって、これこそ、世にいわれるように哲学の対象（*l'objet*）なのである、――しかし、ここでは、空隙が埋められ、未知のものが既知のものへ変えられることは、決してないであろう。つまり哲学のこうした「対象」が、哲学的問いを満たしにやって来ることは、断じてないであろう。というのも、このような充塡は、哲学的問いにとって本質的なものである奥行や距離を、これから奪い取ってしまおうことになるのだから。現実的で現存するところの、究極的かつ根本的な存在、物そのものといったものは、原理的にそれらの諸多のパースペクティヴを通じて透し見的に捉えられるのである。したがって、それらを所有しようとするのではなく、見ようとするある者、それらをいわばピンセットで挟んで摘み上げたり、顕微鏡の対物レンズの下に固定したりしようとするのではなく、これらをあるがままにまかせ、それらの連続する存在に、立ち合おうとするある者にのみ、それらはおのれを呈示するのだ。それゆえまた、それらが返却を求めている窪みや、自由な空間といったものを、そしてそれらが要求する共鳴といったものを、これらに返してやるにとどめ、それら自身の運動に付き従う者にのみ、［換言すれば］充実した存在がやがては充塡しにやって来でもするかのごとき、一個の無であるような者に対してではなく、問われている多孔質の存在にふさわしい問いであるようなある者に対してのみ、それらはおのれを呈示するのである。この際、かかる多孔質の存在についてこの問いが手に入れるものは、解答などではなく、問い自身の驚きの確認なのである。知覚を、以上のような問いかける思惟として、つまり世界を措定するというより、むしろ知覚された世界をあるにまかせるところの、そしてその面前で、諸事物が然りと否との手前でいわば滑るがごとく自己形成し自己解体するといった、問いかける思惟として、理解せねばならぬのである。

　否定的なものについてのわれわれの論議は、哲学に含まれたもう一つの逆説を、われわれに告げ知らせる。この逆説とは、哲学を認識に属するあらゆる問題から区別し、およそ哲学のうちで、解決について語ることを禁じるものなのである。つまり、哲学とは、遠方のものに遠方のものとして接近することであり、哲学とはまた、語らざるものに向って提起された問いでもある、ということだ。世界が世人の喋々する、当り前の事物となる以前には、また世界が取り扱いやすく思いのままになる諸意義の総体へと切り詰められてしまう以前には、世界とはいったい、いかなるものであるかと、哲学は世界についてのわれわれの経験に向って問い尋ねる。哲学は、この問いを、われわれの物いわぬ生に向って提起する。つまり哲学は、反省に先行するところの、世界とわれわれとのあの混淆へと問い合わせる。それというのも、もろもろの意義をそれら自身において吟味したところで、われわれの諸多の理念化と統辞法へと切り詰められた世界が、手に入るにすぎないだろうからである。しかし哲学は、そのうえさらに、上述のごとく諸源泉へと立ち戻ることによって見出される事態を、語り出すのである。哲学そのものは、人間の構築物である。哲学者の努力がいかなるものであるにせよ、最良の場合でも、この構築物が文化のさまざまな人為構造（*artefacts*）や産出物のなかの雛形としての地位を占めるであろうことを、哲学者はよく承知している。もし上述の逆説が考えられえないことではなくて、そして哲学も語ることができるのだとするならば、それは次の諸理由に基づくのである。すなわち、言語《ランガージュ》とは、ただ単に固定され獲得された諸意義の保存陳列の施設であるだけではないという理由に、言語の累積能力それ自身が予料もしくは予持の能力から結果するのだという理由に、ひとはただ単に自分の知っていることについて、あたかも見せびらかすためでもあるかのように、語るだけでなく、――知らないことについてもまた同様に、それを知るために語るのだという理由に、――そしてまた、自己形成しつつある言語は、言語自身がその一部をなすところのある種の個体発生を、少なくとも側面的には表現するという理由に、基づくのである。ところが、こうした事情から結果することは、哲学の積荷を最も多く担わされた言葉《パロル》とは、必ずしもおのれの語る事柄を閉じ込めておく言葉ではなく、むしろそれは「存在」に向って最も精力的に扉を開いている言葉なのだ、ということなのである。というのも、こうした言葉は、全体の生を最も親密に表現しており、われわれの諸多の習慣的な明証性をばらばらに解きほぐすほど、これらを揺り動かすからである。したがって、次のことを知ることが問題となる――つまり、なまの存在もしくは野生の存在の取り戻しとしての哲学が、果たして雄弁な言語の諸手段によって成就されうるのか、もしくは言語からその即座のあるいは直接の意義能力を奪いつつ、それでもやはり哲学が語り出そうとしている事柄に、言語を等しからしめんとするような、言語の使用法を哲学がなさねばならぬのではなかろうか、これを知ることが問題となるのである。

結局のところ、哲学は知覚の信憑に問いかけていることになる、――だが哲学は、通常の意味での解答を期待しないし、それを受け取りもしない。というのも、この問いを満足せしめるのは、ある未知の変項もしくは不変項を顕わにすることではないからであり、そのうえ、現存する世界が問いかけの仕方で現存しているからである。哲学とは、おのれ自身に関しておのれに問いかけるところの、知覚の信憑なのである。どんな信憑についてもと同様に、知覚の信憑についても言われうることは、それがまさに懐疑の可能性であるがゆえに、信憑だということである。そしてわれわれの生という、物ごとの倦むことなきこの遍歴もまた、絶え間ない問いかけなのである。物ごとに問いかけるのは、哲学だけではない。物ごとに問いかけるのは、まず第一にまなざしである。われわれは、観念論が信じているように、諸事物を構成する意識をもっているわけではないし、あるいは、実在論(四九)が信ずるように、意識への諸事物のあらかじめの秩序づけを所有しているわけでもない（観念論と実在論は、ここでわれわれが関心を抱いている事柄に関しては見分けがたいものである。というのも、両者ともども物と精神との十全適合を主張するのだから）――

われわれは、われわれの身体によって、われわれの感官によって、われわれのまなざしによって、「また」言語を理解したり語ったりするところのわれわれの能力によって、「存在」に対するもろもろの尺度（mesurants 測定手段）や、われわれが「存在」をそれに転写する（reporter）ことのできる諸次元をも所有しているのであって、適合もしくは内在の関係を手にしているのではない。世界や歴史を知覚することは、この測定を実践すること、すなわち、われわれの基準に比して世界や歴史のもっている隔たりや差異を印しづけることである。われわれの生の展開そのものにおいてわれわれ自身が問題になっているとするならば、それは、中心をなす非存在が存在に対するその同意を取り消すと、絶えず脅かしているからではない。そうではなくて、われわれ自身が、連続するただ一個の問いでしかないからである。つまり、世界のさまざまな布置の上でのわれわれ自身の方位測定と、われわれの諸次元の上での諸事物の方位測定との、不断の企てだからである。好奇心から発する問いでさえ、あるいは科学に属する問いでも、哲学において露呈される根本的問いかけによって、内面的に生気づけられているのである。「折々男は頭を上げ、匂いをかぎ、耳を傾け、目を凝らし、自分の位置を確かめる。彼は考え、溜息をつき、脇腹のポケットから時計を取り出して時刻を見る。私はどこにいるのか。いま何時か。こういう問いは、われわれから世界に向けられた汲み尽くされえぬ問いなのである……」[1]。時計や地図は、この問いに対して、返答の見せかけしか与えてくれない。時計や地図は、われわれの生きつつある物ごとが、天体の運行に対して、人間的な一日の経過のなかで、あるいはある名称をもつ場所に対して、いかなる位置を占めるかを、われわれに指し示す。ところが、これらの目印しとなる出来事や言い表わされた場所は、それら自身どこにあるのだろうか。これらは、われわれを別のものへと差し向ける。そして返答がわれわれを満足させるとすれば、それは、われわれがその返答に注意を払っていないからでしかないのであって、われわれがあたかも「わが家にくつろいでいる」かのように思い込んでいるからだけなのである。［ところが］翻って仮にわれわれが、われわれの水準を位置づけ、われわれの原基（étalons）を測定しようとするならば、そしてまた、ところで世界自身は、一体どこにあるのかと、われわれが問い尋ねるならば、［かの汲み尽くしがたい］問いが復活するであろう。そして実際これは、汲み尽くされないものであって、ほとんど常軌を逸したものといってもよかろう。何故に私は私なのか。(2) 私はほんとうは、何歳なのか。私だけがほんとうに、私なのだろうか。私の複製や私の双子の兄弟の一人が、どこかにいはしないだろうか。小康状態の病人が自分に立てるこれらの問いは、いやもっと簡単な場合をあげれば、あたかも激しい苦痛が太陽のしかじかの傾きのもとで、世界の生のしかじかの時刻に生ずることが、たいへん重要なことででもあるかのように、病人が自分の時計に向けるこのまなざしは、われわれがおのれを世界のなかへと据えつけた奥深い運動を、そしてしばらくたつと再び始まるこの奥深い運動を、生が脅かされる瞬間に、顕わにするのである。古代人たちは天空に、戦いを交えるべき時刻を読み取った。われわれはこのような時刻がどこかに書き込まれていると は、もはや思わない。だがわれわれは、今ここで起っていることが同時的なものと一体をなしていることを信じているし、いつまでも信じることとであろう。起っている出来事は、仮にわれわれがその時刻を知らないとしたら、われわれにとって完全には現実感をもたないであろう。時刻が出来事に対してあらかじめ定められている、というわけではもはやなく、出来事の方が、いかなる時刻にせよ、時刻をわがものにするのである。仮にわれわれが出来事を世界の測り知れない同時性のうちに、世界の分割されざる推進力のうちに置かないとするならば、出来事は完全にはそれ自身であることをやめてしまうであろう。いかなる問いといえども、ただ単なる知識に関する問いでさえも、中心的問いの、つまりわれわれ自身にほかならぬかの中心的問いの、一部をなしている、すなわち、いかなる客観的存在もその返答を与えないところの、全体性へのこの訴えの一部をなしているのである。そして今やわれわれは、この全体への訴えを、いっそう正確に吟味しなければならないのだ。

（1） Claudel, *Art poétique*, Mercure de France, p. 9.

（2） これは、アランによれば不幸の頂点で『マノン・レスコー』に出現する問いだとのことである。奇妙な伝説だ。それというのも、『マノン・レスコー』のなかには見あたらないからだ。いかなる夢想の底から、この問いがアランの念頭に浮かび、何故に引用文という変装をとるに至ったのか、尋ねてみてもよかろう。

問いかけと直観

哲学がもろもろの問いをたてるのではないし、そしてまた哲学が、その空白を少しずつ埋めていくもろもろの答えを提供するのでもない。これらの問いはわれわれの生活、われわれの歴史にとって内的なものなのである。問いはそこで生まれ、そこで死ぬ。解答が見つかった場合でも、たいていの場合、問いはそこで姿を変えるのだ。いずれにせよ、いつの日か［いわば］このように大きく口をあけた状態に立ち至るのは、経験と知の、ある過去なのである。哲学は文脈を、与えられたものとして受け取りはしない。哲学は、諸多の問いの起源と意味、答えの意味、問う者の身元を探究するために文脈へと立ち戻り、かくして、あらゆる知識に関わる問い（questions）に生気を与えつつも、そうした問いとは種類を異にしている問いかけ（interrogation）へと近づくのである。

われわれの通常の問い――「ここはどこか」「今は何時か」――は、ある事実の、またはある措定的な言明の欠如、暫定的不在であり、連続しているとわれわれの確信している、諸事物や諸指標からなる、ある組織における綻びなのである。なぜなら一つの時間、一つの空間が存するのであり、この空間と時間のどの地点にわれわれがいるのかを知ることだけが問題だからである。哲学は一見すると、こうした類いの問いを、ただ一般化するだけのことのように見える。哲学が、空間は、時間は、運動は、そして世界は、存在するのか、と問う場合、確かに問いの場はいっそう広い。しかし、それはやはり自然的問いと同様に、何かあるもの（quelque chose）があるという根本的な信憑に包み込まれた、半ばの問いでしかない。そこで問われているのはただ、このあるものというのがほんとうに、われわれが見たり感じたりしていると信じているところの、この空間、この時間、この運動、この世界なのかどうかを知ることだけである。もろもろの信念の破壊、他者と世界の象徴的な殺害、視覚と見えるものとの切断、思惟と存在との切断、これらは、それらが言い立てているように、われわれを否定的なもののうちに据えることではない。以上のすべてを取り去ったとしても、われわれはそこになお残るもの、つまり感覚とか臆見のうちに身を置いているのである。そして、このなお残るものというのは無に等しいもの（rien）どころではないし、切り捨てたものと別の類いのものでもない。それは懐疑の行使された当の相手方たる漠然とした実在の総体性（*omnitudo realitatis*）の毀損された諸断片なのであり、これらは、実在の総体性を――現われ、夢、「プシュケー」、表象といった――別の名称のもとに、再生させるのである。堅固な実在性に対する懐疑は、これらの浮遊する実在の名において、またこれらの利益のために、行使されるのだ。われわれは何かあるもの（qulque chose）から脱出するのではない。諸多の確信の破壊としての懐疑は、［実は］疑惑ではない。たとえ懐疑が方法的となる場合でも、つまりそれがもはや確信の崩壊といったものではなく、意図的な後退、確信と手を結ぶことの拒否である場合でも、事情は変らない。このたびは、もろもろの明証性が存在するということ、そして差し当たりこれらの明証性が抗《あらが》いがたいものだということは、もはや争われない。もしそれらの明証性を未決のままに保留するとすれば、それは、これらが、われわれに属する明証性であり、われわれの生の流れのなかで捉えられたものだということ、そしてそれを一瞬以上保持するためには、われわれの内部にある工場の薄暗い時間装置を信頼しなければならないはずだということ、こうした唯一の理由《モティーフ》に基づくのである。それというのもこの装置がわれわれに与えるのは、恐らく筋の通った諸多の幻覚にすぎないからである。われわれをわれわれ自身の明晰性のなかに閉じ込めてしまいでもするかのような、この欺瞞的な本性（nature 自然）、この何か不透明なあるもの、それは、われわれの厳格主義の産みだす幻想でしかなく、一個の仮定（un peut-être）にすぎない。かかる可能性が、われわれの明証性を押さえ込むのに十分であるというのも、暗黙のうちにはいかなるものも前提しないという決意によって、かの可能性にわれわれが重みを加えているからである。もし、われわれがかかる可能性の名において、実際には消し去ることのできない光を消し去るふりをし、ただ単に条件づき、というだけのものを誤りと見なし、明証的なものと真なるものとの間の、あるいは起りうべきずれを無限な距離となし、思弁上の懐疑を有罪判決に等しいものとなすとすれば、それは、われわれが受動的な存在として、われわれの手を逃れる「存在」の塊りのなかに捉えられていると感じ、あるいは邪悪な作用因（一）によって操られているとさえ感じるからであり、またこうした不都合に、あらゆる事実性から解放された絶対的な明証性への祈願を、対立させるからなのである。したがって方法的懐疑、つまりわれわれ自身の自発的な意志領域において操作される懐疑も、「存在」に準拠しているのである。なぜならそれが歯向う相手は事実の明証性であり、それが押さえ込んでいるのは、はからずも知られる真理（vérité involontaire）だからである。そして方法的懐疑は、この真理がすでにそこに存することを認めており、絶対的な明証性を求める企てそのものがこの真理から着想を得ているのである。方法的懐疑が依然として懐疑でありつづけるとすれば、それは懐疑主義の曖昧な諸点をよみがえらせ、「存在」からの借り物に言及することを怠るか、または「存在」自身の欺瞞性を想い起させることによってしか可能ではない、つまり「偉大な詐欺師」たる「存在」が積極的におのれを隠し、おのれの前にわれわれの思惟とその明証性のスクリーンを押し出して、あたかもこの人目をくらます存在が何ものでもないかのように振る舞う様子を、想い起させることによってなのである。したがって仮に哲学的問いかけが、「……は存在するのかどうか」(*an sit*) という懐疑ないしありふれた問いを一般化し、それを世界や「存在」にまで拡張するに留まり、おのれを懐疑、無知あるいは不信と定義するのだとすると、それは自己を徹底したことにはならないであろう。事はそれほど単純でない。ありふれた問いも、全体に向って拡張されると、その意味が変化する。哲学は、すべての存在から身を引くために、若干の存在――「感覚」「表象」「思惟」「意識」を、いや欺く存在さえをも、選び出すのである。哲学が、まさしくその徹底主義の願いを達成するためには、自分を「存在」につねに結び付けているこの臍の緒を主題として取り上げねばならないであろう。また、もうすでに哲学がそれに取り囲まれていて破棄しようにも破棄できない、あの地平、哲学が今一度そこに立ち戻ってやり直そうと空しく試みている、事前になされた、あの導入、これらを主題として取り上げねばなるまい。哲学はもはや否定することはおろか、疑うことさえ許されないであろう。ひたすら世界と「存在」とを見るためにのみ、後退するのでなくてはなるまい。あるいは他者の言葉を括弧に入れるように、世界と「存在」とを括弧に入れ、それらをして語るにまかせ、その声に聴き耳をたてるためにこそ、後退するのでなければなるまい……。

かくしてもし哲学がもはや「……は存在するのかどうか」(*an sit*) という問いではありえないとすれば、哲学は「……は何であるか」(*quid sit*)[二] という問いになり、世界とは、真理とは、存在とは何であるかを、われわれがそれらと結んでいる共犯関係に従って追求するという課題だけが残ることになる。懐疑が放棄されると同時に、絶対的な外部、すなわち、どっしりした個体でもあるかのような、一個の世界もしくは一個の「存在」の主張が放棄される。そして、われわれの思惟が何ものかについての思惟であり、かつ思惟自身も無ではないがゆえに、われわれの思惟をその広がり全体にわたって裏打ちしているような、かの

「存在」へと、したがって意味であり、意味の意味であるような、かの「存在」へと視線が振り向けられる。それは単に語に結びついた意味、陳述や語られたものごとの次元に属する意味、世界の一制限区域、「存在」のある類いに属する意味であるだけでない、——のみならず、それは普遍的な意味であって、世界の展開と同様、論理学的操作や言語活動をも、支えうる意味なのである。それなくしては世界も、言語活動も、またいかなるものも存在しないであろうような、不可欠のもの（*ce sans quoi*）であり、したがってそれは本質であるはずである。純粋なまなざしというものは、言外の意味など何も残しておかず、われわれの両眼によるまなざしのように、身体や過去の闇を、おのれの背後に引きずるなどということはないのであるが、この純粋のまなざしが、世界からそれを世界たらしめているものへと、存在者からそれらを存在者たらしめているものへと、立ち戻るときには、それはひたすら、おのれの前に無制限かつ無条件に存する何がしかのものにしか、向うことができないであろう。つまり世界を世界たらしめているもの、「存在」の有無を言わせぬ文法、もろもろの分解不可能な意味核心、互いに切り離すことのできない諸特性の網にしか、没頭できないであろう。もろもろの現実においては、諸多の本質が互いに入り混じり、縺れ合っている（もっとも、そうはいっても諸本質に含まれたものが、そこで効力を失うわけではないが）、こうした諸現実の事情がどうであれ、諸本質とは上述の内在的意味であり、もろもろの原理的必然性なのである。いや存在への要求と権利を有するところの、また自己自身を肯定するところの、唯一の正当な、もしくは本来的な存在者である。それというのも、それは純粋な観察者の目から見て可能なすべてのもののシステムであり、あらゆる水準において何かあるもの（*qulque chose*）であるものの、——つまりあるもの一般の、もしくは物質的なあるもの、あるいは精神的なあるもの、はたまた生命的なあるものの——設計図（épure）ないし素描だからである。

懐疑によってよりも、「……は何であるか」（*quid sit*）という問いによって哲学は、あらゆる存在者からいっそう自己を解放することに成功する。なぜなら哲学はすべての存在者をその意味に変えるからである。――この手続きはすでに科学の手続きでもある。ウイとノンとの間でのためらいでしかない生活上の問いに答えるために、科学が世間一般に受け入れられている諸範疇を問題視し、「存在」の新たな様式《ジャンル》、諸本質の新たな天空を創出する際に、用いる手続きでもある。しかしこの仕事を科学は、最後までやり遂げることはない。科学は諸本質を世界から完全に解放するのではなく、依然としてそれを諸事実の管轄下に置いているのであり、諸事実は明日にもそれらの本質の練り直しを促すかもしれないのである。ガリレイは物質的事物の一つの粗描を与えたにすぎず、また古典物理学全体は恐らく「自然《ピュシス》」の真の本質ではないその本質によって生きているのである。その諸原理を保持しながら、何か補助的な仮説の力を借りて、どうにかこうにか波動力学をこれに還元しなくてはならないのだろうか。あるいは反対にわれわれは、物質的世界の新たな本質を目指しているのか。歴史のマルクス主義的本質に固執し、その本質を改めて疑問視させるように見える諸事実を、経験的で混乱した変容と見なすべきなのか、それとも反対に、歴史のマルクス主義的本質の下に、いっそう真正でいっそう充実した本質が透けて見えてくる曲り角に、われわれはいるのだろうか。こうした問いは科学的知においては、いつまでも解決されない。なぜなら科学的知においては事実の真理と理性の真理とは互いに蚕食しあっているからであり、また諸事実を切り抜く作業は、諸本質を練り上げる作業と同様、いくつかの前提のもとでおこなわれており、もし科学の意味することを完全に知ろうとすれば、これらの前提を改めて問わねばならないからである。哲学とは、意味のこの同じ読解を、限界にまで推し進めたものだということになろう。哲学こそ厳密な科学、唯一の厳密学であることになろう。なぜなら「自然」とは、「歴史」とは、「世界」とは、「存在」とは、何であるかを知るという努力を、哲学だけが徹底するからなのである。もっともこれは、われわれがそれらとただ単に物理学的な実験・計算ないしは歴史的分析という部分的で抽象的な接触をおこなうだけではなくて、世界と「存在」のなかに生きつつ、おのれの生、とりわけおのれの認識の生を十分に見ようと欲する者にふさわしい総体的な接触を、そして世界に住みつつ、世界において自己を考え、自己自身において世界を考え、それらの縺れ合った諸本質を解きほぐし、最後に「存在」という意義を形成しようと試みる者にふさわしい総体的な接触を、おこなう場合に、「自然」「歴史」「世界」「存在」が、何であるかを知るという努力を、哲学だけが徹底するから、という意味なのである。*

* 欄外に——存在する真なるもの、つまり無でないものとは「何かあるもの」（QUELQUE CHOSE）である。しかしこの何かあるものとはダイヤモンドのように堅いものではないし、無条件的なものでもない。それは ERFAHRUNG（経験）である。

哲学が懐疑の下に先行的「知」を見出し、諸事実としての、それも疑わしき諸事実としての、諸事物ならびに世界の周囲に、われわれの肯定ならびに否定を共に包み込むような地平を見出すというのであれば、そして哲学がこの地平へと身を沈めるというのであれば、哲学が改めてこの新たな何ものかを規定すべきであるということは、確かである。哲学はそれが本質であると言うことによって、適切あるいは十分にそれを規定することになるのだろうか。本質に関する問いは、究極的な問いなのだろうか。本質ならびに、それを看取する純然たる観察者を挙げることによって、われわれはほんとうに起源に立ち帰っているといえるのだろうか。本質が依存的なものたることは、確かである。もろもろの本質必然性の目録は、つねに一つの仮定（カントにおいて、あれほど繰り返し現われる例の同じ仮定）のもとに形成される。すなわち、この世界がわれわれにとって現存すべきであるならば、あるいは、一つの世界が存在すべきであるならば、もしくは、何かあるものが存在すべきであるとするならば、これらのものは、しかじかの構造的法則を遵守しなければならないということである。だがいったい、どこからわれわれはこの仮定を取ってくるのか。何かあるものが存在すること、一つの世界が存在することを、われわれはどこから知るのか。この知は、本質の根底に存する。これは、本質がそれに属しているところの経験であって、本質がこの経験を包み込んでいるのではない。本質の存在は最初のものではない。つまり、それはおのれ自身に基づくものではない。「存在」の何たるかをわれわれに教えうるのは、本質の存在ではない。本質は哲学の問いに対する本来の答え（*la réponse*）ではない。哲学的問いは純然たる観察者によって、われわれのうちに立てられているのではない。哲学的問いは、ここではまず第一に、純然たる観察者がいかにして、またいかなる根拠に基づいておのれを打ち建てるのかを知ることにあり、純然たる観察者が、いっそう深いいかなる源泉から彼自身着想を汲みとっているかを知ることにある。本質的必然性や、揺ぎなき諸結合や、抗《あらが》いがたい諸帰結や、丈夫で安定した諸構造やらが、仮に欠如しているとするならば、世界も、あるもの一般も、「存在」も、存しないことになってしまおう。しかしながら、諸本質としてのそれらの権威、それらの断定的な力、原理としてのそれらの尊厳が、自明のものだというわけではない。われわれの見出す諸本質について、「存在」の原初的な意味を提供するのはこれらであるとか、それらは可能的なもの自体であり、可能的なもの全体であると言う権利を、われわれはもってはいない。さらに、われわれは、これらの諸本質の法則に従わないものすべてを不可能なものと見なし、「存在」と世界とを諸本質の帰結とする権利ももってはいない。*Sosein*（かくあること・斯在）や世界の方式（manière）もしくは様式（style）でしかないのだ。諸本質とは、「存在」であって、*Sein*（存在）ではない。そして、われわれの思惟と同様、いかなる思惟もが如上の諸本質を重んじていると言うことに、もし根拠があるとするならば、つまり如上の諸本質が普遍的な価値をもっとするならば、それは、他の諸原理を根拠とする他の思惟にしても、おのれをわれわれに認知せしめんがためには、われわれと意思疎通の関係に入らねばならず、われわれの思惟、われわれの経験の、諸条件に適合し、われわれの世界のなかに場を占めねばならないであろう、という限りにおいてであり、結局すべての思惟する者、すべての可能的諸本質が、ただ一つの経験に向って、そして同一の世界に向って開いている、という限りにおいてなのである。なるほど、われわれはまさに以上のような事情を確認し、それを申し述べるためにも、諸本質を用いてはいる。そしてかかる帰結の必然性は、本質の必然性なのである。しかしこうした本質必然性が、ある一つの思惟の限界を踏み越え、いっさいの思惟に課せられるということ、いや実に私の瞬間的な直観を越えて生きながらえ、私にとって持続的な真理として妥当するようになるということすら、ひたすら私の経験が唯一の世界に向って扉を開くことによって、また唯一の「存在」におのれを書き入れることによって、この経験が自己自身と結び付き、他者たちの経験と結び付くがゆえでしかないのである。したがって、経験にこそ存在論的に究極の能力が属するのだ。そして諸本質、本質必然性、内的もしくは論理的可能性が、たとえ精神のまなざしのもとでどれほど堅固で疑いをさしはさむ余地のないものであっても、最終的におのれの力とおのれの雄弁さをもつに至るのは、ただ只、私のすべての思惟と他者たちの思惟とが唯一の「存在」の織物のなかで捉えられるからでしかない。あらゆる事物を本質へと高め、おのれの諸観念を生み出すところの、私の内なる純粋な観察者が、その諸観念によって「存在」に触れていると確信するのは、もっぱら彼が現実的《アクテュエル》諸経験、現実の世界、ならびに述定的「存在」の基盤たる現実の「存在」によって、取り巻かれたある一つの現実的な経験のうちに出現するからでしかない。本質諸可能性は確かに諸事実を包み諸事実を支配しうるが、本質諸可能性そのものは、別の可能性から、しかももっと根本的な別の可能性から派生するのである。これは、私の経験を鍛え上げ、それを世界や「存在」へ向って開き、なるほど、世界や「存在」を諸事実としておのれの眼前に見出すわけではないが、しかし、それらの事実性を賦活し組織化するところの、可能性なのである。哲学が懐疑であることをやめて開示や解明となるときには、それがすでに諸事実と諸存在からおのれを解放している以上、それがおのれに対し開く領野は、確かに諸意義もしくは諸本質から成り立っている。しかしながら、こうした諸意義や諸本質は自己充足しているわけではなく、これらがわれわれの本質直観（idéation）の諸作用に帰せられることは明々白々であって、そうした諸作用によってなまの存在から取ってこられたものなのである。そしてなまの存在において、われわれの諸本質やわれわれの諸意義を保証するもの（répondants 保証人）を、野生の状態で再発見することが肝心なのである。

　あるものとは、世界とは、物質的事物とは、何であるのかと自問しているとき、私は未だ、本質直観《イデアチオン》の作用によってやがてそうなるはずの純粋な観察者ではない。私とは、もろもろの経験の領野なのである。すなわち、［最初は］もっぱら物質的事物の家族と他の諸家族、およびこれらの家族に共通の様式としての世界だけが、そこにくっきりと姿を現わし、次に、言い表わされた諸事象の家族やこれらの諸事象に共通の様式としての言葉《パロル》の世界が、そして最後に、あるもの一般（quelque chose en général）という抽象的で肉をそりおとした様式が、姿を現わすところの、諸経験の領野なのである。ここから諸本質へと移行するためには、私が能動的に介入しなければならない。つまり私は、諸事物と領野を変容させねばならない、しかし何がしかの操作によってではなく、それらには手を触れずに、しかじかの関係あるいは構造が変化したと仮定し、もしくはこれらを場外に置くことによって、なのである。そしてそのことから生ずる他の関係や構造に対する結果に着目し、この際、事物から分離しうるところの若干の関係や構造と、逆に事物がそれ自身であることをやめずには、除去されたり変えられたりされえないところの若干の関係や構造とを、見定めるという仕方で、かかる手続きをおこなわなくてはならない。本質はこのような吟味から出現する、――したがって、本質は積極的《ポジティフ》存在ではない。本質とは、非‐変更体（in-variant）である。正確にいえば、本質とは、仮にそれが変化したり不在であったりしたならば、事物が変質したり破壊されたりしてしまうと思われる、当のものである。また本質の堅固さ、本質の本質性（essentialité）は、事物を変更するわれわれの能力によって、正確に測られる。仮に、もろもろの事実によって汚染されたり混濁させられたりすることがまったくないような純粋な本質といったものがあるとするならば、それは全面的変更の試みからのみ結果しうるものであろう。仮に、純粋な本質のなかにはこっそりと密輸入されたようなものは何もないと、われわれが確信すべきであるとするならば、かかる本質は、そのひと自身何らの秘密も潜在性も隠し持たぬような目撃者を要求することになろう。経験をその本質へと真に還元するためには、われわれは経験に対してある距離をとらなければならないであろう。すなわち、経験のうちで働いているところの、感覚性（sensorialité）もしくは思惟の含む言外の意味のいっさいを含めて、経験なるものをまるごとわれわれのまなざしのもとに置くような距離を、とらねばならないであろう。そしてわれわれは、経験とわれわれ自身とを、すみずみまで想像的なものの透明性へと移行せしめ、経験をいかなる地盤による支えもなしに思惟しなければなるまい。つまり、無の底へと後退しなければならないであろう。こうしてこそ、初めて、いかなる契機がこの経験の存在を積極的に構成しているのかを知る機会が、われわれに与えられることになろう。しかし、私はこの際、経験の上空を飛翔していることになるのだから、それでもなお、これは経験といえるのだろうか。そして［逆に］仮に私が思惟における［経験への］いわば粘着を維持しようと試みるとするなら、私の見るものは、厳密にいって本質なのだろうか。いかなる本質直観《イデアチオン》も、それが一個の本質直観《イデアチオン》なのだから、実存空間において、私の持続の保証のもとに生起するのである。そして、私のこの持続は、一瞬前に思惟した同じ観念をそこに再び見出すために、おのれ自身へと立ち帰らねばならず、そして他の諸多の持続においてもこの同じ観念に出会うために、これらの持続へと移行せねばならないのだ。いかなる本質直観《イデアチオン》も、私の持続と諸多の持続との、かかる樹状組織によって支えられている。そしてこの知られざる樹液が観念の透明性を、はぐくんでいるのである。観念の背後には、諸多の現実的な、また可能的な、すべての持続の統一、同時性が存し、唯一の「存在」のすみずみまで達する連関があるのである。本質や観念の堅固さの根底には、経験の織地、時間のこの肉が存するのだ。それゆえ私は、存在の堅い核心にまで貫き通ったという確信はもっていない。数歩退いて現実的なものから可能的なものを取り出すという、否定しがたい私の能力も、景観のうちに含蓄されているもののすべてを見渡し、現実的なものを可能的なものの純然たる変容たらしめるほどにまで、及ぶものではない。むしろ逆に、もろもろの可能的世界、もろもろの可能的存在者の方こそが、現実的世界や現実的「存在」の変容であり、いわば複製なのである。私は、私の経験のしかじかの契機を他の契機へと置き換えるための十分な余地を、そしてこうしても私の経験を抹消することにはならないことを確認し、したがって非本質的なものを限定するのに十分な余地を、もってはいる。だが、非本質的なものを排除した後になおも残るものは、ここで問題となっている「存在」に、必然的に属しているのだろうか。これを肯定するためには、私は私の領野の上空を飛翔せねばならず、私の領野を取り巻くすべての沈澱した思惟を、そしてまず第一に、私の時間、私の身体を、保留するか、もしくは少なくとも、それらを改めて活性化しなくてはならなくなろう、——こんなことは、ただ単に事実上不可能であるだけでなく、さらに、世界と「存在」の厚みにおけるかの脈絡——この脈絡がなければ、およそ本質なるものは主観的な狂気ならびに尊大と変りがないことになる

——を私からまさしく奪い取ることでもあろう。したがって、非本質的なものは、私にとって存在する。そして、非本質的でも不可能でもないものが、そこに集まっているところの、ある地帯、ある窪みも存在するのである。［しかし］本質の本質性を私に決定的に手渡してくれる明確《ポジティヴ》な視覚などは、存在しないのである。

然らば、われわれは本質を取り逃がしているのであり、原理においてのみこれを所持しているだけで、それはいつまでも未完成にとどまる理念化の極限に存するのだ、と言うことに帰着するのだろうか。原理と事実を対立させるこの二重の考え方は、本質についてのある先入観が根拠をもつかどうかを、まさに決定すべきときに、「原理」の名のもとに、ひたすらこの先入観だけを救い出すのである。また非時間的で特定の場所をもたない本質なるものを放棄することによって、むしろ逆に、本質についての真実の考え方がおそらく獲得されることになろうというのに、この二重の考え方は、本質についての先入観を救い出さんがために、われわれを相対主義へと閉じ込めてしまうのだ。事実と本質との対照（antithèse）、すなわち時空の一点に個体化されるものと、永久にあり続け、かついずこにもないものとの対照から出発したために、結局のところ、本質を極限‐観念（idée-limite）と見なし、つまり、それを接近不可能なものたらしめる結果へと導かれる。それというのも、本質の存在を「事実」の次元を越えた第二の実在性（positivité）として探究することをわれわれに強い、また本来的に事物［そのもの］ではないもののいっさいを事物から取り除き、事物がいつでも衣装をまとっているにもかかわらず、これをまったく裸のままで出現させるはずの、事物の変容（variation 変更）を夢みることを——つまり経験の事実性を不純なものとして経験から剝ぎ取りでもするかのような、経験の経験に対する実行不可能な作業を夢みることを、われわれに余儀なくさせたのは、まさに以上のような出発の仕方だからである。むしろ仮に事実と本質との対立－措定（anti-thèse）を吟味し直したとしたら、おそらく却って、われわれに本質への接近を可能ならしめる仕方で、本質を定義し直すことができるであろう。なぜなら、本質とは、今しがた困難の因をなしていたところの、経験の経験に対するあの纏綿（巻き込み）の彼方にあるのではなく、この纏綿の核心に存することになろうからである。

本質と事実との分岐は、存在をどこか他の場所から、そしていわば正面から眺める思惟に対してのみ、強いられるものである。私が *kosmotheoros*（宇宙の観察者）である場合に、至高の権能を有する私のまなざしは、諸事物を、それぞれに固有の時間、固有の場所において、すなわち、唯一無二の場所と時間にのみ存するところの絶対的個体として見出すのである。諸事物がそれぞれの場所から同一の諸意義に与《あずか》っているのだから、われわれはかかる平板な多様性を横切る仕方で、ある別の次元を、つまり、場所性も時間性も伴わない諸意義の体系なるものを、考えるように促される。こうである以上、今後は、これらの両次元を縫い合わせて、両者がわれわれを通じてどのように結び付くのかを、理解しなくてはならないのだから、諸本質の直観という解きがたい問題に当面することになる。しかし、私は宇宙の観察者なのだろうか。もっと正確にいえば、私は究極的な資格において宇宙の観察者なのであろうか。私は元来、ものを見つめる能力なのだろうか。私は諸事物をそれに固有の時空的場所に固定し、諸本質を見えざる天空に見据えるといった、純粋なまなざしなのであろうか。私は、いかなる場所からも出現すべきではないかのような、知の光線なのであろうか。ところで私は、「存在」のこの零点《ゼロ》に身を据えながらも、この点が場所性と時間性とに対する神秘的な絆に繋がれていることを、承知している。俯瞰するこの視線は、明日になれば程なく、その包含するものすべてを携えて、カレンダーのある日付に属することになり、私はこの視線に対して、大地と私の生とにおける出現のある時点、ある箇所を割り当てることになろう。時間がその下に流れ続き、大地が現実に存在し続けたことを、信じなければならない。しかしながら、私はすでに［本質と事実の分岐の］彼方に移行しているのだから、私が一定の時間と空間のなかにいるのか、それとも、私がどこにもいないのか、のいずれかだと述べる代りに、むしろ、私がこの瞬間この場所にいながらも、絶えず私は至るところにいるのだ、とどうして述べてはいけないのだろうか。

　それというのも、可視的な現前するものは、時間と空間の内にはないし、もちろん両者の外にもない。その可視性と競い合うことができるものは、その以前にも、その以後にも、その周囲にも、何ら存在しない。それにもかかわらず、それは単独に存するわけではないし、またそれがすべてのものだというわけではない。正確にいえば、これは、私の視線を塞ぐのである。すなわち時間と空間とが、その向うにまで伸び広がっていると同時に、その背後にあって奥行をなし、隠れて存する、ということなのである。この可視的なものがかくのごとく私を満たし私を占有することができるのは、ひたすら、それを見ている私が、無の底からではなく、可視的なものそれ自身の只中から、それを見ており、この可視的なものを見ている私もまた同様に可視的なものだからこそである。それぞれの色彩、それぞれの音響、それぞれの触覚的な肌理《きめ》の、現在ならびに世界の、重さ、厚み、肉をなす所以のものは、次の事態なのだ。すなわち、これらを捉える者が、一種の纏綿（enroulement 巻き込み）、もしくは重複（redoublement）によっておのれがこれらから出現し、これらと根本的に同質だと感ずるという事態、彼が、ほかならぬ自己へと到来するところの可感的なものそのものであり、その代りに、この可感的なものが、彼から見て、彼自身の写し、あるいは彼の肉の延長となるという事態なのである。諸事物の占めている空間と時間とは、諸事物を捉える者自身の切れ端、彼の空間化、彼の時間化の切れ端であって、もはや、共時的ならびに通時的に配分された諸個体の多数性ではなく、むしろ同時的なものと継時的なものとの起伏《レリーフ》であり、そこにおいて諸個体が差異化によっておのれを形成するところの、空間的・時間的果肉なのである。ここ、かしこ、今、その時、存するもろもろの事物は、もはやそれら自体でそれら固有の場所と時間の内にあるというわけではない。諸事物はひたすら、私の肉の秘奥から発せられる空間性と時間性のこれらの輻《や》（rayons）の端にのみ、現存するのである。そして、諸事物のもつ堅実さは、精神が上空から俯瞰する純粋な対象のもつ堅実さではなく、私が諸事物の間にいる限りにおいて、及び諸事物が感覚する物（chose sentante）としての私を通じて交通する限りにおいて、私によって内部から体験されるものなのである。精神分析学者らのいわゆる遮蔽‐記憶（三）（souvenir-écran）のように、現前するもの、可視的なものが、私にとって重要な意義をもち、絶対的威信をもつのは、ひたすら、これらが告知すると同時に隠蔽するところの、過去や未来や他の場所の測り知れない潜在的内容に相応してでしかないのである。それゆえ、時‐空的原子《アトム》の多数性に、それらを横断する諸本質の次元など付け加える必要はない。現に存するもの（ce qu'il y a）とは、ある建築的構造の全体、諸現象の「階層的構え」の全体、一連の「存在の諸水準（1）」のすべてなのだ。そしてかかる全体が［こうした形態で］差異化するのは、そこにおいて可視的なものがおのれ自身を重複させおのれ自身を記載する場所としての、ある可視的なもの（四）に向って、可視的なものならびにあまねきもの（l'universel）が纏綿することによってなのである。事実と本質とは、もはや区別されることはできない。とはいえそれは、両者がわれわれの経験のなかでは混淆していて、純粋な姿においては接近しがたいものであり、極限‐観念として、経験の彼方に残存している、ということではない。そうではなくて、それはむしろ「存在」がもはや私の前方にあるのではなくて、私を取り巻き、ある意味で私を貫くがゆえに、また「存在」への私の眺めが、他のどこかからでもなく、まさしく「存在」の只中から生ずるがゆえに、いわゆる諸事実なるもの、諸多の空間‐時間的な個体が、私の身体の諸軸や、もろもろの要《かなめ》、諸次元や、類属性（五）（généralité）の上に、最初から乗せられているからであり、したがって、諸理念が私の身体の関節にすでに嵌め込まれているからなのである。空間と時間を占める一つの場所にしても、他のもろもろの場所と連絡しあっていないような場所はないし、他の場所がこの当の場所の変更体《バリアント》であるのと同様に、他の場所の変更体ではないような、ある場所なるものはない。諸存在者の一種類もしくは一家族を代表することのないような、個体はない。おのれが権能をもつ空間と時間の領域を管理するある様式もしくはある仕方を、つまりこの領域を言い表わし、それを分節化し、どこまでも潜在的な一つの中心の回りに光を放つ、ある様式もしくはある仕方をもたないような、またこうした様式、仕方ではないような、個体はない。ひと言でいうと、ある存在――能動的な意味における存在（être）――の仕方を、すなわちハイデガーが動詞として[2]使用した際にその語がもっていると称する意味における、ある *Wesen*[六] を、もたないような、またこうした *Wesen* ではないような、ある個体はないのである。

（1） Jean Wahl, 《Sein, Wahrheit, Welt, par E. Fink》, *Revue de Métaphysique et de Morale*, 1960, n°2.

（2） 今日そこに住んでいる人びとにとってと同様、三十年後に再び訪れているわれわれにとってもこの学校《ギムナジウム》は、そのさまざまな特徴によって記述することが有益であったり、可能であったりするような、一個の対象であるというよりはむしろ、空間の若干の近傍に対して力をもつなにがしかの匂い、なにがしかの情感的な肌合なのである。このビロード、この絹は、私の指の下にあって、私の指の動きに逆らったり従ったりする、ある仕方なのであって、場所Xから私の肉に答え、その筋肉運動に順応したり、もしくは私の肉をその無気力へと誘《いざな》うところの、ざらざらした[七]、すべすべした、きしったりする力なのである［*Einführung in die Metaphysik*, Niemeyer, Tübingen 1953, p. 26.］

手短に言えば、歴史ならびに地理的一領域に結びついていないような本質や理念はない。もっともそれは、本質、理念がこの領域のなかに閉じ込められ、別の諸領域にとって接近不可能なものだ、ということではなくて、自然の空間・時間と同様に、文化の空間・時間も鳥瞰されるものではないからであって、ある既成の文化から別の文化への交通が、それらのいずれもが共に生まれたところの野生の領域を通じて、おこなわれるからである。［しからば］かかる事態の全体にあって、本質なるものはいったいいずこに存するのか。現実存在はいずこにあるのか。*Sosein*（かくあること・斯在）はいずこにあり、*Sein*（存在）はいずこにあるのか。われわれは純粋な諸個体や、分割できない諸存在者の氷河を目の前に所持してはいないし、場所も日付もないような本質も、決して眼前に所持してはいない。そうはいっても、それはこれらがわれわれの手の及ばないどこか他の場所に存しているからではなくて、われわれが経験、つまり次に述べるような思惟だからなのである、すなわちわれわれは、おのれが思惟するところの空間や時間や「存在」そのものの重みを、おのれの背後に感じとっている思惟なのである。したがって、この思惟は、空間ならびに系列的時間も、諸系列についての純粋な観念も、おのれのまなざしのもとに保持しているのではなく、むしろ、積み重ね、増殖、踏み越し、混淆といった性格の時間と空間とに取り囲まれているのである——すなわち同じ存在論的振動の腹の部分と結節点とをなしているところの、不断の受胎と不断の出産、能産性（générativité 生殖性）と類属性（généralité）、なまの本質となまの現実存在にほかならぬ、時間・空間に取り囲まれているのである。

いったん事実と本質との区別が投げ捨てられた暁に、われわれのいるこの不明確な場がどのようなものであるかと問い尋ねられるならば、それはわれわれの生の場そのもの、それもわれわれの認識の生の場そのものであると答えねばならない。名誉に係わることでもあるかのように世代から世代へと継承されてきた帰納性並びに本質直観（*Wesenschau*）といった神話を、今や投げ捨てるべき時であろう。しかしながフッサール自身、後になって取り上げ直したり修正したりしなかったような本質直観なるものを、かつて一つとして獲得したことがないのは、明らかであろう。しかも彼がこうしたのは、本質直観を否認するためではなくて、それが最初は完全に語りきっていなかった事柄をそれに語らせんがためなのである。したがって堅実さを理念の天空にあるいは感官の基底に捜し求めるならば、それは素朴なことといわれよう。つまり堅実さはもろもろの現われの上にも下にもなく、現われ同士の継ぎ目に属しており、経験をその諸多の変容にひそかに結び付けている紐帯なのである。同様に、純粋な帰納性といったものが一つの神話であることも、明らかである。物理学の領域はここでは保留することにし、また左記の事柄を明示することももっと後まで取って置こう。すなわち、客観的認識の精神分析は際限がないということ、あるいはむしろ、あらゆる精神分析と同様、これも、過去やもろもろの幻覚を除去するのではなく、それらを死の諸力から詩的生産性へと変貌させるはずのものであるということ、さらに、客観的認識といった理念そのものや、精神的自動機械としての算式といった理念、最後に自己自身に情報を提供し、自己自身を知るところの一個の対象といった理念（八）が、いかなる他の理念にも劣らずに、いやそれ以上にわれわれの夢想に支えられているということ、である。こうした事柄には差し当たりここでは触れないでおこう。いずれにせよ、生けるもの、身体、いわんや人間が問題となり始めるやいなや、どんな実り豊かな研究も純粋な帰納、すなわち即自的に存する恒常的なものの純然たる集計調査といった類いのものではないのであって、心理学、民族学、社会学がわれわれに何ごとかを教えたとすれば、それはひたすら、病的なもしくは古風《アルカイック》な経験を、いやただ単に他種の経験であっても、これらをわれわれの経験と接触させることによってでしかなく、両方の経験が互いに光をあて合い、批判し合い、*Ineinander*（相互透入）を組織し、つまるところ形相的変更を実施することによってでしかない、ということは、極めて明らかなのである。フッサールの犯した唯一の誤りは、この形相的変更が実は科学と呼ばれるかの *opinio communis*（共通見解）の支えであり場所そのものであるのに、初めのうちはこれを、哲学者の孤独な想像と諦視（vision）のために取っておいたという点にある。少なくともこの道筋においては、客観性への接近が、「即自」のなかに浸り切ることによるのでなく、外部の与件と、それについてわれわれが手にしている内なる複製との間の相互の解き明かし、相互の修正によって果たされることは、確かである。外部の与件についてわれわれがその内なる複製を手にしているのも、われわれが感覚する者‐感覚されうるものであり、人間性と生との原型であるとともにその変容体である以上、換言すれば、「存在」がわれわれにとって内的であるのと同様に、われわれが生、人間‐存在、そして「存在」に対して内的である以上、当然なことなのである。さらにわれわれが生き認識しているのが、不透明な事実と清澄な観念との中ほどにおいてではなくて、相互検証と交叉の要所、つまり諸事実の諸家族がおのれの類属性や血族関係をそこに書き入れ、われわれ自身の実存の諸次元と場所との周囲に集まる所以の、この要所においてである以上、上述の事情は当然なのである。このなまの現実存在となまの本質の場は神秘的なものではない。われわれはこの場から離れることはないし、これ以外の別の場をもってもいない。諸事実ならびに諸本質とは抽象的産物である。現に存するもの（ce qu'il y a）は、さまざまな世界、一個の世界、一個の「存在」であって、諸事実の総和や諸理念の体系などではなく、無‐意味もしくは存在論的空虚の不可能性という事態なのである。それはちょうど、空間と時間とが、局所的・時間的個体の総和ではなくて、空間と時間とは、こうしたもろもろの個体の背後に他のすべての個体が現存したり潜在したりしており、さらに、これらの他のすべての個体の背後にもまたそれらとは別のもろもろの個体——それらの何たるかは知られていないが、原理上規定されうるものたることは、少なくともわかっている——が現存したり潜在したりしている、といった事態であるのと、事情は同様である。

この世界、この「存在」、互いに分たれざるものとしての事実性と理念性は、この世界が含んでいる個体の意味で一つではなく、ましてやそれと同じ意味で二つのもの、あるいは多数のものであったりするのではないのだが、この世界は何ら神秘的なものではないのだ。われわれが、この世界について何を語るにせよ、われわれの生、われわれの科学、われわれの哲学が住まうのは、この世界においてなのである。*

* ここの箇所でテキストの流れそのものの中に、次の数行が挿入されている——本質の肉的な背景（contexte）であるところの、経験が経験を仕上げる作業において、とりわけ言葉（parole）の仕上げ作業を指摘せねばならない（すなわち、討論について、つまり本質を言葉同士の間の隔たりとして捉えることについて、改めて一節を設けること）。

われわれが今後明確にしようとすることは、時間の統合、空間の統合、空間と時間との統合、両者の各部分同士の「同時性」（空間のなかでの文字どおりの同時性、ならびに時間のなかでの比喩的な意味での同時性）、空間と時間との編み合わせ、私の身体の、左に述べるような表・裏の統合である。すなわち、私の身体が一個の事物と同様に、見られたり触れられたりしうるものでありながら、それによっておのれを二重化し、かつおのれと一体化する所以の自己自身についてのあの眺め、自己自身とのあの接触を手にする当のものなのであり、その結果、客観的身体と現象的身体とが互いの回りを巡り合ったり、互いに侵蝕し合ったりすることになるのだが、かかる事態を生ぜしめるところの、私の身体の表裏の統合のことなのである。差し当たりは、唯一の「存在」、すなわち、かのさまざまな契機、かのもろもろの葉層、かの諸次元やらが共に属しているところの次元性が、古典的な意味での本質と現実存在との彼方にあって、両者の関係を理解可能にするものたることを、明らかにすれば十分である。

事実と同様に本質に関しても、論議の的である存在を外部から見つめる代りに、この存在のうちに身を据えさえすればよいのである。あるいは結局のところ同じことになるのだが、当該の存在をわれわれの生の織物のなかに復位させ、内部から、私の身体の裂開にも比すべきこの「存在の」裂開に立ち合いさえすればよいのである。この裂開は、かの存在をそれ自身に向って開き、われわれをそれに向って開くのであるが、本質が問題となる場合には、それは語ることと思惟することとの裂開なのである。見えるものの一つである私の身体は、またおのれ自身をも見ており、そのことによって、見えるものに対して自分の内部を開きつつ、見えるものがそこで私の景観となるように、おのれを自然の光（lumière naturelle）[九]となすのである。そしていわゆる「存在」から「意識」への奇蹟的な昇進、あるいはむしろわれわれの言うところの「内部」と「外部」との分凝を実現するのである。[一〇]――これと同様に、言葉《ラング》に属する多数の理念的関係によって支えられているところの語り《パロル》、そして科学の目から見れば構成された言語活動（langage constitué）として、それゆえ諸意義の宇宙のなかでのある一定の領域をなすところの語り《パロル》もまた、他のすべての意義領域の器官や共鳴器でもあって、したがって、思惟されうるものと同じ拡がりをもつことになる。肉身（chair）の見えるものに対する関係と同様、言葉《パロル》はもろもろの意義に全体的に関与する部分（partie totale）であり、肉身と等しく、一個の存在者を通ずる「存在」への関係であり、そしてそれと同様ナルシスト的でエロス化されている、つまりあたかも身体がおのれを感ずることによって世界を感ずるように、他の諸意義をおのれの網のなかに引き寄せる自然的な魔術を授けられているのである。実は両者間に存するのは、平行関係もしくは類比関係であるよりも、むしろ連帯と絡み合いなのだ。英知的世界の一領域にすぎない言葉が、またこの世界の安息所でもありうるのは、言葉《パロル》が存在への身体の帰属性やあらゆる存在者の身体への適合性を、見えざるもののなかにまで延長し、意味論的な諸作用へと広げるからである。この適合性は見えるものによって私に決定的に証拠立てられており、知的明証性のおのおのは、この適合性の理念をわずかばかりよく遠くにまで反響するにすぎないのである。働きつつある世界を、そのあるがままに、機能の過程において、現前するがままに、その脈絡に従って顧慮する哲学にあっては、本質は躓きの石などではまったくない。本質はこのような世界に、働きつつ機能しつつある本質として、場を占めているのだ。もはや、われわれの上に、もろもろの本質が、すなわち精神の目に呈示された積極的《ポジティフ》な諸対象が存在するというわけではなく、われわれの下に、一個の本質が、つまり意味するもの（signifiant 能記）と意味されるもの（signifié 所記）とに共通の葉脈や、両者相互の密着と可逆性が存在するのだ。それはちょうど、可視的な諸事物がわれわれの肉の秘められた襞であり、しかもわれわれの身体が可視的事物の一つであるのと、事情は同様である。世界が私の身体の背後にあるように、働きつつある本質も、また同様に働きつつある言葉《パロル》の、つまり意義を所有するというよりはむしろ意義によって所有される言葉《パロル》の、背後にあるのである。そしてこの言葉は、意義について語るのではなく、意義を語るのであり、あるいは意義に従って語る、もしくは意義をして語るにまかせ、私のうちで意義みずからにおのれを語らしめ、私の現在を貫くのである。もし理念性といったものがあるとするならば、すなわち私のうちに、ある将来をもち、私の意識の空間を貫きさえし、そして他の人びとにおいてもある将来をもっており、最後にそれが書きものになることによって、可能的なあらゆる読者のうちに、ある将来をもつような思惟があるとするならば、それは、私も他の人びともそれぞれ飢えたままにしておき、私の景観の全体を掩うある歪みを示唆し、私の景観を普遍的なものへと開かせるといった、このような思惟でしかありえないのである。それというのもまさしく、かかる思惟はむしろ思惟されざるもの（*impensé*）なのだから。あたかも明日のために存することが本質にとって本質的なことであり、あたかも本質とはもろもろの語り《パロル》からなる織物のなかの一本の絹糸にすぎないかのように、余りにも所有されすぎた観念というものは、もはや観念ではないし、私がこうした観念について語るときには、私はもはや何も思惟してはいないのだ。討論とは、あたかもまず各人がおのれの諸観念を形成し、次にその観念を他の人びとに呈示し、次いで他人の諸観念を顧慮したうえで、おのれの諸観念を匡《ただ》すためにこれへ立ち戻って来る……かのように、さまざまな観念を交換したり、もしくは対決させたりすることではない。ある人が語りだすやいなや、他の人びとは、もはやこの人の言葉に対する若干の隔たり以上のものではなくなる。そして語る人自身、彼らに対するおのれの隔たりを明確化するのである。声高にあるいは低い声で、各人はそれぞれの「諸観念」でもってまるごと語っている、しかしまた、強迫観念に取り憑かれながら、彼の秘められた歴史に伴われながらまるごと語っているのであって、これらの強迫観念や秘められた歴史を、他の人びとが諸観念として言い表わすことによって、突然顕わにするのである。生は諸観念となり、諸観念は生に立ち戻る。各人は、最初は控えめな賭け金しか賭けずに参加した渦巻に捉えられ、おのれが語ったこと、ならびにおのれに対する相手方の返答によって引き廻され、おのれの思想であっても自分がその唯一の思惟者ではもはやない思想に導かれる。もはや誰も思惟しているのではない、全員が語っているのだ。そして、私がここに留まろうとしたりかしこに向おうとする場合に、遵守したり減殺したりすべき幾多の差異の勾配に導かれて私の景観のなかを動くのと同様に、すべての人が「存在」のうちに生き、身振りを演じているのである。討論の場合にせよ独語の場合にせよ、生き生きとした能動的な状態での本質とは、いつでも、もろもろの言葉《パロル》の配列によって示されるある消尽点なのであり、最初から、そしてつねに言葉のうちに生きることを承諾する者にとってしか接近できない言葉の「裏面」なのである。

葉脈が葉をその肉の内部から、奥底から担っているように、諸観念とは経験の織目である、すなわち、初めのうちは無言で後になって言い表わされる経験の様式なのである。あらゆる様式と同様に、諸観念も存在の厚みのなかで練りあげ仕上げられるのである。それらは、ただ単に事実上だけではなく権利上においても、存在の厚みから引き離されてまなざしのもとに展示されるようなことは、ありえないであろう。

したがって、哲学的な問いかけとは、それを充たしにやって来るようなある意義を単に待ち受けることではない。「世界とは何か」あるいはより適切にいえば「〈存在〉とは何か」、こうした問いが哲学的な問いとなるのは、一種の複視によって、それらの問いが、ある事態へと同時に問いとしての自己自身にも向う場合——「ある」(être)という意義にと同時に、その意義の存在と、「存在」(l'Être)のうちでのその意義の位置にも向う場合だけである。自己自身に回帰すること、問うということと答えるということがどういうことであるかをも自問すること、これは哲学的な問いかけの特性である。この自乗された問いは、ひとたび立てられるやいなや、取り消されることはできないであろう。それ以後は何ものも、問いがなかったかのような状態には留まりえないであろう。問いの忘却、肯(措)定的なものへの還帰が仮に可能だとすれば、それは、問いかけが意味の単なる不在、何ものでもないような無への後退である場合だけであろう。しかし、問いを発する者は無に等しいようなものどころではなくて、彼は——これはまったく別のことなのだが——自己に問いかける存在者なのである。彼のもつ否定的なものは、存在の下部構造に支えられているのであり、したがって、勘定から外されるような無に等しきものではない。われわれは、懐疑とは内密の肯定主義であり、それが否定すると同時にそれでもなお肯定している何かあるものの方へと、それを乗り越えなくてはならないのだと、言っておいた。しかし逆にわれわれが、仮に懐疑を、諸意義や諸本質の確実性のような絶対的確実性の領分の方へ乗り越えようとするのだとしたら、この絶対的肯定主義は、問うものが「存在」と世界とを、自分がもはやそれらに属していないほど自分から遠ざけてしまったことを、意味するものとなるであろう。懐疑の否定主義と同様、諸本質の肯定主義は、あからさまにそれが言っていることの逆をひそかに言うことになるのだ。本質の絶対的に確固とした存在に近づこうという方針は、おのれが何ものでもないという、人を欺く主張を隠している。いかなる問いも、「存在」の方へと向って行くのではない。たとえその問いとしての存在を通じてにすぎないにせよ、問いは「存在」をすでにしばしば訪れており、そこから立ち戻ってくるのである。問いが「存在」との実際の断絶、生きられた無である、ということが排除されているように、それが観念的な断絶であることも、つまりその意義または本質に還元された経験へと向けられた絶対に純粋なまなざしであることも、同様に排除されている。問いが答えをもたず、超越的な「存在」に向ってぽっかり口をあけているような状態にすぎないことが排除されているのと同様、答えが問いに内在しており、マルクスが言ったように、人類はおのれが解決できる問いしか立てないということも排除されているのだ。そして、これら二つの見解が排除されるのは、次のような同じ理由によるのである。つまり、これら二つの仮定においては、結局のところ問いは存在しないことになるであろうということ、および、これら二つの見解においては、われわれが「存在」から切り離されて、およそ問いを立てるに足りるほどの肯（措）定的なものさえもたないことになるにせよ、それともわれわれがすでに「存在」のなかに取り込まれていて、もうあらゆる問いの彼方にいることになるにせよ、いずれにしても、われわれの出発状況が無視されているということである。本質についての問い——人びとは哲学をこれに還元したがっているが——は、事実についての問いよりもおのずといっそう哲学的だというわけではないし、事実についての問いの方も、時によっては、本質の問いに劣らず哲学的な場合があるのである。哲学の次元は、本質の次元と「事実」*の次元とを交叉させる。時間と空間の本質についておのれに問うことは、それにつづいて時間そのものならびに空間そのものとそれらの本質との関係について問うことをしないならば、それだけではまだ哲学をすることにはならない。そして、ある意味では、事実の問いの方が理性の真理よりいっそう遠くまで及ぶこともある。「折々、男は頭を上げ、匂いをかぎ、耳を傾け、目を凝らし、自分の位置を確かめる。彼は考え、溜息をつき、脇腹のポケットから時計を取り出して時刻を見る。私はどこにいるのか。いま何時か。こういう問いが、われわれから世界に向けられた汲み尽されえぬ問いなのである」**(1)……。汲み尽くせない問いだというのは、時刻と場所とが絶えず変化するからでもあるが、とりわけ、そこで生じる問いが、せんじつめれば、与えられた条件と見なされる空間のどの場所、ならびに与えられた条件と見なされる時間のどの時刻にわれわれがいるかを知ることではなくて、さまざまな時と場所とへのわれわれの断絶できないこの絆、つまり諸物に向ってのあの絶えざる方位測定（relèvement）、つまり諸物の間に絶えず身を置いているという事情——これによって初めてどんな時間・どんな場所であれ、ともかくある時間・ある場所に私がいなければならないことになるのであるが——こうした事情がそもそもどういうことであるかを知ることだからである。実証的《ポジティヴ》な情報、どんなものであれある陳述は、ほかならぬこの問いを引き延ばし、われわれの渇望を一時的に紛らわすものにすぎない。こういった情報や陳述は、ある空間の後にまた［別の］ある空間があり、ある時間の後にはまた［別の］時間がある、というわれわれの存在の何か得体の知れぬ法則へとわれわれを送り返すのだが、われわれの事実に関する問いが目指しているのは、まさにこの法則そのものなのである。仮にわれわれがこれらの問いの最終的な動機を詮索することができるならば、われわれは、私はどこにいるのか、いま何時かといった問いの下に、問いかけられるべき存在としての空間と時間とについての秘められた知を、「存在」への究極的な関わりとしての、ならびに存在論的な器官としての問いかけについての、秘められた知を、見出すことであろう。諸事実と同様に、本質の必然性も、哲学が呼び求める「答え」ではないだろう。「答え」は、「事実」と「本質」とがそこにおいては互いに未分であった野生の「存在」において、またわれわれの既得の文化のおこなう諸分割の背後もしくは下では依然として両者が未分でありつづけるところの野生の「存在」において、「事実」よりも高く「本質」よりも低いところに、位置するのである。

* 誤って削除された「事実」という語を、ブラケットつきで挿入しておく。
** 読者は、クローデルの同じ文章がすでに引用され、注釈をつけられていたのを気づかれることだろう（cf. 上記 p. 140, 本書一六八頁参照）。この反復は草稿の未完成状態の証拠である。
（1） Claudel, *Art poétique*, p. 9, op. cit.

ここでわれわれが提案しているもの、そして本質の探求に対立させるものは、直接的なものへの還帰、現実存在するものとの合致や事実的な融合、原初の無垢性や、いったん失われ、再び見出されるべき秘密といったものの探求ではない[1]。そのような探求ならば、われわれの問いを無効にしてしまうだろうし、われわれの言語を告発する結果とすらなるであろう。合致が失われているのは偶然ではないし、「存在」が隠されているのは、そのこと自体、「存在」の特徴なのであって、どんな露呈もわれわれにこれを理解させてはくれないであろう。失われた直接的なもの、復元するに困難な直接的なものは、もし復元されるにしても、それ自身のうちに、再発見される際に必要な批判的な手続きの沈澱を伴うことになるであろう。したがって、それは直接的なものではないことになる。それが直接的なものであるべきならば、つまりわれわれの接近する操作の形跡を少しも残してはならず、それが「存在」そのものであるのならば、われわれからこれへのいかなる道もなく、それは原理的に接近できないということである。われわれのまわりの眼に見える諸物はそれ自身のうちに休らっており、それらの物の自然的な存在は、それらの知覚されてあることを包みこむように思われるほどに充実している。それは、あたかも、われわれがそれらの物についてもつ知覚がそれらの物そのもののうちで生じるかのようである。しかし、もし私が諸物はそれらの場所にあり、われわれはそれらと融合するのだ、と言うことによって、この経験を表現するならば、たちまち私はこの経験を不可能なものにしてしまう。それというのも、物に近づくにつれて私は存在することをやめ、私が存在するにつれて物は存在しなくなり、単に物の複製が私という「暗箱」のうちに存在するだけだということになるからである。私の知覚は、それが純粋知覚(二二)、物、「存在」にならんとする瞬間に、消えてしまう。その知覚が光をともすときには、私はもはや「知覚される」(二三)当の物ではない。同様に、過去の存在に対しても、実質的な（réelle）合致は存在しない。もし純粋記憶が保存されたかつての現在であり、想起において私がほんとうに再びかつての私になるのだとすれば、想起が私に過去という次元を開くことがいかにして可能なのか、わからなくなる。また、もし各々の現在が、私のうちに刻みつけられることによってその肉を失い、その現在がそれへと変化する純粋記憶が見えざるものであるならば、その場合には確かに過去は存在するだろうが、過去との合致はない。私は過去から私の現在の厚みの全体によって引き離されており、過去が私のものとなるのは、それが改めておのれを現在となして、何らかの仕方で現在に場所を見出すことによってのみである。物と物についての意識が決して同時には存在しないように、過去と過去についての意識も決して同時には存在しないのであり、それも同じ理由による。なぜなら、合致や融合による直観においては、「存在」に与えられるものはすべて経験から奪われ、経験に与えられるものはすべて「存在」から奪われるからである。ことの真相は、ベルクソンがしばしば言っているように、合致の経験は「部分的合致」でしかありえない、ということである。しかし、部分的でしかありえないような合致とは何であろうか。それは、つねに追い越されて過去のものとなっ（一四）たか、あるいはつねに未だ来らざる合致であり、不可能な過去を想起し、不可能な未来を予料する経験、「存在」から立ち現われ、あるいは「存在」へと合体せんとする経験、「存在に属している」（en est）が、「存在」そのものであるわけではなく、したがって、二つの積極的な項もしくは合金の二つの成分の間にあるような合致とか実質的な融合などではなくて、依然として互いに区別される窪みと凸面との間にあるがごとき重なり合いの関係、こうした経験なのである。哲学は、世界、自然、生、思惟の後からやってきて、それらを哲学より以前にすでに構成されたものとして見出し、このあらかじめ存する存在に問いかけ、哲学とこの存在との関係について自己自身に問う。哲学は、自己およびあらゆる物に向っての還帰であるが、直接的なものへの還帰ではない。直接的なものは、哲学がそれに近づき、それに融け込もうとするにつれて遠ざかってしまうのだ。直接的なものは地平にあるのであり、そのような資格において考えられるべきものであって、距離を隔ててこそ初めてそれはそれ自身であり続けるのである。私の視覚に先だって存するものとして可視的事物を見る経験は存在するが、しかしこの経験は融合や合致ではない。それというのも、見ている私の眼、触れている私の手は、同じように見られ、触れられうるからであり、したがって、この意味においては、それらは見えるものを内部から見、触れうるものに内部から触れているからである、そしてわれわれの肉は、あらゆる見える物や触れうる物を覆い飾り、包みさえしているのだが、しかしまた、これらによって囲まれているのであって、世界と私とは互いに相互の内にあり、*percipere*（知覚すること）から *percipi*（知覚されること）に向って先行性はなく、同時性がある、もしくは遅延さえあるからである。なぜなら、自然的世界の重みは、すでに過去の重みだからである。私の生に属する景観のそれぞれは、感覚のさまよえる群《むれ》や、束の間の幾多の判断の組織体などではなく、世界の恒久的な肉の切片なのだから、見えるものとして、私の眺《ヴィジオン》めとは異なる多くの眺めを孕んでいる。そして、私が見、語るところの見えるものは、たとえヒュメットス山やデルフォイのプラタナスではない場合でも、プラトンやアリストテレスが見、語っていたものと数的に同じものなのである。私が、私の手の下に、私の眼の前に、私の身体に対して、あるがままの現実の世界を、再び見出すとき、私は、一個の対象よりも遥かに多くのものを、つまり私の視覚がそれに属しているところの一つの「存在」、私のもろもろの働きや作用よりもいっそう昔からある可視性を、再発見するのである。しかしこのことは、私から「存在」へ向って、融合や一致がある、ということを意味するものではない。反対に、以上のようなことが生じるのは、一種の裂開が私の身体を二つに開くからなのであって、見られる身体と見る身体、触れられる身体と触れる身体との間に、重なり合いもしくは踏み越しがあり、したがって、われわれが諸物のうちに移行するのと同様に、諸物もわれわれのうちに移行する、と言わなければならないからなのである。われわれの直観は反省である、とベルクソンはよく言っていた[一五]。そして彼の言葉[一六]は正しかった。それというのもベルクソンの直観は、諸多の反省哲学と、一種の堕罪前予定説的な先入見を共有しているからである。つまり、「存在」の秘密は、われわれの背後の完全無垢な状態（intégrité）のうちにある、というのである。幾多の反省哲学と同様、ベルクソンが見逃しているのは、次のような二重の指示連関、すなわち自己へ帰ることと自己から出てゆくこととの同一性、体験と距離との同一性[一七]である。直接与件への還帰、経験をその場で掘り下げること、これらは確かに、素朴な認識に対立する哲学の標語である。とはいえ、過去と現在、本質と事実、空間と時間、といったものは、同じ意味で与えられているのではないし、これらのうちどれ一つとして、合致の意味で与えられているのではない。「原初的なもの」は、たった一つの型のものではないし、まったくわれわれの背後にあるといったものでもないのだ。真の過去や先在性の復元が哲学のすべてではない。生きられたものとは、平坦で奥行や次元をもたないものではないし、われわれがそれと一体にならねばならないかのような不透明な層ではない。原初的なものへの訴えは、多くの方向に向う。つまり、原初的なものは炸裂するのであり、哲学は、この炸裂、この非‐合致、この差異化につき従わなければならないのだ。合致の含むもろもろの困難は、ただ単に、「合致という」原理は無傷のままに残しておくというような事実上の困難にすぎないわけではない。われわれはすでに、本質の直観に関して、二重の誤謬の体系でもあるような、二重真理のあの体系に出会っている。それというのも、原理的に真なるものは事実的には決して真でなく、そして逆に、事実的な状況は決して諸原理を巻き添えにはしないのだから、これら二つの審級の各々は、他方に有罪判決を下すことになり、しかも他方にその秩序における権能を残しておくことによって、執行猶予つきの判決を下すことになるからである。合致が決して部分的なものでしかないとすれば、全面的なもしくは事実的な合致によって真理を定義してはならない。また、われわれが物そのものや過去そのものの観念をもっているのなら、その観念は、事実のうちに何らかの保証人をもたねばならない。したがって、それなくしては物や過去の経験が無に帰してしまうような隔たり(écart 偏差)が、物そのもの、過去そのものへの開披でもあるのでなければならず、この隔たりが物や過去の定義に入ってこなければならない。そうすると、与えられているのは、裸の物、当時あったがままの過去そのものではなく、見られる用意のできている物、それについて獲得されうるあらゆる眺めを、事実的にと同様原理的にも孕んでいる物であり、かつてあったとおりの過去プラスある説明しがたい変質、ある不思議な距離なのである——この過去は、事実によってと同様に、原理によっても想起に結びつけられているのだが、この想起は、かの不思議な距離を、飛び越えはしても無効にしてしまうことはないのである。実のところ何があるのかといえば、それは、原理的なあるいは推定的な合致と事実的な非‐合致、不出来なあるいは捉えそこなった真理などではなく、［本質的な］欠性を示す非‐合致、遠くからの合致、偏差（écart隔たり）であって、「良き過ち」といったような何かあるものなのである。

事象そのものへの還帰は、いかなる仕方でなしてはならないのか、またいかなる仕方でなさねばならぬのか、その是非が最もよくわかるのは、言語に関してである。もしわれわれが、合致によって自然的世界や時間を再発見することや、われわれがかしこに見る0点とか、われわれの奥底から諸多の想起を支配する純粋記憶と、同一化することを夢見るなら、言語《ランガージュ》とは、誤謬の原動力である。それというのも言語は、われわれを物と過去とに生き生きと結びつけている連続的な組織を断ち切り、過去とわれわれとの間に遮蔽幕のように挟《はさ》まるからである。哲学者（一八）は語る、しかしこの語りは彼においては弱みであり、それも説明しがたい弱みなのである。むしろ彼は黙《もだ》し、沈黙のうちで合致し、「存在」においてすでに出来上がっているある哲学と「存在」のうちで合体すべきだ、ということになるであろう。［しかし］反対に、あたかも彼が耳を傾ける自己の内なるある沈黙を、言葉にしようとしているかのように、すべては生起するのである。彼の「著作」の全体は、この不条理な努力である。彼は、「存在」とのおのれの触れ合いを語るために筆を走らせていたのだ。しかも彼はこの触れ合いを語らなかったし、たとえ語ろうとしても語ることはできなかったであろう。なぜなら、それは沈黙に属することだからである。そこで、彼は再びやり直すことになる……。したがって、言語はただ単に真理や合致の反対にすぎないのでなくて、合致の言語、つまり事象そのものに語らせるある仕方――これを彼は求めているのだ――がある、もしくは条件次第ではありうるだろう、と思わなければならない。かかる言語があるとすれば、それは彼がその組織者ではないようなある言葉遣《ランガージュ》いであり、彼が幾多の語を集めるのではなくて、彼を通じて、諸語の意味のおのずからなる絡み合いによって、隠喩の隠れた取引によって諸語が互いに結合しあうといった言葉であろう――ここで重要なのは、もはや、各々の語や各々の比喩《イマージュ》の明白な意味ではなくて、それらの語や比喩の転換・交換のうちに含まれている側面的な諸関係、親近関係なのである。ベルクソン自身が哲学者のために要求したのは、まさにこの類いの言葉遣いなのだ。しかし、その帰結を的確に見取らなければならない。つまり言語が必ずしも欺くものでないとするなら、真理は合致ではなく、無言でもないことになる。

言語《ランガージュ》にしても、これもまた、その生き生きとした、生まれ出でんとする状態で、そのあらゆる指示関係と共に捉えさえすればよいのである。すなわち、言語の背後にあって、言語が問いかける無言の事象にこれを結びつける関係、ならびに言語がその前に送り出し、語られた物ごとの世界を形成する関係と共に――言語の動き、その微細な諸事情、そのさまざまな逆転運動、その生と共に――裸の諸事象の生を表現し、かつこれを幾重にもする言語の生と共に、捉えさえすればよいのである。言語とは一つの生である。われわれの生でありかつ諸事象の生である。言語（*le langage*）が生を奪い取り、おのれのために取って置くというのではない。仮に語られた物ごとしか存在しないとすれば、改めて言語が語らねばならないものとは、いったい何であろうか。言語を、それがあたかも自己自身についてしか語らないかのように完結させてしまうのは、意味論的な諸哲学の誤謬である。言語は沈黙によってのみ生きているのだ。われわれが他者に向って投げかけるすべてのものは、われわれから離れることのないこの無言の大きな国のうちで芽ばえたのである。しかしながら、自己自身のうちに、語ることへの欲求や、物言わぬ経験の底でのいわば泡だつような言葉《パロル》の誕生を感じたのだから、（一九）哲学者は、体験は語られた‐体験であるということ、この深みで生まれたのだから言語《ランガージュ》は「存在」の上にかぶさる仮面などではなくて、われわれがそれをそのあらゆる根とあらゆる葉むらとともに捉え直すことを心得るならば、「存在」の最も有効な証人であること、言語は、それがなければ完璧であるかのような直接性を断ち切るものではないということ、視覚そのものならびに思惟そのものが論者の言うごとく「言語のように構造化されており」完全に展開する以前の分節、化であって、何ものもなかったかあるいは他のもののあった場所における何かあるものの出現であるということ、こういうことを誰よりもよく承知しているのである。こういう次第だから、欲するならば、――つまりまったく出来上った言語、翻訳や、コード化とコード解読といった二次的で経験的な作業、人工的な諸言語、明白な約束（convention）によってのみ結びつけられ、したがって観念的には分離可能な音声と意味との技術的な関係、といったものを考えるならば、――言語の問題は単に領域的な問題にすぎなかろうが、しかし反対に、語る言葉（parole parlante）、言語《ラング》のさまざまな慣習（convention）が、その言語のなかで生活している人によっていわば自然に引き受けられること、その人のうちで、見えるものと生きられるものとが言語へ、言語が見えるものと生きられるものへと纏綿すること、その人の見る物言わぬ景観のさまざまな分節化と彼の言葉の分節化との間の交換関係、結局、もろもろの意義や思想へと翻訳される必要もない、あの働きつつある言語（langage opérant）、言葉の形成された場所である体験のあらゆる深い関係を露呈させるがゆえに、武器として、行為として、侮辱として、はたまた誘惑として作用し、そして生ならびに行為の言語であり、しかしまた文学や詩の言語でもあるようなあの言語‐物（langage-chose）といったものを考えてみるならば、このロゴスは完全に普遍的な主題であり、哲学の主題なのである。哲学自身が言語活動であり、言語に依存している。しかしこのことは、言語について語る資格を哲学から取り上げることではないし、前‐言語（pré-langage）や、言語と前‐言語との両者を裏うちしている無言の世界について語る資格を哲学から奪うことでもない。逆に、哲学とは働きつつある言語なのである、つまりただ実行によって、内部からしか知られえない、あの言語なのである。それは、諸事象に向って開かれており、沈黙の声によって呼び求められ、あらゆる存在者の「存在」たる分節化の試みを、継承するものなのである。

（1） J. Lacan.

哲学を、諸本質の探求と定義したところで、あるいは諸物との融合と定義したところで、ともに誤りに陥ることに変りはなかろう。そして以上の二つの誤謬は、それほど別種のものではないのだ。諸本質を見る者が世界に参加せず、したがって無の根底からまなざしを向けるのだから、それだけいっそう純粋な本質に向かうことになるにせよ、あるいは［哲学者が］現存する諸物の存するまさにその地点、まさにその瞬間においてこれらと一体化することを求むるにせよ、前者の無限の隔たり、後者の絶対的な近さは、物そのものへの同じ関係を、上空飛行もしくは融合という二つの仕方で表わしているのである。これらは二つの肯定主義《ポジティヴィスム》である。本質の固有の秩序である陳述の水準に身をおくにせよ、あるいは物の沈黙の内に居を定めるにせよ、つまり言葉を絶対に信用するにせよ、もしくは逆に絶対に信用しないにせよ、――言葉《パロル》の問題についての無知は、ここでは、いかなる媒介をも知らないということにほかならない。哲学は、ひたすら理念性の平面か、ひたすら現実存在の平面か、どちらかただ一つの平面にひき均《なら》されてしまっている。いずれの場面においても、何かあるものが――観念の内的な十全適合性か、あるいは物の自己への同一性かが――まなざしをふさぎにやって来るのであって、遠方なるものへの思惟、地平的思惟は、排除されるか、下位のものとして従属させられるのである。いかなる存在者も、ある距離のうちに現われるということ、そしてこの距離は存在者を知ることにとっての障害であるどころか逆にその保証であるということ、このことが吟味されていない。世界の現前とはまさに世界の肉が私の肉に現前することだということ、私は「世界に属している」（j'《en sois》）が、世界そのものであるわけではないということ、これが、言われるが早いか、忘れられてしまう事態なのだ。したがって形而上学は依然として合致にとどまるのである。われわれと「存在」の「固い核」との間に肉のこの厚みがあるということ、このことが「「存在」の」定義のうちに入ってこないのだ。したがってこの厚みは私に帰せられるのであって、主観性がつねにおのれの周囲に伴うところの非-存在のマフなのである。ところで、無限の距離にしろ絶対的な近さにしろ、否定にしろ同一化にしろ、いずれにしても、「存在」へのわれわれの関係は同じ仕方で無視されている。いずれの場合も、この関係は、本質や事物にできるだけ近づくことによってよりよく確保されると思われているがゆえに、却って取り逃がされるのである。われわれの前の、この正面の存在者は、それをわれわれが措定したにせよ、それが、措定された-存在としてわれわれのうちでおのれを措定するにせよ、原理的に二次的なものであること、つまりある地平から切り抜かれたものであり、しかもこの地平は無にも等しいものどころではなく、そしてそれが組-成（com-position 合-措定）の産物ではない、ということが忘れられている。われわれの開披、「存在」へのわれわれの根本的な関係、つまりわれわれがあたかも存在しないかのようなふりをすることを不可能たらしめる所以の事態が、措定された-存在の秩序のうちに生ずることなどありえないはずだ、ということが忘却されているのである。それというのも、われわれが「存在」のうちにあり、何かあるものが存するがゆえに、真であれ偽であれ措定された-存在は無ではないこと、この経験であれ別の経験であれ、経験はつねにもう一つの経験と隣りあっており、われわれの知覚・判断など、世界についてのわれわれの知の全体は、変更され、フッサールが言うように、棒線で消されることはあっても、まったく無効にされることはありえず、それらの知覚や判断を襲う懐疑の下に、より真なる他の知覚や判断が現われるのだ、ということを、われわれに教えてくれるのはまさにかの開披だからである。ベルクソンは、根本的な知とは、時間を、まるでピンセットで挟むように捉えようとしたり、固定したり、その部分同士の間の関係で規定し、測定しようとしたりする知ではないということ、そして逆に、時間は、ひたすら「それを見[1]」ようとしかしない知、まさにそれを捉えることを断念したがゆえにこそ、見ることによってその内的推進力と再び接合するような知に対しておのれ自身を呈示する、ということを、いみじくも指摘してはいた。だが、たいていの場合は、融合もしくは合致という考えが、裂開しつつある「存在」に対する真の近さの極大としての、哲学的な見方もしくは哲学的視覚の理論を誘い出す先ほどの指図に、取って代ってしまうのだ……。距離を介しての近さ[二〇]、聴診もしくは厚みをとおしての触診としての直観、自己への眺めであり、自己に向って身を捩ることであって、「合致」を問題視するような見ること、といったあの考えに立ち戻らなければなるまい。

(1) *La Pensée et le Mouvaent.* [Alcan, Paris, 1934, p. 10.] (P.U.F., p. 4, Œu., p. 1255——訳者)

以上からして、哲学的な問いかけとは何であるのかが遂に判明するであろう。それは、「存在」が言外に意味されているような *an sit*（……があるかどうか）や懐疑ではないし、すでに諸観念の絶対的な確実性が透けて見えるような「私は自分が何も知らないということを知っている」でもなく、真実の「私は何を知っているのか」(que sais-je?) なのであるが、これは、モンテーニュの問いとまったく同じというわけではない。というのも、「私は何を知っているのか」という問いは、知の観念を少しも調べてみることもなく、われわれの知っている物ごとの解明を単によびかけるだけのことでもありうるからだ。このような場合にはそれ自身では明証的なものと見なされた存在性——空間、知——に与えられるべき呼び名に関してのみ躊躇することでしかないような——「私はどこにいるのか」という問いもまたその一例でありうる——あの知識上の問いの一つとなるであろう。しかし、私が、ある文の過程中で「私は何を知っているのか」と言うならば、すでにある別種の問いが生ずる。それというのも、この問いは、知そのものの観念をはみ出しているからであり、私に欠如している諸多の事実や事例、諸観念が見出されるはずの何がしかある英知的な場所に訴えているからである。またこの問いが、疑問文とは、直説法や肯定文からの語順の倒置もしくは逆転による派生的様態でもなければ、隠された、あるいは期待されている肯定でも否定でもなくて、何かあるものを目指す独自な仕方、いわば、いかなる陳述や「答弁」によっても原理的に乗り越えられない問い‐知（*question-savoir*）であり、したがって、おそらく「存在」へのわれわれの関係の固有の仕方なのであって、その際、「存在」は、あたかもわれわれの問いの無言の、もしくは故意に言葉を語らない相手方のようなものなのだ、ということを仄めかしているからである。「私は何を知っているか」とは、単に「知とは何か」とか「私は誰か」といったものに尽きるのではなく、最終的には「何があるか」ということ、さらには「ある（*il y a*）とは何か」ということでさえある。――これらの問いが求めるのは、その問いを終わらせるような何か語られたことの展示ではなく、措定されない「存在」の露呈である。措定されないというのも、そもそもそれは措定される必要のないものであるからであり、ひそかにあらゆるわれわれの肯定や否定の背後にあり、さらにはおよそ言い表わされた問いというものの背後にすらあるからである。とはいえ、肯定、否定、問いを存在の沈黙のうちに忘却したり、沈黙をわれわれのおしゃべりのうちに閉じ込めたりすることが問題なのではなくて、哲学というものが、沈黙と言葉との相互転換だからなのである。つまり、「まだ物言わぬ［……］経験を、それ自身の意味の純粋な表現へともたらすことが肝心なのだ」*。

* *Husserl*, Méditations cartésiennes, *trad. fr.*, *Vrin*, *Paris*, *1947*.［Cartesianische Meditationen（Huss. I), p. 171 ――訳者］

編み合わせ——交差

哲学が反省あるいは合致を名乗るやいなや、哲学は自分がこれから見つけだそうとするものについて、すでに予断を加えている、という批判が正しいとすれば、哲学はもう一度すべてをやり直さなければならなくなる。すなわち、反省や直観がおのれに与えた道具を投げ棄てて、この両者が未だ互いに区別されていないある場所に、つまり、「主観」と「客観」、現実存在と本質とを、すべて入り交ったまま、同時にわれわれに呈示する未だ「加工され」ざる諸経験のなかに、したがってこれらの諸概念を定義し直す手だてを哲学に提供する諸経験のなかに、哲学は腰を据えなければならないのである。見ること、語ること、いや思惟することでさえ——一定の留保のもとでは、なぜなら、思惟することを語ることから完全に区別してしまうやいなや、われわれはすでに反省の支配下に入ることになるのだから——忌避できないと同時に謎めいた、かかる類いの経験なのである。こうした諸経験を表わす名称はあらゆる言語に存するが、またこの名称は、どんな言語においても、房をなしてむらがる諸意義を、つまり、本来の意味と比喩的な意味とからなる意味の茂みを担っている。したがってそれは、科学で用いられる名辞のように、範囲の確定された意義を、名づけられたものに割り当てることによって説明するといった類いの名称ではない。それはむしろ、解き明かされてはいないが却ってそれだけ親しまれている神秘とか、ほかの事象を照らしつつもその源で暗がりにじっとしている光、といったものの、繰り返される暗示、もしくは執拗な呼び戻しなのである。仮に実際に見たり語ったりするという行為のなかに、以上のような定めを言語においてこれらに（二）当てがう生ける指示関係のいくつかを、発見できたとしたら、恐らくこうした指示関係は、われわれに新しい道具を作ることを教えてくれるだろうし、まず第一に、われわれの探求、われわれの問いかけそのものを理解する術を与えてくれるであろう。

われわれの周囲の可視的なるものは、自己自身のうちで休らいでいるように見える。われわれの眺め（vision）は、あたかも見えるものの核心において形成されるかのようであり、あるいは見えるものからわれわれに向って、あたかも海と波打ちぎわとの関係のような馴染深い関わりがあるかのようである。とは言うものの、われわれが見えるもののうちに溶けこんでしまうことも、逆に見えるものがわれわれのうちに移行することも、可能ではない。なぜなら、そうなれば、視覚は、見る者が消え去るか見えるものが消え去るかすることによって、形成されるとたんに消失してしまうはずだからである。したがって、存在するものは何かといえば、それは、後になってから見る者に対しておのれを呈示するような自己同一的な諸事物ではないし、また、最初は空虚で、後から諸物に向っておのれを開くといったような見る者でもない。そうではなくて、まなざしで触れることによる以上にはわれわれが近づくことのできない何らかのもの、まなざしそのものがおのれの肉でそれらを包み込み、おのれの肉を纏わせるがゆえに、「丸裸にして」見るという夢を追うわけにはいかない諸事物なのである。しかしこうしながらも、まなざしが、諸事物をその場所にあるがままにしておくのはどういう次第なのか、事物についてのわれわれのもつ眺めが、事物の方からやって来るように思われるのは、そして見られるということが、事物にとって、その優越的存在（être éminent）の格下げにすぎないのは、どういう次第なのか。色彩の、この魔術的な力とは、何なのだろうか。すなわち、見えるものは、まなざしの末端に保持されつつも、私の視覚の相関者というより遥かに以上のものであり、その有無を言わせぬ現実存在の帰結として、私の「これについての」眺めを私に押しつけるのだが、そうした事態を生ぜしめる見えるもののこの独特の力とは、何なのだろうか。私のまなざしが諸事物を包み込みながらも、それらを隠しはせず、要するに、私のまなざしが事物にヴェールをかけつつ、そのヴェールを取り除きもするのは、どういう次第によるのか。*

* ここで本文中にブラケットつきで、以下の文が挿入されている、——そのわけは、まなざし自身が見る者の見えるものへの編入（incorporation）であり、「見えるものの仲間である」（EN EST）ところの自己自身を、見えるもののなかで探求することだという点にある、——つまり世界の可視的なるものはQUALE（性質）という外皮ではなく、諸性質の間にあるもの、外部地平と内部地平とを連結する織地である、ということだ、——見えるものがその自存性を所有しつつ、しかも私のものであるのは、肉に向って差し出された肉としてである。——SICHTIGKEIT（可視性）及び類属性としての肉。——このことから、視覚が問いであり、かつ答えであるということ……肉を通じての開披——私の身体の二葉層と見える世界の諸葉層……互いに差し入れられたこれらの葉層の間にこそ可視性が存する……私の身体は諸物のモデル、そして諸物は私の身体のモデル。世界に対峙しつつも、そのすべての部分を通じて世界に結びつけられている身体。——こうしたことの全体の意味するものは、事実あるいは事実の合計としてのではなく、真理の記入の場所としての世界、肉ということ。線で消されはするが、無効にされはしない虚偽ということ。

まず最初に理解しなくてはならないことは、次の事柄である。すなわち、私の眼前のこの赤は、よく言われるように、一つの性質（*quale*）とか、厚みをもたない存在の皮膜とか、解読不可能であると同時に明瞭な伝言《メッセージ》といったものではないということだ。——この伝言を、われわれは受けとったか受けとらなかったか、いずれかなのだが、いったん受けとったならば、知られるべきことはすべて承知していることになり、要するにそれについて何も言うべきことはないといった、そういう伝言ではないということである。この赤は、たとえ束の間であれ、焦点あわせを要求する。この赤は輪郭のぼやけた、もっと一般的な赤さから浮きでるのであり、われわれのまなざしは、いみじくも言われているように、この赤を見つめる(*fixer* 固定する)前には、この輪郭のぼやけたもっと一般的な赤さのなかに捉えられ、そこに埋没していたのである。ところでいったんこの赤を固定したうえでも私の眼がそのなかに、つまりその固定した構造のうちに沈潜する場合には、あるいは私の眼が再び周囲にさ迷い始める場合には、かの赤という性質(*quale*)は、その雰囲気的な在り方(existence)を取り戻すのである。その正確な形相(forme)は、羊毛質とか、金属質とか、あるいは多孔質[?・]とかいった、ある表情(configuration)もしくは地合い(texture)と連帯しており、こうした要素の参加に比すれば、性質としての赤は大したものではない。クローデルは、海のある種の青さは極めて青く、その青さ以上に赤いのは血しかないほどだと、ほぼこのようなことを述べている。さらに、色彩は周囲との関係というもう一つ別の変容次元において変化する。この赤がまさにこの赤であるのも、ひたすらそれが自分の場所からその周囲の他の赤と結びついて、それとまとまりを形成したり、あるいは他の色と結びついてこれらを支配しもしくはこれらに支配されたり、これらを引きつけもしくはこれらに引きつけられたり、これらを斥けもしくはこれらに斥けられたりすることによってのみなのである。要するに、この赤は同時的なものと継起するものとの網状組織のなかの、ある結び目なのだ。それは可視性の凝結であって、一個の原子《アトム》ではない。まして、赤い服ともなれば、それはそのすべての繊維によって見えるものの織地へと結びつき、それを通じて、見えざる存在の織地へと結びついているのである。それは、屋根瓦、踏切番やフランス革命の旗、エックス・アン・プロヴァンス付近やマダガスカルに見られる若干の土質といったものを含む、赤いものたちの場の句読点であると同時に、また女性の服とともに、教師や司教それに次席検事の服をも含む赤い服の場における句読点、さらには装身具の場、制服の場の句読点でもある。そしてその赤は、それがどんな布置のなかに現われるのかに従って、文字通り同じ赤ではない。つまり、その赤に沈澱しているのが、一九一七年の革命の純粋本質であるのか、永遠に女性的なるものの純粋本質であるのか、フランス革命時の訴追官の純粋本質であるのか、二十五年前にシャンゼリゼの酒場を風靡した、軽騎兵風に着飾った流しのジプシーたちの純粋本質であるのか、に応じて同じ赤ではない。ある赤、それはまた想像上のさまざまな世界という地底から掘り起された化石でもある。かかる諸要素のあらゆる参加を重んずるならば、われわれは次のことに気づくはずである、すなわち裸の色彩、いや一般的にいって一個の見えるものは、完全な視覚か全然視覚でないか、いずれでしかありえないような視覚に対して裸のまま提示される、絶対的に硬くて分割できない存在の断片などではなくて、それはむしろそれぞれつねに大きく口をあけている外部諸地平と内部諸地平との間の、一種の狭間であり、彩られた、もしくは見える世界のさまざまな領域にそっと触れにやって来、距離を隔ててこれらを共鳴させるなにがしかのもの、この世界の何らかの差異化、束の間の転調であり、したがって、色や物というより、色や物の間の差異、彩られた存在あるいは可視性の刹那的な結晶作用であるということに、気づくはずである。諸多のいわゆる色彩や見えるものの間に、それらを裏うちし、支え、養っている織地が、そしてそれ自身は物ではなく、諸物の可能性、潜在性、肉であるといった、織地が、再び見出されるはずである。

見る者の方を振り返って見るならば、われわれは、以上のことが、曖昧な類比や比喩ではなくて、文字どおりに受けとられねばならないということを、確認するはずである。まなざしは、見えるものを包み込み、それに触れ、それに身を添わせる、とわれわれは述べた。まなざしは、見えるものとあたかも予定調和の関係にあるかのように、見えるものを知る以前にすでにそれを知っていたかのように、自分流に急激で不規則な断固たる調子で動きまわるのだが、それにもかかわらず、摑み取られた眺めは任意偶然のものではないのである。私が眺めるのは無秩序《カオス》でなく、諸事物なのである。だから結局、支配権を握っているのは私のまなざしなのか、それとも諸事物なのか、いずれとも言えないことになる。見えるものの、このようなあらかじめの所有、見えるものの望みに沿ってそれに問いかけるこの巧みさ、霊感を吹き込まれたこの釈義（exégèse）、これらの正体は何か。その答えは恐らく、問いかけるものと問いかけられるものとがいっそう接近している、手による触知の場合に見出されるであろう。眼による触知は、その注目すべき一つの変容なのだ。滑らかさやざらつきをもった地膚を感じさせることのできる、とりわけ一定の強さ、速度、方向をもった運動を、私が自分の手に与えるのはどういう次第によるのか。手探りとその手探りが私に知らせるもの、私の運動と私が触れるもの、との間になにかしら原理的な関係、なにかしらの親近性があり、これに従って、私の運動は、アメーバの擬肢のようなただ単に身体空間の漠然とした、その場限りの変形ではなくて、触覚的世界への導入、開披なのである。こうしたことが生ずるのも、私の手が内部から感ぜられると同時に、外部からも接近できる、つまり例えば私の別の手によってそれ自身触れられうる場合にのみ可能なのであり、私の手が、おのれの触れる物の間に場所を占め、ある意味でそれらの一員であり、結局、おのれもまたその一部をなしているところの、一個の触れられうる存在に向って扉を開いている限りにおいてのみ、可能なのである。私の手における触れるものと触れられるものとのこうした交叉によって、私の手の適切な運動は、おのれが問いかける宇宙へと合体し、その宇宙と同じ図面に写しとられるのである。この二つのシステムは一つのオレンジの半分ずつのように、互いにぴったり適合しあう。視覚についても事情は変らない。もっとも、ここでは探索活動とそれによって収集される情報とが「同じ感官」に属してはいないという点で、事情が違うという反論がありうるが。しかし、このような感官の区分は粗雑である。われわれはすでに「触れる」ということのうちに、互いの基礎に横たわってはいるが、はっきり区別できる三つの経験、互いに交叉しあってはいるが、はっきり区別できる三つの次元を、見つけたばかりである。つまり、滑らかさとざらつきに触れるということ、事物に触れるということ、――身体とその空間の受動的な感じ《サンチマン》――、そして最後に、物を手探りしている最中の私の左手に私の右手が触れるときの、まぎれもない、触れることに触れるということ、この最後のものを通じて、「触れる主体」が触れられるものの位階に移行し、諸物のなかに降り立ち、したがって触れるということが世界の只中で、いわば諸物においてなされることになるのである。自分がそのなかに閉じ込められている袋について私がもつ純重な感じと、私の手がおのれに向けて及ぼす外部からの検査（contrôle）との間には、私の眼の運動から、それによって見えるもののうちに生みだされるさまざまな変化へと至る差異と同じほどの、差異がある。そして逆に、見えるものについてのいかなる経験も、つねに視線の運動の文脈のなかで与えられていたのだから、眼に見える光景は、「可触的性質」と少しも変ることなく、触覚に属してもいるのである。見えるものはすべて触れられうるものから切り取られたものであり、触れられるいかなる存在も、いわば可視性を約束されている、という考えに習熟しなければならない。そして、踏み越え、跨ぎ越しは、触れられるものと触れるものの間にだけあるのでなく、可触的なものと可視的なものとの間にもあるという考えに、そして可視的なものは可触的なもののうちに象眼され、逆に、可触的なもの自身、可視性を完全に欠いているわけではないし、視覚的なあり方をもたないわけでもないという考えに、習熟しなくてはならない。同一の身体が見かつ触れるのだから、可視的なものと可触的なものとは、同一の世界に属している。私の眼のいかなる運動も――いわんや、私の身体のいかなる移動も――ほかならぬ両眼によって私が吟味し探査するところの、同一の可視的宇宙のなかで起るということ、同様に、逆に視覚はすべて触覚的空間のどこかで起るということは、注目されることとの余りに少ない驚くべき事実なのだ。見えるものを触れられうるもののなかに位置づけ、触れられうるものを見えるもののなかに位置づけるという、互いに交錯しあう二重の方位測定が存するのである。二つの地図はそれぞれ完全ではあるが、しかも混同されて見分けがつかなくなることはない。この二つの部分はそれぞれ全体にわたる部分であるが、重ね合わせることはできないものなのである。

したがって、見る者と見えるものとの本来の含み合いの関係に立ち入ることとすらしなくても、視覚はまなざしによる触知なのだから、視覚もまた、それが暴いて見せる存在の秩序に当然おのれを書き入れるのでなくてはならず、まなざす者自身、おのれのまなざす世界と無縁なはずはない。私が見るやいなや、この視覚は（visionという語の二重の意味（二）がよく示しているように）、補完的な、もしくはもう一つ別の視覚に裏うちされねばならないのだ。つまり、私自身が外部から見られているのだ。それはあたかも、私が見えるものの中央に坐を占め、ある場所からこれを眺めている最中に、ある他者がこの私を見ているかのようである。見る者と見えるものとのこの同一性がどこまで及ぶのか、われわれはその完全な経験をもっているのだろうか、それとも何か欠けているものがありはしないか、あるとすればそれは何なのか、今のところこうした吟味は措くとしよう。さしあたり次のことを確認すれば十分である、すなわち見る者が見えるものを所有できるのは、見る者が見えるものによって所有され、見えるものの仲間である限り*においてでしかない、ということ、つまり、まなざしと諸物との間の節合（articulation）によってあらかじめ定められている事柄に従って、原理的に、見る者が見える諸物の一つであり、しかも奇妙な反転によって、ほかならぬ見える諸物の一つたる見る者が、それらを見ることができる限りにおいてでしかない、ということを、である。**

＊　欄外に──URPRÄSENTIERBARKEIT（原的現前可能性）。それが肉だ。

＊＊　欄外に──見えるものは可触性ゼロでなく、触れられうるものは可視性ゼロでない（踏み越しの関係）。

われわれは、諸物そのものを、その存する場所において、単に知覚されるというそれらの存在性を遥かに越えるそれらの存在に従って見ると同時に、他方まなざしと身体との厚みによって、諸物そのものから隔てられてもいるのだが、なぜそうなのか、その理由がここに至って了解されるのである。それというのも、この隔たりがこの近さの対立物でなく、この近さと奥深いところで調和し、その［いわば］同義語だからである。つまり、見る者と物との間にある肉の厚みは、見る者に属するその身体性を構成するのと同様に、物に属するその可視性を構成するものだからだ。肉の厚みは、見る者と物とを隔てる障害物でなく、かえって両者の交通手段なのである。私が見えるものの核心にいることと、それから隔たっていることとは、同じ理由によるのである。その理由とは、見えるものが厚みをもち、そのことによっておのずから一個の身体によって見られるように定められているということである。性質（*quale*）に存する、色彩に存する、定義しがたいもの、それは過ぎ去った諸多の眺め、来たるべき諸多の眺めを、いくつかにまとめ束ねて、ただ一つの何がしかのものとして、あるいは存在のただ一つの趣き（ton）として呈示するところの、簡潔にして断固たる、ある流儀以外の何ものでもない。見ている当の私も私の奥行を具えている。それというのも、私が見るところの、かつまた、私の背後で再びおのれを閉ざすところの、この同じ見えるものに、私はもたれかかっているからである。私は以上のことを、よく承知している。身体の厚みは、世界の厚みと競いあうどころか反対に、私を世界と化し、諸物を肉と化することによって、諸物の核心に歩みよる私の唯一の手段なのである。

間にはさみ込まれた身体それ自身は、物ではない、つまり隙間を埋める物質、結合組織ではなく、対自的な感覚されうるもの（*sensible pour soi*）である。その意味するところは、おのれを見る色彩とか、おのれに触れる表面などという、不条理なことでなくて、次のようなパラドクス［？・］なのだ、つまり触覚作用、視覚作用の住まうところの、諸多の色彩と表面からなる一全体ということであり、したがって範型的な可感物（*sensible exemplaire*）ということである。それは、それに住みそれを感ずる者に、それに似た外部のものを、すべて感じとるのに必要な手段を提供するのである。その結果それは、諸物の織りなす組織に捉えられながらも、これをすべておのれに引き寄せ、おのれと一体化することになる。そしてそれは、諸物に対しておのれを閉ざしつつも、まさにこの一体化の同じ運動を通じて、その出生の秘密をなすところの、あい覆う関係を伴わぬかの同一性、矛盾を伴わぬかの差異、内部と外部とのかの偏差を、諸物に伝えるのである。* 身体がそれ自身の個体発生によって、直接われわれを、諸事物へと結びつけるのであるが、そのいきさつは、次のとおりである――身体がまさにそれであるところの、当の感覚的なものの塊りと、そこから分凝によって身体が生まれ出で、見る者としては依然としてそれに向って窓を開いているところの、感覚的なものの塊り――身体の成立の基礎たる、この二つの粗描、身体の二つの唇を、互いに一つに合わせることによって、なのである。身体は二つの次元に属する一つの存在であって、それゆえにこそ身体が、身体のみが、われわれを諸事物そのものへと導くことができるのだ。諸事物自身も平板なものではなくて、奥行のある存在であり、上空から俯瞰する主観には接近不可能な存在なのである。それらは、同じ世界のなかでそれらと共存するところの身体にのみ――もしこれが可能だとすれば――開かれているのである。見えるものの肉について語る場合、われわれは、何か人間学といったものを企てるつもりはない。

つまり、人間的仮面の下では、そもそも世界はいかなるものでありうるのか、という問いは差し措いて、われわれの投影する諸意義に覆われた世界を記述しようなどというつもりはない。反対にわれわれの意味するところは、肉的存在が、数多くの葉層、数多くの面を具えた奥行の存在として、また潜在性の存在ならびにある種の不在の現前化として、「存在」の原型であるということ、そして感ぜられうる感ずるものたる、われわれの身体は、この原型の極めて注目すべき変容なのだということ、しかしながら身体を構成するパラドックスは見えるものすべてのうちにすでに存在する、ということである。例えば、すでに立方体にしても、私の身体が一気に現象的身体でありかつ客観的身体であるのと同様に、共可能的ではないさまざまの見えるもの（*visibilia*）をおのれのうちに取り集めている。そして結局、立方体が存在するのは、身体と同様に一撃の力によるのである。一個の見えるものと呼ばれるものはある組織を秘めた性質、ある奥行の表面、中身の詰ったある存在者の一断面、「存在」の波に運ばれる粒ないし、微粒子であると、われわれは述べた。総体としての見えるものは、実際に見える諸局面の陰に、その背後に、あるいはその間にあるのだから、それに近づく道は、それと同様まったくおのれ自身の外にあるがごとき一つの経験による以外にはない。われわれの身体が、見えるものをわれわれのために支配するのは、まさにかかる資格においてであって、認識主観の担い手としてではない。しかしながら身体は見えるものを説明したり、解き明かしたりするのではなく、ただその散乱した可視性の神秘を集中させるだけなのである。ここで問題となっているのは人間のパラドックスではなく、「存在」のパラドックスなのだ。確かに論者は、われわれの身体の二つの「側面」、つまり感ぜられうるものとしての身体と感ずるものとしての身体——われわれは、かつてこれを客観的身体と現象的身体と呼んだ——の間には、ずれというよりも、「即自」と「対自」とを分離する深淵があると、答えることもできる。感ぜられうるところの感ずるものが、また思考でもありうるのは、いかなる次第によるのか、それは一つの問題であり、われわれもそれを避けはしないだろう。しかし、ここでは古典的な袋小路を避けるような仕方で、われわれの基礎概念を形成しようと努めているのだから、そうした基礎概念がコギトと突き合わされた場合に呈示するはずの諸困難を、特別扱いする必要はない。それというのも、コギト自体が再検討さるべきだからだ。われわれは身体をもっているのかどうか。すなわち、永続的な思惟対象ではなく、けがをすれば痛み苦しむ肉体を、触れる手を、もっているのかどうか。手だけでは触れるに不十分だ。それはわかっている。しかしこの理由だけで、われわれの手が触れるのではないと決めつけ、それを対象あるいは道具の世界へと追い返してしまうのは、主観と客観の分割をあらかじめ承認して、感性的なもの(三)を了解することを前もって断念し、その放つ光を、われわれから奪うことになるだろう。反対にわれわれは、それをまずは文字通りに受け取るよう提案する。そこで、われわれは、身体は二枚の葉層からなる一つの存在である、つまり、一方では事物中の事物であり、他方ではそうした事物を見たり触れたりする者である、と言うのである。また、われわれの身体はおのれのうちにこれら二つの特性を統合しており、「客観」の秩序と「主観」の秩序とへのその二重の帰属という事態は、二つの秩序の間にある極めて思いがけない諸関係を顕わにしてくれる、と言おう。なぜなら、これは明瞭なことだからである。身体がこの二重の帰属関係を有するのも、それは不可解な偶然事ではありえない。身体は二つの帰属関係のそれぞれが互いに他方を呼び求めるという事実を教えてくれる。なぜなら身体が諸事物のなかの事物であるというのも、他の事物より深く強い意味においてのことだからである、つまり身体は事物の仲間である、とわれわれはいったのだが、その意味は、身体が事物を背景に浮かびあがり、その限りで他の事物からおのれを解離するということなのだ。身体は単に事実的な意味で見られる物であるだけではなく(私には自分の背中は見えない)、権利の上で見えるものなのだ。身体は、避けることができないと同時に延期されているある視覚に、曝されているのである。逆に身体が触れたり見たりするのは、身体が見えるものを自分の眼前に客観として所有するからではない。見える諸物は身体をとりまき、さらに身体の柵内に入り込みさえし、身体のうちにあって、そのまなざしや手を、外部からも内部からも覆い飾るのである。身体がそれらに触れたり、それらを見たりするのは、ひたすら身体がそれらと同じ家族に属し、おのれ自身、見えるもの、触れられうるものであり、このことを通じて、それらの存在に参与する手段として、おのれの存在を用いるからである。つまり、二つの存在のそれぞれが、互いに相手の原型だからであり、世界が包括的な肉（四）であるのと同様に、身体が事物の次元に属するからである。われわれは今しがた、身体は二枚の葉層からなり、その一方の「感覚されうるもの」の葉層は、身体以外の世界の残部と連帯していると述べたのだが、そういう言い方さえ実はすべきでないのだ。身体には、二枚の葉層あるいは二つの階層などありはしない。身体は根本的にいって、単に見られた物でも、単に見る者でもなく、あるいはさまよい歩き、あるいは集中した「可視性」なのだ。そして、かかるものとしての身体は、世界のなかにあるのではないし、世界についてのおのれの眺めをいわば自分の私的な囲いのうちに保有するのでもない。身体は、世界そのもの、万人の世界を見るのであり、しかもこの際「自己」を抜けだす必要もないのである。なぜなら身体は、自己充足したまったき存在ではないからである。つまりその手とか、眼とかいうものは、基準としての‐ある見えるもの・触れられうるものの、対象への関わり以外の何ものでもないからである。そしてこの対象とは、基準たる見えるもの・触れられうるものが、その類似性を担っているところのすべてのもの、また、視覚・触覚にほかならぬある魔術によって、それについての証言をこれが集めるところのすべてのものを、指すのである。葉層や階層について語るということは、生き活動している身体のなかで共存しているものを、反省のまなざしのもとで平板化し並列させる見方に、依然として留まることである。比喩的にいえば、感ぜられる身体と感ずる身体とはいわば表と裏であり、あるいはさらに、ただ一つの循環コースの二つの部分であると言った方がよかろう。上の方では左から右へ、下の方では右から左へと向うのだが、実は二つの位相におけるただ一つの運動でしかないのである。しかし、感ぜられる身体について述べられることはすべて、その身体を部分として含むところの感ぜられうるもの全体に、さらには世界の上へと反響する。もし身体が二つの位相において現われる唯一の身体であるというのであれば、身体は感ぜられうるものの全体を、おのれに合体させ、まさにこの同じ運動によって自己自身を「感覚されうるもの自体」へと一体化することになる。身体を世界の内部に、見る者を身体のなかに置いたり、逆に世界と身体とを、あたかも箱のなかに置くかのように、見る者の内部に置くという昔からある偏見は投げ棄てなければならない。身体と世界との境界を、どこに置くことができるというのか。なぜなら世界は肉なのだから。身体のどこに、見る者を置くことができるというのか。なぜなら身体の内部にあるのは、「諸器官の詰め込まれた闇」、つまりやはり見えるものでしかないことは、まったく自明だからである。見られた世界は私の身体の「内部に」あるとはいえないし、私の身体も究極的な意味では、見える世界の「内部に」あるとはいえない。世界はある一つの肉に押しあてられた肉であって、世界がこの肉を取り囲んだり、逆に肉によって世界が取り囲まれたりしているのではない。視覚は見えるものへの参与であり、見えるものとの縁結びであって、見えるものを決定的に包み込んだり、見えるものによって決定的に包み込まれたりするのではない。見えるものの表面を覆う皮膜は、私の視覚、私の身体にとってしか存在しない。しかしこの表面の下にある奥行は私の身体を含み、したがって私の視覚を含んでいる。見えるものとしての私の身体は、大きな景観のなかに含まれているのだ。しかし、見る者としての私の身体が、この見える身体の基礎に存し、それとともに見えるものすべての基礎に存しているのである。つまり、両者の間に相互的な挿入関係、編み合せ（entrelacs）があるのだ。あるいはむしろ、ここで再び当然のことながら、諸多の平面と遠近法とによる思考を放棄せねばならないとすれば、二つの円、二つの渦、あるいは二つの球がある、とするのがよかろう。それらは、私が素朴に生きている間は中心を同じくしているが、私が自分に問いかけるやいなや、わずかにその中心を互いにずらせるのだ……。

＊ 本文中に以下の文がブラケットつきで挿入されている、――次のようにいうことができよう――われわれは事物そのものを知覚する、われわれは、自己自身を思惟する世界である、――あるいは世界はわれわれの肉の核心に存する。いずれにせよ身体‐世界という関係が認められるならば、私の身体の枝分かれがあり、世界の枝分かれがあり、世界の内部と私の外部との間、私の内部と世界の外部との間に、対応関係がある、と。

さて、見る者と見えるものとのこの奇妙な癒着とともに、正確なところいったい何が見出されたのか、とわれわれは自問しなくてはなるまい。視覚や触覚が生ずるのは、ある見えるもの、ある触れうるものが、これがそれに属しているところの、当の見えるものの全体、触れうるものの全体に向って振り返る時であり、あるいはそうした全体によって取り囲まれているおのれを突然発見する時のことである。あるいは、両者の間に、相互の交流によって、ある「可視性」・「可触的なるもの」そのものが形成される場合である。ところで、この「可視性」・「可触的なるもの」そのものは、事実としての身体にも、事実としての世界にも、それに固有のものとして属しているわけではない、――それはあたかも、向い合わせになった二枚の鏡に、二つの限りない影像の系列が入り子型になって生じるのと事情が似ている。これらの影像は、実際にはいずれの鏡面にも属してはいないのだ。なぜなら、それら一つ一つの影像は互いに向い側の影像の写しにすぎず、したがって、それぞれが互いに対を成しており、この対の方が、それぞれの影像よりも実在的だからである。したがって、見る者は、自分で見ている当のもののなかに取り込まれながら、なおも自分自身を見ていることになる。あらゆる視覚には根本的なナルシシズムが存するのである。そしてまた、同じ理由からして、見る者は自分の行使する視覚を、事物の側から被《こうむ》るということにもなる。つまり多くの画家が証言しているように、私は事物に眺められているように感ずるのである。私の能動性はそのまま受動性でもあることになる。――これがナルシシズムの第二の、そしていっそう深い意味である。それは、誰かの住みついている身体の輪郭を、他者たちがこれを見るのと同様な仕方で、外界のなかに見ることではなくて、とりわけ外界によって見られること、そのうちに生存すること、そのうちに移り住むこと、幻影によって誘惑され、絡め取られ、錯乱させられることであり、したがって見る者と見えるものとが互いに逆転しあい、その結果もはやいずれが見、いずれが見られているのかわからなくなるということなのである。先ほどわれわれが肉と呼んだものは、実はこの「可視性」、「可感的なるもの」そのもののこの普遍性、「我」自身に生来そなわるこの匿名的なるものにほかならない。これを指し示す名称が伝統的哲学に見あたらないことは、ご存知の通りである。肉とは、互いに付け加わったり繋がりあったりして諸多の存在者を形づくるといった存在の粒子という意味での、質料（matière 物質）ではない。また同様に、見えるもの（私の身体と同様諸物）も、得体の知れない「心的」素材（matériau 材料）ではない、つまり事実的に存在するところの、そして私の事実的身体に働きかけるところの、諸事物によって存在へともたらされでもする――いかなる次第によるかはわからぬが――かのような、「心的」素材ではない。一般的にいって、見えるものは事実ではない、あるいは「物質的な」事実の総和でも「精神的な」事実の総和でもない。そのうえ精神に宛てられた表象でもない。仮にそうだとしたら、精神はおのれの表象によっては籠絡されえないだろうし、見る者にとって本質的な、見えるもののうちへの挿入というこの事態を厭うでもあろう。肉は物質でも精神でも実体でもない。古人は、水、空気、土、火、について語るために「原質」(élément)という語を用いたが、われわれが肉を指示するためには、この古い用語を古人の意味するところに従って役立てねばなるまい。すなわちその意味するところとは、時間空間上の個体とイデアとの中間にある類属的な事物のことであり、いわば受肉した原理であって、そのほんのわずかな部分でも存するところには、いずこであれ、一つの存在様式がもち込まれる、といった代物なのである。肉はこの意味において「存在」の「原質」である。肉は事実ないし事実の総和ではないが、それにもかかわらず場所と今とに貼りついている。しかのみならず、どこといつとの創設、事実の可能性と事実の要求であり、ひと言でいえば事実性、すなわち事実を事実たらしめているものである。そしてまた同時に、諸事実が意味をもつようになる所以のもの、つまり断片的な諸事実が「あるもの」(quelque chose)の周りに配置されるようになる所以のものなのである。それというのも——もし肉があるなら、つまり、もし立方体の隠れた側面が、現に私に見えている側面と同様、どこかに向って光を放ち、これと共存するなら、そしてもし立方体を見る私もまた見えるものに属し、私も他の場所から見られうるものであるなら、そして、見えるものと私とがともども、同じ「原質」のうちに——この場合見る者の原質か、それとも見えるものの原質か、問わねばならぬだろうか——取り込まれているというのであれば、以上のような脈絡、以上のような原理的可視性が、すべての一時的な不調和に優ることになるからである。かかる脈絡、原理的可視性に決定的に背くような視覚もしくは部分的な見えるものが、すべて前以て廃棄されているというわけではない。これでは空所を残すことになろう、——いやむしろ、可視性の原理に従って、いっそう正確な視覚と見えるものとがそれに取って代るのである。この可視性の原理は、いわば一種の真空への恐怖によるかのように、もうすでに真の視覚、真の見えるものを差し招いているのである。それも単に視覚や見えるものの誤謬の代替物としてだけではなく、そうした［誤った］視覚や見えるものを解き明かし、それらを相対的に正当化するものとしてである。したがって、それはフッサールが見事に言い当てたように、抹殺されるのではなく、「棒線で消される」のである……。以上のような事柄が、視覚を真面目に取りあげてこれに尋ねた場合、われわれが導かれる並はずれた帰結なのである。確かにかかる帰結を差し控えたり、これを通り過ぎたりすることもできはするが、その場合には、われわれの手もとにあるあらゆる認識理論、とりわけ諸科学がどうにかこうにか担い運んでいる認識理論に紛れ込んでいる、見えるものに関するかの存在論の諸断片が、混乱して朦朧とした、解明されていない姿で再発見されるだけであろう。われわれは確かにこれらの断片について、最後まで思いめぐらしてはいない。［しかし］この最初の粗描においては、厳密な意味での問いかけが接近を可能ならしめるところのこの奇異な領域を垣間見させることだけが、問題だったのである……

ところで早速気づくことだが、そうした領域には限りがない。もし肉が究極的概念であって、二つの実体の統合であったり合成物であったりするのではなく、それ自身によって考えられるものだということを、われわれが明らかにできるならば、［そして］もし私を貫き、私を見るものとして構成しているところの、見えるものの自己自身への関係という事態が存在するならば、私が作るのでなくて逆に私を作るところのこの円環が、つまり、見えるものの見えるものへの纏綿というこの事態が、私の身体と同様に私以外の身体をも貫き、それに生気を与えることが可能となる。そしてもし、いかにしてこの波が私のなかに生まれるのか、またいかにしてかしこにある見えるものが同時に私の風景でもあるのかを、私が理解できたとすれば、ましてや私は、見えるものが、またどこか別の場所においても自己自身に向って回路を閉ざし、［その結果］私の風景とは別の、諸多の風景が存在するということを理解できるはずである。もし見えるものが、その一断片によって籠絡され捉えられるのであれば、この籠絡の原理が獲得され、領野は別のナルシサスたちに向って、「相互身体性」に向って、開かれることになる。もし私の右手が触れうるものを手探りしている最中に、私の左手がこれに触れることができ、すなわち、触れつつある右手に触れることができ、その触知作用をそれ自身に向って反転させることができるならば、なぜ、別の人の手に触れつつ私は、私が自分の手のなかで触れたと同じ、諸物と与《くみ》する力に、その人の手のなかで触れないはずがあろうか。なるほど、別の人の風景を創設するのが肝心であるのに、件《くだん》の「諸物」は私のものであり、この作用の全体が、論者のいうように、「私のうちで」、私の風景のなかで生ずるというのは、ほんとうである。これに反して、私の手の一方が他方に触れるときには、それぞれの手の世界が他方の手の世界に向って開かれる。それというのも、その作用は随意に逆転できるからであり、論者のいうように両方の手ともども唯一の意識空間に属し、ただ一人のひとが両手をとおしてただ一つの物に触れているからである。しかし、私の両手が唯一の世界に向って開かれるためには、それらが唯一の意識に与えられるというだけでは不十分である。あるいは、もしそれで十分だというのなら、われわれを悩ませている困難もまた解消するはずである。なぜなら他のもろもろの身体も私の身体と同様、私によって認識されるというのであれば、それらが関わる世界と私の身体が関わる世界とはやはり同じ世界だろうからである。いや、そうではない。私の両手が同じ事物に触れるのは、両手が同じ一個の身体に属しているからなのである。ところで手はそれぞれ、おのれの触覚経験をもっている。それにもかかわらず、もし両手がただ一つの触れうるものに関わるとすれば、それは一方の手から他方の手に向って、身体空間を貫いて、なお私の二つの眼の間にも見られるのと同じような、ある特殊な関係が存在し、この関係が私の両眼を一つ眼巨人の唯一の視覚の通路たらしめるのと同様、二つの手をただ一個の経験の器官たらしめているからである。確かにこれは考えにくい関係ではある。なぜなら、一個の眼、一個の手は、それぞれ視覚と触覚をもつことができ、しかも理解しなければならないのは、これらの視覚や触覚が、つまりこれらの小さな主観性、「……についての意識」が、いかにして、花束の花のように一つにまとまることができるのか、ということだからである。それぞれの視覚と触覚とが、「についての意識」、「対自」であるならば、それは互いに他を対象に還元してしまうはずなのに。こうした困惑から脱出するには、「についての意識」と対象とへの分岐を放棄するほかはない。つまり私の協働する身体（corps synergique）は客体でなく、それぞれの手や目に属している「諸意識」を、その諸意識に対して側面的、横断的に働くところの一つの作用によって、束ねまとめあげるものであるということ、「私の意識」はそれと同様に遠心的な多数の「……についての意識」の、総合的かつ遠心的で、創造されることなく初めから存するところの、統一性などではないということ、それは私の身体の先反省的かつ先客観的な統一によって支えられ、基礎づけられているのだということを、認めるほかはない。以上の意味するところは、一方の眼によるそれぞれの単眼視およびただ一方の手によるそれぞれの触覚が、おのれに属する可視的なものおよび可触的なものを所持しながらも、他方による視覚や触覚と共に、唯一の世界を前にした唯一の身体の経験を形成するという仕方で、これら他方の視覚や触覚のそれぞれに結びつけられている、ということである。この結合は、一方の眼による視覚、一方の手による触覚の言葉を、他方による視覚や触覚の言葉へと復元したり転換したりする可能性、転写と置換の可能性によって、なされるのである。この可能性に従えば、それぞれに属する小さな内輪の世界は、おのれ以外のすべての感官の小世界に併置されるのではなくて、これによって取り囲まれ、ここから採取されたものなのである。そしてすべては一つになって、「可感的なるもの」一般の前に立つ「感覚する者」一般なのである。ところで、私の身体の統一をなすこの一般性（généralité 類属性）が、なぜ自分以外の諸身体に向けて私の身体を開かないはずがあろうか。握手もまた可逆的である。私は触れるのと同様に、かつそれと同時に、触れられるのを、感じることができる。それでも、ちょうど両手や両眼が各自の身体の器官であるのと同様に、われわれの身体をその器官とするような一個の大動物は、確かに存在しない。［だが］もし協働（synergie）がそれぞれの有機体の内部で可能であるならば、異なる有機体同士の間でも協働が存在しないはずがあろうか。有機体同士の景観は互いに絡み合い、お互いの能動作用と受動作用とは正確に調整しあっている。そういうことが可能であるのは、感覚作用をもともとの資格からして、一個の同一なる「意識」への帰属によって定義するのではなく、反対に、見えるもののそれ自身への還帰として、また感ずる者から感ぜられるものへの、そして感ぜられるものから感ずる者への、肉的な参加（adhérence）として、理解する場合に限られる。なぜなら重なり合いと分裂、同一性と差異性が、私の肉のみでなく、あらゆる肉を照らす自然の光の放射を生ぜしめるからである。他人の経験する色彩や触覚的な起伏《レリーフ》は、私にとって絶対の神秘であり、私には決して近づきえないものであるといわれる。これは必ずしも真実ではない。私がそれについて、観念や心像または表象でなくいわば差し迫った経験をもつためには、私は風景を眺め、誰かとその風景について話をしてみれば十分である。そうすれば相手の身体と私の身体の符合しあう働きによって、私の見るものが相手のうちに移行し、私の眼前に広がる草原のこの私個人に属する緑が私の視覚から逸脱することなくして、相手の視覚に侵入する。そして税関吏が目の前を通り過ぎる人を見て、突然人相書きにあった人物を認知するように、私は私の緑のなかに相手の緑を認知するのである。ここには他我（*alter ego*）の問題はない。なぜなら、見ているのは私でも彼でもないからであり、匿名の可視性が、つまり視覚一般が、われわれ二人にともども住みついているからなのである。そしてこの視覚一般がわれわれ二人に住みつくのは、今ここにありつつ、至る所で永久に光を放ち、個体でありながらまた次元でもあり、包括的でもあるという、肉に属するところの、かの原初的な特性によるのである。
したがって、見えるものと触れうるものの可逆性によって、われわれに開かれたものは、まだ非身体的（incorporel）なものではないにしても、それでも一個の相互身体的（intercorporel 間身体的）な存在ではある。それは見えるものと触れうるものの推定上の領域であり、私が現に触れたり見たりしているものを越えて、遥かに広がっているのである。

触れられるものと触れる者との円環があり、触れられるものが触れる者を摑まえる。また、見えるものと見る者との円環があり、見る者も見られるという存在の仕方なしにあるのではない。* さらに、触れる者が見えるものに書き込まれ、見る者が触れられるものに書き込まれ、またその逆でもある、という事態さえある。最後に、私が見たり触れたりするのと同じタイプ同じスタイルをもったすべての身体へと及ぶ、こうした交換の伝播が存在するのである。――そしてこうした事態は、感ずる者とならびに感ぜられるものの根本的な分裂または分凝によって成立し、この分裂・分凝が側面的に私の身体の諸器官を交流させ、一つの身体から別の身体への推移性を基礎づけているのである。

＊ ここで原文そのものに次のような覚書がブラケットつきで書き込まれている、――声と聴覚との接合（adherence）と並ぶこれらの接合とは何か。

われわれが自分以外の見る者を目にするやいなや、われわれがおのれの前面にもつのは、もはやただ単に、瞳なきまなざし、錫の裏打ちなき（六）諸事物の鏡ではない。つまりわれわれが諸物をそこから見る諸物の間の当の場所を指示することによって諸物が喚起するところの、われわれ自身のあの脆弱な反射、あの幻影ではない。今後は自分の眼とは別の眼を介して、われわれが自分自身にとってまったき仕方で見えるものとなるのである。われわれの両眼や背中の存するこの空白地帯が満たされる。これを満たすものは、それもまた見えるものではある。しかし、この見えるものの名義人は、われわれではない。なるほど、われわれが名義人ではないこの見えるものの存在を信ずるためにも、つまりわれわれの視覚に非ざる視覚を考慮にいれるためにも、われわれは不可避的につねに、われわれの視覚という唯一の宝庫から着想を汲み取らねばならず、したがって経験は、われわれの視覚のうちに下書きされていないようなものは、何もわれわれに教えることはできないわけだ。しかし見えるものに特有なことは、汲み尽くしがたい奥行をもつ表面であることだと、われわれはすでに述べていたのである。これこそ、見えるものがわれわれの視覚以外の諸多の視覚に向って開かれうるようにさせる所以なのである。したがって、われわれ以外の視覚は、おのれを実現することによって、われわれの事実上の視覚の限界を露呈し、超出というものがすべて自己による超出であると信ずる独我論者の錯覚を際立たせるのだ。ここで初めて、私という見る者が自分自身にとって正真正銘、見えるものとなるのである。そこで初めて私は、私自身の眼前に、底の底まで裏返しにされた姿で現われる。また初めて、私の運動は、見らるべきもの、触れられるべきものへと向うのでも、あるいはそうしたものを見たり触れたりしている最中の私の身体へと向うのでもなくて、身体一般、そして自己自身に対する身体（私の身体であれ、他人の身体であれ）へと語りかけるのである。なぜなら、他の身体を介して私は初めて、身体なるものが、世界の肉との連結において、まさに他の身体の見るものという必要欠くべからざる宝庫を私の見る世界に付け加えつつ、おのれの受け取るより以上のものをもたらすのを見るからである。初めて、身体はもはや世界と組み合うのでなく、他の身体に絡みつくことになる。身体はその広がりの全体をもって、懇ろに「他の身体におのれ*」を添わせ、倦むことなく自分の手で奇異なる像を素描するのである。この像はこの像で、おのれの受け取るすべてのものを与えるのだ。この際、身体は世界と諸目的の外へと道を踏み迷いながら、もう一つの生といっしょに「存在」のなかを漂い、おのれをこの生の内部の外部となし、かつその外部の内部となすという、唯一の関心事に魅了されているのである。それゆえに、運動、触覚、視覚は、他に寄り添うとともに自己自身に身を寄せつつ、自分たちの根源へと遡ることとなり、そして欲望の忍耐づよく黙々とした作業のうちで、表現という逆説が始まるのである。

＊ テキストで回復しておいた「他の身体におのれを」(s.v.)は明らかに誤って抹消されたものである。

ところで、見られたり触れられたりしているこの肉が肉のすべてであるわけではないし、この重々しい身体性が身体のすべてなのではない。肉を定義する可逆性は別の諸領野にも存在する。そこでは可逆性は比較にならないほどずっと軽快でさえあり、見えるものの範囲を単に拡大するにとどまらず、これを決定的に乗り越えてしまうような諸関係を、身体同士の間に、取り結ぶことができるのである。私の運動のなかには、どこへ向うというわけでもない運動がある、――これらの運動は他の身体のなかにおのれと似たもの、もしくはおのれの祖型をわざわざ再発見しにゆくということさえしない。それは、顔の動き、多くの身振り、とりわけ叫びや声を生ぜしめる喉と口唇の奇異な動きのことである。まさにこれらの運動は結果的に音となり、私はその音を聞く。クリスタルや金属その他多くの物質と同様、私は音を発する存在である。しかし、私は私に属するおのれの振動を内部から聞く。マルローがいったように、私は自分の喉で自分の声を聞く。この点で、これまたマルローのいったように、私の声は比類のないものであり、私の声は誰の声とも違って、私の生の実質に結びつけられているのである。しかし、もし話をしている最中の他者に十分近づいて、その息づかいを聞くことができ、彼の興奮や疲労を感じとれるほどであれば、私は自分のうちにおけると同様に彼のうちにおいても、発声（vociferation）の恐ろしいほどなまなましい出生に、ほとんど立ち会っているのである。触覚と視覚とにそれぞれ反射関係（réflexivité）があり、また触覚‐視覚システムの反射関係があるのと同様に、発声（phonation）の運動と聴取の運動との間の反射関係もある。そしてこれらの運動はそれぞれ音として登録される。声（vociférations）は私のうちにその運動的反響をもっている。この新しい可逆性と、表現としての肉の出現とは、語ることと考えることとが沈黙の世界へと挿入される地点なのである。*

* ここに以下の文がブラケットつきで挿入されている、――われわれが思惟することを未だ導入しなかったのは、いかなる意味においてであるか。もちろん、われわれはすでに即自のなかにいるのではない。「見る」とか「見える」とかを口にし、感性的なものの裂開を記述した途端に、われわれは思惟の次元にいた、と言ってもいいのである。以前にわれわれが導入した思惟することは「がある」（IL Y A）であって、「……と私には思われる」（IL M'APPARAÎT QUE...）（存在の全体を形成しでもするかのような現われること、おのれに現われること）ではないという意味で、われわれはまだ思惟の次元にはいなかった。われわれの主張は、この内属の「がある」が必要だということであり、われわれの問題は、限定された意味での思惟（純粋な意義、見ることについての、ならびに感覚することについての思惟）が、「がある」の祈願の、他の諸手段による成就、つまり「がある」の昇華による成就、そしてまさに見えるものの裏面であり、見えるものの潜勢力にほかならぬ見えざるものの実現としてのみ、理解されることを示すことなのである。したがって音と意味の間、語りとその意味するものの間にもやはり可逆性の関係があり、どちらが先かという議論は問題にならない。なぜなら、言葉のやり取りはまさに差異化であり、思惟はその積分だからである。

沈黙した、もしくは独我論的な世界の果つるところ、私に見えるものが、私以外の見る者を前にして、普遍的可視性の見本として自己を確認するあたりにおいて、やがて、精神の直観（*intuitus mentis*）または観念になるはずの、視覚の第二のあるいは比喩的な意味にわれわれは触れ、精神あるいは思惟になるはずの、肉の昇華に接するのである。しかし他の身体の事実的臨在も、仮に、もともと思惟や観念の種子が私自身の身体のなかにあるのでないとしたら、思惟や観念を産みだしえないはずである。思惟とは、他者への関係であると同時に、自己及び世界への関係である。したがって思惟は、三つの次元において同時に自己を設立するのである。そして思惟を出現させるのは、直接、視覚という下部構造においてでなければならない。思惟を出現させると言うべきであって、思惟を生ぜしめると言うべきではない。なぜなら、思惟が視覚という下部構造にすでに含まれていなかったかどうかという問いを、われわれは当面棚上げにしているからである。感覚作用は私の身体中に分散しており、例えば私の手が触れるのであって、したがって感覚作用を思考にあらかじめ帰着させ、それが思惟の一様態でしかないとすることが禁じられているのは明らかであるが、それと同様――触覚作用を寄せ集められた諸多の触覚経験の集落《コロニー》として理解することも、同じほど不条理なことであろう。われわれは、ここで思惟の経験主義的な発生論を提案しようなどというのではない。われわれがまさに問題にしているのは、散乱したさまざまな視覚を結びつけるこの中心的視覚とは何か、私の身体の触覚的生活の全体をひとまとめに統括するこの単一の触覚作用とは何か、そして、われわれのあらゆる経験に伴いうるのでなければならないかの「我思う」(七)とは何か、ということである。われわれは中心なるものに向って進む。一個の中心があるのはいかなる仕方によるのか、統一は何に存するのかを、われわれは理解しようと努めている。われわれはその統一が、総和ないし結果であるといっているのではない。そしてわれわれが、思惟を視覚という下部構造に基づいて出現させるのも、ひたすら、考えるためにはとにかくなんらかの仕方で見たり感じたりしなければならず、われわれに知られているいかなる思惟も、ある肉に到来するのだという、抗うことのできないこの明証性によることでしかない。

いま一度いおう。われわれが語るところの肉なるものは物質ではない。肉とは見えるものが見る身体へと巻きつき、触れられうるものが触れる身体へと巻きつくことであって、このことは身体が事物を見ている最中の自分を見、事物に触れている最中の自分に触れる場合に特に証拠だてられる事柄である。したがって身体は事物に触れている最中の自分に触れることによって、諸事物の間に触れられうるものとして降りてゆくと同時に、触れる者としてはそれらすべてを支配する、そしておのれ自身からこの関係を、いやこの二重の関係さえも、おのれの実質の裂開ないし分裂によって、引き出すのである。諸多の見えるものがそのうちの一つの周囲にこのように集中するということ、あるいは身体という塊りが諸物に向ってこのように炸裂するということ、これは、私の皮膚の振動が滑らかさやざらざらしたものになったり、私が両眼で諸物そのものの運動と輪郭を追うことを得しめる所以なのであるが、諸物と私との間のこの魔術的関係、つまり私が諸物に私の身体を提供すると、諸物の方はおのれの似姿をここに刻み込み、それを私に与えるというこの協定、そして私の視覚にほかならぬところの、見えるものの中心にあるこの襞、この窪み、また、見る者と見えるもの、触れる者と触れられるものという二系列の鏡像、以上の諸事象は、私が当てにし期待するところの、見事に結合された一つのシステムを形成しており、視覚一般と、可視性の恒常的様式を、規定しているのである。私は、ある個別的な視覚が実は錯覚であると判明した場合でさえ、かかる視覚一般ならびに可視性の恒常的様式を棄て去ることはできないはずである。なぜなら錯覚だと判明した場合でも、もっとよく目を凝らせば真の視覚が得られたはずだし、その視覚であれ別の視覚であれ、いずれにせよ真の視覚が一つはあるという点について、私は確信しつづけているからである。肉（世界の肉にせよ私の肉にせよ）とは、偶然性や混沌ではなく、自己へと立ち帰り自己自身に適合するところの織地なのである。私は自分の網膜を決して見はしないだろうが、もし私にとって確かなことがあるとすれば、それは誰かが条件次第では私の眼球の底にあのどんよりした秘められた膜を見つけるだろうということである。そして結局私は次のことを信じている、——私が人間の諸感官をもち、人間の身体をもつということを、信じているのである、——なぜなら世界の光景は私のものであると同時に、われわれ相互の照応から判断すれば、私以外の人たちの光景とさほど違っておらず、私にあっても他人にあっても、典型的な可視性の諸次元へと送り返し、結局は視覚の潜在的な焦点へと、そしてこれもまた典型的である一個の検波器へと送り返すことは明白だからである。したがって、それぞれ不透明な身体と世界との継ぎ目には、一般性（généralité 類属性）と光との一筋の輻《や》があることになる。[八] 逆に身体から出発して、身体がどのようにしておのれを見る者たらしめるのかを問い、感覚論的身体という決裁的な領域を検討してみると、その事情はかつてわれわれが明らかにしたように、[1] あたかも可視的な限りの身体は口を開けたままいつまでも未完成にとどまるかのようであり、またあたかも視覚の生理学は神経機能を自己完結させることに成功していないかのような有様である。それというのも凝視や両眼の収斂といった運動は、それが説明を与えるはずだとされた事態、つまり可視的世界の身体に対する到来という事態に［逆に］依存しているからである。したがってあたかも仕事場のここかしこに放り出されたままの物質的な手段や道具に対し、見る働きがそうした手段や道具の期待する収斂を突然与えにやってくるかのように事態は推移し、またあたかも準備は整っているが未だ使用されていない、しかじかの通路のすべて、ないしはしかじかの回路のすべてによって、それらを貫流するはずの流れがありうべき（probable）ものとされ、やがては避くべからざるものとされるかのように事が運ぶのだ、ただしこの流れが胎児を新生児となし、見えるものを見る者となし、身体を精神にあるいは少なくとも肉になしつつ、これらの通路、回路を貫流するのである。われわれのもつあらゆる実体主義的観念に反して、見る者は胎児の発育にそった対位法のうちで、あらかじめ念入りに準備されているのである。［そして］目に見える身体は自分自身に向けた練成作業によって、視覚の働きがそこからおこなわれるところの窪みをしつらえ、長い熟成を開始する、この熟成の結果、それは突然見る者となる、すなわち自分自身に対して見えるものとなるのだ。［そのうえ］見える身体は、見る者と見えるものとの以後止むことのない引力、飽くことなき変身を創設することになるのだが、この変身の原理は最初の視覚活動とともに立てられ、働きを始めているのである。われわれが肉と呼ぶこの内的に練成された塊りは、いかなる哲学においても名指しされたことがない。それは客体と主体とを形成する場《ミリュー》であって、存在の原子《アトム》つまりそれぞれ単一の場所と時とに居坐る堅い即自ではない。私の身体はここ以外の他所にはないと無論いってもよいが、諸対象と同じ意味ではここにあるとか今あるとかと、いうことはできない。それにもかかわらず、私の視覚は諸対象を高みから俯瞰するとか、すみずみまで知であるような存在だとかということではない。なぜなら私の身体は惰性をもち、それを繋ぎ止める艫《とも》綱をもっているからである。物体および精神という実体から出発して肉を考えてはならない、そんなことをすれば肉は互いに矛盾するもの同士の統合となってしまうからだ。そうではなくて肉を原質《エレメント》として、すなわちある一般的（類属的）なあり方の具体的な象徴（emblème）として考えるべきだと、われわれは述べておいた。最初にわれわれは見る者と見えるものとの可逆性、触れる者と触れられるものとの可逆性について、手短に語った。今や、つねに間近に迫ってはいるが実際には決して実現することのない、可逆性が問題なのだという点を強調すべき時である。私の左手は、事物に触れている最中の私の右手にいつでも触れんばかりの状態なのだが、しかし私は両者の合致に決して達することはない。この合致は生ずる瞬間に姿を消してしまう。そしてつねに次の二つのうちいずれかなのだ。ほんとうに私の右手が触れられるものの身分に移行するとしようか、しかしその場合は右手による世界の把握は中断してしまう、――あるいは逆に右手による世界の把握が保持されるならば、私は自分の右手に、まさに右手に、ほんとうに触れていることにはならない。私はただ右手の外面に左手で触っているだけである。同様に私は、他の人の声を聞くのと同じように自分の声を聞くのではない。私に聞こえる私自身の声の音響的存在はいわば不完全にしか繰り広げられていない。それはむしろその音の調音的な存在（九）の反響であり、外部でよりむしろ私の頭を貫いて振動しているのである。私はいつでも私の身体の同じ側にいる。私の身体はいつでも同じパースペクティブのもとで、私に現われる。しかしこの絶えず逃れ去るという事態、つまり事物に右手で触れることとその当の右手に左手で触れることとを互いに正確に重ね合せることができないという私のこの無能力、あるいはまた、手による探索運動の場合でいえば、ある一点の触覚経験と続く瞬間における「同じ」一点の触覚経験とを重ね合せることのできないという無能力、――あるいは自分の声を聞く経験と他人の声を聞く経験とを重ね合わせることができない無能力――これは失敗なのではない。なぜならこうした諸経験が決して正確には覆い合うことなく、合体し合おうとする瞬間に逃れたり、互いの間に「ぶれ」や「ずれ」があるとすれば、それはまさに私の両手が同一の身体の部分をなし、この身体が世界のなかで動いているからであり、私は自分の声を内部と外部とから聞くからである。私は、そうした諸経験の一方から他方への推移と変容という体験をするし、望めば何度でもその体験をすることができる。そしてただ、あたかもそうした諸経験の間の、確固として揺らぐことのない蝶番が私には隠されたままであって、どうしようもないかのような有様だ、というだけのことである。しかし、私の触れられる右手と触れる右手との間にある隙間、聞こえてくる自分の声と調音される自分の声との間にある隙間、私の触覚的生のある瞬間と後続する瞬間との間にある隙間は、存在論的空虚、非存在というわけではない。それは、私の身体という全体的存在および世界という全体的存在によって跨ぎ越されている。この隙間は、「いわば」二つの固体の間にあってそれらを互いに密着させる気圧ゼロ「のようなもの」である。したがって私の肉と世界の肉は、明晰な地帯、明るみを含んでおり、その周囲をそれらの不透明な地帯が巡っているのである。そして第一の可視性、すなわち諸性質（*quale*）と諸事物の可視性は、第二の可視性、すなわちさまざまな力線と諸次元の可視性なしにはありえない。どっしりとした肉は微妙な肉なしにはありえず、束の間の身体は栄光の身体を伴わずにはいないのである。フッサールは諸事物の地平――その外部地平すなわち誰でもが知っている地平と、その「内部地平」、すなわち事物の表面が、その単なる限界でしかないところの、可視性の詰め込まれたあの闇――について語ったが、その場合、語の意味を厳密にとらねばならない。地平は天や地と同様、微細なものの寄せ集めではないし、また組《クラス》の称号でも、概念的把握の論理的可能性でも、「意識の潜在性」の体系《システム》でもない。それは新しいタイプの存在、多孔質の、合蓄を孕んだ、もしくは普遍性（généralité 類属性）の存在であり、したがっておのれの眼前に地平の開かれるのを見る者が、その地平に捉えられ包み込まれてしまうのである。彼の身体と遠景とは、両者の間に漲《みなぎ》るところの、いやそれどころか、地平の彼方、彼の皮膚の手前、存在の底にまで漲るところの同じ一つの身体性もしくは可視性一般に与《あずか》っているのである。

（1）　*La Structure du Comportement.*

ここでわれわれは、最もむずかしい問題に触れることになる。すなわち、肉と観念との絆、可視的なものと、それが表わすとともに隠すところの内的な骨組との、絆の問題である。プルースト以上に、見えるものと見えざるものとの諸関係を定めることにおいて、遠くまでいった者はいない。つまり彼は観念を感覚可能なものの反対物としてでなく、むしろ感覚可能なものの裏打ちとして、その奥行（profondeur 深さ）として記述することにおいて誰よりも遠くまで進んだのである。なぜなら音楽的諸観念について言っているのと同じことを、彼は例えば『クレーヴの奥方』や『ルネ』(一〇)のような文化的存在のすべてについても述べているからである。そしてまた、「小さな楽節《フレーズ》」がスワン(一一)にだけ目のあたりに感じさせるばかりでなく、それを耳にするすべての人に対して感得可能なものとなすところの、「愛の本質」についても、同じことを言っているからである。たとえこの際、聞き手自身がそれと気づかず、その後自分たちがただ目撃するだけの諸多の恋愛のなかに、この愛の本質なるものを再認することができないとしても、である、――プルーストは、音楽そのものと同様に、「較ぶべきもののない」他の多くの概念（notions）「光、音、起伏《レリーフ》、肉体の享楽、といった諸概念、われわれの内的領域がそれによって多様化し、身を飾るところの、豊かな持物たる諸概念」(1)についても、一般に同じことを述べているのである。文学、音楽、諸情念は、しかしまた可視的世界の経験も、ラヴォワジエやアンペールの科学に劣らず、見えざるものの探求であり、それと同様、諸観念の世界の露呈なのだ。(2)ただこうした見えざるもの、これらの諸観念はラヴォワジエやアンペールの諸観念のように、感覚的な現われから解離されて、第二の実在性（positivite 肯定性）として立てられるわけにはゆかない。音楽的観念、文学的観念、愛の弁証法、それにまた光の分節、音響と触覚の展示の仕方、これらがわれわれに語りかけるのであり、それら固有の論理、固有の脈絡、固有の照合、固有の符合が存するのである。そしてここでもやはり、現われは未知の「諸力」と「諸法則」とが変装したものではある。ただしこのたびはあたかも、そうした「諸力」と「諸法則」の隠れ処であり、かつ文学的表現がそこからそれらを引き出してくれる秘密の場所が、かかる「力」や「法則」自身の存在の仕方でもあるかのような事情なのである。つまりこうした類いの真理は、今まで発見されなかった物理的実在のようにただ単に隠されているだけだというのではない。つまり事実上見えないだけで、いつの日か面と向って見ることもできるはずのものであり、これを隠している遮蔽幕が取り除かれれば今すぐにでも適当な位置にいる他の人びとが見ることのできるはずのものだ、といったふうにただ単に隠されているだけではない。これに反して、ここでは遮蔽幕なしの視覚など、およそ存在しないのだ。われわれがいま話題にしている諸観念は、仮にわれわれが身体や感覚能力を具えていないとしても、いっそうよく認識されることはないであろう。そういう場合には、むしろわれわれにとってこれらの観念は接近不可能となるであろう。「小さな楽節《フレーズ》」とか、光の概念は「知性の観念」に劣らず、その発現によって汲み尽くされるものではない、「しかし、それらは」たとえ観念としても肉的経験においてしか、われわれに与えられえないであろう。それはただ単に、われわれが肉的経験のうちに、それらを考える機会を見出すからというだけのことではない。ほかならぬ感覚的なものの背後に、あるいはその核心に、それらが透けて見えるという事態からして、それらがそれら固有の権能と魅惑する不滅の力とを有するという意味においてである。それ*［観念］に直接近づこうとしたり、手を掛けようとしたり、あるいは囲い込もうとしたり、蔽いなしで見ようとしたりするたびごとに、われわれは、そういう試みが理に反しており、われわれが接近すればするほどそれが遠ざかるのを痛感するのである。隈なく明白にしようとすると、却って観念そのものは、われわれの手に入らない。明白化とは観念そのものの二次的な翻訳にすぎず、観念のいっそう扱い易い派生物にすぎない。スワンは「小さな楽節《フレーズ》」を記譜法の標識の間に巧みに納め込み、その楽節《フレーズ》を構成している五つの音符の間のわずかな距たりに、そして、そのうちの二つの絶えざる反復に、その楽節《フレーズ》の本質または意味をなすところの「控えめでひんやりした優しさ」を帰着させることができる。彼がこれらの記号とこの意味とを考えている瞬間に手にしているのは、もはや「小さな楽節《フレーズ》」そのものでなくて、「彼が感じとった神秘的な存在に、彼の知性の都合にあわせて置き換えられた単純な諸価値[3]」だけなのである。かくしてこの種の観念にとって、「闇に覆われ」「変装して」現われるということは、本質的なことである。これらの観念は、「われわれの魂の窺い知れない、気をそぐような大いなる夜」が空虚ではなく、「無」ではないことの保証を与えてくれる。しかし魂を覆い飾り、魂に宿るところの諸多の、かかる存在、かかる領域、かかる世界――魂はそれらの存在を、暗がりにいる誰かの存在のように、感じとるのであるが――を魂が獲得したのは、これらがそれに結びつけられたままになっている、当の見えるものとの交流によってでしかないのである。ヴァレリーが話題にした牛乳に潜む黒さが、その白さを通じて初めて接近可能であるように、光の観念や音楽的観念は、もろもろの光と音とを下から裏打ちし、その裏面またはその奥行なのである。それらの肉的な構造は、いかなる肉にも現存していないものを、われわれに向って現前せしめる。それは描き手もいないのにわれわれの眼前に魔術的に描かれてゆく航跡であり、ある種の窪み、ある種の内部、ある種の不在である、つまり無などではないある否定性なのである。それというのも、それはこれらの五つの音調によって極めて正確に限定され、その間で成立し、また光と呼ばれる感覚的なもののあの家族によって［同様］極めて正確に限定されているからである。われわれは諸観念を見たり聞いたりするのではない。たとえ精神の眼や第三の耳をもってしても、見たり聞いたりするのではない。それにもかかわらず諸観念はそこに存するのだ。もろもろの音の背後に、またはそれらの間に、もろもろの光の背後に、またはそれらの間に、存するのである。それらの背後に身を隠すつねに特殊でつねに独特な仕方によって、諸観念はそれと認知され、「互いに完全に区別されるものとして、その価値と意義とを異にするものとして[4]」そこに存するのである。

（1） *Du côté de chez Swann*, II, p. 190.［NRF. 1926.］

（2） *Id.*, p. 192.
＊ 「それ」はすなわち観念である。
（3） *Id.*, p. 189.
（4） *Ibid.*

最初の視覚、最初の触覚、最初の快感と共に［いわば］秘儀への手ほどきがおこなわれる。それはある内容の定立ではなく、ひとたび開かれるや再び閉ざされることのもはやありえない一つの次元の開披であり、ある水準が確立されるや、以後他のすべての経験がこの水準に基づいて標定されることになるといった水準の確立なのである。観念《イデー》とはこの水準、この次元であり、したがって、別の対象の背後に隠れた一個の対象のような事実上の見えざるものではなく、また、見えるものと何ら関係のないかのような、絶対的な見えざるものでもなくて、この世界の見えざるものである。つまり、この世界に住み、この世界を支え、この世界を可視的たらしめている見えざるもの、この世界の内的で固有の可能性、この存在者の「存在」である。「光」という言葉が語られる瞬間とか、音楽家たちが「小さな楽節《フレーズ》」に到達する瞬間には、私の内にはいかなる隙間もない。私が体験するものは、肯定的思惟がそうでありうるのと同様に、「堅実」で「明白」である。――否、遥かにそれ以上でさえある。肯定的思惟とは、それがかくあるところの、そのとおりのものであるが、しかしまさにそれだけでしかないのだ。そしてその限りにおいて、われわれを捉えておくことはできないのである。精神の敏捷性はすでに、精神を別の方面へと導く。音楽的諸観念や感覚的諸観念は、まさにそれが否定性であり、あるいは限定された不在であるがゆえに、われわれがそれらを所有するのでなく、却って諸観念がわれわれを所有することになる。ソナタを産み出したり再生したりするのは、もはや演奏者ではない。演奏者はおのれが、そして聴き手も演奏者が、ソナタに奉仕していると感じている。演奏者を通じて歌うのは、ほかならぬソナタなのである、あるいは演奏者がソナタを追い駆けるために「自分の弓に向って突進し」なければならないほど、いきなり叫び立てるのは、ソナタなのである。そして音の世界のなかに開かれたこうしたさまざまな渦は結局、諸観念がそこで互いに具合よく折り合うことになるただ一つの渦を構成するに至るのである。「話される言葉といえどもこれほど強固に必然化されたことはかつてなく、問いの適切さと答えの明瞭さをこれほどにまで経験したことは、今までになかった[1]」。見えざる存在、そしていわば幽かな存在のみが、かような稠密な肌理《きめ》をもつことができるのである。肉の経験という諸経験のうちには、厳密な観念性《イデアリテ》が存する。つまりソナタの諸契機、光の領野の諸断片は、概念なき結合によって互いに密着している。それは私の身体の諸部分の結合、または私の身体と世界との結合と同じ型のものなのである。私の身体は物なのか観念なのか。私の身体が事物の測定者である以上、私の身体はそのいずれでもない。したがって肉に無縁ではない観念性、肉にその軸、その奥行（深さ）、その諸次元を与えるような観念性を、われわれは承認しなければならないことになろう。

（1） *Id.*, p. 192.

ところで、ひとたびこの不思議な領域に立ち入るならば、そこから脱出するということが、そもそもどうして問題となりうるのか、わからなくなる。もしも、身体［そのもの］に具わる活気[三]が存在し、視覚と身体とが互いに編み合わされているのだとすると、——またこれと相関的に、性質（*quale*）なる薄膜、見えるものの表面が、その広がりの全域に渉って、ある見えざる貯えによって裏打ちされているのだとすると——そして結局のところ、われわれの肉においても諸事物におけるのと同様経験的で存在的《オンティック》な現に見えるものが一種の折り畳み、陥入、あるいは詰め込みによってある見透しを、つまり現実的なものの影などではなくむしろその原理であり、「思惟」の固有な出資分などではなくむしろその条件であるといったある可能性を展示し、また、あらゆる様式がそうであるのと同様、暗示的で省略的な、しかし真似のできない譲渡不可能なある様式を、展示するのだとすれば、さらに、つぎのような内部地平と外部地平を、すなわち、現に見えるものがそれらの間の暫定的な間仕切りをなしてはいるが、しかしながら唯ひたすら他の見えるものへと際限なく通じているところの、両地平を、展示するのだとすれば、この場合には――見えるものと見えざるものとの直接的で二元論的な区別、すなわち延長と思惟との区別が、拒まれているのだから、それも、延長が思惟であったり、思惟が延長であったりするがゆえにではなく、両者が相互に表裏をなし、永久に互いの背後にあるがゆえに、というのであってみれば、――「知性の諸観念」がその上にいかにして創設されるのか、地平的観念性から「純粋の」観念性にいかに移行するのか、そして、私の身体ならびに世界という自然的普遍性(généralité 類属性)に、これを捉え直し匡すところの創造された普遍性、文化、認識が、とりわけいかなる奇跡によって、付け加わるのか、以上のいきさつを知ることは、なるほど一つの問題ではある。しかし、創造されたこの普遍性を最終的にどのような形で理解しなくてはならないにせよ、それはすでに感覚論的な身体の分節結構や、感性的な諸物象の輪郭に、滲《にじ》み出ているのであり、それがいかに新しいものであろうと、それ自身が切り拓いたのではない道を通って忍びこみ、それ自身が開いたのではない諸地平を変貌させるのである。この普遍性はプルーストのいうように「較ぶべきもののない」かの諸概念を、基礎的神秘から借りてくるのであるが、こうした諸概念が闇に包まれたおのれの生を精神の夜のなかで送るのも、ひたすらそれらが、可視的な世界の継ぎ目継ぎ目で看取されていたからこそなのだ。今はまだ、その場でのこの超出を、解き明かす時期ではない。ただ、純粋な観念性自身も肉なしにあるのではないし、地平諸構造から解放されているわけでもない、とだけ述べておこう。たとえ問題になるのは別の肉、別の諸地平であるにせよ、純粋な観念性も肉、地平によって生きているのである。それはあたかも、感性的世界に生気を吹き込んでいる見透しが、あらゆる身体の外へではなくて、もっと重くない、もっと透明な別の身体のなかへと居を移すかのようであり、あたかも肉を取り替える、つまり身体の肉を捨てて言語の肉をとり、このことによってあらゆる条件から解放されはしないまでも、その重荷を解かれるかのような具合なのである。言語も、音楽と同様に、それ自身の配列によって意味を支えることができ、それ自身の編み目の間に意味を絡め取ることができるということ、そして言語活動がひとの心を摑み、活気にあふれ、創造的であるたびごとに、また何ごとかが有効な意味において述べられるたびごとに、例外なくそうなのだということをどうして認めないでいられようか、——プルーストはこのことをよく心得ていたし、別の所でそれを語ってもいた——また、記譜法が音楽的存在の事後的な複写であり、抽象的な肖像であるのと同様に、記号《シーニュ》と所記《シニフィエ》、音声と意味との間の顕在的な諸関係からなる体系《システム》としての言語は、現に働きつつある言語活動の結果であり所産であって、意味と音声とは、その現に働きつつある言語活動という場面では、例の「小さな楽節《フレーズ》」と後になってからそこに見出される五つの音調と同じ関係のうちにあるということも、どうして認めないでおれようか。しかし、だからと言って、記譜法、文法、言語学、ならびに「知性の諸観念」——既得の、自由に取り扱いうる、肩書きだけとなった諸観念——が無用であるとか、あるいはライプニッツが言ったように、真っ直ぐにまぐさに向う驢馬も、われわれと同じくらい、直線の特性について知っている、などということを、以上のことは意味しているのではない。ここで意味されていることは、客観的諸関係の体系、既得の諸観念自身が、誰も今までに見たこともない諸存在性に向って数学者を真っ直ぐ進ませるいわば第二の生と第二の知覚とのなかに取り込まれているということ、つまり現に働きつつある言語ならびに算式は、第二の可視性を利用しており、諸観念は言語と計算の他の側面であるということなのである。私が思考する際には、諸多の観念が私の内なる言葉《パロル》に生気を与え、「小さな楽節《フレーズ》」がヴァイオリンの弾き手を捕えるようにこれに取り憑く。そして「小さな楽節《フレーズ》」が音符の彼方に存するように、諸観念も諸語の彼方に留まっている。しかしながらそれも、別の太陽のもとで、われわれに隠れた仕方で、諸観念が輝くからではなくて、観念とは記号と記号との間の、かのある種の隔たり《エカール》、決して完成されることのないかの差異化、絶えず修復されねばならぬ、記号間の、かの開口部だからである。その有様は、肉が既述のように、見る者の見えるものへの裂開であり、かつ見えるものの見る者への裂開であるのと同様である。そして私の身体が見ることができるのも、それがそこで蕾を開く見えるものの一部に、それ自身属しているからであるのと同様、音の配列がそれへと通じている当の意味が、この音の配列自身に向って逆にその影を投ずるのである。言語学者にとっての言語《ラング》（一五）は、理念的な体系《システム》、知性的世界の一断片である。しかしながら、私がものを見るためには私のまなざしがXにとって見えるだけでは不十分である。私のまなざしが一種の捩れ、返転、鏡映現象——これは私が生まれたという単なる事実によって、与えられている——によって、自分自身にとっても見えるのでなければならない、それと同様、私の言葉《パロル》が意味をもつのは、言語学者がやがて明らかにするような体系的組織化をそれらが提示しているからではなく、この体系的組織化がまなざしと同様、それ自身に関係しているからなのである。現に働きつつある「言葉《パロル》」は、身体の黙せる自己反省がわれわれのいわゆる自然の光（lumière naturelle）であるのと同様、制度化された光（lumière instituée）がそこからやってくる朧げな領域なのである。見る者と見えるものとの可逆性があり、そして二つの変容《メタモルフォーズ》が交錯する所にいわゆる知覚が生れるのと同様、言葉《パロル》とその意味するものとの可逆性が存するのである。意義作用（signification）とは、言い表わし（élocution）の物理学的・生理学的・言語学的諸手段の多様を、封じ込め、閉ざし、まとめあげ、これらの諸手段を唯一の行為へと集約しにやってくる当のものなのであるが、この事情は、あたかも視覚が感覚論的身体を仕上げにやってくるのと同様である。そして、見えるものが、これを開示したまなざし、そして同時に見えるものの一部をなすまなざしを捉えるのと同様に、意義作用《シニフィカシオン》はおのれの諸手段に跳ね返って、これらにおのが影を投ずる。意義作用は言葉《パロル》をおのれの領分に引き入れ、[その結果]言葉は学の対象となる。意義作用の日付は、ある遡行運動によって繰りあがるのだが、この運動は決して完全に裏切られることはない。なぜならすでに、名づけうるものと言表しうるものの地平を開くことによって、言葉《パロル》はそこにおのれの場所の存することを承認しているからであり、いかなる話し手（locuteur）も前もって相手方（allocutaire 聞き手）になる——たとえそれが自分自身の相手方でしかないにせよ——ことによって初めて語るのだからであり、話し手たるや、ただ一つの動作によって自己に対する関係の回路と他者たちへの関係の回路とを完結させ、同時に、おのれを語りの対象（*délocutaire*）すなわち人がそれについて語る言葉《パロル》となすからである。話し手は自己自身ならびにすべての発言《パロル》を、普遍的な「言葉」（Parole）へと差し出すのである。無言の世界から語る世界へのこの移り行きを、われわれは将来もっと仔細に辿らなければならないだろう。しかし当面われわれは、沈黙の破壊についても沈黙の保存についても語ることはできない（まして、保存する破壊とか、破壊する実現とかについて語るわけにはゆかない、こんなことをいっても問題は解決せず、却ってこれを提起することになるのだから）ということを示すだけに止めたい。沈黙の視覚が言葉の手に帰するとき、そしてそのかわりに言葉が名指しうるものと言表しうるものの領野を開きつつ、おのれの場所において、おのれの真理に従って、この領野のなかに書き入れられるとき、要するに、言葉が可視的世界の構造を変容して、おのれを精神のまなざし、精神の直観

(*intuitus mentis*)となすとき、いつでもそれは、可逆性という、無言の知覚と言葉との双方を支える同一の根本現象の力のおかげによるのである。そしてこの根本現象は、肉の昇華によってと同様、観念のほとんど肉的と言ってよい現実存在《エグジスタンス》によって顕わになるのである。ある意味では仮に、人間の身体の建築構造、その存在論的骨組が完璧に明らかにされ、どのようにして身体がおのれを見たり聞いたりするのかが解き明かされるとするならば、その黙せる世界の構造が、言語活動《ランガージュ》のあらゆる可能性をすでにそこに宿しているような仕組のものであることが判明するはずである。見る者としてのわれわれの実存、言い換えれば、既述のように、世界をそれ自身へと差し戻すとともに、みずから反対側に移行する諸存在者、互いに見交わし、互いに相手の眼で眺める諸存在者の実存、そしてとりわけ他者にとって、ならびに自己自身にとって音声的存在者たるわれわれの実存は、互いに向っての語り《パロル》が、世界についての語りが、存するために必要なすべてのものをすでに含んでいるのである。そしてある意味では、一つの文(phrase)を理解する(comprendre)ということは、これを完全にその音声的存在において迎え入れること、あるいはいみじくも言われているように、この文を聴く(*entendre*)(一六)こと以外のことではない。意味《サンス》はこの文の上に、パンに塗られたバターのように、音の上に広げられた「心的実在」という第二の層として、存するのではない。すなわち、意味とは、言われることの総体性、語の連鎖に属するすべての差異化の積分であり、聴く耳をもつ者のもとでは、語と共に与えられるのである。そして逆に景観は、まるで侵略されたかのように、すみずみまで言葉(mots)によって塗りつぶされており、われわれから見ればもはや語り《パロル》の一変形《バリアント》でしかないものなのである。そしてその「様式」(style 文体)について語ることは、われわれの見解からすれば隠喩を用いることに等しいのだ。ある意味ではフッサールが言ったように、哲学のすべては、意義作用《シニフィエ》の能力を復元すること、つまり意味《サンス》の出生もしくは野生の意味を復元し、言語という特殊領域を特に照らし出すところの経験による経験の表現を、復元することに存する。そしてまたある意味ではヴァレリーが言うように、言語活動《ランガージュ》(一七)がすべてなのだ。なぜなら言語活動は、誰の声でもなく、諸物や波や森の声そのものだからである。そして理解しなくてはならないこと、それはこれらの見方の一方から他方へと弁証法的逆転があるのではないということ、これらの見方を一つの総合にまとめあげる必要はないということである。

それというのも、これらの見方は、究極の真理である可逆性の二つの側面だからである。

付録

前客観的存在――独我論的世界*

前客観的なものへの還元

科学と反省はなまの世界の謎を結局手つかずのままにしておくので、われわれは何ものをも前提することなく、この世界に向って問いかけるように誘《いざな》われる。今後は当然のことながら、このなまのままの世界を記述するに当っては、われわれが日々尊重している承認ずみのこれらの「真理」のいずれにも依存するわけにはゆかなくなる。実際そうした「真理」は不明瞭さに満ちており、この不明瞭さから「真理」が首尾よく救い出されうるとするならば、それはなまの世界を呼び起し、これらの「真理」をなまの世界の上に上部構造として措定した認識の働きを想い起させることによってでしかなかろう。例えばわれわれが実践と科学によって、知覚の「原因」やこの「原因」がわれわれに及ぼす作用について、知ることのできる事柄は、すべて知られざるものと見なされねばなるまい。[しかしこれは」従うことが予想以上に困難な実践訓である。それというのも、知覚されるものから出発して知覚を構築し、知覚されるものが世界についてわれわれに教えたものから出発して、われわれの世界との接触を組み立てようとする誘惑は、ほとんど抵抗しがたいものだからだ。あらゆる「意識」は「記憶」であると論証する著述家たちがいる。その理由はと言えば、私は恐らく数年前に消えた星を今日見ているからであり、一般に知覚というものはすべてその対象に遅れをとっているからであるということだ。彼らは、この「証明」がどんな含意をもつのか、気づいているとは思われない。この「証明」は、想起されるものの相と性格とによって「記憶」が定義されるのでなく、外部から、つまり相応する対象がこの同じ瞬間に世界それ自体に存在していないという事実によって、「記憶」が定義されると仮定している。したがってそれは、われわれの周囲にこの世界自体なるものを仮定し、その世界とわれわれとの間に、われわれも世界もともども同じ客観的時間のなかに閉じ込めてしまうような同時性と継起の諸関係を仮定していることになる。さらに、この真なる宇宙を認識する能力をもった精神が仮定されている、そして結局この真なる宇宙の諸関係が知覚という短路を通って収縮、要約され、知覚を「記憶」の一事実と化するのである。われわれの辿るべき道は逆方向の道である。現われるがままに記述された知覚、ならびにそのさまざまな変更態から出発して、われわれは知の宇宙がいかにしておのれを構築することができたのかを理解するよう努めようと思う。この知の宇宙はわれわれによって体験されることについて、（この宇宙がわれわれをそのなかに投げ入れる空隙やアポリアによって、間接的に語る以外には）われわれに何も語ることはできない。いわゆる「客観的」世界がしかじかの特性をもっているからといって、生きられた世界にもこれらが当然存するものと見なす権利をわれわれがもつことにはならないであろう。かかる諸特性はわれわれにとっては精々、それらをわれわれが世界に認めるに至る道筋や、われわれの生のなかでこれらに出会うようになる手だてについての、研究の道しるべでしかないであろう。そしてまた逆に、「客観的」世界のなかでは、これこれの現象が目に見える徴候を具えて現われないからといって、生きられた世界のなかにこの現象を出現させることをわれわれが断念すべきだということではないのである。映画の不連続な像は、観客にその像が繋がって見えるようにする運動の現象的真理性に関して、何ごとも証明しない、——なおそれは、生きられた世界が運動体なしの運動を含むということを、つまり運動体が知覚する者によって投射されるということもありうることを、証拠だてるものでさえない。世界に関してわれわれが提唱しようとすることはすべて、習慣的世界——ここには、存在の奥義へのわれわれの参入、ならびにこれを歴史のなかで更新してきた偉大な知的諸営為が、もっぱらその意味と動機とを除き去られた不明瞭な痕跡状態においてしか刻み込まれていないのであるが——からではなくて、われわれの生の戸口で見張り続けているこの現前する世界、われわれがそこに遺産を賦活するのに十分なものを見出し、また必要とあらば、遺産をわれわれ自身の責任において改めて引き受けるのに足りるものを見つけだす場たる、この現前する世界から由来するのでなければならない。われわれが、先構成されたある世界、ならびにある論理を認めようとするのも、ひたすらそれがなまの存在に関するわれわれの経験から立ち現われるのを見たからでしかない。そしてこの経験こそ、いわばわれわれの知の臍の緒であり、われわれにとっての意味の源泉なのである。

＊　草稿の頁付けはここで始まる章を作者が本文として残さなかったことをはっきり告げている。かわりに「問いかけと直観」が置かれた。しかしこの章が抹消されていないので、編者は付録としてこれを提示するのが適当と考えた次第である。

加えてわれわれはまた、心理学的反省であれ、超越論的反省であれ、反省に由来する諸概念をわれわれの記述に導入することもみずから禁ずる。というのもそうした概念は、たいていの場合、客観的世界の相関者ないし、その相手方でしかないからである。出発点において、「意識の諸作用」「意識の諸状態」「質料」「形相」といった諸概念や、いや「心像《イマージュ》」や「知覚」といった諸概念さえ、退けなければならない。知覚という用語についても、それがあるいは体験を非連続的な作用に裁断してしまうことをすでに言外に予想していたり、あるいはその身分の確定していない「諸事物」への準拠を予想していたり、あるいはただ単に見えるものと見えざるものとの対立だけでも予想していたりする以上は、われわれはこれを排除する。それはこうした区別が決定的に意味を欠いているからではなく、もしわれわれがかかる諸区別を最初から認めてしまえば、抜け出ることが課題である当の袋小路に再び入り込んでしまうだろうからである。知覚の信憑について語り、知覚の信憑に立ち返るという課題をおのれに課す場合、われわれはそれによって、科学者にとっては知覚を限定することになる物理的または生理学的ないかなる「諸条件」をもひそかに意味しているわけではないし、［つまり］感覚主義的あるいは経験主義的哲学のいかなる要請を意味しているわけでもないのだが、実はこれにとどまらず、概念や観念と対立して時間と空間の一点に現存するものに関わるような、経験の「第一の層」に関するいかなる定義さえ、言外に意味しているのではないのである。見るとは何か、考えるとは何か、見ることと考えることとのこの区別はそもそも有効なのか、もし有効だとすればどんな意味で有効なのか、という点をわれわれはまだ承知していない。われわれにとって「知覚の信憑」は、源泉となる経験（expérience-source）において、次に述べるような条件のもとで、あるがままの姿で（en original）自然的人間におのれを呈示するものすべてを含んでいるのである。つまりこの自己呈示には創始的（inaugural）でみずから親しく現前するものの活力が伴っており、それを見て取る眺めは、自然的人間にとって究極の眺めであり、それ以上完全だったり近かったりするものは考えられない、そういう眺めでなくてはならない。そして、これは語の通常の意味での知覚物が問題であるか、また過去や想像上のもの、言語、科学の述定的真理、芸術作品、他者、あるいは歴史といったものへの導入が問題であるか、には関わりのないことである。われわれはこうした異なった「層」の間に存在しうる諸関係について予断をもたないし、さらにはそれらが「層」であるとさえ予断してはいない。そして、われわれのなまのままの、もしくは野生の経験についての問いかけが教えるところに従って以上の点について決定することが、われわれの仕事の一部なのである。自然的事物との出会いとしての知覚は、われわれの探究の最初の平面に位置するのだが、それは他の諸機能を説明してくれるはずの単純な感覚機能としてではなくて、過去や想像上のものまたは観念との出会いにおいて模倣され更新される、原的な出会いの祖型としてである。われわれの問いかけそのものとわれわれの方法とがどのようなものになるのか、われわれはあらかじめ承知してさえいない。問いの立て方が答えの一定の型をあらかじめ規定しているので、今からして問いの立て方をきめてしまえば、これによってわれわれの解答をも決定することになるであろう。例えばもし、ここでの問題は、われわれの生に開かれたさまざまな領域における、この生の本質もしくは *Eἶδος*（形相）を掘り起すことであると言ったとすれば、それは、互いの関係そのものが本質に基礎を置くような、諸多の理念的な不変項をやがてわれわれが見つけだすことを推定することであり、われわれの経験に存しうる流動的なるものを固定的なるものに初めから従属させ、経験を、可能なあらゆる経験の条件では恐らくなくて、すでに言葉（mots 語）にされた経験の条件に服従させること、結局、言葉の諸意義の内在的な探求にわれわれ自身を閉じ込めることになるであろう。あるいはもしどんな予断をももつまいとして、本質の固定化をもっと広い意味にとり、自己を理解するための一つの努力と見なすとすれば、その時はその固定化は確かにいかなる疑念も引き起すことはない。しかしそれは、その固定化が諸結果の様式《スタイル》に関して何もあらかじめ規定していないからである。ほんとうは、純粋な問いかけがどのようなものであってはならないか、われわれは承知しているのである。それがどのようなものになるのかは、その問いかけをやってみることによってしかわからないであろう。原初的または根本的なあるいは創始的な意味において存在するものの経験にひたすら従おうとする決意は、「われわれ」と「存在するもの」との出会い——これらの語もやがて明確にさるべきある一つの意味の、単なる標識と見なされているだけなのだが——以外に何も前提していない。出会いを疑うことはできない。なぜなら、それなしには、われわれはいかなる問いも立てないだろうからである。この出会いを、あるいは存在するものの、われわれの内への包括として、あるいはわれわれの、存在するものの内への包括として、最初から解釈すべきではない。しかし見かけの上では確かに、われわれが世界「のなかに」存在するもののなかにいるのか、あるいは反対に、存在するものが「われわれの内に」あるのでなければならない。経験の秘密を経験そのものに問うという意図はすでに観念論的方針ではないか。仮にこんなふうにわれわれの意図が受け取られるとしたら、われわれは、おのれを誤解させたことになるであろう。われわれが問い合わせるのは、自分の経験に向ってである。——それというのも、いかなる問いも誰かにまたは何かに向って語りかけることだからであり、われわれにとって存在するものの全体ほど、累を及ぼす恐れのない話し相手を選択することはできないからである。しかしこの審級の選択は可能的な答えの範囲を閉ざすものではなく、われわれは「われわれの経験」のなかに、エゴへのいかなる準拠も、もしくはスピノザ的な意味での《*experiri*》（経験すること）のような、存在との知的な諸関係のある範型へのいかなる準拠も、含ませてはいないのだ。われわれがおのれの経験に問いかけるのはまさしく、いかにしてこの経験がわれわれをわれわれ自身でないものへと開くかを知らんがためなのである。いかなる場合にもわれわれにそれ自身では（*en original*）姿を現わすことがありえず、したがってその取り戻すことのできない不在がわれわれの原的経験のうちに算入されているような、そうしたものへと向う運動を、われわれが自分の経験のなかに見出す可能性も、そのこと［おのれの経験に問いかけること」によって決して排除されてはいないのだ。ただし、たとえこうした現前に伴う余白を見るためであれ、これらの指示連関を識別するためだけであれ、これらの連関を吟味しもしくはそれらに問いただすためだけであれ、まず最初はまなざしを、外見上われわれに与えられているものに固定しなければならない。やがてすぐさま使用されるはずのもろもろの下位区分は、こうしたまったく方法的かつ暫定的な意味で理解されるべきである。世界そのもののなかに、または他人のうちに身を置く哲学と、「われわれのうちに」身を置く哲学とのいずれかを選択するとか、われわれの経験を「内側から」捉える哲学と、それを外部から、例えば論理的基準の名において、判断する哲学――かかる哲学が可能であるとしても――とのいずれかを選択するという必要はない。こうした二者択一は不可避ではない。なぜなら恐らく自己と非‐自己とは、いわば表裏をなし、そして恐らくわれわれの経験とは、われわれ自身を「われわれ」から遥か遠くに、他人のうちに、諸事物のなかに、落ち着かせる、かの反転だからである。われわれは自然人のように、おのれのうちにと同時に諸物のなかに、またおのれのうちにと同時に他人のうちに、身を置くのである、「つまり」一種の交差（*chiasma*）によってわれわれが他者たちになり、かつ世界となる点に身を置くのである。哲学がまさに哲学自身であるのは、哲学がただ一つの入口しか持たない世界の提供する便宜さと、また哲学者にとっていずれも接近可能な多様な入口を持った世界の提供する便宜さとを、共に同様に捨て去る場合に限られる。哲学は、自己から世界および他者への移行がおこなわれる点に、つまり幾多の大通りの交差点に、自然人のように身を持するのである。

I　現前

物とあるもの

　したがって、諸多の事物、生物、象徴、道具、人びとの間に住まわされたものとしてわれわれ自身を考察し、そこでわれわれに生ずる事柄を理解させてくれるような諸概念を形成すべく努めよう。われわれの第一の真理、――いかなる予断も含まず、反論されえざる真理――は、現前という事態が存するということ、「あるもの」（quelque chose）がそこにあるということ、そして「誰か」（quelque'un）がそこに居るということ、である。「誰かあるひと」へと向う前に、「あるもの」とは何かを問うことにしよう。

　われわれがそれに対して臨在し、かつそれがわれわれに現前しているこの当のあるもの、それは「諸物」であると、われわれは言いたくなる。そして誰でも、この語によって何を理解すべきか、恐らくは承知しているであろう。この小石、この貝殻は、次のような意味において、物なのである。すなわち、それらの内部に、――私がそれらについて見、触れるもの、私の指や舌に感ぜられるざらざらした接触感、それらが机の上に落ちたときに生ずる物音、といったものの彼方に――こうした多様な「諸特性」（そのうえ未だ私に知られざる他の多くの諸特性）の唯一の基礎があり、それが小石や貝殻にこうした諸特性を賦与している、あるいは少なくともかかる諸特性の変容をある限界内にとどめている、ということである。この原理の力は事実上の力ではない。私は小石や貝殻がそれを取りまく物によってたちまち押し潰されようることを知っている。それはいわば、権利上の力、正当性（légitimité）である。その変化が一定の程度を越えると、それらはこの小石、この貝殻であるのを止め、さらには一個の小石、一個の貝殻であるのを止めてしまいさえするであろう。もしそれらが個体として存続し、あるいは少なくともこれらの類属的名称を担い続けるべきだとすれば、それらは、いわば核をなしている若干数の特性を展示していなくてはならない。そしてそれらの諸特性が互いに派生しあい、また一体となって、この個体としての小石、貝殻、あるいは一般に同じ名称をもつすべての個体から発出しているのでなければならない。したがって、ここに一つの小石、一つの貝殻がある、いやまさにこの小石この貝殻があるという場合、われわれが意味しているのは、こうした諸要求が満たされ、少なくとも当面は、核となっている諸特性の唯一のこの基礎、つまり「この小石」または「一個の小石」、「この貝殻」または「一個の貝殻」と簡潔に呼ばれるものが、何の束縛もなしにおのれを表現し、われわれの眼前でこれらの特性を繰り広げる用意ができているということなのである。それもこれらの特性がかの基礎に源を発し、かの基礎は無条件にこの小石でありこの貝殻であるからであり、あるいは少なくとも小石であり貝殻であるからだ、ということなのである。したがって物は、——この物にひょっとして起りうることとその物の破壊の可能性については、あらゆる留保をしたうえでの話だが——諸特性の結び目である。そしてこれらの諸特性のそれぞれは、他の一つの特性が与えられるならば、それもまた与えられる、というようになっている。つまり物は同一性の原理なのである。物が現にかくかくであるところの、まさにそのようなものであるのは、その内的按配によってであり、したがって、完全に、いかなる躊《ため》らいも、いかなる亀裂もなく、まったき姿でそのようにあるか、または全然そうでないかのいずれかなのである。物は、おのずから、もしくはそれ自体として、外的展開においてあるようにある。状況はそうした外的展開をなすがままに放置し、それを説明しはしない。物は対—

象（ob-jet前に－投げだされたもの）である。すなわちそれはそれ自身の力によって、そしてまさに物がおのれ自身の内に取りまとめられているからこそ、われわれの眼前におのれを曝け出すのである。

諸物の間で生きるわれわれにとっては物がかかるものであるにしても、相手が何であろうとわれわれのおこなう接触のなかに、ほんとうに［以上のごとき意味での］物が、原初的な資格で、含まれているのかどうか、われわれが物以外のものを理解できるのも、ほんとうに物によってであるのか、つまりわれわれの経験は原理的に物の経験であるのか、例えば世界は広大無辺の物なのであるのか、［また］われわれの経験は直接、諸物を目指しているのか、それはわれわれが純粋な状態で取り集めたまさに経験自身の答えであるのか、それとも反対に、われわれはわれわれの経験のうちに実は派生的でそれ自身解明を必要とする諸要素を、本質的なものとしてもち込んでしまったのではなかったか、というような問いが、なお問われなければならないのである。物、小石、貝殻は、上に述べたように、いかなる条件に抗しても存在するという力はもたない。それらはただ好都合な諸事情が協合するという条件のもとで、その含みもつところを展開する穏やかな力であるにすぎない。ところで、もしかかることが真実であるなら、われわれが物に対して認めてきた自己同一性、そのような類いのそれ本来の落着き、つまり自己自身の内における安らぎ、この充実性、この肯定性は、すでに経験を超過し、すでに経験の二次的解釈なのである。同定可能ではあるが、いかなる固有の力をもたない核という、そのもともとの意味において捉えられた諸物から出発して、客体としての物（chose-objet）、「即自」、自己同一的な物へと達するのは、ひたすら経験に対してその経験の与《あずか》り知らない抽象的な両刀論法《ディレンマ》を押しつけることによってでしかない。恐らく物は固有な内的などんな力ももたないだろうが、しかしそれでも、物がおのれをわれわれに認知せしめうべきであり、物は消滅すべきでなく、諸物についてわれわれが語りうべきであるならば、それはやはり、多様な現われがあたかも一つの内的統一の原理をもつかのように振る舞うという条件においてのことなのである。諸物の経験が、その語っていた以上のことを語るように強いられるのは、この経験にそれ［この経験］を許容しない別の経験の幻を対立させることによってなのである。名称という迂路を経ることによって、またわれわれによって再認（reconnues）されないことになるという脅しを物に向けることによって、結局のところ、物そのものの原理としてではないにせよ、少なくとも物のわれわれにとっての可能性の条件として、客観性、自己同一性、肯定性、充実性が、物に認容されることになるのである。こんなふうに定義された物は、われわれの経験に属する物ではなく、経験が何ものに向っても結実することのないような宇宙、観察者が光景から目を逸らせでもしているかのような宇宙に投影して得られる物の像、要するに物を無の可能性と対面せしめることによって得られる物の像である。そして、次のように言われる場合も、つまり――たとえ物は、分析によれば、絶えず立証を越えており、大胆な推論（外挿法）［の産物］として現われるとしても、それでもやはりわれわれは小石や貝殻を見るし、少なくともその瞬間にはわれわれの要求は満たされ、われわれは物が完全にそれ自身であるか、それとも存在しないかいずれかなるものとしてそれを定義する権利をもっている、と、このように言われる場合も同様である――かかる百八十度の転回、つまり超越論的観念論に基づく経験的実在論も、やはり無を基盤にして経験を考えることである。しかし、われわれは自分のもつ経験を、無の可能性の背景の上に浮かび上がらせることによって考えることが許されるのだろうか。まさに物と世界の経験こそ、われわれがどんな仕方によるにせよ、無を考えるために必要な基盤なのではないか。無を基盤にして物を考えるのは、物に対すると同時に無に対する二重の誤りではなかろうか。物に関して言えば、物を無の上に浮き上がらせることによって、物を完全に変質させてしまうのではなかろうか。物の同一性、肯定性、充実性といったものは、もし経験がそうした特性に到達する文脈のなかでそれらが意味するものへと連れ戻して見るならば、われわれの「あるもの」への開披を定義するには甚だ不十分なものではなかろうか。

研究ノート

真理の起源*

一九五九年一月

序論

われわれの非‐哲学の状態――危機がこれほど根本的なものとなったことはかつてない――弁証法的な幾多の「解決」＝諸対立項を同一化するところの、これこそ非‐哲学にほかならぬ「悪しき弁証法」か――それとももはや弁証法的とはいえないような「ミイラ化された」弁証法か。哲学の終末か再生か。

存在論への復帰の必然性――存在論的問いかけとそのさまざまな枝分れ――

主観‐客観の問題

相互‐主観性の問題

「自然」の問題

なまの「存在」の――そのうえロゴスの存在論として企てられた存在論の粗描《エスキス》。フッサールについての私の論文**を発展させて野生の「存在」を描き出すこと。しかし「客観的哲学」（フッサール）を根こそぎしない以上は、世界の、この「存在」の露呈も、依然として死せる文字でしかない。*Ursprungsklärung*（起源の究明）が必要である。

デカルトの諸存在論についての反省――西欧的存在論の「斜視性***」――

ライプニッツの存在論についての反省

問題の一般化――今まで存在していたのは客観的無限としての無限への移行であった――この移行は*Offenheit*（開披・開放性）、*Lebenswelt*（生活世界）の主題化であり（かつ忘却）であった――その手前でエランを取り戻さねばならぬ。

　第一部のプラン――（内在的分析によって）「自然」がいかなるものとなったか、を明らかにすること、――そしてほかならぬこれを通じて生が――そして、またこれを通じて精神‐物理的主体としての人間が――いかなるものとなったかを明らかにすること――探求の循環構造、それというのも、われわれが「自然」について述べることが、すでに論理学を見越しており、第二部において再び論じ直されることになるからである――われわれが霊魂（âme）もしくは精神‐物理的主体について述べることが、反省、意識、理性ならびに絶対者についてやがて述べるはずのことを見越しているからである。――この循環構造は、不都合なこと（objection）ではない、――われわれは題材（matières）の秩序に従っているのであって、根拠（raisons）の順序などあるわけではない――根拠の順序は、題材の秩序が与えるような自信を、われわれに与えてはくれはしないだろう――中心としての哲学であって、構築としての哲学ではない。

* *Origin de la Verité* 真理の起源――著者が最初に彼の著作に与えようと欲していた題名。

** Le Philosophe et son Ombre. In *Edmund Husserl. 1859-1959. Recueil commémoratif*, *Martinus Nijhoff*, *La Haye 1959. Publié dans* Signes *NRF 1961.*（「哲学者とその影」『シーニュ』収録）

*** 著者は一九五七-五八年におこなった講義の要約において、すでに次のように書いている――例えばデカルトにあっては、「自然」という語の二つの意味（「自然の光」の意味における自然と「自然的傾向」の意味における自然）が、二つの存在論（客観の存在論と生存者existantの存在論）の粗造りをなしている……。そして、もっと先にいってから著者はこう問うている――すでに論者の指摘しているように、一種の「存在論的複視」（M・ブロンデルBlondel）といったものがあるのではなかろうか。そしてこれについては多大の哲学的努力を重ねたあげくにも、それを合理的に解消するには至りえず、むしろ注視が、二つの単眼視像を唯一の眺めへと転化するためにこれらを我が物となすのと同様に、完全におのが物となすことしか問題となりえないのではないか、と。*Annuaire du Collège de France, 58e année*（*1958*）.

一九五九年一月

真理の起源*

物理学と「ピュシス」（Physis自然）の存在との、生物学と生命の存在との、隔たり《エカール》を明示することによって、即自的な、客観的な存在から*Lebenswelt*（生活世界）の存在への移行を実現することが肝心である。――そして、すでにこの移行は、いかなる存在形式も主観性への準拠《レフェランス》なしには措定されえぬこと、身体は意識という*Gegenseite*（背面）をもつこと、それは精神-物理的なものであるということを、意味している——
人間の身体という受肉した主体性——私はこれを絶えず *Lebenswelt* へと引き合わせるのだが、——これに到達することによって、心理学のいう意味での「心的」（psychique）なもの（すなわち「即自的自然」、*bloße Sachen*（一）〈裸の諸事物〉からなる「自然」の *Gegenabstraktion*〈対抗抽象物〉）ではない何ものかを見出すべきである、つまり私は主体性に、相互主観性に、*Geist*（精神）の宇宙に、到達すべきである。この *Geist* の宇宙は、第二の自然でないからといって、おのれの堅実さと完全性（complétude）とを所有しないというわけではなく、やはり所有しているのだが、しかし、それもまた、*Lebenswelt* の様態で所有しているのである——すなわち私は言語学と論理学によるもろもろの客観化を貫いて、なおも *Lebenswelt* のロゴスを再発見せねばならない、ということである。

同様に、デカルトによって科学の無限の地平として制定された真理の歴史性（*Urhistorie*〈原歴史〉、*erste Geschichtlichkeit*〈最初の歴史性〉（二））の下の「有機的歴史」なるものを原理的に露呈しなくてはなるまい——マルクス主義を賦活しているものは、依然としてかの真理の歴史性なのだ。

私が存在論と哲学なるものとを定義できるようになるのは、原理的には以上のことをなし遂げたうえで初めて、ということになるであろう。存在論とは、超越論的主観性の概念、主観、客観、意味の概念に取って代るべき諸概念の彫琢となるはずであり——哲学の定義は、先‐科学（pré-science学に先立つもの）についての学、つまり表現以前に存し、そして背後から表現を支えるところのものの表現としての、哲学的表現そのものの解明を、（それゆえ先行するものにおいては——あたかも哲学とは存在するものを反映するにとどまるかのように——「素朴に」使用されてきた手続きの自覚を）含むはずである——この際、哲学が絶対的なものたらんと欲する場合には自制するという、困難な課題を主題として取り上げること。しかし現実には、「自然」、生、人間の身体、言語についての、それぞれ特殊なすべての分析は、分析が進むにつれてわれわれを *Lebenswelt* と「野生の」存在へと参入させるであろう。そして、私は、進行中、これらの主題の積極的記述に、それどころか、さまざまな時間性の分析にすら、立ち入ることを、みずからに禁ずべきではなかろう——このことを、序論のなかですでに申し述べておくこと。

＊　二七〇頁、注＊参照。

一九五九年一月

真理の起源の第一巻＊

フッサール——人間の身体は「もう一つの側面」を、——「精神的」側面を——もつ(三)——(cf.「隠された諸側面」の、永《とこしえ》にか一時的にか隠された諸側面の、存在の仕方——対蹠地の人びとの存在の仕方——相違は、生ける身体の「精神的」側面の場合は原理的に不在としてしか、私に *selbstgegeben* 親しく与えられえないという点にある)。

私の著作の第一巻において——物理的自然と生命との後で、人間的身体が「精神的」側面をもつものとして記述される予定の、第三章を作成すること。人間的身体が精神‐物理的身体とならずには、その生命が記述されえぬことを示すこと。(デカルト、——だが、物心からの合成物に留まり続けることによって)——仮に神的な学問が存するならばわれわれに理解させてくれるでもあろうと思われるものを、一挙にわれわれに所有させる体制としての「自然」というデカルト的概念(四)に対する、私流の等価物を呈示すること――ある感覚論（esthésiologie）(五)を呈示すること。フッサールの意味での、時間の、「霊魂」（âme）の考え方、「自然的な」ものとしての相互身体性（intercorporéité 間身体性）の考え方――しかし以上のすべては、――これは私の初期の二著(六)を、再び取り上げ、深め、修正することになるが、――すみずみまで存在論の見透しのなかでおこなわれなくてはならぬ――この第一巻を締めくくる知覚世界の記述は著しく深化される（隔たり・偏差 écart としての知覚――もろもろの運動と知覚を具えた動物としての身体――超越性――*urpräsentierbar*〈原的に呈示可能なもの〉の領域《オルドル》）。そしてとりわけ、これらの「諸真理」と根本的反省としての、超越論的内在性への還元としての、哲学との間の関係について、問題が提起される――「野生の」（sauvage）もしくは「なまのままの」（brut）存在が導入される――系列的時間（le temps sériel）、つまり「諸行為《アクト》」と諸決断の時間が超出される――神話的時間が再導入される――合理性と象徴機能の間の関係が提起される、つまり「理性」にとって本質的な、能記（signifiant 意味表示体）による所記（signifié 意味内容）の、超出――内的系列（「主観的」なもの「心理学的」なもの）と客観性（レヴィ＝ストロースのいうように、われわれの諸文明が前提するがごとき）との間の、反省的区別の批判――明るみに出されたわれわれの動物性への関係、われわれの「親近関係 parenté」（ハイデガー）(七)。以上のすべては、知覚‐非知覚ならびに*Logos endiathetos*(八)の（論理学以前の意味の）理論に到達する――生活世界について――この新しい存在論は第四章において表にして呈示することにする（一、自然と物理学、二、生命、三、人間の身体、四、「野生の」存在とロゴス）。（第四章は長くて、この巻に「決定的」な性格を与えることになる――絵画、音楽、言語の研究への移行を誘い出しながら**）。

あらゆる根基（*racines*）（「垂直的」世界）を露呈すること――次に言語による方向転換、「内的」人間への移行によって、問題が再提起されることを申し述べる——ここにおいて初めて、人間主義《ユマニスム》が決定的に評価されうるようになる。

＊　表題の上（二七〇頁注＊参照）に次の数行がある——「自然」の分析の出発点において早くも循環構造の存在を示すこと。そこで述べられることは論理学（第二巻）のレベルで再び取り上げられることになるが、一向に構わない。ともかく着手しなくてはならないのだ。

＊＊　締めくくりの丸括弧は閉ざされていない。

存在と無限

一九五九年一月十七日

無限なるもの、——宇宙を無限なものとして——あるいは少なくとも無限という地の上で（デカルト学派）——これを考えたことは、確かに一つの成果である——

しかしながらデカルト学派はほんとうに、以上のように考えたのであろうか、——ただ無限の概念で以てしかそれと認められない存在の奥行（profondeur 深み）［ただ単にこれプラスあれというだけではなくて場合によっては他様でもありえたであろう（ライプニッツ）とか、実際はわれわれに知られている以上のものである（スピノザ、未知の諸属性）といった存在の汲み尽くしがたき元手］を、彼らはほんとうに洞察したのだろうか。

彼らの無限者の概念は、肯定的である。彼らは肯定的な無限者のためを計って、完結的な世界の価値を切り下げたのだ。この肯定的無限者について彼らは、あるもの（quelque chose）について語るのと同じ仕方で、語る。彼らは、「客観的哲学」において、無限者を証示する（*démontrent*）——もろもろの符号が逆転される、すなわち、すべての規定は否定であるが、否定でしかないという意味においてである——これは無限者をそれと認めることではなくて、むしろ回避することだ——凝結した無限者、もしくは少なくとも、無限者の証明をおこなうに十分なほどそれを所有している思惟に、与えられている無限者。

真の無限者は、以上のようなものではありえない。それというのも、それは、われわれを超出するものでなくてはならないからだ。*Offenheit*（開放性）の無限者であって*Unendlichkeit*（無限性）のそれではない、——*Lebenswelt*（生活世界）の無限者であって、理念化の無限者に非ず——否定的無限者、したがって——偶然性でもあるところの意味あるいは道理（raison）。

なまのままの、もしくは野生の「存在」（＝知覚的世界）と、Gebilde形成体としての*λόγος προφορικός*への、つまりわれわれの産出する「論理学」への、その関係

一九五九年一月

絵画に関して私が以前、口にしていた「無定形の」（amorphe）知覚的世界——改めて絵画を制作するための不朽の源泉——それ自身はいかなる表現様式も含んでいないが、それにもかかわらず、あらゆる表現様式を招き寄せ、要求し、それぞれの画家ごとに新たな表現努力を蘇らせる、——この知覚的世界は真底においてはハイデガーのいう意味での「存在」であって、すべての絵画よりも、すべての言葉《パロル》よりも、すべての「態度」よりも、以上のものであり、そして哲学によってその普遍性において把握されるならば、他日申し述べられるであろういかなることをも含みながら、それにもかかわらず、申し述べられるべきことの創造の余地をわれわれに残しておく（プルースト）ものとして、現われる。つまり、それは λόγος προφορικός（九）を招き寄せる λόγος ἐνδιάθετος である。

［*Lebenswelt* 生活世界の反復——われわれは生活世界の哲学を作成する、われわれの（「論理学」の流儀における）構築は、この沈黙の世界をわれわれ自身に再発見させる。再発見するということは、いかなる意味においてか。沈黙の世界は、すでにそこにあったのか。これがすでにそこにあったと、どうして言うことができようか、それというのも、哲学者がそれを申し述べる前には、誰もそれを知らなかったのだから。——しかし、それがそこにあったのも、真実なのだ、なぜなら、われわれが何を言ったにせよ言うにせよ、すべて言葉の内容はそれを含意していたし、含意しているのだから。それは、主題化されざる生活世界として、まさしくそこにあったのだ。ある意味では、それを記述する諸陳述によっても、主題化されざるものとしてなお含意されているのである。なぜなら、今度は諸陳述そのものが、それはそれでやがて沈澱して生活世界によって「取り戻さ」れるようになり、諸陳述が生活世界を含む（comprennent 理解する）というより、むしろこのなかに（で）包含される（compris 理解される）ようになるからである、——ある *Selbstverständlichkeit*（自明性）の全体を言外に予想している限り、すでに生活世界のなかに（で）含まれ（理解され）ているからである。——しかし以上の事態は、哲学が価値をもつことを妨げるものではない。つまり、われわれを導くところの言語活動のうちに囲い込まれた、生活世界の単なる部分的所産とは別のもの、それ以上のものであることを妨げるものではない。普遍的「存在」としての生活世界と、世

界の究極の所産としての哲学との間には、対抗関係もしくは二律背反《アンティノミー》は存在しない。生活世界を開示するものこそ、哲学にほかならないのだから」

沈黙のコギト

一九五九年一月

デカルトの「コギト」（反省）は、もろもろの意義（significations）に対する操作であり、諸意義の間の諸関係の言明《エノンセ》である（そして諸意義それ自身、表現の諸作用のうちに沈澱したものである）。それゆえそれは、自己のおのれ自身との前‐反省的接触（自己〈についての〉非措定的意識―サルトル）もしくは沈黙のコギト（自己の傍らにあること être près de soi）を、予想している。――以上のように私は *Ph. P.** （『知覚の現象学』）において論じた。

これは、正しいだろうか。私のいわゆる沈黙のコギトなるものは、不可能である。（見ることについての、感覚することについての思惟という意味において）「思惟する」という観念をもつためには、つまり「還元」をおこない、内在性と、……についての意識へと、立ち帰るためには、言葉（mots 語）をもつことが必要である、私が超越論的態度を表わし（*faire*）構成的意識を構成する（*constitue*）のは、（諸語に帰せられる沈澱した諸意義の含蓄を伴うとともに、これらの諸意義を形成するのに役立った諸関係とは別の諸関係のなかに入ることも原理的に可能な）諸語の結合によるのである。諸語はポジティヴな諸意義や、究極的には、*Sebstgegeben*（それ自身親しく与えられたもの）としての*Erlebnisse*（諸体験）の流れを回想させる、といったものではない。「意識」[10]なる語が想到させる自己意識という神話――［実は］ただ諸意義の差異だけしか存在しないのである。

　しかしながら、沈黙の世界なるものはある。知覚された世界は、少なくとも非言語的諸意義の存する一つの秩序である。然り、非言語的な諸意義がある、しかしだからといってこれらはポジティヴな意義ではない。例えば、個々単独の*Erlebnisse*からなる絶対的流れが存するのではない。ある様式ならびにある類型性（typique）を伴った諸多の領野と、領野の領野があるのである。――超越論的領野の骨組をなす実存諸範疇（existentiaux）を記述することと――そして実存諸範疇はつねに能作主（われ能う）と感覚的もしくは観念的領野との関係である。感覚的能作主＝身体――観念的能作主＝言葉《パロル》――以上のすべては、生活世界の「超越論的なるもの」の、すなわちそれぞれ「おのれの」対象を担う、もろもろの超越の秩序に属するのである。

＊ Phénoménologie de la Perception, *N. R. F. Paris, 1945.* 沈黙のコギトとデカルト的コギトの批判、*cf. pp. 460-8*［法政大学出版局版邦訳六六一―六七五頁］。

一九五九年二月

還元――真の超越論的なるもの――Rätsel Erscheinungweisen（現出のさまざまな仕方という謎）――世界

〔還元は〕世界の現実存在の停止として――とりわけM・C・*〔『デカルト的省察』〕において――間違った仕方で提出されている――もし還元がかようなものだとしたら、それは世界の *Nichtigkeit*（虚無性）の仮説というデカルト的欠陥に再び陥る結果になる、そしてこの仮説は直ちに、*mens sive anima*（精神即霊魂）（世界の一片）を疑うべからざるものとして存続させるという帰結に導く――世界のいかなる否定も、いやまた世界の存在に関するいかなる中立性といえども、超越論的なものを捉え損なうという直接の帰結を伴う。エポケーが中立化という権利をもつのは、ひたすら実際にあるとされる自体としての世界、純粋の外在性に対してでしかない。〔しかし〕エポケーは、この実際にあるとされる自体性、この外在性の現象を、存続させておかなくてはならない。

超越論的領野とは、諸多の超越性の領野である。超越論的なものとは、*mens sive anima*（精神即霊魂）ならびに心理学的なるものの断乎たる超出であるから、反‐超越性ならびに内在性の意味における主観性の超出である。相互主観性への移りゆきが矛盾を含んでいるのは、ただ不十分な還元に対してでしかない、とフッサールがいうのには道理がある。しかし十分なる還元とはいわゆる超越論的「内在性」の彼方へと導くものであり、*Weltlichkeit*（世界性）として理解された絶対的な精神、もろもろの自発性の *Ineinander*

（相互透入）として理解された *Geist*（精神）——*Geist* 自身、感覚論的 *Ineinander* の上に基礎づけられ、そしてまた *Einfühlung*（自己移入）と相互身体性（Intercorporéité 間身体性）の領域としての生命の領域の上に基づいているのであるが、——へと導くのである——種の概念＝相互動物性（Interanimalité）の概念。生物学もしくは心理学と哲学との編み合わせ＝世界の *Sebstheit*（自己性）。

フッサール自身、世界が、私の超越論的志向的対象という「存在意味」（*Seinssinn*）とは別の「存在意味《ザインスジン》」を所有することが、いかにして可能なのか、その次第を知るという問題を提起している。*Wie kann für mich wirklich Seiendes... anderes sein als sozusagen Schnittpunkt meiner konstitutiven Synthesis?*（M. C. § 48, p. 135. 私にとって現実に存在するものが……私の構成的総合のいわば交点以外のものたりうるのは、いかなる次第によるのか**）。

Fremderfarhrung Analyse（他者経験の分析）が導入されるのは、こういういきさつによるのだとHはいう。［しかし］この分析は時間的発生ではない。つまり客観的超越性は、他人の措定の後に続くのではない。それというのも世界はこの分析に先だって、その客観的超越性において、すでにそこに存するからである、そして意味として明らかにされるはずのものは、まさに世界の意味にほかならない……。［それゆえ、他人の導入は「客観的超越性」を産出するものではない、すなわち他人はその指標の一つ、一契機ではあるが、しかし他人の可能性が見出されるのも世界そのものにおいてなのである］。

（まだ「人間たち」とはなっていない）「純粋の他者たち」が**、私がその一部をなすところの一つの「自然」（une Nature）を、すでに導入しているのである（MC p. 137）。

* *Edmund Husserl*, Cartesianische Meditationen und Pariser Vorträge, *La Haye, Martinus Nijhoff, 1950*.

＊＊ *Id.*

Einströmen——反省

一九五九年二月

Einströmen（流入）が存するがゆえに、反省は十全適合（adéquation）、合致（coïncidence）ではないのである。仮に反省が *Strom*（流れ）の起源にわれわれを立ち戻らせるとするなら、反省がこの *Strom* のなかに移行することはあるまい——

現象学的還元が、世界史を変容するということが述べられている件《くだり》（*Krisis* IIIだと思うが(一)）を研究すること——

Einströmen(二)——沈澱の、すなわち二次的な受動性の、つまり潜在的志向性の、特殊な場合——これはペギー（Péguy）のいう歴史的記載（*inscription historique*(三)）である——また *Zeitigung*（時間化・時熟）の根本的な構造、つまり時間に属する一点の *Urstiftung*（原創設）である——この潜在的志向性［によって?］志向性は、カントにおけるような志向性、すなわち純粋の現勢態（*actualisme pur*）であることをやめ、意識の、意識の「諸態度」の、ならびにその諸作用の、特性であることをやめて志向的生となる——潜在的志向性は、例えば、私の現在を、私の過去に、その時間的位置においてそれがかつてあったとおりの姿の私の過去に（つまり想起の作用によって私が取り戻す姿の過去にではなく）結びつける絆となる　この想起の作用の可能性は、諸多の過去相互間の嵌入（emboîtement）としての把持（rétention）プラス法則とし

てのこの嵌入の意識という原初的構造に依拠している（cf. 反省的反復——反省はどれほど新たに繰り返されようと「つねに同じもの」を *immer wieder* 再三再四提供することしか、しないであろう）[四]——フッサールの誤謬は、嵌入を、厚みのないもの、内在的意識と考えられた *Präsenzfeld*（臨在の領野・現前野）から出発して記述したことにある。*嵌入は超越的意識であり、距離を隔てて臨むこと（être à distance）である。それは私の意識の生の二重の基底であり、そしてこの事情は、嵌入をしてただ単に一つの瞬間の、だけでなく、時間的諸指標のシステム全体の *Stiftung*（創建）でもありうるようにさせる所以のことなのである——時間は（身体の時間としてもすでに、つまり身体像・図式 schéma corporel に属するタクシー・メートル的時間としてもすでに）存在への開披たるところのかの象徴的諸母胎のモデルなのである。

**ORにおいては、精神物理的身体の分析の後で、記憶《スーヴニール》と想像的なものの——時間性の分析に移ること、そしてそこからコギトならびに相互主観性へ。

おのれ自身に依拠しているような、創造物（*Gebilde* 形成体）としての哲学は、——これは究極の真理ではありえない。

なぜならこのようなものは、*von selbst*（おのずから）あるもの（*Lebenswelt* 生活世界）を *Gebilde* として表現することを目標となすような一個の創造となってしまう。したがって純粋な創造としての自己自身を否定する結果となるからである——

創造、つまり人間的 *Gebilde* の観点も——「自然的なもの」（「自然」としての生活世界）の観点も、いずれも抽象的で不十分である。われわれは、以上の二つの水準のどちらにも居を据えることは許されない。

現に働きつつある隠れた歴史性としての生活世界によって、呼び求められ産出されるような創造、この歴史性を継承延長し、その証人となるような創造こそ、肝心なのである——

＊ 著者は Phénoménologie de la Perception の空間と時間性にあてられた諸章において、Präsenzfeld すなわち臨在（現前）の領野について語っている。殊に、p. 307, 475, 483-4, 492 ［邦訳四三六頁、六八六頁、六九九―七〇一頁、七一四頁］参照。しかし、その際の分析の帰結はフッサール批判にまでは、至っていない。

＊＊ L'origin de la verité. Cf. 上記 注＊、二七〇頁

（動詞としての）Wesen——歴史の Wesen

一九五九年二月

（動詞的意味での）*Wesen*（本質）の発見——客観‐存在でも主観‐存在でもなく、本質（essence）でも現実存在（existence実存）でもない存在《エートル》の最初の表現。*west*（*wesen*する(一五)）もの（薔薇の薔薇‐存在《たること》、社会の社会‐存在《たること》、歴史の歴史‐存在《たること》）とは *daß* という問いにと同様、*was* という問い(一六)にも答えるものである。それは一個の主観によって見られた社会、薔薇ではない、［また］社会や薔薇の対自的存在でもない（リュイエ Ruyer の述べることとは反対に）。それは薔薇のすみずみまで貫いて拡がる薔薇性（roséité）であり、ベルクソンが極めてまずい言い方だが「イマージュ」（images）と称したもののことである——なおこの薔薇性が「一般観念」（idée générale 類的観念）を、すなわち多くの薔薇が存在し薔薇なる種があるという観念を、生ぜしめるということ、これはないがしろにしてよいことではない、それは、そのあら

ゆる含蓄（自然的能産性générativité naturelle）において考察された薔薇‐存在《たること》から結果することなのだ――これによって、――*Wesen* の最初の定義からはあらゆる一般性（généralité 類属性）を取り除くことによって――すべてを歪曲する事実（fait）と本質（essence）との、あの対立が抹消される――

社会の社会‐存在《たること》――社会において互いに取り組み合っているあらゆる目論見と意志――明晰であれ、盲目的であれ、あらゆる目論見と意志――を総括するかの全体、これらの目論見や意志を貫いて *hinauswill*（……を狙う・志す）あの匿名の全体、誰の目にも気付かれぬこの *Ineinander*（相互内在性・相互透入）、そしてこれは、集団の魂でもなければ、客観でも主観でもなく、それらを接合する織地であり、結果が生ずるからには *west*（*wesen* する）ものであり、そして、「多数の入口をもった哲学」の要求を正当な仕方で充足しうる唯一のものなのである（何となればサルトルの二者択一的な思惟に対する反対論拠――この思惟は、一つの世界を成していない、それは *Geist*（精神）の *Weltlichkeit*（世界性）を容認しない、それは主観的精神に留まっている、といったような反論は、すべての自我《エゴ》が同じ平面にでも存するかのような、そしてそれこそ、他人という問題をまったく単純に知らずに過ごし「絶対的主観の哲学」としてしか、おのれを実現することができないような哲学を、正当化するのに役立つべきではないからである）

テーブルの *Wesen* ≠諸要素が互いに並び合っている即自存在≠対自存在、「総覧」（Synopsis）＝テーブルにあって「テーブル化する tablifie」もの、テーブルをテーブルであるようにさせるもの。(一七)

沈黙のコギトと語る主体

一九五九年二月

テーゼ（陳述《エノンセ》）となった弁証法は、もはや弁証法ではない（「ミイラ化された」弁証法）。こう言ったからとて、それについて何も申し述べることができないような、ある*Grund*（根拠）のためを計ってではない。テーゼの挫折、その（弁証法的）逆転は、諸テーゼの「起源」つまり自然的‐歴史的な生活世界（*Lebenswelt*）を開示しているのであり、これに立ち帰ることが肝心なのである。知覚、*Einfühlung*（自己移入・感情移入）、とりわけ言葉《パロル》を、初めから辿り直し、決してそれを断念しないこと。ただわれわれの承知していることは、次のことだけである、すなわち、言葉《パロル》がどこまでも弁証法的であるべきならば、それは陳述《エノンセ》、*Satz*（命題）ではもはやありえないこと、それはある*Sachverhalt*（事態）への関説を伴わぬ思惟する語り《パロル》でなければならず、語りであって言語《ランガージュ》であってはならぬということである（そして実際、「精神活動《プシシスム》」としてではなくて行動《コンポルトマン》としての他人をめざすものは語り《パロル》であって言語《ラング》ではない、つまり彼の言葉《パロル》を発言行為《パロル》として、出来事として、拒絶しもしくは受け入れる自他対面の場面において、彼が「精神活動《プシシスム》」として理解される以前に彼に答えるものは、まさに語り《パロル》であって言語《ラング》ではない——意義作用（signification）ならびに意義作用の主体としての私の前方に（*en avant*）、意思疎通の場を、つまり現在に生きる言語（langue au présent）たる相互主観的な識別的《ディアクリティク》システムを、構成するのは、まさしく発言行為《パロル》であって、「人間的」宇宙や客観的精神ではない）——現在ならびに過去のうちに、以上の事情を、つまり生活世界の歴史を復元し、ある文化の現存在《プレザンス》そのものを復元することが、問題なのである。テーゼとしての、あるいは「弁証法的哲学」としての弁証法の挫折、それは遠近法的ではなくて垂直的な、この相互主観性の発見である。この相互主観性は、過去に向っても広げられ、実存的永遠性であり、野生の精神なのである。

沈黙のコギトはこの問題を、当然のことながら解決するものではない。*Ph. P.**（『知覚の現象学』）において私がおこなったように沈黙のコギトを顕わにすることによっては、解決は得られなかった（コギトに関する私の章節は、言葉《パロル》についての章節と関係づけられていない）。私はむしろ逆に、問題を提起したことになる。沈黙のコギトは、言語活動《ランガージュ》が不可能でないのはいかなる次第によるのかを理解させる所以ではあっても、いかにしてそれが可能であるかを理解させることはできない——知覚的意味から言語的意味への、行動から主題化への移行の問題が、まだ残っている。主題化そのものがそのうえ、いっそう高次の行動として理解さるべきである——前者（主題化）の後者（行動）に対する関係は、弁証法的関係である、つまり言語活動は沈黙を破ることによって、沈黙が欲しながら獲得しなかったものを実現する。沈黙は依然として、言語活動を包み続ける。絶対的な言語活動に、思惟する言語に、伴う沈黙。——[一八]弁証法的関係について常套的になされる以上のような敷衍《ふえん》が *Weltanschauung*（世界観）の哲学、不幸な意識にならないためには、それは野生の精神、つまり実践《プラクシス》の精神の理論に、到達すべきである。いかなる実践とも同様、言語活動はある *Selbstverständliches*（自明的なもの）、ある制定されたもの（un institué）——それは *Endstiftung*[一九]（究極的創設）を準備する *Stiftung*（創設）であるが——を予想している——語る主体たちの継時的かつ同時的な共同体を貫いて何が意欲し、語りそしてつまるところ思惟しているのかを、把握することが、肝心なのである。

* Phénoménologie de la Perception. *Op. cit.*

論理学の系譜
存在の歴史
意味の歴史

一九五九年二月

序論（基本的思想）において

世人が「心理学」と見なしたければ見なすこともできるもの（『知覚の現象学』）が、実は存在論であることを、私が明示するつもりであることを言明する。科学のいう存在が *selbständig*（自立的）ではありえないし、かようなものとして考えることもできないことを明らかにすることによって、以上の事実を明示する。ここからして「物理学」と「自然」──動物性──*nexus rationum*（もろもろの道理の結合）もしくは *vinculum substantiale*[(10)]（実体的紐帯）としての人間の身体──についての諸章が。

しかし存在は、ただ単に「科学」のいう存在に対するその隔たりによってのみ、明らかにされるのに止まるべきではない──まさにこのことにおいて、同時に「客観」としての存在への対立によって存在を顕わにすることが肝心なのである──したがって私は「序論」において、科学のいう存在なるものがそれ自身、客観化された「無限なるもの」の部分ないし相であること、ならびに、このいずれにも *Offenheit* d'

Umwelt（周囲世界の開放性）が対立するということを、明示しなくてはならない。こういう次第で科学のいう存在の歴史的‐志向的ならびに存在論的な含蓄を示すところのデカルト、ライプニッツ、西欧の存在論についての諸章が。

これに続く（「物理学《フイジツク》」と「自然《ピユシス》」――動物性――精神‐物理的なものとしての人間の身体についての）諸章においては、還元をおこなうことが、すなわち私にとっては、漸次――そしてますます――「野生の」もしくは「垂直的」世界を開示することが、問題となる。「物理学」から「自然《ピユシス》」への、「自然《ピユシス》」から生命への、生命から「精神‐物理的なもの」への、志向的問い合わせ（référence）を明示すること――この問い合わせによってわれわれは決して「外部」から「内部」へと移りゆくのではない。それというのも、問い合わせることは還元ではなく、それぞれの「超出された」段階は実は依然として前提されているからである（例えば、出発点の「自然《ピユシス》」は人間について私がやがて述べるはずの事柄によって、決して「超出され」はしない、それは動物性ならびに人間の相関者である）――したがって前進しながら、私のおこなうこの「反省」についての理論を作らねばならない、この反省は「可能性の諸制約」(二)への遡行ではない――そしてそれゆえ、その場に立ち留まったままでの上昇が問題なのである――逆に、後続するいっさいの事柄が「自然《ピユシス》」について私の述べることのなかに、すでに予想されているのである――それゆえ、私は出発点からして「自然《ピユシス》」についてのこの*Besinnung*（自省）(三)の存在論的射程(三)を示すべきである――プルーストは、語り手が書くことを決心する時点に到達するときに環（巻）を閉じるのだが、それと同様に、ここでもロゴスと歴史の研究の後に、環が閉ざされるであろう。一個の哲学の終局はその端緒の物語である――この循環構造、この循環的な志向的含蓄を――そして同時に、歴史‐哲学*（*Histoire-philosophie*）の循環構造を明示すること。私の哲学的企画をデカルトとライプニッツを手助けとして明示しよう、そしてこの企画のみが、歴史の何たるかを知ることを可能にするであろう。以上のすべてを、言外に暗示するのではなく、諸命題として陳述すること。

循環構造、つまり各「水準」において述べられることが先を見越しており、やがてまた捉え直される、例えば私は感覚論的[二四]自己移入（*Einfühlung* esthésiologique）の記述をおこなうが、この記述は虚偽でもないし、絶対的な意味においては「真実」でもない、それというのも抽象的に分離された一つの「層」が問題となっていることは、まったく明らかだからである――この記述はまた虚偽ではない、なぜなら残余の全体がそこでもう見越されているからである、すなわち「我思う」の*Einfühlung*が。この第一部の全体がつねに変ることなく伴っている重要なる含蓄は、λόγος（ロゴス）である。しかも私は諸事物について語る、あたかもこの事情が言語を問題とする所以ではないかのように！　言語の主題化は素朴性の段階をもう一つ越えて、*Selbstverständlichkeiten*（諸多の自明性）の地平を幾らかより豊かに露呈する――絶対的なものへの、超越論的領野への、野生の「垂直的」存在への、哲学の移行は、定義からして漸進的で不完全である。この事情は、未完成（φ *Weltanshauung*〈世界観哲学〉、「包括者」へと向う不幸な意識）としてではなくて、却って哲学的主題として了解されねばならない。還元（「生物学的還元」「心理学的還元」「超越論的内在的還元」、そして最後に「基本的思惟」）の不完全性なるものは、還元の妨げではなくて、それこそ還元そのものであり、垂直的存在の再発見なのである。

したがって野生の存在の諸層の一系列がまるまる存することになろう　幾度となく*Einfühlung*、コギトを、やり直さなくてはならないだろう。――

例えば、私は人間的身体の水準において知に先だつ知（pré-savoir 先 - 知）、意味に先だつ意味（pré-sens 先 - 意味）、沈黙の知を、記述するつもりである。

知覚されたものの意味——測定に先だつ「大きさ」、例えば一個の長方形の相貌的な大きさ

知覚された他者の意味——文字通り「知覚されて」いるわけではない[二五]が、しかも知覚のなかで働いているもろもろの実存範疇（Existentiaux）によるある同一人物についての私の諸知覚の *Einigung*（統合）（ヴォルフ**）

「知覚された生命」の意味（ミショット***）——ある現われが生気を帯び、「爬行」等々となるように、させる所以のもの

しかしこれに続いて私は、顕在化されていない一つの地平を顕わにせねばなるまい、つまり、以上のすべてを記述するために私が用いている言語の地平である——そしてこれは、以上のものの究極の意味を共 - 規定（co-détermine）しているのだ

それゆえ、非常に重要なことだが、序論からして直ちに、沈黙のコギトと言語的コギトの問題を導入すること。*Wesen* の、諸意義のコギトのもとに、沈黙のコギトなるものを見ていないデカルトの素朴性——しかし沈黙についての、沈黙のコギトによる記述自体が言語の力にまったく依存しているのに、おのれが沈黙の意識に十全適合していると確信している、沈黙のコギトの同様な素朴性。人間の身体の記述が実現しているような、沈黙の世界の獲得は、もはやこの沈黙の世界ではない、それは分節化され、*Wesen* にまで高められた語られた世界である——知覚的 *λόγος*（ロゴス）の記述は、*λόγος προφορικός*[二六] の使用である。

(自己に立ち戻ろうと欲して自己から脱出する)反省のこの分裂は、遂に終りに達することができるであろうか。言葉《パロル》が、心理学的合致という申し立てられた沈黙を取り囲んでいることに、われわれが気づいた後には、改めて言葉を取り囲む沈黙が、必要となるであろう。その沈黙は、どのようなものなのだろうか。還元がフッサールにとって、究極的には、超越論的内在性ではなくて、*Weltthesis*(世界措定)の露呈であるように、この沈黙も言語活動の反対物ではなくなるのであろう。

私が序論の要求するように最終的に存在論の立場を取り、序論のさまざまな主張《テーゼ》を正確に述べるに至るのは、本書が詳述する一連の還元——そのすべてが最初の還元のうちに存すると同時に、また最後の還元において初めて真に成就されるのであるが——の挙句の果てに、初めて可能となるだろう。この反転自体——*circulus vitiosus deus*(二七)(悪しき循環なる神)****——は躊躇、不誠実、ならびに悪しき弁証法ではなくて、*Σιγή*(沈黙)・深淵*****への還帰である。

直接的な存在論を作ることは、不可能である。(二八) 私の「間接的」な方法(諸存在者における存在)のみが存在にふさわしいものだ——「否定神学」にもなぞらえるべき「否定的なϕ」。

* 欄外に——歴史-詩(histoire-Dichtung)も、ゲルー(Guéroult)と対照的に、これによって正当化される。客観的歴史なるものは、独断論的合理主義である。それは一つの哲学であって、それが主張するようなもの、つまり存在するがままの事実の歴史(histoire de ce qui est)ではない。私の歴史-詩における批判さるべき点は、それが哲学者として私を表現しているということではない——そうではなくて、私を完全には表現しておらず、なお私を変容している、ということである。学としての哲学の歴史とは、俗見(*communis opinio*)である。

歴史-詩の概念については《*Dichtung der Philosophiegeschichte*》「哲学史という詩」について語っているフッサール参照(Die krisis der Europäischen Wissenschaften und die transzendentale Phänomenologie. Husserliana vol. VI. *Nijhoff ed., La Haye*, 1954, p. 513)。これに関する条りは、著者の所有していた *Krisis* の書物のなかで、ふんだ

んにアンダーラインされている。

** *Werner Wolff*. Selbstbeurteilung und Fremdbeurteilung im wissentlichen und unwissentlichen Versuch. *Ps. Forschung 1932.*

*** *A. Michotte*, La Perception de la Causalité, *Vrin éd., Louvain, Paris 1946, pp. 176-7*

**** この表現はニーチェにある。『善悪の彼岸』五六節、仏訳 *Mercure de France, 1929, p. 100-101.*

***** 恐らくクローデル（Claudel）からの心覚え。「時間はやがて存在するはずのすべてのものに提供された、もはや存在しなくなるために存在する手段である、時間は死への招待（Invitation à mourir）であり、あらゆる文章に向って差し向けられた、すべてを明らかにする協和へと解体するようにとの、また崇拝の言葉を Sigè *l'Abîme*（沈黙‐深淵）の耳に向って成就するようにとの、促しなのである。」*Art Poétique, op. cit., p. 57.*［この点については、また Merleau Ponty, La Prose du monde, 1969, p. 157 参照――独訳注による。］

Geist（精神）の *Weltlichkeit*（世界性）――
「見えざる世界」
「客観‐存在」における非‐存在――*le* Seyn

一九五九年二月

人びとはあい変らず「他人」の問題、「相互主観性」等々……の問題について、語っている。実をいうと、理解さるべきものは、実存諸範疇なのだ、つまり「諸人格」（personnes）の彼方にあるもの、われわれが彼らを了解する際の尺度となるところの、そしてあらゆるわれわれの、意志を伴った、ならびに伴わぬ経験の、沈澱した意味にほかならぬところの、実存諸範疇なのである。この無意識的なるもの、これは、われわれの奥底や、われわれの「意識」の背後にではなくて、われわれの領野のもろもろの分節化としてわれわれの先方に探求さるべきである。それが「無意識的」であるのはそれが対象（objet 客観）ではなく、それによって諸対象が可能となる当のものだからであり、われわれの将来が読みとられる星座であるからである――それは、樹木の間の間隔のように、あるいは諸対象の共通の水準として、諸対象の間にある。それはわれわれの志向的生の *Urgemeinschaftung*（原共同化）であり、もろもろの他者のわれわれへの、われわれの彼らへの *Ineinander*（相互透入）である。

　われわれの言うこと、聞くことの（代替可能な）意味（*sens*）を構成するのは、まさにこれらの実存諸範疇なのである。これらは発言《パロル》と同時に、われわれに見えるすべての事物に浸透し始める「見えざる世界」の骨組である――ちょうど精神分裂病患者にあって「別の」空間が感覚的・可視的空間を占有するのと同様に――といっても「見えざる世界」が取って代って感覚的・可視的空間となる、ということではない。可視的なもののうちには、精神の廃墟しか存在しない。世界はいつまでも、古代ローマの中央広場《フォーラム》に似たものであり続けるであろう、少なくとも完全にはこの世界に住まうなどということはしない哲学者のまなざしにとっては――

　われわれの「内的生」――世界のなかの世界、世界のうちなる領域、「そこからしてわれわれが語る場所」（ハイデガー[二九]）そして、そこへと他者たちを、真実の言葉《パロル》によって導き入れる場所。

「見えざる世界」――これは最初から、non-*Urpräsentierbar*（原的に提示されえない）ものとして与えられている、ちょうど他人が彼の身体において、最初から不在者として与えられているように、――隔たり《エカール》として、超越として（Ideen II[三〇]）

資格を付与された非‐存在の、この経験を記述すること他人に先だって、諸事物がかかる非‐存在、隔たり《エカール》である——他人に劣らず、諸事物に対しても*Einfühlung*（自己移入・感情移入）と側面的な関係がある。もちろん諸物は話し相手ではないし、それらを与える*Einfühlung* は、沈黙せるものとしてそれらを与えるには違いない——しかしまさしく、——諸物は首尾よくおこなわれた*Einfühlung* の変種（variantes）なのである。狂人や動物と同様、諸物は、ほぼ仲間に準ずるものなのだ。それらは、私の実質（substance）から抽き出されたものであり、私の肉に刺さった棘である——超越性、距離を隔てた存在があると言うことは、（サルトル的な意味での）存在がこのように非‐存在もしくは可能的なものを孕んでいること、ただ単にそれがそれである当のもの（*ce qu'il est*）に尽きないことを、言うにほかならない。*Gestalthafte*（ゲシタルト的なもの）とは、真にこれを定義しようと欲するならば、以上のごときものとなるであろう。*Gestalt* の概念そのものが——諸要素の総和「ではないもの」として反対側から（*a contrario*）これを定義するのではなく、それ自身に即して定義しようと欲するなら——以上のとおりである。

そして遂に……についての知覚、ゲシタルトが遠心的な*Sinngebung*（意味付与）、本質賦課、*vor-stellen*（前に‐立てる・表‐象）ではありえなくなる——もはやここでは*Empfindung*（感覚）と*Empfundenes*（感覚されるもの）とは区別されなくなる。それは、開披（*ouverture*）である——

感覚すること、知覚することが以上のように理解されるなら、*Wahrheit*（真理）のなかなるなにがしかの *Unwahr*（真ならざるもの）の存在も理解されよう。

科学と哲学*

一九五九年二月

言語《ラング》を関与的なもの（le pertinent）[三]つまり、不可欠条件（le ce sans quoi...）によって定義する方法。いや——人びと［言語学者］は、言葉《パロル》がどこを通過するか、その位置を標定しているのだ。しかし、これによって、言葉《パロル》の全能力が汲み尽くされるわけではない。言葉がこれらの氷結した諸関係のなかにあると仮に信ずるとしたら、誤謬に導かれることになろう——これは科学主義的誤謬であるが、また科学的誤謬でもあり、こうしたものであることが判明している（発展的言語学、つまり歴史を理解することができないという事実——共時性《サンクロニー》への還元——）——しかし、科学的態度における正当にして必然的なもの、これは言語について何も知らない振りをするという方針、祖先から引き継いでおこなわれてきた言語の合理化を、前提しないという方針。当該の言語があたかもわれわれの母国語でないかのように、振る舞うこと。フロイトの、夢も意識も知らないという方針を参照せよ。——研究者は *Einfühlung*（自己移入）を混えずにこれらに問いかけるであろう。——否定的に、「知られざる」言語の開示として、かかる態度は深く哲学的であり、反省的態度をそのもてる最もよきものにおいて構成するものである。この反省なるものは、*Erlebnisse*（諸体験）の現象学へと制限することではないし、またかようなものではありえない。体験に対する不信、これは哲学的である——［この際］意識がわれわれ自身と言語活動についてわれわれを欺くということが予想されており、この予想には根拠がある。［かかる不信は］これら［＝われわれ自身、言語活動］

を見る唯一の仕方［である］。哲学は *Erlebnisse* の特権や、体験の心理学等々の特権とは、何の関係もない。同様に歴史においても、「諸過程」の原因としての「諸決断」を復元することが、問題なのではない。哲学者が求める内面性、これはまた同様に相互主観性でもあり、「体験」の遥か彼方の *Urgemein Stiftung*（原共同性創設）である。——*Erlebnisse*（諸体験）に対抗する *Besinnung*（自省・分別）。しかし言語活動や動物等に対するいっさいの自己移入のこの差し控えは、より高級な自己移入へと再び誘《いざな》うものであり、これを可能ならしめるよう定められているのである。世界についての「野生的」な眺めの探求は、決して前了解（précompréhension）もしくは先‐科学（pré-science）への復帰に限定されるものではない。「原始主義」（primitivisme）は、科学主義の相手方でしかなく、これもなお、科学主義なのである。現象学者たち（シェーラー、ハイデガー）が、帰納性（inductivité）に先だつこの前了解を示唆したのは正当だった。なぜなら *Gegen-stand*（対‐象、対立して‐立つもの）の存在論的価値を問題化させるのは、ほかならぬ前了解だからである。しかし、先‐科学への復帰が、目標ではない。*Lebenswelt* の取り戻しは、科学のおこなうもろもろの客観化（対象化）が、それらはそれらで意味を保ちそれぞれ真なるもの（*vraies*）として了解されうるような、一つの次元の取り戻しなのである（ハイデガー自身、そう述べている、つまりいかなる *Seinsgeschick*〈存在の配剤〉(三)も真であり、*Seinsgeschichte*〈存在の歴史〉の一部をなす）——先‐科学的なものは、ただ単に、メタ（超・後）‐科学的なものの了解への招待でしかなく、後者は、非‐科学ではない。科学を構成するもろもろの手続きを再活性化しさえするならば、そしてそのままに放置された状態ではこれらの手続きが *verdecken*（隠蔽）するものを明らかに見さえするならば、メタ‐科学的なものは、ほかならぬこれらの手続きによって顕わにされるのである。例えば構造主義的態度＝発言行為がなされるたびごとに、そのつど、われわれの眼前でまるごとおのれを再創造するものとしての語連鎖、言語活動《ランガージュ》——発言行為を、これが生起する場所で捉えようという方針、これは原初的なるものへと、*Ursprung*（源泉・起源）へと復帰せんとする方針である――ただし事実的・共時的な規定性のなかに閉じこもらないという条件で、――これは共時的‐通時的全体の脈絡を発話《パロル》のなかに、それゆえ記念碑的な、もしお望みなら神話的といってもよいような発話《パロル》のなかに、捉えんとする方針である。――科学を構成する作用の両義性――語連鎖への、互いに編み合わされた音韻的なものと意味論的なものとへの、ひたすらの注目、
これは、一、*Ursprung*（源泉）を捉えようという要求　源泉の *Entdeckung*（発見・蔽いを取り除くこと）
二、*Gegenstand*（対象）への還元、すなわち、源泉の *Verdeckung*（隠蔽）
＊この覚書は、一九五九年二月二七日エコール・ノルマルにおけるアンドレ・マルティネ氏（*M. André Martinet*）の講演の後で書かれたもの。

一九五九年二月

第一部――存在論の最初の粗描を作成すること――

現在――さまざまな矛盾など
哲学の廃墟――から出発すること――

以上の企てが、単に古典哲学のみならず、死せる神のもろもろの ϕ（キルケゴール―ニーチェ―サルト

ル）をも、それらが前者の対蹠物である以上、問題とするものであることを、明示すること。（そしてまた、もちろん「策略」としての弁証法をも）

哲学の歩みの全体を「基礎的思惟」として、捉え直すこと――

Ph. P. *の諸成果――これらを存在論的解明へと導く必要性――

物――世界――「存在」

否定的なもの――コギト――「他人」――言語

この最初の記述の後に残存している諸問題、それらは、私が部分的には「意識」の哲学を保持していたことに、起因する。

野生のもしくはなまのままの「存在」をフッサールの道によって、そしてそれに向ってわれわれが扉を開いている *Lebenswelt*（生活世界）の道によって、顕わにすること。「哲学」とは何か。*Verborgen*（隠蔽されているもの）の領域（ϕと神秘学 occultisme）

こうした粗描の全体が出来上がったら、これが単に一個の粗描にすぎないこと、なぜ粗描が必要であり、なぜこれが一個の粗描に過ぎないかを、述べること、この粗描は、問題となっていること、つまり「存在」を適切に見るためには、必要にして十分なる出発点だが、――しかしこの領域のなかでわれわれの歩みを確実にするためには、未だ然らず――*Wiederholung*（反復）が必要である、つまり

デカルト派の客観主義的存在論の「破壊」

われわれの「文化」と、われわれの「科学」の与えるさまざまなWinke[三三]（ヒント）とから出発して、φύσις（ピュシス）を、ついでλόγος（ロゴス）と垂直的歴史を、再発見すること——

私の第一部の全体は、フッサールの『危機』のように、甚だ直接的で今日的な仕方で構想さるべきである。われわれの時代の非-哲学を明示し、ついでその起源を歴史的なある*Selbstbesinnung*（自覚・自省）［の仕方］のうちに、そして、科学というわれわれの文化についての、ある*Selbstbesinnung*［の仕方］のうちに求めること、このなかにさまざまな*Winke*（ヒント）が探求されるはずである

＊ Phenoménologie de la Perception. *Op. cit.*

時間——

［日付なし　恐らく一九五九年二月あるいは三月］

時間の湧出は、これに先行する系列の全体を過去へと押しやりでもするかのような時間の補充分の創造として理解しようとしても、理解されえないであろう。このような受動性は、考えることができない。

他方、時間の上を飛翔してこれを俯瞰するところの、そのいかなる分析も、十分なものではない。時間がおのれを構成するのでなければならない——時間に属する誰かある者の観点から、いつも見られるのでなければならない。

しかし、これは自己矛盾した要求のように思われ、先の二者択一のいずれか一つの選択肢に連れ戻す結果となろう。

新しい現在なるものが、それ自身一個の超越者である場合にのみ、以上の矛盾は解決される。つまり現在がここにあるのではないこと、ここに今しがたあったばかりであること、われわれが現在と合致することは決してないことを、われわれは承知している――それは、その場所を占めにやってくるかのような、一定の輪郭をもった時間の一片ではない。それは中心的かつ支配的な領域によって定義された、輪郭の定かならぬ一つの周期《サイクル》――時間のある膨張もしくは球《アンプル》である――ただ、この類いの創造のみが、(一)「+(より)速やかに」もしくは「より遅く」過ぎ去る時間への、「諸内容」の影響、つまりZeitform(時間形式)へのZeitmaterie(時間内容)の影響と、(二)超越論的分析、つまり時間はもろもろの出来事の絶対的な一系列、すなわち一つのテンポではなく――意識のテンポでさえなく――一つの制定(une institution)であり、等値性の一つのシステムである、という分析の真理性を受け入れることとの両者を、可能ならしめるのである。

一九五九年三月

C・d・F(コレージュ・ド・フランス)におけるルレイの報告*――「奇異な」微粒子、十億分の一秒しか持続しないかのようなある微粒子の「存在」(existence)……

かかる存在とは、何を意味するのか。

われわれは巨視的な存在のモデルに従ってこれを考える。つまり仮に十分な時間的拡大鏡でもって拡大するとしたら、この短い持続もわれわれが経験しているさまざまな持続の一つとほぼ等しくなろう、というわけだ。

そして、この拡大はつねにより高度のものが考えられうるのだから、――われわれは、極微のものがあること（*il y a*）（これなしには、巨視的なもののもとに微視的なものを、探求するようなことはしないであろう）と、つねに極微のものが手前に、地平において存する……こととを、要請しているわけだ。これは、まさに地平構造そのものである――しかし、この構造が、自体的存在（l'en soi）においては何ものをも意味しないこと――この構造が意味をもつのは、ひたすら肉的主体の Umwelt（周囲世界）において、*Offenheit*（開放性）として、「存在」の *Verborgenheit*（被隠蔽性）としてでしかないことは明白である。以上のような存在論的秩序のうちに居を定めない限りは、われわれは不安定な思惟、空虚なもしくは矛盾した思惟を免れないであろう……

カントあるいはデカルトの分析――世界は有限でも無限でもなく無限定（indéfini）である――すなわち世界は人間的経験として、――無限の「存在」に直面する有限な悟性の（あるいはカントによれば人間的思惟の深淵の）経験と考えられるべきである。

フッサールの *Offenheit*（開放性）もしくはハイデガーの *Verborgenheit*（被隠蔽性）が意味することは、全然こうしたことではない。つまり存在論的な場（milieu）が、自体的存在の秩序との対照における「人間的表象」の秩序として考えられているのではない――超越の関係の外ではすなわち地平への *Ueberstieg*（登攀）の外では真理そのものが何の意味ももたないことを理解することが、肝心なのである、――「主観性」と「客観」とが分かちがたく一体をなしており、主観的な「諸体験」が世界に算入され、「精神」の *Weltlichkeit*（世界性）の一部をなし、「存在」という帳簿に記入されるということ、対象はこれらの

Abschattungen（射映）の茂み（*touffe*）以外の何ものでもないこと……を理解することが肝心なのだ。知覚するのはわれわれではない。物が、かしこにおいておのれを知覚するのである、――語るのはわれわれではない、真理が言葉《パロル》の底でおのれを語るのである――自然が人間と化することにほかならぬところの、人間が自然と化すること――世界は領野であり、かかるものとしてつねに開かれている。

時間の単一性か多数性かという問題（アインシュタイン）[三四]も、同様な仕方で、つまり地平の観念へと立ち帰ることによって解決すること――

＊　一九五九年三月十五日コレージュ・ド・フランス教授集会に提出されたルイ・ルプランス－ランゲ（*Louis Leprince-Ringuet*）氏の諸著作についてのジャン・ルレイ（Jean Leray）氏の報告への言及。

見えるものと見えざるもの　第二部

一九五九年五月

（「存在」と世界――デカルト、ライプニッツ等について）

次のことを言っておかねばならぬ――われわれがそこで述べること、それは事象そのものであろうか。いや然らず、歴史的な諸多の動機づけが存在する。*Lebenswelt*（生活世界）は「主観的」である――歴史的諸動機づけを明るみに出すにはどうしたらよかろうか。哲学の歴史は、単にこれらの見方の投射でしかなくなるのか――それとも「客観的」たらんと欲して、そのために無味乾燥なものとなるのか、いずれかであろう。われわれの諸問題と、ある一つの哲学の内在的な諸問題と――前者を後者［＝ある一つの哲学―訳者］に向って提起することが許されるのだろうか（グイエ）*。一つの解決しかない、つまり、もろもろの哲学の間に超越性があるのであって、唯一の平面への還元があるのではないことは確かだが、しかしこの奥行に向っての梯列配置においても、諸哲学はやはり互いに照示しあうのであり、やはり同じ「存在」が問題となっているのだということを、明示すること――諸哲学の間に存する知覚的関係、もしくは超越性の関係を明らかにすること。したがって「客観的」哲学史の傍らにこれと並んで独自の権利をもつ垂直的な歴史［がある］――第一部で展開された知覚的存在と *Offenheit*（開放性）の考え方そのものを、ここに適用すること――これが相対主義とどのように区別されるか、ある思想の別の思想への「投射」が、それにもかかわらず、なお一つの「存在核心」をいかに現出させるかを探求すること（ルフォールのマキアベリについての報告参照**――諸事象そのものに向って進むという権利をもろもろの他者に拒んでおきながら、どうして、またいかなる意味で、これを自己について主張することが許されようか。彼らの見解と自己とを共に説明せねばならぬ――しかし、そのうえ、狙いの的は問いかけ、*Befragung* でなければならない）。

哲学、――相互に包含しあうもろもろの環。この第一部はすでに歴史の実践であり、歴史的な *Lebenswelt* から湧出する――そして逆にわれわれがこれから呼びさまそうとする哲学史なるものは、すでにある型の *Umwelt*（周囲世界）であった――存在論的歴史の概念。西欧の存在論の *Umwelt* の顕在化は、われわれの出発点とつき合わせるなら、これに堅実さを与え、かつこれを是正するはずである――（「存在」

「自然」「人間」という諸概念の結合）もちろん以上で汲み尽くされるわけではない、これらは入り乱れた垂直的歴史の、もろもろの糸であって、諸本質ではない。

同様に「自然」の分析は（事象そのものとの接触と称せられる）出発点を再発見し是正する一つの仕方となるであろう。集団的な科学的思惟の諸運動を貫いて、*a contrario*（三五）（これと対照的に）原初的なものが改めて発見し直される。

哲学史への訴えは、すでに歴史、言語などの理論である。

＊ *Henri Gouhier* : Histoire et sa philosophie, *Paris, Vrin, 1952* への言及——とりわけアムラン（*Hamelin*）のデカルト解釈に関して問題提起されている。*Cf. p. 18-20.*

＊＊ 一九五九年五月フランス社会学会での報告、未刊行。

見えるものと見えざるもの

一九五九年五月

第一部　存在論的粗描

第一章　世界と存在

第二章　「存在」と世界

（形而上学が素朴な存在論であり、「存在者」の昇華であることを、明らかにすること——しかし以上の見解が、第一章の諸見解に従って解釈された、形而上学の転換であることは、明白である[三六]。この転換の権利を確立しなくてはならない。それは永久に論証不可能な一つの「見透し」（mise en perspective）ということなのであろうか。われわれは弁証法的経験論のうちに、そしてさまざまな展望の相互性のうちにいつまでも留まるのであろうか。

いや、「哲学史」が問題なのではない。哲学史はいつでも、かかる主観性を伴っている。例えばゲルーによるデカルト解釈も、あい変らず主観的な見透しを伴っていることを明示すること（「主観的」とはこの際はまさしく、哲学とは「諸問題」からなり立っているという予想にほかならない——就任講義参照、これは彼がベルクソンに対立させる見解である）[*]。——私が提案するのは、哲学史についての、一つの「見方」（vue）ではない。言葉を換えていうと、それは歴史に、しかし構造的な歴史に関するものだ。すなわち「諸問題」の創造と解釈としてのある哲学という出来事ではなくて、「存在」と実存的永遠との厳かなる全体のなかに、つまりルフォールの『マキアベリ』[**]と同様、独断的主張でない限りでの、問いかける全体のなかに状況づけられた、この哲学なのである。

パンゴー（Pingaud）著『ラファイエット夫人』[***]参照、ラファイエット夫人の本は、宮廷（お体裁、差しつかえ）に関する本である。しかし、ひとたび宮廷なるものが消滅すると、こうした歴史的な諸根基から切り離されて、この本は一八〇八年以来、一個の神話を生ぜしめる。（神話的）意義《シニフィカシオン》が、社会的基盤についての無知によって創造されるということなのだろう。

ある意味では、意義作用《シニフィカシオン》とはつねに隔たり（écart 偏差《ずれ》）なのである。例えば他人のいうことが、私にとって意味《サンス》に満ちているように見えるのは、彼の抱えるさまざまな空所（*lacunes*）が、決して私の空所の存する場所にはないからである。遠近法的多様性。

しかし、神話へのこうした還元は非神話的事実性（positivité）という基底を予想しているが、これ自身今一つの神話なのだ。神話（*mythe*）、瞞着（*mystification* 神秘化）、疎外（*aliénation*）等々が［いわば］二流の概念（三七）であることを、理解しなくてはならない。

ラファイエット夫人は一つの神話である。しかし神話なるものは一個の拵《こしら》え物（construction）である、という意味においてではない。象徴機能のいかなる使用も一個の神話である（レヴィ＝ストロース）という意味において。

どんな原文《テキスト》でも、かかる神話的な力を獲得しうるというわけではない。新たな*Aufklärung*（啓蒙主義）に対して注意（用心）すること。

『クレーヴの奥方』（*La Princesse de Clèves*）にあって、これを一個の神話になることを可能ならしめる、何かあるもの。

これと同様にデカルトの形而上学、私は、真理性の伴わぬ作りもの、現今においては存在論であるべきものの混乱した姿という意味での神話にこれが属するなどと、いうつもりはない。——デカルトなりの真理が存する。しかし、行間にこれを読むという条件においてである。これはデカルトの思想の雰囲気、デカルト的活動性といったものだ。そしてこう考えることは、デカルトに外的観点を押しつけ、もともと彼には属さぬような問いを彼の哲学に賦課することではないのである。絶対的なものが存すること、la φ（哲学）の歴史に内在する一個の哲学が、しかも、あらゆる諸哲学を唯一の哲学に吸収することでも、また他方、折衷主義や懐疑主義でもない一個の哲学が、存在することを明らかにすること。哲学なるものを一個の知覚たらしめ、la φ の歴史を歴史の知覚たらしめることに、われわれが成功するならば、以上のことは明らかとなろう。――いっさいは次の事柄に帰着する、つまり理解するということは知的内在性において構成することではなくて、共存を通じて捉えること、側面的に、様式において（*en style*）捉えること、そしてそのことによって、この様式とこの文化的装置という遠景に一挙に到達することだということを明らかにするような、知覚と理解に関する理論を作ることに、である。

私がla φの歴史についてこれから言わんとすることは、「コギト」とロゴスについてやがて言うはずのことを見越すものである。――私が第一章において述べることが、第二章のla φの歴史の考え方を先取りするのと同様に。そして、以上の全体が、それに続く諸章において呈示されるはずの（「自然」の）科学の理解を予想しているのと同様に。もろもろの予料（anticipations）、*Vorhabe*[三八]（予持・先所有）しかない。同心円的な諸問題としての哲学。しかし、かくして――

＊　マルシァル・ゲルー氏がコレージュ・ド・フランスにおける哲学諸体系の歴史と技術の講座を取得した折、同所で一九五一年十二月四日になされた就任講義。

＊＊　準備中の著作への言及。

＊＊＊　Mme de La Fayette par elle-même, *Éd. du Seuil*, 《Écrivains de toujours》, 1959.

知覚——無意識——ひと——真なるものの退行運動——（真なるものの退行運動がその一部をなすところの）沈澱

一九五九年五月二日

マンチェスターでタクシーの運転士が私に「ポリスにブリクストン通りがどこか、聞いて来ますからね」といったとき（私は数秒後になって初めて彼の言葉を理解した。言葉 mots はこんなにも生き生きと「触れられて」touchés いたのに）。——これと同様、タバコ屋の女の言葉（phrase）—*Shall I wrapp them together?*（いっしょに包みますか）を私が理解したのもやっと数秒たってからのことだ——そして一挙に［理解した］——人相書に従ってのある人物の認知とか、図式的な予測に従っての出来事の認知を考え合わせてもらいたい。つまりひとたび意味《サンス》が与えられれば、記号は「記号」たる価値を完全にまとうのである。しかしまず意味が与えられなくてはならない。だが、それではどのようにして与えられるのか。恐らく言語的連鎖の一片が認知されて、もろもろの記号に帰来する意味を投射するのだろう。——往復運動（va et vient）という（ベルクソン）[三九]だけでは、十分ではない。何と何との間かを、そして両者の間なるものを作りなすのは何なのかを、理解しなくてはならない。これは一連の帰納手続きではない——これは、*Gestaltung*（形態化）と *Rückgestaltung*（戻帰形態化）とである。「真なるものの退行運動」[四〇]、いったん考えられたものをわれわれはもはや捨て去ることができないという、そしてこれを素材（matériaux）そのもののなかにまで再発見する……という、かの現象。

意味が「知覚」されるのであり、そして *Rückgestaltung*（もとに戻って形態化すること）が「知覚」なのである。これは、これから理解されるはずの事柄の芽生えが存在するということを意味している。（*Insight*〈洞察〉と *Aha Erlebnis*〈「ははーん」という体験〉）――そして、これはまた次のこと、つまり（最初の）知覚が、おのずからして *Gestaltungen*（諸多の形態化）の領野の開披であることを意味する。――さらにこれは、知覚が無意識的(四一)に存することをも意味する。無意識的なものとは何か。軸として、(四二)実存範疇(existential)として働き、そしてこうした意味において、存在するものであって知覚されるものではない。(四三)なぜなら、基準（niveaux 水準）の上の図柄しか、知覚されないからである。――そしてこれらの図柄が知覚されるのも、基準に対してでしかない、したがって基準そのものは知覚されないのだ。――基準の知覚といえば――基準とは、つねに諸対象の間にあって、その周囲で……ところの当のものである。

精神分析学における隠れたもの《オカルト》（無意識的なもの）とは、こうした類いのものである（自分の胸を見つめられていると感じて、衣服を確かめる街頭の婦人を思い浮かべよ。彼女の身体像（schéma corporel 身体図式）は、対自－対他である――つまり対自と対他との蝶番である――身体をもつということは、見つめられること（これに尽きるわけではないが）、見えるものであることである――ここに見られるテレパシーとか、オカルトといった印象＝他人のまなざしを刹那的に読み取る敏捷さ――読み取り（*lecture*）といわねばならないだろうか。却って読み取りが理解されるのはこの現象によってなのだ――たとえ［他人のまなざしをおのが胸に感じて］自分の着ているコートをあわせ直す（あるいは逆に開く）真率な婦人に問いかけたところで、彼女がたった今何をなしたか、みずから承知してはいないだろうということは確かである。彼女は慣習的思惟の言葉遣いにおいては、それを承知してはいないであろう、しかし抑圧されたものが知られているような仕方では、すなわち地の上の図としてではなくて地としては、彼女はこれを承知しているはずである。　細部の知覚とは――*In der Welt Sein*（世界内存在）の領野のなかを駆け巡る一つの波動――

語る－了解する、という関係――身を動かす－目標を知覚する、という関係、すなわち目標は措定されているのではなくて、私に欠如しているもの、身体像（図式）の文字盤上のある偏差《エカール》を示すもの、である。これと同様に、言語的空間のある転調に、言語的装置でもって追いつくことによって私は語るのだ――身体がその目標に結びつけられるのと同様、もろもろの語がその意味に結びつけられる。

語るのが私でないのと同様、知覚するのもまた私ではない――言語活動が私を所有するように知覚が私を所有するのである――そして、それでもやはり語るためには私が現存しなくてはならないように、知覚するためには、私が現存しなくてはならない――しかしいかなる意味においてか。ひと（*on*）として――私の側にあって、知覚世界と言語活動とを賦活しにやってくるものは何なのか。

一九五九年五月

フッサール Zeitbewußtsein（時間意識）――

一、絶対的意識に属する「受容的」要素とは何か――H（フッサール）が、時間を構成するのは私ではない、時間が自己構成するのだ、それは*Selbsterscheinung*[四四]（自己現出）であるというのは、もっともである――しかし「受容性」（réceptivité）という用語は不適切である、なぜならそれは現在から区別された、そして現在を受容するところの、一個の「自己」（Soi）を想わせるからである——かの用語を、単純に、自発的な諸作用（思惟など）への対立によって理解しなくてはならない

二、先だつものを過去へと押しやり、将来の一部分を充たすものは、それぞれ個体としての新たな現在なのであろうか。この場合には、複数の時間（*des temps*）はあるが、時間なるもの（*le temps*）は存在しないことになるだろう——何もかも包含するシステムとして時間を理解しなくてはならない——たとえ、そこ［時間—訳者］におり（*y est*）ある現在に立ち臨んでいる（est à un présent）者にとってしか、捉えられえないとしても

三、印象的意識、*Urerlebnis*（原体験）とは何か。外的事物の*Selbstgegebenheit*（自己所与性）と同様、それは実は、実際上通過不可能な境界（時間的拡大鏡）ではなくて、一個の超越者、最適条件（optimum）であり、一つの*etwas*（何かあるもの）……である（一個の*Gestalt*であって一個の個体に非ず）——そしてこの*Urerlebnis*を「意識する」ということは、……との合致、融合ではないし、また（フッサールはこう述べたのだが）作用もしくは*Auffassung*（統握・把捉）でもない、さらに無化（サルトル）でもなく、空間ならびに時間の基礎たる身体像（図式）が了解せしめるような偏差《エカール》（隔たり）なのである。——それは知覚‐非知覚、つまり現に働きつつあって主題化されない意味なのだ（これは実は、過去把持を基本的と見なすとき、フッサールが言わんと欲していることなのである。これは、私がそれであるところの絶対的現在があたかも存在しないかのごとくに存在するということを意味する）——

四、以上のすべてを以てしても「知る」とは、「意識する」とは、「知覚するとは」、デカルト的意味において「思惟する」とは、何かという問いは、なお依然として手つかずのままに残されている——かつて提起されたことのない問い——人びととは「結合」といった提題《テーゼ》、推定という意味における「見ていると思

うこと、感覚していると思うこと」、ならびに「意味」といった提題《テーゼ》を巡って議論している——人びとは、結合者が必要である、「純粋思惟」（pur *denken*）あるいは《*Selbsterscheinung*》、自己 - 現出、純粋な現出［としての］現出……が必要であることを明らかにする。しかし、以上のすべては対自の観念を前提するものであって、結局、超越を説明することができない——まったく別の方向に、対自自身を争うべからざる、ただし派生的な性格として探求すること、対自は差異化（*différenciation*）における隔たり《エカール》（偏差）の極点である——自己への臨在（présence à soi）は差異化された世界への臨在である——例えば反射のうちに含まれているような「眺め」（vue）を生ぜしめるものとしての——そして差異化としての言語活動《ランガージュ》によって対自存在を閉じるものとしての、知覚的隔たり。意識すること＝地の上の図をもつこと——これ以上に溯行することはできない。

一九五九年五月

物の超越性と幻覚の超越性

物は、汲み尽くしえない物であることによってのみ、換言すれば視線のもとにすみずみまで顕在的（actuelle）とはならないということによってのみ、充実したものである、と主張することを、物の超越性は余儀なくさせる——しかし物はこの全面的な顕在性（actualité）を約束しているのである、それというのも物はそこにあるのだから……

論者が——これに反して——幻覚（fantasme）は観察されえないものである、それは空虚であり、非 -

存在であるというならば、感覚されうるものとの対照は、したがって絶対的なものではなくなる。諸感官とは、若干の汲み尽くしえないもので凝結物（concrétions）を作る装置、現実に存在する諸意義を作る装置である——しかし物はほんとうには観察可能ではないのだ、いかなる観察にも、つねに跨ぎ越しがある。われわれは決して物そのものに臨んでいる（est à）のではない。われわれが感覚可能なものと称するものは、単に *Abschattungen*（さまざまな射映）の際限なき連鎖が沈澱することにほかならない——ところで逆に、想像的なものの沈澱もしくは結晶も、実存諸範疇、象徴的諸母胎なるものも、存在するのである——

［同じ頁に］

「思惟」、「意識」と……における（への）存在（être à…）

（直接的な過去を措定するのではなく、またこれをめざすのでもなく、単におのれの背後に持つ限りでの）把持（rétention）、知覚的現前《プレザンス》（例えば、私の背後にあるものの現存在《プレザンス》）、実存諸範疇のうちに沈澱した私の全過去の現存在《プレザンス》、言葉《パロル》によって私が言わんとすることへの、ならびに私の手許にある諸意義の識別的装置への、私の準拠《レフェランス》、私が行こうと欲する場所への運動的照準《レフェランス》、*Vorhabe*（予持）（一つの領野もしくは一つの理念の *Stiftung*〈創設〉）、身体像（図式）によるある空間内への居住、そして行動の発生過程（embryologie）における一つの時間の創始、以上のいっさいは、実存することについての思惟ではない一個の実存という問題のまわりを巡るものである。——そしてフッサールは、かかる実存を過去把持的な絶対流として、心理学的反省の核心に再発見するのである（しかしフッサールにおいては、適切とはいえない*Empfindung*〈感覚〉の時間という観念がそこにある。ところが広義の現在は象徴的母胎であって、ただ単に過去に向って砕け散る一個の現在にはとどまらない）——上記の実存とは自己からの不在であるような「自己」への臨在《プレザンス》であり、「自己」からの隔たりを通じての「自己」との接触なのである——地の上の図、最も単純な《*Etwas*》（あるもの）——ゲシタルトは精神の問題の鍵を握っている

　ゲシタルトがいかなる意味において、最も高度の諸意義を含み、かつ含まぬかを見定めるためには、ヴェルトハイマー（Wertheimer）の*Productive Thinking*＊参照

＊ *Harper and brothers ed., New York and London, 1945.*

互いに交叉しあうまなざし＝eine Art der Reflexion（一種の反省）

一九五九年五月

　ほかならぬ諸事物の肉がすでに、われわれに、われわれの肉について語り、そして、われわれに他人の肉について語っているのである、——私の「まなざし」とは、「感覚可能なもの」に、なまのままの原初的な世界に、属する与件の一つである。そしてこの与件は、存在と無とへの分析、意識としての実存《エグジスタンス》と物としての現実存在《エグジスタンス》とへの分析に挑戦し、哲学の完全な再構築を要求する当のものなのである。存在と無の分析論はこの秩序を顕わにすると同時に隠蔽する。つまりこの分析論は、無に対する存在の脅威、ならびに存在に対する無の脅威として、この秩序を顕わにするのであり、それがこれを隠蔽するのも、存在性（entité）と否性（négatité）とが原理的に依然として孤立化されうる状態にとどまっているからである。

殺すところのまなざし
中心をずらすことであって、廃絶ではない。
サルトル（無）にとっては、問題とすること
＝殺すこと、問題となること＝存在しなくなること

一九五九年五月二十日

（ベルクソン）超越——忘却——時間

私が述べたことは次のとおりだ——われわれの内にわれわれが再発見するがままの世界への開披と、生の内部に窺い見るところの知覚（あるがまま《スポンタネ》の存在〈物〉であると同時に自己‐存在〈「主体」〉であるような知覚——ベルクソンは、時間を測定するのではなくて見ようと努める意識について語っている *la Pensée et le Mouvant*『思想と動くもの』の文章のなかで、同時にあるがままでかつ反省された意識*の存することを、かつて明白に述べたことがある）、この両者は、互いに絡みあい、侵入しあい、結びついている。

以上のことが何を意味するか。正確に述べること。

これは「客観の観点」と「主観の観点」の彼方に、「蛇行線**」（serpentement）、蛇のうねりのような存在ともいうべき［両者にとって］共通の核心（私が「世界における〈もしくは世界への〉存在の転調(四五)」と呼んだもの）を現出させる。いかにして、これが（あるいはすべてのゲシタルトが）「諸物のなかで生起

する」(四六)知覚であるのか、その事情を理解させねばならない。このような言い方は未だ、真に述べられるべきことの主観‐客観用語法における（ヴァール、ベルクソン）近似的表現にすぎない。肝心なのは、諸事物がわれわれを所有するのであって、諸事物を所有するのはわれわれではない、ということだ。かつてあった存在は、決して、あったという事実をなくすことはできない、ということ。「世界の記憶」。言語《ランガージュ》がわれわれを所有するのであって、われわれが言語を所有するのではない、ということ。われわれのうちで語るのは存在であって、存在について語るのがわれわれではない、ということ。***

　しかし然らば、主体性なるものは、どのように理解さるべきか。すべてを保存する精神といったベルクソン的表現の不十分性（これでは知覚されるもの‐想像的なものの間の本性上の差異が不可能にされてしまう）。神において見る、というマールブランシュ的な表現も同様に不十分。なぜなら、これは、超越論的意識の等価物であって、「意義」という形態のもとでの「保存」だからだ。解決は、見る働き（vision）そのもののなかに求めらるべきである。追憶（souvenir）は見る働きによってしか、理解されないだろう。追憶が存在可能であり、かつ忘却を伴いうるためには、見る働きが、すでにある者における転調もしくは蛇行であり、世界の知覚的システムの変容態（variante）であるのでなければならない。フッサールにおける過去把持の記述（ならびに時間としての主体性の、絶対的流れの、前‐志向的な把持の、記述）は、一つの端緒ではあるけれども、次のような問いを未解決のままに残している。それは時間的パースペクティヴの「皺縮」（ratatinement）つまり遠くの過去把持の、地平への移行、忘却は、何に由来するのか、という問いである。

　忘却の問題、これは、本質的には、忘却が非連続的であることに、起因する。仮に *Ablaufphänomen*（経過現象）の各局面ごとに、過去の一区画が忘却のなかに沈むのだとしたら、われわれは、対物レンズの絞り[四七]として現在の領野をもつことになろうし、忘却は有効な刺激の除去による掩蔽であり、身体上の痕跡の抹殺によって強い心像（*fort-image*）が産出されなくなる箇所だ、ということになるであろう。あるいはまた、観念論的言葉遣いでいうならば、忘却は、未来から沈降して来た現在の新たな区画と正確に対応して、現在 - 過去システムの一部をなす、ということになろう。

　しかし事実は、以上のとおりではない。どれほど遠ざかろうと、忘れられない過去把持が存する。直前に「知覚された」断片で消失してしまうものもある（これらの断片は、知覚されていたのだろうか。そして知覚されているものと、知覚されていないものとの関係は、正確にいうといかなるものか）――それに加えて、未来からやってくる現在の客観的一区画なるものは、存在しない。フッサールの図示は、今の系列を一本の直線上の諸点によって表わすことが可能だという、かの黙契に従っている。****確かにフッサールは、この「直線上の」点に、それから結果するもろもろの把持と把持の把持とによるあらゆる手直しを、付け加え、この限りにおいては彼は時間を系列的なもの、点的出来事の継起とは考えていない。しかし、たとえかように複雑にしたところで、経過現象のこの表現は欠点を免れない。空間的であるから、というわけではない。なぜなら現実の空間もまた、時間と同様、点や線を含んでいないからである。ゲシタルトがすでに超越であることを了解すること、ゲシタルトは一本の線がヴェクトルであり、一個の点が諸力の中心であることを、私に理解させてくれる――諸事物には純粋・独立な線[四八]も点も色彩もない。領野の眺めと領野の概念――蛇行は恐らくいかなる実在的な線[四九]をも再現するものではないと、ベルクソンはいう。*****しかし「実在的」であるような、いかなる線も存在しないのだ。したがってベルクソンがおこなったように、空間が問題化さるべきではないのである。そして、これと相関的なことだが、解決を得るためには融合（fusion）としての時間に移行するのでは十分ではない――これは偽りの反定立《アンチテーゼ》だ――同一性としての

（空間的もしくは時間的な）物から、差異性としての（空間的もしくは時間的な）物へと、つまり超越としての、すなわち、つねに「背後」、彼方、遠方……としての物へと移行せねばならないのだ。現在ですら、超越を伴わぬ絶対的合致ではなく、*Urerlebnis*（原体験）でさえ、それが含むのは全面的な合致ではなくて、部分的な合致[五〇]なのである。それというのも、それにはもろもろの地平が伴っており、これらなしにはありえないだろうから——現在もまた注意の摘《つま》みに挟んで近くからこれを捉えることはできない、それは一個の包含者なのだから。現在の*Erfüllung*（充実）を正確に研究すること、この［*Erfüllung* という］隠喩の危険性——それ固有のもろもろの寸法をもつある空虚が存在していて、一定量の現在（これはつねに客観的な隔膜によって定義された領野である）によって充たされるかのごとく私に信じさせる危険性。フッサールが一個の《norme》（規範・常態）について語る際、彼がまさしく意味していることは、かかるノルムを、与えられたものとして前提することはできないということなのである。肝心なのは*Normierung*（規範・基準を立てること）[五一]、つまり（ハイデガー）尺度となるもの（*mesurant*）[五二]の定立である。そうすると、ノルムと隔膜などが、結局は「世界」にほかならない全体的な現象から、派生することがわかってくる（マンチェスター講演参照）（それぞれの知覚は「思惟」である、しかし総体は世界に「書き込まれて」いる——あらゆる出来事は、ペギーがそれについて「世界の出来事のリズム[五三]」——ここでもまた蛇のうねりだ——と語っている歴史的出来事の類型に属する——国家の、戦争の、等々の主体は誰かを知ることに関する諸問題は、知覚の主体は誰かを知るという問題と正確に同じ類型に属する。それゆえ、歴史の哲学は知覚の問題を解くことによって、初めて解決されるだろう）

　ここからして、「存在」と「無」とに関するあるφ（哲学）の不可能性が［帰結する］、未来は無ではない、過去はサルトルの意味における想像的なものではない——確かに現在はある（*il y a*）、しかし現在の超越性がまさしく、ある過去ならびにある未来へと現在が接続しうるように、させているのである、そして逆に過去と未来とは無化ではない――

要するに、無（もしくは、むしろ非存在）は窪《くぼ》みであって穴ではない。穴という意味での開かれたもの、これがサルトルでありベルクソンである、それは否定主義か、超肯定主義（ベルクソン）であって、両者は区別できない。*nichtiges Nichts*（空虚な無）なるものはまったく存在しない。無についてのベルクソンの諸観念[五四]についての私の論点をまとめること、ベルクソンがあまりにも論証しすぎていると私がいうのには理があるが、しかしそこからしてサルトルに道理があると結論するように見えるのは誤りだ。無の負直観（négintuition）は拒絶さるべきである。それというのも、無自身もまた、つねに他の方面では存在するのだから。真の解決、*Offenheit* d'*Umwelt*（周囲世界の開放性）、*Horizonthaftigkeit*（地平性）。

忘却の問題、これは忘却が非連続的であることに由来すると、私は述べた。これを掩蔽すること（occultation ベルクソン）と考えてはならない。また無への移行、廃絶として理解するのも、――そして、おのれの隠蔽するものについての知を包みこむ積極的な機能（フロイト――サルトル）として理解するのも不可、然らずして…から顔をそむけることによって…に臨むあり方（manière d'être à…）と考えねばならない――意識すること自体が、超越において、…によって超出されることとして、それゆえ、無知として理解さるべきである。しかし結局のところ、知覚的［？・］[五五]なるものは存在するのであろうか――然り、だがそれは、接触という意味での直接性（immédiation）ではない。（そして、それはサルトルの意味での距離ではない、つまり私という無なるもの、私を事物から分離するところの無なるもの、ではない）――やがて忘却は説明されるであろうが、知覚と非知覚とを「混合すること」によってではないことは、まさにそのとおりである。

［忘却が説明されるのは］知覚（と、したがって非知覚）をよりよく理解することによって、である――すなわち、知覚を差異化として、忘却を差異滅却（dédifférenciation）として理解すること。もはや追憶を見ないという事実＝感覚的(五六)なものそのもの（*le* sensible）でもあるかのような心的材料の破壊ではない。そうではなくて、もはや偏差（écart）や起伏（relief）が存在しないようにさせる所以の、その非分節化（désarticulation）である。忘却の暗黒なるものはまさにこれである。「意識すること」＝地の上の図をもつこと、そして、これは非分節化によって消失するということ、この点を理解すること――地－図なる区別は、「主観」と「客観」との間に第三項を導入する。知覚的意味をなすものは、まず第一にまさにあの偏差にほかならない。

* 著者は次の条りに拠っている――「しかし科学が取り除くところのこの持続、概念的に理解するのも表現するのも困難なこの持続を、われわれは感じ、生きているのである。仮に、これの何たるかを尋ね求めるとしたら？ これを測定するのではなく、ひたすら見ることだけを志し、したがってそれを固定せずに捉えるような、結局おのれ自身を対象として捉えるような意識、そして同時に見る者（spectatrice 観客）であり、かつ行動する者（actrice 演技者）であり、あるがままであり、かつ反省されたものであり、おのれを固定する注意と逃れゆく時間とを、互いに合致せしめるほど接近させるような意識にとって、この持続はいかなる姿をとって現われるであろうか」La Pensée et le Mouvaent, *Paris, 1934, p.10.* [P. U F., p. 4; Œuvres, p.1255]

** *Id., p. 293.* [P. U. F., p. 294-5; Œu., p. 1459-60]

*** 欄外に次の覚書がある――リュイエ（Ruyer）が即自と対自とは同じものであると言うとき、結局彼の言葉には何か深いものがある。ただし諸物がそのまま諸精神であるといったふうに理解しないという条件で。

**** *Husserl,* Vorlesungen zur Phänomenologie der inneren Zeitbewußtseins, *p. 22* (*Jahrb. f. Philo. u. Phänomenol. Forschung IX, 1928*). [Huss. X, p. 28]. Phénomenologie de la Perception, *p. 477 sq.* [『知覚の現象学』六八九頁以下］におけるフッサールの図式の分析の説明、論議参照。

***** La Pensée et le Mouvaent, *p. 294.* [P. U F., p. 265 ; Œu., p. 1460]
****** 一九五九年五月一日マンチェスター大学における著者の講演。
******* 丸括弧の下、著者の習慣に従って線間に次の語あり——positivisme（肯定主義）。négativisme（否定主義）。前者は明らかにフロイトを、後者はサルトルを指す。

哲学と文学

［日付なし　恐らく一九五九年六月］

哲学は、まさに「われわれにおいて語る〈存在〉」、沈黙の経験のそれ自身による表現として、創造である。同時に「存在」の再統合であるような創造［である］。それというのもこれは、歴史が製造する何がしかの *Gebilde*（形成物）の一つという意味における創造ではないからである。哲学は、おのれが *Gebilde* であることを心得ており、純然たる *Gebilde* としてのおのれを超出し、その起源を再発見しようと欲する。それゆえ哲学は、根本的《ラディカル》意味における創造、つまり同時に十全適合（adéquation）であるような創造、十全適合を獲得する唯一の仕方たるところの創造である。

以上の所見は、哲学を最高の芸術と見なすスリオ（Souriau）の諸見解を著しく深めるものである。* なぜなら芸術も哲学もともどもまさしく「精神的なるもの」の（「文化」の）宇宙における恣意的な製造過程ではなくして、まさしく創造たる限りにおいて「存在」との接触だからである。「存在」こそ、われわれが「存在」の経験をもたんがためにわれわれに創造を要求する当のものなのである。

この意味における文学の、つまり「存在」の碑文（*inscription* de l'Être）としての文学の分析をおこなうこと。

＊ 覚書の冒頭に次の指示あり――Souriau, *L'instauration philosophique*［*Alcan, 1939*］, Guéroult, *Mélanges Souriau* : la voie de l'objectivité esthétique［*Nizet, 1952*］参照。

存在と世界　第三章＊

［日付なし　恐らく一九五九年六月］

超越性の観念（対象の所有という思想ではなく隔たり《エカール》の思想として）と馴染むような仕方で、哲学史の定義を試みること、つまり「私の」哲学のうちに歴史を平たく取り込むようなものでもなく――かつ偶像崇拝的なものでもない哲学史の定義を求めること――デカルトの捉え直し、もしくは反復、改めて、すなわち、われわれから出発してデカルトの真理を考えなおすことによって、彼に、彼の真理を取り戻させる唯一の手段――多くの面をもった英知的世界――他の諸哲学者に関する知覚としての、つまり彼らに対する志向的踏み越え(五七)としての、彼らを止揚するにせよ引き写しにするにせよ、いずれにせよ、かかるやり方で彼らを殺したりするようなことはしない本来の思惟としての哲学史。哲学者たちを彼ら自身の諸問題において追求すること（ゲルー）、＊＊――しかし彼ら自身の問題はそれぞれ「存在」の問題に内的に関わっている。このことを彼らはみな明言しているのだ。それゆえ、われわれは彼らをこの地平において考えることができるし、またそうすべきである。

以上のすべてを、第三章の出発にあたって述べること
そしてまた、この存在論的素描は哲学の、——したがって哲学の歴史の先取りである（それは言語の使用、われわれのうちですでに働いている歴史の使用を含んでいる）。前以て予想されている諸前提を顕わにしなくてはならない。そして、こうすることは、しかしなお哲学することに属するのであって、歴史の営みに属することではない。

第三章と「自然」と科学に関する第四章の関係を示すこと、科学と共に吟味されるはずのものは、ある種の存在論（客観主義的な）である。

ディレンマ——いかなる仕方で意識に頼るのか
いかなる仕方で意識を拒むのか
Offenheit（開披・開放性）としての意識の観念によって克服さるべし——

* Être et Monde—著者がその著作の第一部に最初に与えた題名。

** 就任講義 *Op. cit.*

悟性と言外に意味されているもの——*la* φ の歴史

一九五九年六月

（ゲルーの哲学史とならんで）作成されねばならないと思われる哲学史は、言外に意味されているもの

の歴史である。例えば、心身の区別とそれらの統合に関するデカルトの諸テーゼは悟性の平面に開陳されうるものではなく、そして思惟の連続的な運動によってともども正当化されうるものではない。それらが共に主張されうるのは、ただ、それらの言外の意味を伴った形で受け取られる場合に限られる――言外の意味の秩序においては、本質の探求と現実存在（existence 実存）の探求とは対立せず、同じ事柄となる――たとえ哲学的言語であっても、言語活動というものを、諸陳述や諸「解決」の総和としてではなく、わずかに掲げられた帷《とばり》、緯《よこいと》で織りなされた言葉の経《たていと》と見なすこと……

五九年六月四日

ヘーゲルの用語 *an sich oder für uns*[五八]（自体において、あるいはわれわれにとって）＝まさしく、事象自体を直接把握せんとするがゆえにこそ、却って主観性に舞い戻るところの思惟（反省的思惟）が存するということ――そしてこの思惟は逆に、われわれにとっての存在によって憑きまとわれているがゆえに、却ってこれを把握せず、ただ意義という形態における事象「自体」しか、捉えないのである。

真の哲学＝自己からの脱出は自己への還帰であり、またその逆である、という所以をなすものを把握すること。

この交差（chiasma）、この反転を捉えること、これが精神というものである。

「哲学」（la Philosophie）。哲学の場《ミリウ》を定義するために、グイエの問い――われわれは一個の哲学（une philosophie）に向って、それがみずから自分に向って提起しなかったさまざまな問いを、立てることが許されるだろうか――から出発すること。否と答えることは、もろもろの哲学をそれぞれ別々の所業と見なし、哲学なるもの（*la philosophie*）を否認することである。然りと答えることは、歴史を哲学に還元することである。*

私の観点――一個の哲学は、一個の(五九)芸術作品と同様、そこに「含まれている」思想よりいっそう多くの思想を生ぜしめる力をもった一つの(六〇)対象であり（われわれはその思想を枚挙することができるだろうか、一個の言語［の語彙その他言語要素］を数え上げることができるだろうか）、その歴史的文脈の外でも意味を保持するところの、いや、この文脈の外でしか意味をもたないところの、一つの対象なのである、かかる垂直的な、もしくは哲学的な歴史の例――デカルト、マールブランシュ――を提示すること。彼らが考えたとおりの彼らの諸問題と、彼らを真に動かしている諸問題、そしてわれわれが言い表わすところの諸問題を、区別する必要があるのではなかろうか。――以上の見方は、いつも相対主義的な諸結論に、つまり時代が変れば覆されてしまうような諸結論に、導くことになるだろうか。否、もし諸哲学がその総体性において問いであるとするならば、諸哲学をして語らしめるところの問いかける思惟が、次に来らんとするものによって超出されることなどないのである（マキアベリについてのルフォール［の陳述］**）

* L'Histoire et sa philosophie, *op. cit.* 著者はとりわけ、最終章に言及しているように思われる。この最終章においては、哲学なるもの（LA *philosophie*）の歴史と、諸哲学の（DES *philosophies*）歴史との間の差異が強調されている。

** 準備中の著作への言及。

二元論——哲学

一九五九年七月

Ph. P.[*]において提起された諸問題は、同書では「意識」—「客観」という区別から私が出発しているがゆえに、解決不可能である——

かかる区別から出発したのでは「客観的」秩序に属するしかじかの事実（しかじかの脳傷害）が、世界との関係に関わるある傷害——「意識」の全体が客観的身体の関数たることを証拠だてるように見える、大々的な傷害——を惹起する事情が、決して理解されないだろう——これらの問題は、いわゆる客観的条件づけとは何なのかを問うことによって、廃棄されねばならぬ諸問題なのである。これに対する答え——客観的条件づけとは、存在論的に第一のものたる、なまのままの、もしくは野生の存在の秩序に属するある出来事を、表現し譜記する一つの仕方である、ということだ。この出来事とは、ほどよく編成されたある見えるもの（身体）が、ある見えざる意味を孕んで窪むということに、ほかならない——すべての構造の造られる共通の素材は、見えるものであり、これは、それ自身としては、決して客観的なもの、即自に属するのではなく、超越者に属する——それは「対自」（pour Soi）に対立するものではない、それが統合性（cohésion）を有しているのも、ひたすらある「自己」をめざしてでしかないのである——「自己」なるものも、無としても、なにかあるもの（quelque chose）としても、理解されることはできず、「物」ならびに「世界」の相関的な侵犯的もしくは踏み越し的統一（時間-物、時間-存在）

として理解さるべきである。

* Phénoménologie de la Perception. *Op. cit.*

一九五九年八月

次の三項を明示すること――

一、知覚の近代的理論は現象学であり（ミショット）*、そしてこれは、なまのままの存在、「垂直的」世界を顕わにする――

二、知覚に適用された情報理論、それと行動に適用された操作主義――これは実は、漠然と垣間見られた限りでの、有機体の姿としての意味の観念、肉の観念である。

三、知覚‐メッセージという類比（コード化とコード解読）は有効である。ただし、(a)識別的行動の背後に肉を、(b)情報の背後に言葉《パロル》とその「了解可能な」弁別的諸システムを明確に見わけるという条件づきで、ということ。

* *Op. cit.*

知覚する主体、語る主体、思惟する主体

一九五九年九月

暗黙の、沈黙の *Être-à*（への-存在、における-存在）としての、知覚する主体、盲目的に同一視される物そのものから立ち戻る知覚する主体、単に物そのものに対する偏差（*écart* 隔たり）でしかない知覚する主体——オディッセウスの意味での《personne》(六一)（誰も……しない）としての、世界のなかに埋没していてまだおのれの航跡をそこに描いたことがない匿名者としての、知覚作用の自己。非知覚としての知覚、非所有の明証性。つまり何が問題となっているか、それをあまりにもよく承知しているがゆえにこそ、これを対-象（ob-jet 前に-投げられたもの）として措定する必要がないのである。匿名性と類属性（généralité）。その意味するものは、*nichtiges Nichts*（空虚な無）でなく「非存在の湖(六二)」、場所的・時間的な一つの開披（*ouverture*）のなかにはめ込まれたある無であり——事実としての見る働き、ならびに感覚する働きであって、見、かつ感覚すると思うことではない。——もし論者が、この見る働きと感覚作用を担うのが、見ることについての、ならびに感覚することについての思惟だと主張するならば、世界と「存在」とは、一個の観念対象（idéat）でしかなくなるだろうし、垂直的もしくは野生の「存在」は、決して二度と再発見されることはありえないであろう。「自然の光(六三)」（lumière naturelle）の目的論は、観念性に変えられてしまう。

語る主体、これは、ある一つの実践（*praxis*）の主体である。彼は、語られ、かつ理解されるもろもろ

の言葉《パロル》を、思惟の諸対象もしくは観念対象《イデアトゥム》として、自己の前に掌握しているのではない。彼がこれらの言葉を所持するのは、ひたすら、あるVorhabe（六四）（予持）によるのでしかない。そしてこのVorhabeは、ある場所に赴く際の私の身体によるこの場所のVorhabeという型《タイプ》のそれなのである。すなわち、彼はしかじかという能記……の何がしかの欠如であり、この能記も能記でそれが欠いている当のもののBild（像）を構築するのではない、ということだ。それゆえ、ここに存するのは、知覚の目的論と同様、……についての意識によっても、あるいはまた脱《エクースターズ》‐自とか構築的企投によっても、支えられることを肯んじない、一個の新‐目的論なのである。能記同士の間の諸関係、能記の所記への諸関係、ならびに諸意義（諸意義間の差異としての）に関する、ソシュール的分析は、ある基準（*niveau*）に対する偏差（*écart* 隔たり）としての知覚という観念、すなわち原初的「存在」の観念、諸慣習の「慣習」の観念、語り《パロル》に先立つ語りの観念を、確証し再発見するものである。

明らかにしなくてはならないこと、それは前‐言語的「存在」のなかに語りが導入するところの激変である。語りは最初から、前‐言語的「存在」を変容するのではない、最初のうちは、語りそのものが、「自己中心的言語活動」なのである。しかし、それでもやはり語りは、操作的意義（signification opératoire）（六五）をやがて生ぜしめるはずの変換の素因を孕んでいる。そうなると問題は、この素因とは何かということだ。この実践的思惟とは？　知覚する者も、語る者も同じ存在なのであろうか。同じでないということは、ありえない。そこで、もし同じだとするならば、これは、「見ることについての、ならびに感覚することについての思惟」、「コギト」、……についての意識を、復活させることにはならないか。

立方体の分析を再び取り上げること。六つのあい等しい面をもった立方体そのものが存するのは、観点をもたないまなざし、立方体の中心に座を占める精神の働き（*opération*）もしくは洞察(六六)（inspection）、「存在」の領野にとってでしかないということは、なるほどそのとおりである——そして、立方体に対するさまざまなパースペクティヴについて言われうることは、立方体そのものには関係ない。

しかしながら、立方体そのものとは、さまざまなパースペクティヴと対比して言われることで、否定的な規定なのである。「存在」とは、ここではあらゆる非‐存在、あらゆる見かけを排除するもののことである。つまり自体者（l'en soi）とは、単に*percipi*(六七)（知覚される）だけではないもののことである。かかる「存在」の担い手としての精神、これはいずこにも存在しないもの、あらゆる場所（*où* どこに）を包括するもの、なのである。

したがって、以上のような反省的思惟による分析、かかる存在の浄化（デカルトの「まったく裸の」蜜蠟(六八)）は、すでにそこ（déjà là）にある「存在」、前‐批判的な「存在」を見過しているのである——後者のような「存在」を、いかに記述すべきか。もはや、それがまさにそれではないところのあるものによってではなくて、それがそれである(六九)当のものによって［記述すべきである］。こうしてこそ初めて、立方体に対するある眺め、距離を取ることであり超越することにほかならぬところの、立方体に対するある眺めによる、立方体そのものへの通路が獲得される――立方体についての一つの眺めをもつ、と言うことは、すなわち、知覚するものたる私が私自身からそれへと赴き、私がそれに向って私自身を出てゆく、と言うことである。私、私の見る働き（*vue*）、われわれは、立方体とともに、同一の肉的世界のなかに取り込まれている。つまり私の見る働きと私の身体とは、なかんずく立方体にほかならぬかの同じ存在から、それら自身立ち現われる、ということなのだ――それらを、視覚作用の主観として資格づける反省とは、触れている最中の私自身に私が触れると見なすところの、すなわち私における同一者が見られ、かつ見るものであるとなすところの、ほかならぬ例の鈍感な反省なのである。［実は］私は見ている最中の私自身を見るのではなくて、踏み越え（*empiètement*）によって私の可視的な身体を仕上げるのであり、私は、私の見られて－いる存在（être-vu）を、私にとって可視的－である私の存在の彼方へと、延長するのである。そして、回路を閉じ私の見られて－いる存在を成就するところの立方体そのものにしても、それが現にありうるのは、私の肉、視覚という私の身体にとってなのである。したがって、一個の立方体をして現に存するようになす所以のものは、結局、私と立方体とを包括するものとしての「存在」の実質に充ちた統一性（unité massive）であり、野生の「存在」つまり浄化されざる「垂直的」な「存在」なのだ。

　この例に基づいて純粋なる「意義」の湧出を把握すること――（幾何学者の定義するような）立方体という「意義」、「本質」、プラトン的理念《イデー》、客観などは、現にある（*il y a*）ということの凝結であり、動詞的な意味における *Wesen* すなわち *ester**（出頭・出廷する）である。――いかなる *that* も *what* を含んでいる。それというのも、この *that* は無ではなく、それゆえ *etwas*（あるもの）であり、したがって *west*（*wesen* する）からである――

言語ならびに算式がそれぞれ意義を湧出させる仕方を研究すること[七〇]

＊ wesenの訳語としてのesterは、ジルベール・カーン（*Gilbert Kahn*）からの借用語である。Cf. Introduction à la Métaphysique, *par Martin Heidegger, trad. fr. Coll. Épiméthée. PUF, 1958*（*index des termes allemands*），*p. 239.*

分析の問題

一九五九年九月

幼児の経験する時間、速度といったものを、われわれ［大人―訳者］の時間、空間等々……の未分化（indifférenciation 非差異化）として、理解する権利がわれわれにはあるだろうか。こんなやり方は、諸現象を尊重しようと努める傍で、幼児の経験をわれわれの経験に均《なら》すことにほかならない。なぜなら、これは、幼児の経験をわれわれの差異化の否定と考えることだからである。幼児の経験を肯定的（積極的）に考えるところまで、つまり現象学にまで、進まねばならないであろう。

ところで同じ問いが、すべての他者、とりわけ他我（alter ego もう一つの自我）に関しても、提起される——そしてまた、反省する私自身にとっての、反省される私という、私とは別なるもの、この他者についても［提起される］。

解決——幼児、他我《アルテル・エゴ》、私における非反省的なるものを、側面的な、前‐分析的な仕方でこれらに参与することによって、捉え直すこと、この参与は、知覚であり、定義によって *ueberschreiten*（踏み越えること）であり、志向的な侵犯である。私が幼児を知覚する場合、幼児は、まさしくある隔たり《エカール》（呈示不可能なものの原的呈示）においておのれを与えるのであり、この事情は、私にとっての私の知覚体験、私の他我、分析以前の物についても同様である。ここには、われわれがそれから作りなされている、共通の織地があるのである。野生の「存在」。そして、このような知覚をまた知覚すること（現象学的「反省」）とは、われわれがそこからさまざまな資料を持ち帰るところの、かの本源的な外出の財産査定であり、自己に目覚めるかの *Ineinander*（相互透入）の財産査定である、それは感覚的なもの、肉的なものそのものであるところの *immer wieder*（再三再四）の使用である（それというのも、いかなる反省も、触れられた手を通じての触れる手の反省モデルに由来するものであり、開かれた類属性〈généralité〉、身体の操縦輪〈volant〉の延長だからである）、それゆえ反省とは自己への同一化（見ること、もしくは感覚することについての思惟）ではなくて、自己との非‐差異性＝沈黙のもしくは盲目の同一化である。そして反省がこの地平的開披と縁を切り、もはや地平を通じ自然の規整に従ってではなく、直接的に、しかも隈《くま》なく自己を捉えようと欲するならば、その場合には、それがなしうることといえば、おのれを言語化のうちに昇華させ、ただ単に自然的であるにはとどまらないような一個の身体をおのれに与え、「透明な」装置たる一つの言語を芽ばえさせること、だけなのである、この「透明な」装置は、純粋な、もしくは空虚な自己への臨在（présence à soi）という錯覚を与え、しかもその実は、ただ一定の空虚、これ、あるいはあれの欠如の証拠しか提供しないのである……

　本質的なことは、垂直的な、もしくは野生の「存在」を記述すること［である］、すなわちそれなしには、なにも、いや精神でさえも、考えられないような、前‐精神的な場（milieu媒質）として、またそれを通じて、われわれの時間をもつために、われわれが互いのうちに往き交い、われわれ自身もわれわれ自身のうちに移行するところの、前‐精神的な場として、垂直的な、もしくは野生の「存在」を、記述すること［である］。これを果たすのは、哲学だけである——

哲学とは、「存在」の *Vorhabe*（予持）の研究である。*Vorhabe* は、確かに認識ではなく、認識、操作に比すれば欠陥もあるが、しかし「存在」が諸存在者を包括するように認識や操作を包括するものなのである。

ピアジェの論理主義は、われわれの［西欧の—訳者］文化の絶対化である——彼の論理学に流れそそぐ彼の心理学と同様に。民族学的経験とはあい容れない。心理学、論理学、民族学は、互いに破壊しあう敵対的な独断論である。ただ哲学のみが、まさに「存在」の領域全体をめざすがゆえに、以上の三者を相対化することによって、互いにあい容れあうものたらしめる。認識の諸領域は、それら自身のなすがままに放任されるならば、葛藤と矛盾に陥るのだ。

一九五九年九月

Gestalt

Gestalt とは何か。部分の総和には還元されない一個の全体、［これは］否定的、外的な定義［である］

——論者が居を据える即自の領域への対比によるGestaltの特徴づけ——Gestalthafte（ゲシタルト的なもの）は、これではなおざりにされる、とハイデガーは言う[七一]——

したがって内部から見て、（とはいえ内的[七二]観察によるのではなくて、可能な限りGestaltに接近し、それと交通することによって、これは他者あるいは可視的なものを考察する際にも、「意識の諸状態」を考察する際に劣らず可能なことだ）Gestaltとは何か。一個の輪郭とは何か、分凝とは何か、一個の円あるいは一本の線とは何か、あるいはまた奥行に向っての組織化、起伏《レリーフ》とは？

これらは、集められた心的諸要素（感覚）、集められた心的な空‐時間的諸個体ではない。しかし然らば何か。あるGestaltを経験すること、これは合致を感ずることではない、しかし然らば何か。

これは、分布の一つの原理であり、ある等価システムの基軸である、それは、細分化された諸現象がその表現であるようなEtwas（あるもの）である——しかし、然らば一個の本質、一個の理念《イデー》であろうか。理念だとしたら、自由であり、非時間的、無空間的であるであろう。Gestaltなるものは、空間‐時間的個体ではない、それは空間ならびに時間を跨ぎ越すある一つの布置へといつでもまとまる態勢にある、——しかしそれは、空間・時間に対して自由というわけではない、それは無空間的・無時間的ではない、それが免れる時間・空間とは、ただ即自的な出来事の系列と考えられた時間・空間でしかない。Gestaltは、ある重みをもっている、この重みは確かに客観的なある場所、客観的な一時点にそれを据えつけるものではないが、Gestaltが支配する一つの領域、一つの範囲のなかにこれを定着させる、そこではGestaltが勢いを揮い、「ここにあり」とは決していわれえないような仕方で、しかもその至る所に現前しているのである。Gestaltは超越性である。その一般性（généralité）、そのTransponierbarkeit（移調可能性）について語られるにあたっても、なお言い表わされていることは、この超越性なのである——それは体験されたるものの二重の基底なのである。

そして*Gestalt*を経験するのは誰なのか。これを理念ないし意義として把握する精神なのか。否。それは身体である——いかなる意味においてか。私の身体は一つの*Gestalt*であり、そしてそれは、いかなる*Gestalt*のうちにも、共‐現前している。それは一つの*Gestalt*である。つまりそれもまた、いや、すぐれてそれは、鈍重な意義なのであり、肉なのである。それが構成するシステムは、……への開披たるところの、中心的な蝶番もしくは基軸の周囲に秩序づけられており、拘束された自由ならざる可能性である——そして同時に身体は、あらゆる*Gestalt*の構成分である。*Gestalt*の肉（色彩の肌理〈grain〉、輪郭に生気を与え、あるいはミショットの実験において「這い」つつある長方形を活気づけている何か得体の知れぬあるもの*）とは、その惰性に、ある「世界」のなかへのその挿入に、領野についてのその予断に、呼応するものである。

したがって*Gestalt*は、知覚する身体の、感性的世界つまり超越的、つまり地平的、つまり垂直的で遠近画法的ならざる世界への、関係を含意している——

これは、弁別的《デアクリティク》、対立的、関係的な一つのシステムであり、その基軸は、*Etwas*（あるもの）、物、世界であって、理念ではない——

理念とは、もはや感覚能力としてではなく、語る能力（*parlant*）たる限りの身体の集中目標としての*Etwas*である——

*Gestalt*を「認識」もしくは「意識」の枠組のなかに戻すいかなる「心理学」も、*Gestalt*の意味を取り

逃す——

Gestalt 経験の対自存在とは、正確なところいかなるものか、これを理解するという課題がまだ残っている——それはXに対する存在であって、俊敏な純粋無に対する存在ではない、そうではなくて、開かれた帳簿[七三]への記入であり、非存在の湖への、ある *Eröffnug*（開披）への、ある *offene*（開かれたもの）への記帳である。

* *Op. cit.*

一九五九年九月

プレグナンツ、超越性

これらの諸概念[1]が、純粋な *il y a*（……がある）といった式の存在との接触を表わしていることを、明示すること、何かあるものがあるようになる所以の、この出来事にわれわれは立ち会うのである。無ではなくて、むしろ何かあるものが、他のものではなくて、むしろこれが。それゆえわれわれは肯定的なもの（le positif 積極的なもの）——他のものではなくてむしろこれ——の到来（avènement 出現）に、立ち会っているのである。

この到来は、同一的で、客観的な、自己原因的存在者の、自己実現[七四]ではない——のみならず論理的可能性という意味における卓越した一つの可能性の自己実現（ライプニッツ）ですらない、論理的可能性のイデオロギーは必然性のイデオロギーと、異なるものではない。それというのも必然的なものとは、唯一の可能的なものにすぎないのだから。可能的なものがすでに、本質内在的な現実存在の理念を含んでいるのである。現実存在をめざす多数の可能性の間の闘争が存するのは、まことの神秘（ライプニッツ）によって、諸可能性が共に可能ではないからである。

それゆえ *Gestaltung*（形態化）とは、定義による存在、本質化（essentialisation）ではない――それは（動詞的意味での）*Wesen, ester* の働き、周囲にいわば光を放つ *Etwas* の出現である――*Warum ist etwas eine Gestalt ?*（何故に、エトヴァスは一個のゲシタルトであるのか）。何故に、あれではなくてむしろこれが、「よき」形態もしくは強い形態、もしくは一つの蓋然性への方向なのであろうか。［エゴン・ブランスウィック*（Egon Brunswik）参照、そして *New Look*[七五]と情報理論の努力が、客観‐存在つまり即自ではないものの、操作的で科学的な表現の発見を求めていることを、明らかにすること］――［「チャンス」の協合による、つまり出会いによる、レヴィ＝ストロースの *Gestaltung* の説明について私の批判**を、ここに再提出すること――なるほど、出会いがなければならないが、この出会いによって仕上げられるもの、つまり、西欧の象徴的母胎（matrice symbolique）は、因果性の産物ではない］多形現象（polymorphisme）から出現するゲシタルト、これがわれわれを完全に、主観と客観の哲学の外に置くという事情を、明示すること。

（1）欄外に、プレグナンツ、ゲシタルト、現象とある。

* *Cf.* Perception and the representative design of psychological experiments, *Berkeley, 1956.*

** このような批判の存在を編者は知らない。恐らく著者は、講義か個人的な覚書で、かかる批判を述べたことがあるのだろう。レヴィ＝ストロース氏は、ご存知の通り、諸文化の累積的もしくは非累積的歴史の問題を、ルーレットでさまざまな並べ方を実現しようと企てる幾人かの賭博者に諸文化をなぞらえることによって、新しい言葉で提起したことがある。彼が明らかにしたことは、次のことである。すなわち諸文化の、意志を伴った、もしくは伴わぬ協力は、「絶対値においては同じいくつかの並べ方を、しかしながら、多くのルーレットで賭け、各人の組合せに有利な諸結果を共用する特権を、互いに認めあうことによって、賭博者たちの共謀が」獲得するはずの成果と、類似した成果をもつ、ということである。*Cf.* Race et histoire, *Éd. Unesco, 1952, p. 34-49.*

経験的プレグナンツと幾何学的プレグナンツ（E・ブランスウィック）*

一九五九年九月

ただ単に、幾何学的釣合いを理由として特権化された諸形態のプレグナンツ[七六]にとどまるものではなくて——むしろ、幾何学的プレグナンツがその一つの相でしかないところの本質内在的な規整（régulation intrinsèque）に従っての、つまりある *Seinsgeschick*（存在の配剤）に従っての、特権的諸形態のプレグナンツという、プレグナンツの深い観念。私が「経験的プレグナンツ」を理解したいと思うのは、こうした仕方によってである——このように理解されるならば、「経験的プレグナンツ」とは、それぞれの知覚された存在を、ある構造もしくは等値性のあるシステムによって、規定することにほかならない、そして、この構造このシステムとは、それを巡ってそれぞれの知覚された存在が配置される当のものであり、画家の描線——曲りくねった線——あるいは画筆の走りといったものは、その決定的な喚起なのである。肝心なことは、かの λόγος（ロゴス）である、つまり感性的なそれぞれの事物が、ある型の言伝《ことず》て（message）

――われわれがこの言伝ての観念を抱くことができるのは、その意味にわれわれが肉的に参与することによってでしかない、つまりわれわれの身体を通じてかの言伝ての「意味する」仕方に与《くみ》する（épousant）ことによってでしかないのであるが――この言伝てを巡って変化する限りにおいて、それぞれの感性的事物のなかで沈黙のうちに、おのれを言い表わすところの *λόγος* か、――もしくはその内的構造が世界に対するわれわれの肉的関係を昇華しているような発言された *λόγος* が問題なのである。

「人間のうちにいる小さな人間(七)」と、客-観（ob-jet前に投げられたもの）の認識としての知覚――を批判し、つまるところ世界そのものと直面する人間を再発見すること、前-志向的な現在を再発見すること――つまりこれは、諸起源のかの眺めを再発見すること、われわれのうちでおのれを見ているものを再発見することであり、これは、ちょうど詩が、われわれの知らぬ間《ま》にわれわれのうちでおのれを言い表わしている（s'articule）ものを、再発見すると言われるのと同様である（シャルボニエの著書におけるマックス・エルンスト**）。

* 経験的プレグナンツと幾何学的プレグナンツの問題はエゴン・ブランスウィック（*Egon Brunswik*）によって、Experimentelle Psychologie in Demonstration, *Springer, Vienne, 1935* のなかで論ぜられている。

** *Georges Charbonnier* : Le Monologue du Peintre *I, Julliard éd., 1959, p.34.* マックス・エルンスト（Max Ernst）は、ある対話のなかで、彼がかつて次のような言葉で画家の役割を定義したことに、注意を促している。つまり「詩人の役割が、見者の著名な書簡〔ランボー『見者の手紙』―訳者〕以来、詩人自身のうちでおのれを思惟し、おのれを言い表わしている者の口述するがままに書き取ることに存するように、画家の役割は、彼のうちでおのれを見る者を縁取り投影することである」と。

存在論の原理――不分割の存在

一九五九年九月

それゆえ、いかなる絵画、いかなる行動、いかなる人間的企画も、時間の結晶であり、超越の符牒である――少なくとも、それらを存在と無との間のある隔たり《エカール》、白と黒とのある割合、不分割の「存在」からのある抜き取り、時間・空間を転調するある仕方と理解するならば

プレグナンツ――心理学者たちは、これが炸裂する力、生産性（*praegnans futuri* 未来を孕んだ）、多産性を意味することを、忘却している――それが「類型性」（typique）を意味するのは、二次的にである。これは、自己へと到来した形態、ほかならぬ自己である形態、自己自身の手段によって自己を措定する形態である。それは自己原因の等価物であり、*este**（出頭・出廷する）がゆえに存するところの *Wesen* であり、自己規整、自己の自己へのまとまり（cohésion）、奥行（profondeur）における同一性（動的同一性）、距離への存在としての超越性、il y a（……がある）である――

プレグナンツとは、見えるもののなかにあって、私から適切な（*juste*）焦点合せを要求するもの、焦点合せの適切さを定義するものである。私の身体は、プレグナンツに従う、それはこれに「答える」。身体とは肉が肉に答えつつ、プレグナンツにおのれを繋ぎとめる当のものである。「よい」形態（七六）が現われるか、もしくは、この形態が光を放つことによっておのれの周囲を変容するか、あるいはまた、それが私の身体

から、……するほどにまでに運動を獲得するかするとき……

プレグナンツを運動機能を含むものとしてかように定義することは、なおのこと、これをピアジェの二者択一――場の効果か、感覚-運動的活動性か――のまったく外部に置く結果になる。形態は「先-経験的」「生得的」なものであるといわれる場合に、知覚されたものが問題であろうと、思惟されたものが問題であろうと、ひとが真にいわんと欲することは、そこには*Urstiftung*（原創設）が存するのであって、単なる包摂が存するのではないということ、超越に関わる意味があるのであって、概念による再認[七九]があるのではない、ということである。

＊　先の、三三二頁［原書 p.256］の注＊参照。

一九五九年九月

究極的には、知覚に関するもろもろの素朴な記述、例えば *εἴδωλα*（イメージ・形像）*simulacra*（像・模写）［エピクロス－ルクレティウスの用語―訳者］など、物が自分自身についてさまざまなパースペクティヴを呈示する、などという考え方に、一種の真理性を認めねばならない。ただし、以上のすべては、もはや客観的「存在」の秩序ではなくて、体験の、あるいは現象的なものの秩序において生起することなのである。そして、この秩序を客観的秩序の基礎として正当化し復権させることが、まさに肝心なのである。

諸対象間の内-世界的諸関係しか考慮しないときには、現象的秩序は、客観的秩序に比して二次的であり、その単なる一区域にすぎないと主張することもできる。しかしながら、他人を介入させるやいなや、そのうえ生ける身体、芸術作品、歴史的環境さえをも介入させるならば、たちまち現象的なものの秩序が自律的なものと見なさるべきことに、そしてこの自律性を認めぬ場合には、現象的秩序は決定的に窺い見ることのできぬ（*impénétrable*）ものとなることに、われわれは気づくのである。

他人、「意識」としてではなく、一個の身体の住人としての、そしてこれを通じて、世界の住人としての他人。他人は、私に見えるこの身体のいずこに存するのだろうか。彼は（文章の意味のように）この身体に内在する（彼を身体から分離して、別に措定することはできない）しかも、もろもろの記号の総和や、この総和によって担われる諸意義の総和以上のものである。彼は、諸意義がどこまでいってもつねにその部分的な影像《イマージュ》であって、決して余すところなくこれを表現する影像とはなりえない当のものなのであり――しかも、諸意義のそれぞれにおいて、まるまるおのれを証示する当のものなのである。いつでも、未完成な受肉の過程にあり――客観的身体の彼方にいる、ちょうど絵画の意味が、カンヴァスの彼方にあるように。

一九五九年九月

デカルト（屈折光学）――両眼もしくは脳髄のなかに描かれた影像《イマージュ》を誰が見るのであろうか、したがってこの影像についての思惟が結局必要となる――デカルトはすでに、われわれがつねに人間のなかに小さな人間を置いていること、われわれの身体についての客観化的な見方が、われわれが両眼の背後に存するものと考えていた、かの見ている人を、ますます内部に探求することを余儀なくさせるという事態を、見抜いている。

　しかし彼が見損なっている事柄は、到達目標たる本源の視る働きが見ると思う思惟（*pensée de voir* 見ることについての思惟）ではありえないということである。この思惟、結局は誰かある者にとって生ずるはずの、存在のこの開示は、これもまた、人間のなかの小さな人間であり、ただしこのたびは、形而上学的一点に縮められたそれなのである。なぜなら結局のところわれわれは、視覚については、合成された実体（一〇）（substance composée）の視覚しか知らず、そして思惟と呼んでいるものは、昇華されたこの視覚にほかならないからである――もし、存在がおのれを開示すべきであるなら、これは何らかの超越性の前においてであって、志向性の前においてではないであろう、すなわち埋没したなまのままの存在が、自己自身へと立ち帰るのであり、感性的なものがおのれを穿つ（se creuse）、ということであろう――

一九五九年十月

存在論――

トポロジー的空間（一一）を存在のモデルと見なすこと。ユークリッド空間は遠近画法的存在のモデルである。これは、超越というものを伴わぬ肯定的《ポジティフ》な空間であって、相互に平行な、もしくは三次元に従って互いに直交する直線からなる網状組織であり、これがあらゆる可能な位置を担うのである。——このような空間の（ならびに速度の、運動の、時間の）観念と、*Ens realissmum*（最実在的存在者）の、つまり無限なる存在者の、古典的存在論との間の、深い適合関係。これに反してトポロジー的空間、つまり、そこにおいては近傍（voisinage）の諸関係、被覆（enveloppement）の諸関係等が限定されている場《ミリウ》は、クレー（Klee）の色斑のように、あらゆるものより古く、同時に「最初の日」（ヘーゲル）(八二)における存在者の像《イマージュ》なのである。それは、溯求的思惟が「自立的存在」（l'Être par soi）(八三)から直接的にも間接的にも（「最善のものの選択」によっても）(八四)演繹することができずに、［ただ］ぶつかる［よりほかはない］もの、いつまでも残る残滓なのである——それはただ単に物理的世界の水準で出会われるばかりでない、改めてそれは生命の構成者であり、結局「ロゴス」の野生的原理を基礎づけるものなのである——古典的存在論（機械論、目的論、いずれにせよ、人為的見方〈artificialisme〉）の諸問題を乗り越えるために、あらゆる水準で介入するのは、この野生の、もしくはなまのままの存在である——ライプニッツの弁神論（*Théodicée*）は、唯一可能な「存在」を必然化する考え方と、なまのままの「存在」の謂れなき出現との間の道を発見するための、キリスト教神学の努力を要約するものである。この際、後者は、遂には、前者に妥協によって結びつけられ、その限りにおいて、隠れた神は*Ens realissimum* の犠牲とされることになる。

一九五九年十月十日、日曜日

マルローは、なぜ、またいかにして、（ヴァン・ゴッホがミレーについてやったように）一人の画家が他の画家の模写をして、これから――自己自身であることを習得するのか、つまり、なぜ、またいかにして、他者のうちに、他者と共に、ならびに他者に対抗して、自己を学ぶのか、と自問する。

同様に、色彩を操ることを心得た人がまた鉛筆を操り、あるいは、しばしば彫刻をすることを心得ているのは、なぜかと、われわれは自問することができよう――いかなる共通のものが存在するのか――

以上の事情のいっさいは、素描すること、ないし彩色することが、無から積極的なものを産出することであると信ずる限りは、実際明らかにはならない。このように信ずる場合には、素描する行為と彩色する行為――自分として描く行為と他者として描く行為とが、互いに孤立化し、それらの間の関係が見えなくなる。逆に、彩色すること、素描すること、これは無から何かあるものを産出することではないということ、描線も画筆のタッチも、目に見える作品も、「存在」全体へと赴く「言葉《パロル》」の総体的運動の軌跡でしかないこと、そして、この運動が線による表現も、色彩による表現と同様に、また私の表現も他の画家たちの表現と同様に、完全に包括するということが、仮に理解されたとするなら、以上の関係が見えてくるであろう。われわれは、もろもろの等価性のシステムを夢見る、そしてそうした諸システムは、実際に働いているのである。しかしそれらの論理は、音韻体系の論理と同じように、唯一の束に、唯一の音階に要約される。それらはすべて、唯一の運動によって活気づけられ、それらの各々ならびにすべてが、ただ一つの渦巻きであり、「存在」の唯一の取り戻し(八五)なのである。必要なことは、総合に非ざるこの地平的総体性を明るみに出すことである。

野生の知覚――直接的なもの――文化的知覚――learning

一九五九年十月二十二日

私の主張は、ルネッサンスの遠近画法は一個の文化的所業であるということ、知覚そのものは多形的で、それがユークリッド的となるのは、このシステムによって方向づけられるからである、ということである。ここから、次の問いが生ずる、つまり文化によって仕立てられたかかる知覚から「なまのままの」、もしくは「野生の」知覚に、いかにして立ち戻ることができるのか。形態付与（information）は何から成り立っているのか。これを解体する（現象的なもの、「垂直的」世界、生きられたものへと立ち戻る）行為とは、いかなるものか。

そこからまた次の問いが生ずる――文化による知覚へのこの形態付与、見えざるものの見えるものへの降下、これは例えばエゴン・ブランスウィックのように、知覚的プレグナンツとは生態学的環境の *learning*（学習）であり、またベルリン学派のいう自動的構成によるゲシタルトも「経験的ゲシタルト」から派生したものである、と言うことを、われわれに余儀なくさせるのだろうか。*

私の主張することは、一、文化が知覚される、と述べることを可能ならしめるような、文化による知覚への形態付与が存在すること——知覚の膨脹、つまり、「自然的」知覚から例えば（チンパンジー）道具連関へのアハー体験（*Aha Erlebnis*）（八六）の移動が存在すること、これは世界への知覚的開披（λόγος ἐνδιάθετος）（八七）と文化世界への開披（諸器具の使用法の習得）とを、連続させることを、余儀なくさせる。

二、自然の上のこの新たな層（couche originale）は、*learning* が *In der Welt Sein*（世界内在性）であることを示すのであって、決して「世界内在性」がアメリカ的意味における、もしくはブランスウィックの認知的意味における学習であることを、示すものではない。

「直接的なものへの復帰」の問題において規定さるべき私の立場——非‐射影的（non-projectif）で垂直的な世界という意味における知覚的なもの、——はつねに感覚することとともに、現象的なものとともに、無言の超越とともに、与えられている。それにもかかわらず、ピアジェのような論者がこれをまったく知らないのだ、彼はおのれの知覚を完全に文化的‐ユークリッド的知覚に変えてしまっているのだ。そうだとすると、これほどにまで忘却されうるような、かかる本源的（originel）なものを、直接的なものと呼ぶいかなる権利が私に存するのであろうか。

知覚が自己の姿を自己自身に対して蔽い隠し、おのれをユークリッド的なものとなす仕方を極めて正確に記述すること。幾何学的諸形態のプレグナンツが、次のような事実のうちに（文化的にではなく）本質内在的に基礎づけられていること、つまり幾何学的諸形態が他の諸形態にまさって個体の発達（ontogénèse）を可能にする（それというのも、それらは存在を安定させるからである。さまざまな「歪み《デフォルマシオン》」がそこで相殺しあうと述べることによってピアジェが**——拙い言い方だが——表現しているのはこのことだ）と、このような事実のうちに基礎づけられていることを明らかにすること、しかしこの本質内在的プレグナンツがその意味のすべてを保持するためには、それは超越性の地帯のうちに、前‐

「存在」（pré-Être）の、つまり *Offenheit d'Umwelt*（周囲世界の開放性）の文脈のうちに維持さるべきであって、独断論的に自明なことと見なされてはならぬということ——ユークリッド的知覚は特権をもってはいるが、これは絶対的特権ではなくて、超越性によってその絶対性は否認され、——超越性がおのれの諸相の一つとして、ユークリッド的世界を請求するのだ、と、こうした事情を明示すること——

生、自然的知覚とともに（野生の精神とともに）、内在性の宇宙をしかるべき場所に配置するという動機が、絶えずわれわれには与えられているのだが——それにもかかわらず、この宇宙はおのずと自律化する傾向を有し、おのずと超越を抑圧する結果になるのである——鍵は、知覚がおのずと、野生の知覚、非知覚としてのおのれを知らずにいること、おのずとおのれを *acte*（作用・現勢態）と見て、潜勢的志向性としての、*être à*（……における、……への存在）としてのおのれを忘却する傾向があるという、この考え方のうちに存する——

同様な問題——どのような φ［哲学］も言語活動であり、しかも沈黙を再発見することにその本質が存する、ということは、いかなる次第によるのか。

* Cf. Perception and the representative design of psychological experiments. *Univ. of California Press, Berkeley 1956*；ベルリン学派のゲシタルトについての論議、*cf. p. 132-4*；学習としての知覚については *cf. p122-3*.

** *Cf.* 特に La Perception, *Symposium de l'Association psychologique scientifique de langue française, Louvain 1953, Paris 1955.*——ピアジェは幾何学的プレグナンツと経験的プレグナンツについて論じ、原文に忠実に従えば次のように書いている、「同様に、よい形態とは、すべてが歪み（*déformation*）であるような知覚的諸構造の内部にあって、最大の埋め合わせを、したがって最小の歪みを生ぜしめるがごとき、形態であると、われわれは思っている」と。

一九五九年十月二十七日

私は知覚を弁別的（diacritique）、関係的（relatif）、対立的（oppositif）なシステムとして――原初的空間をトポロジックなもの（すなわち私を取り囲む、私のいる場所であり、私の前にあるのと同様に私の背後にもある……全体的な容積性《かさばり》〈voluminosité〉のなかから裁ち抜かれたもの）として、記述する。それはそのとおりだ。しかし、それでもやはり、知覚と言語との間には、私は知覚される諸事物を見、これに反して諸意義は見えざるものであるという、この違いがある。自然的存在はそれ自身のなかに休らい、私のまなざしは、その上に留まることができる。言語をその棲み処としている「存在」は、固定も注視もされえず、ただ遠くにしか存在しない　それゆえ、知覚されるもののこの相対的な確かさ（positivité 手応え）は、（たとえこれが非‐否定でしかなく、観察に耐えるものではないにしても、またいかなる結晶作用も何がしかの点で錯覚を含んでいるとしても）、見えざるものの確かさがこれに依存する以上は、説明されねばならない。英知的世界が現にあるのではない。現に存する（*il y a*）のは感性的世界なのである。

（しかし然らば、感性的世界の、自然のこの *il y a* とは、何であるか）

感性的なものとは、そこでは存在が措定される要もなく現にあることが可能であるような、かの媒質（médium）にほかならない。感性的なものの感性的な現われ、感性的なものの無言の説得は、「存在」が、措定性（positivite）となることなくして、つまり両義的かつ超越的たることをやめずに、おのれを顕示する唯一の手段である。そこにおいてわれわれが揺動するところの感性的世界そのもの、そして他人とわれわれとの間の絆をなし、他人をわれわれにとってあらしめる所以の感性的世界そのものは、まさしく感性的なるものとしては、仄めかしによってしか、「与えられて」いない——感性的なるものとは、まさに次のこと、つまり、沈黙裡に明証的であり、言外に意味されるという、この可能性であり、感性的世界のいわゆる確かさ（positivite 手応え）なるものは、（われわれがその諸根基に至るまでこれを探求し、感覚的-経験的なるもの、われわれの「表象」の二次的な感性的なるものを、踏み越えて、「自然」の「存在」を顕わにする暁には）まさに、捉えがたいものなることが、判明する、つまる所、まったき意味において見られるのは、もろもろの感性的なものがそこから切り抜かれる総体性だけなのだ。思惟は、*visibilia*（見られうる諸象）から、ほんのもう少し距たっているにすぎない。

交差（*chiasma*）

一九五九年十一月一日

——亀裂は本質的な点についていえば対自・対他（主観-客-観 sujet-ob-jet）ということではなくて、いっそう正確にいうと、世界へと赴くある者、しかも外部から見ればおのれの「夢想」のうちに留まっているように見えるある者に属する亀裂なのだ。私に対して存在としておのれを告知するものが、他者たちの目には、「意識の諸状態」にすぎないように見える所以の *chiasma*（交差）——しかし、両眼の交差《キアスマ》のように、この交差もまた、同じ世界へのわれわれの所属を、——といって射影的な世界ではなく、私の世界と他人の世界との間にあるような、あい共に可能的でないもろもろの事情を貫いてその統一を成就するところの一つの世界へのわれわれの所属を、生ぜしめる所以のものなのだ——反転によるこの媒介、この交差《キアスマ》は、ただ単に、対自・対他の対立が存するばかりではなく、これらのすべてを包含するものとしての「存在」が、最初に感性的「存在」として、次いで無条件的に「存在」として存することを得しめる所以なのである——

「対他」の代りに交差《キアスマ》を、——ということは、ただ単に私-他人という対抗関係があるだけではなく、共-働（co-fonctionnement）も存するということを、意味する。われわれは、ただ一個の身体として、機能するのである。

交差《キアスマ》は、単に私-他人の間の交換（つまり、他人が受け取るメッセージが私に届き、私が受け取るメッセージが彼に届く、という関係）であるだけではなくて、また、私と世界との、現象的身体と客観的身体との、知覚するものとされるものとの、交換でもある。つまり物として始まるものが物についての意識として終り、「意識の諸状態」として始まるものが、物として終る。

この二重の「交差《キアスマ》」は、「対自」と「即自」という両刃によって説明することはできない。「存在」の内部から生ずるところの、「存在」への関係がなくてはならぬ——実はサルトルが探求していたのも、これなのだ。しかし彼にとっては、内なるものとしては我しかなく、他のいかなるものも外面性なので、「存在」は、そのうちで生起するかの減圧によっても傷つけられることはなく、おのれのうちに休らいでおり、依然として純粋な肯定性、客観であり、「対自」は、一種の狂気によってしか、これに与《あずか》ることはないのである——

一九五九年十一月

……………………………………………………………………

意味とは、見えざるものである。しかし、見えざるものは、見えるものとあい矛盾するものではない。それというのも、見えるものは、それ自身、見えざるものからなる肢柱（membrure）をもち、見え-ざるものは、見えるものの秘められた相手方（contrepartie 補完物）であって、これにおいてしか現われないからである、つまり見えざるものは、*Nichturpräsentierbar*（原的に呈示されえないもの）であって、世界において、まさにかかるものとして私に呈示されているのである——われわれは、世界のなかにこれを見ることはできない、そしてこれをそこに見ようとするいかなる努力も、これを視界から消失せしめる、しかしそれは見えるものの線のうちにあり、見えるものの潜在的な焦点であり、見えるもののうちに（すかし模様として）刻み込まれているのである——

見えざるものと見えるものとの間の、さまざまな比喩的関係（思惟の領域、方向……）、これらは、実は比喩（*comparaisons*）ではない（ハイデガー）、むしろ、見えるものが見えざるものを孕んでいるということ、可視的諸関係（［例えば］家屋）を完全に理解するためには見えるものの見えざるものへの関係……にまで赴かねばならぬということを、意味している。他人にとって見えるものは私にとって見えざるものであり、私にとっての見えるものは、他人にとって見えざるものである、この定式（サルトルの定式）は維持されえない。次のように言わねばならない、すなわち、「存在」とは、私にとって見えるものが、たとえ他人にとっての見えるものと重なり合わないとしても、しかもこれに向って窓を開いており、両者共ども同じ感性的世界に向って窓を開いている、というふうにさせる所以の、かの不可思議な踏み越え（empiétement）である、と、――そして、私の諸器官の伝えるもろもろのメッセージ（二つの単眼視像）が、ただ一つの垂直的現実存在《エグジスタンス》と、ただ一つの世界とにまとまることを得しめるものも、この同じ踏み越え、距離を隔てたこの同じ合流にほかならない。

したがって意味とは無化ではないし、また「対自」の「即自」への犠牲でもない――こうした犠牲、真理のこのような創造を見込むこと、これはなお「即自」をモデルとして、「即自」から思惟することであり、そして「即自」が姿を消すので、これを存在させるという英雄的な使命を「対自」に委ねることである――こう見込むことは、なお依然として諸精神の *Weltlichkeit*（世界性）を、デカルト的空間の *Weltlichkeit* をモデルとして思惟することなのである。もろもろの「対自」を貫く一個の「即自」が欠如しているので、これを作ることを「対自」に課することになる。しかし私は、諸精神の *Weltlichkeit* を「即自」の言葉では考えない、――そして存在しないものを将来のうちに探求するということは、荒唐無稽である。諸精神の *Weltlichkeit* は、それらが、なるほどデカルト的空間のなかにではないが、感性世界（monde esthétique）のなかに張り延ばしている諸根基によって保証されるのである。感性世界は、超越性の空間、共可能的ならざるものどもの空間、炸裂の、裂開の空間として記述さるべきで、客観的‐内在的空間としてではない。したがって思惟、主体も同様に、空間的状況として、その「場所性」を伴ったものとして、記述さるべきである。それゆえ空間的な「隠喩」は、存在と無との不分割性として、理解されねばならない。したがって、意味は、無化ではない——

一見して意味を生ぜしめると思われるこの偏差《エカール》は、私が私自身に帯びさせるところの「否」ではない、私がおのれに与えるところの目的の出現によって、私が欠如として構成する、ある欠如ではない、——それは、持って生まれた否定性（négativité *naturelle*）、いつもすでにそこにある根本的なある制度（institution）なのである——

右と左について反省すること——これらは、関係の（つまり措定的な）空間性のなかの単なる内容ではない、これらは空間の諸部分ではない（カントの推論[八八]がここでは有効である、すなわち、全体が最初のものである）これらは、全体にわたる諸部分（parties totales）であり、包括的な、トポロジックな空間からの、もろもろの切り抜きである——二ということ、対（*paire*）ということについて反省すること、これは二つの作用、二つの総合ではない、それは存在の分割であり、偏差《エカール》の可能性である（両眼、両耳——識別〈*discrimination*〉の可能性、弁別的要因〈du diacritique〉の使用の可能性）、これは、（類似性の地の上への、それゆえ ***ὁμοῦ ἦν πάντα***[八九]の地の上への）差異の到来である。

一九五九年十一月

次のように言ってはならないだろうか――超越の理念＝われわれが触れ、あるいは見ると信じているものすべてを、無限の彼方へと送り返すことだと。

然り、〔言ってはならない〕しかし、――つねに「より遠方に」存する見えるものは、かかるものとして呈示されているのだ。それは *Nichturpräsentierbar*（原的に呈示されえざるもの）の *Urpräsentation*（原的呈示）である――見ること、これは分析をいつまでも限りなく続けることが可能であるにもかかわらず、そして、たとえいかなる *Etwas*（あるもの）も決してわれわれの掌中に留まっていないにしても、それでもまさしく一個の *Etwas* を所持することなのである。

では、これ〔見ること〕は純然たる矛盾であろうか。決してそうではない、見えるものは、私が、近接した思惟によってこれを考えるのではなく、包括者として側面的な包囲として、つまり肉として考えるなら、接近不可能なものではなくなるのだ。

諸「感官」——次元性——「存在」
一九五九年十一月

それぞれの「感官」は、一つの「世界」である、すなわち他の諸感官に対してその内容を伝達することは、絶対に不可能であり、しかも次のような一つのあるもの（*quelque chose*）を、つまりその構造によって直ちに他の諸感官の世界へと開かれており、これらと共に唯一の「存在」をなすところの一つのあるものを、構築するのである。感覚性（sensorialité）、例えば、ある色彩、黄色、それは、おのずと自己自身を超出する、それが照明の色彩、つまり視野の支配的色彩となるやいなや、それはしかじかの色ではなくなり、したがっておのずと存在論的機能をもつようになり、あらゆる物を表現するのに適したものとなる（銅板刷りのように、「屈折光学」第四論文 *Dioptrique*, discours IVᵉ）。ただ一つの運動によって、色彩は特殊な色として自分を押し出してくるとともに、また特殊な色としては目に見えるものではなくなるのである。「世界」というものは、そこにおいて各「部分」がそれ自身として受け取られるや、突然、無制限なる諸次元を開き、——全体にわたる部分（partie totale）となるといった、かかる全体（ensemble）なのである。

ところで色彩の、例えば黄色のこの特殊性とこの普遍性（universalité）とは、矛盾するものではない、むしろ、ひとまとめとして感覚性そのものなのである。色彩、黄色が、同時にある一定の存在として、ならびに一つの次元として、つまりあらゆる可能なる存在の表現として、自己を呈示するのは、同じ効力によるのである——感性的なるものに（同様に言語に）固有なものとは、全体に代ってこれを表わす点にあるのだが、それも、記号・意義の関係によるものでも、諸部分相互間の、ならびに全体への諸部分の、内在によるのでもなくて、各部分が全体から根こぎにされ（*arrachée*）根を伴ってやって来、全体へとはみ出し、他の諸部分の境界を侵犯するがゆえなのである。諸部分が互いに重なり合い（透けて見えること）、現前するものが可視的なものの限界に止まらない（［で］私の背後［にまで及ぶ］）のは、以上のような次第によるのである。知覚は、私に向って世界を開くのだが、それはちょうど外科医が患者の身体を切開し、彼が切り開いた覗き窓を通じて、機能のまっただなかにある諸器官を、まさにその活動中において捉え、側面から眺めるという仕方で、垣間見るのと同様である。感性的なものが私を世界へと導き入れるのは、このようにしてであるが、それは言語活動が他人への通路を拓くのと変りはない。つまり踏み越し、*Ueberschreiten* によるのだ。知覚はまず第一に諸物（choses）の知覚ではなくして、諸原質（*éléments*, 水、空気……）の、世界のもろもろの幅（rayons du monde）の知覚であり、それ自身諸次元であり諸世界であるような諸物の知覚なのである。私はこれらの「原質《エレメント》」の上を滑り、そして私は、そこにあって世界のなかに居《お》り、「主観的なもの」から「存在」へと滑走する。

　あるもの（quelque chose）としての黄色と、世界の表題《タイトル》としての黄色との、いわゆる矛盾——これは［実は］矛盾ではないのだ。それというのも、黄色が一つの宇宙（univers）もしくは一つの原質となるのも、ほかならぬ、黄色の特殊性の内部において、また、これによってであるからである——ある色彩が基《ニヴ》準《オー》となりうること、一つの事実が範疇《カテゴリー》となりうること（まさに、音楽において、一つの音調を特殊なものとして、すなわち、別の調性の領野において記述し——そしてまた、一つの楽曲が譜記される調性の基音となった際の「同一の」音調として記述することと、まったく同様に）＝普遍的なものへの真実の歩み。普遍的なものは、上にあるのではなくて、下にある（クローデル）、われわれの前方にではなくて、背後にある——無調音楽＝不分割（共有）の「存在」の哲学の等価物。これこれと認定されうる諸事物のない絵画、諸事物の外皮はないが、その肉を呈示する絵画のように——*Transponierbarkeit*（移調可能性）はもっと一般的な変換の特殊な場合であり、無調音楽はこれの主題化である　以上のすべては、不分割の「存在」を予想するものである——

感性的なもののこの普遍性＝*Urpräsentierbar*（原的に呈示されうるもの）ではないものの*Urpräsentation*（原的呈示）＝制約なき存在のなかへと穿たれた感性的なるもの、私のパースペクティヴと他人のそれとの間に、私の過去と私の現在の間にある、かの「存在」のなかへと穿たれた感性的なるもの。

知覚されるものに固有なこと——すでにそこにあるということ、知覚作用によってあるのではなくて、「却って」この作用の根拠であり、その逆ではない、ということ。感覚性（sensorialité）＝超越性、あるいは超越性の鏡。

一九五九年十一月

奥行

奥行ならびに「背面」（と「背後」）——これは、すぐれて隠蔽されたものの次元である——（いかなる次元も隠されたものに属する）——

私がそこから見るところの観点が存在するのだから——世界が私を取り巻いているのだから——奥行が

なくてはならない。

奥行とは、諸物が、私が現に見つめている当のものではなくなる際にも、依然としてもとのまま（九二）であり、物であり続けるための、諸物のもつ手段である。これは、すぐれて、同時的なるものの次元である。奥行が仮にないとしたら、世界もしくは「存在」はありはしないであろう、ここに向えば残りの全体から離れざるをえないといった、移ろいやすい明瞭性の地帯しか――ならびにこれらの「眺め」の「総合」しか存しないことになるだろう。実は奥行によって、これらの眺めは順々に共存し、相互のなかに滑り込み統合されるというのに。それゆえ諸物が肉を所有するようになる所以のものは、ほかならぬ奥行なのだ、すなわち諸物が私の吟味に対してさまざまな障害物、抵抗――この抵抗こそまさしく諸物の実在性、「非完結性」（ouverture）*totum simul*（すべて同時に）なのだが――を対立させるようになる所以のものは、ほかならぬ奥行なのである。まなざしは奥行を、征服するのではなく、それを迂回するのである。

奥行は、現在における［過去］把持のように、私が明瞭な視覚によって見るもののなかに、*urstiftet*（最初から建てられて）いるのである、――「志向性」を伴わずに――

cf. メッツガーは、同時に二点の明瞭な視覚をもつことがまさに不可能となろうとしていた刹那に奥行が生ずる、といっている。そのとき、互いにずれた重なり合わない二つの像《イマージュ》が、突然、奥行をもった同一物の、それぞれ横顔（profils 射映）として「効果を発揮する」（prennent）のである*――それは、一つの作用もしくは一つの志向性（これは、ある一個の即自へと向い、相互に並存するさまざまな即自しか提供しないであろう）ではない――二つの共可能的に非ざる眺めのこの同一化がなされるのは、一般的にであり、また領野の特性によるのであり、そして、奥行が私に開かれているからである、つまり、私が、視線をそこに移動させるためのこの次元を、かしこへの - この通路（cette *ouverture-là*）をもっているからである。

* *Wolfgang Metzger*, Gesetze des Sehens, *Frankfurt am Main 1936. 2e éd. augmentée 1953, p. 285.*

一九五九年十一月

諸事物がそれぞれ構造であり骨組(membrures)であり、われわれの生の星辰である、という事情を述べること、われわれの前に、遠近画法的な見世物のように繰り広げられているのではなくて、われわれを重心としてその周囲を巡る、という事情を述べること。

それらの諸事物は、人間を予想するものではない、却って人間こそ、諸物の肉から作られているのである。しかし、諸物の優越した存在は、知覚に参加し知覚において諸物への距離を隔てた‐接触を遵守する者によってしか、理解され得ない。——

本質(essence)、*Wesen*。本質と知覚との深い親族関係——本質もまた骨組である、それは感性的世界の上にあるのではなく、下に横たわる、もしくはその奥行、厚みのうちに存する。それは秘められた絆だ——もろもろの「本質」(Essences)は、言葉《パロル》の水準におけるもろもろの*Etwas*(あるもの)であり、ちょうど諸物が「自然」の水準における諸「本質」であるのと同様である。諸物の類属性(généralité 一般性)——なぜ、それぞれの事物に、多くのサンプルがあるのか。これは、領野に属する諸存在者という、諸事物の定義によって強いられることである。いったい類属性なしには領野がどうして存在するだろうか。

私が超越性ということでもって示している事態は、次の諸事項である、すなわち、見えるものは見えざるものであること、視覚は原理からして、私に、すでに‐そこに、という現われ方によって、至近の存在を探し求める必要のないことを納得させるものであること　知覚とは、気づかれないもの（隠れながら‐顕わにされるもの——透けて見えること、踏み越し）を私に保証するものだということ、である　見えるものに属するこの見えざるもの、これこそ次いで、生産的思惟のなかに視覚のあらゆる構造を再発見し、この思惟を操作（opération 演算）から、論理から、根本的に区別することを、私に可能ならしめるものなのである。

一九五九年十一月

私‐他人、不十分なる定式

私‐他人という関係は（際限なく多様な代替物を伴ったセックス間の関係のように *cf.* Schilder *Image* and Appearance, p. 234）* いずれなりとその責を担うとすれば、相手方もまた必ずその責を負うことになる相補的な役割として、理解さるべきである、男性たることは女性たることを含意する、等々といったふうに。「自我《エゴ》」の眼前に他者を構成する必要など、私にはないのだが、かかる他者の構成を不必要ならしめるところの根本的な多形性（polymorphisme）。つまり他者はすでにそこにいるのであって、「自我」は他者から戦い取られるのだ。先‐自我論（pré-égologie）、「混淆主義」、不分割あるいは移行性（transitivisme）を記述すること。この水準においてある（*il y a*）のは、何か。垂直的もしくは肉的宇宙と、その多形的母胎が存する。もろもろの知がそこに居を占めることになるかのような白紙（table rase タブラ・ラサ）の不条理性。(九三) とはいえ、知以前の知が存するということでなくて、領野が存するからだ。私－他人の問題、西欧的問題

＊ *P. Schilder*, The image and Appearance of human body, *Londres, 1955.*

一九五九年十一月

哲学は未だかつて次の事柄について語ったことがない——私は、受動性について、と言っているのではない、それというのも、われわれは諸結果ではないからだ——そうではなくて、われわれの活動性の受動性について、と私は言いたいのだ、哲学はまだかつてこれについて、ヴァレリーが精神の身体について(九四)語ったようには、語ったことがない。われわれの創意《イニシアティヴ》がどれほど新しかろうとも、それらは存在の核心において生まれるのであり、われわれのうちに滲み出る時間と噛み合わされており、われわれの生の枢軸あるいは蝶番に支えられているのだ、それらの意味（sens 向き）は一つの「方向」なのである——精神（âme）はたえず思惟している。これは精神における状態特性である。たえず、何かあるものか、あるいは、あるものの不在かが記入される一つの領野が開かれたので、精神は思惟せずにいることはできないのだ。これは精神の活動性でも、複数形の思惟（pensées au pluriel）の産出でもない、そして私は、現在から（過去）把持への移行によって私のうちに生ずる、この窪みの創造者でさえない。私の心臓を脈打たせ

るのが私でないように、私をして思惟せしめるのも、私ではない。これによって*Erlebnisse*（体験）の哲学から脱出して、*Urstiftung*（原創設）の哲学に移ること。

……………………………………

一九五九年十一月二十六日

思惟の「方向」——これは、隠喩ではない。——見えるものと見えざるものとの間に隠喩は存在しない、（見えざるものとは、私にとっての私の思惟か、もしくは、私にとっての、他人の感覚しうるものか）、隠喩は、行き過ぎか、不十分か、いずれかだ。見えざるものがほんとうに不可視の場合は、行き過ぎだし、逆に、それが置換（九五）に応ずる場合には、不十分である——

　ここには隠喩は存在しない　その理由は、（一）思惟が、記述可能な準場所性を伴っていることである（場所性といっても、空間‐時間的一点への内属という意味での場所性ではなくて——弾力的な絆による場所性のことだ。つまり精神がここに存するなどとは、言うことができない、言えるのは、精神がそこにはないということだ——この否定は次第次第に、世界と自己の身体との、あらゆる部分に広がってゆく、——しかも、充当（investissement）という形での場所性はある、そして以上のすべてが言い尽くされたとき［却って］他人の出現の舞台が存することになる）

（二）原初的な場所性とは、「諸物」もしくは諸物の運動の

「方向」に関する場合でさえやはり客‐観的（ob-jectif）空間のなかで同定されるべきもの、つまり客‐観的空間内部の関係ではない、ということである――方向は、空間内部に存するのではない、空間を貫いて、透かし絵のような仕方で存するのである――それゆえ方向は、思惟に移し換えられうるのだ――

精神はここにも、そこにも、かしこにも、……ない、しかもそれは、「繋留され」「結びつけられて」いる、それは絆なしには存在しない――否定の否定と措定（position 位置づけ）、この両者のいずれを取るか、選択するには及ばない。精神は客観的ないかなる場所にあるのでもない、しかも、私にとっての私の場所が、私の眺める景観のあらゆる逃亡線が私に示す点であり、それ自身では見えざる点であるように、精神は、おのれの周囲を通じてこれが立ち戻るある場所、精神が取り囲むある場所へと自己を充当するのである。

一九五九年十二月

ライプニッツ

知覚‐再生産（外的事物それ自体の、われわれの身体それ自体の上での再生産）という考え方を否認することによって、私は、なまのままの「存在」へと近づく道を拓く。私が今後、この「存在」と主観・客観関係に、況んや原因に対する結果の関係に立つことなどは、あるまい。今後は、ライプニッツにおいて、世界に向って、したがって神に向って展開されたさまざまな展望《パースペクティヴ》の相互的な表現関係が占めている位置を、*In der Welt Sein*（世界 - 内 - 存在）の関係が、占めることになろう。ライプニッツにあっては、神がこれらのさまざまな展望の唯一の創造者であり、諸展望は神からそれぞれ思想として放散するのであるが。もちろん、こうして発見された「存在」は、ライプニッツの神ではないし、こうして顕わにされた「モナドロジー」は、もろもろのモナド——諸実体——のシステムではないが、——しかしライプニッツの若干の記述——［例えば］世界の眺めのそれぞれが別個の一世界であり、しかも、「その一つに特有なものはすべてに対して公《おおや》けである」ということ、モナドはモナド同士の間で、ならびに世界との間で、表現関係にあり、かつ相互に、ならびに世界から、それぞれ展望として区別されるということ——は、完全に維持され、なまのままの「存在」において改めて捉え直され、Lがこれらの記述に蒙らせた実体主義的・存在神学的加工から、分離されねばならないのである——

　われわれにおける宇宙の表現ということ、これはもちろん、われわれのモナドと他の諸モナドとの間の調和ではないし、あらゆる事物の観念の、このモナドにおける存在ということでもない——しかし、これは、それを説明する代りにあるがままに捉えるならば、知覚のうちに確認される事柄なのである。われわれの霊魂は窓をもってはいない——このことは*In der Welt Sein*（世界 - 内 - 存在）を意味するのである——予定調和は（機会原因論と同様）依然として自体者に固執し、ただ単にこれを、神において根拠づけられた実体同士の関係によって、われわれが体験することと結びつけているにすぎない——それをわれわれの思惟の原因となす代りに——しかし「自体者」（En soi）という観念を完全に断念することこそ、まさしく肝心なことなのだ——

表現というライプニッツ的観念をその射程において変容するのは、知覚という主題の捉え直しである。

垂直的世界と垂直的歴史

「世界」

一九五九年十二月

ある一つの「世界」（つまり、ある一つの世界全体、音響の、色彩の、等々…の世界）＝閉じられた、しかし不思議なことに、残余の全部を表わし、おのれではないいっさいのものに対するその象徴や、その等価物を所有するところの、組織された一つの全体《アンサンブル》。例えば空間に対する絵画。

一つの「世界」は諸次元をもっている。定義の上からして、この諸次元は、唯一可能な諸次元ではない（第三次元への移行によって、最初の二つの次元においては、分離されている空間的存在者が、結びつけられることが可能である）。しかし、また定義からして、諸次元は、肢体構造（membrure）という意味をもっており、内容上の特殊性以上のものである。例えば、鉛筆によるデッサンにおける諸価値（valeurs）は、全体を表わしている。

こういう次第で絵画は、唯一の「実在的」世界と対照的な一つの「世界」なのである——それはいずれにせよ、他のあらゆる絵画といっしょになって、一つの世界を構成する——同じ感覚的諸要素が、散文的世界におけるとは、別の物ごとを意味する。

概念、理念、表象といった考えに、諸次元、分節化、水準、蝶番、枢軸、全体形態（configuration）といった考えを置き換えること——出発点＝物とその諸特性についての通常の考え方の批判→主辞・主観

（sujet）という論理的概念、ならびに論理的内属性の批判→積極的（positive 肯定的）意義の批判（諸意義の間の差異）、偏差《エカール》としての意義、述定の理論——以上の弁別的（diacritique）な考え方に基づいた述定の理論

より高い次元への移行＝ある一つの意味の *Urstiftung*（原創設）、再組織化。この再組織化が与えられた構造のなかに準備されているのは、いかなる意味においてであるか。感性的構造が、身体への、肉への、その関係によってのみ理解されうるように、——見えざる構造はロゴスへの、言葉《パロル》への、その関係によってのみ理解される——見えざる意味は言葉《パロル》の肢体構造である——知覚の世界は運動の世界に侵入する（運動もまた見られるのだ）そして逆に、運動は［両眼を?］もつ　同様に諸観念の世界も、言語のなかに侵入し（ひとは言語を思惟する）、逆に言語は諸観念に侵入する（ひとは、語るがゆえに、書くがゆえに、考えるのだ）——

他者たちの言葉《パロル》は私をして語らせしめ、考えさせる、それというのも、他者たちの言葉は、私のうちに私以外の他者を、［つまり］私が見ているもの……に対する偏差《エカール》を創造し、こういう仕方で私自身にこれ［私の見ているもの—訳者］を示すからである。他人の言葉《パロル》は、それを通じて私が自分の思想を見るところの、格子窓を形成する。この会話以前に私はそれ［自分の思想—訳者］を所有していたのか。然り、独自の基調、*Weltthesis*（世界措定）としては。否、もろもろの思想として、諸意義あるいは陳述としては——確かに、語るためには思惟していなければならぬ。だが、世界に臨む、もしくは *Vorhabe*（予持）の［相手方としての］垂直的「存在」に臨む（être à）という意味において、思惟しているのでなくてはならない。もろもろの思想は、この全体的なあり方に対する小銭である——もろもろの区切り——その内部における。

フッサール *lebendige Gegenwart**（生ける現在）

一九五九年十二月

私の身体は決して、他の諸物体のように *perspektivisch*（遠近法的に）動いているわけではない――また、諸物のうちの若干のもののように、静止しているのでもない。私の身体は、客観的な運動・静止の手前にある――

Ich gehe（我行く）によって身体が遂行するはずの（そして「遠近法的」ではない）運動は、つねに瞬間ごとに可能的な停止であるであろう――いかなる意味で可能的なのか。私の身体が場合によっては、そこにあることもありえようと思われる、ある *Ort*（場所）が、すなわち私の身体を見出す論理的可能性の指摘が問題ではないことは、確かである。肝心なのは、ある能力――我能う、である。

Veränderung（変化）と *Unveränderung*（不変化）――これらの現象に基づいて、否定的なものについての理説を立てること。肯定的なものと否定的なものとは、一つの「存在」の二つの「側面」である。垂直的世界においては、どんな存在もかかる構造をもつ（この構造に、意識の両義性と、意識の一種の盲目性、知覚における一種の非知覚さえもが、結びついている――見ること、これは見ないことである、――他人を見ること、これは本質的に私の身体を対象として見ること、それも他人の身体‐対象が心的「側面」をもつことができるというふうに、見ることである。私の身体の経験と他人の経験とは、それら自身、同じ

一つの「存在」の二つの側面である。つまり私が他人を見ると私が言うその場所に真に生起していることは、なかんずく私が私の身体を対象化するということであり、他人はこの経験の地平もしくは他の側面なのである——かようにして、ひとは自分自身にしか関わっていないのに、他人に向って語っているのである)。

矛盾の、絶対的否定の、あれか・これかの理説を相手どって——超越性とは、差異における同一性である。

* *D. 12. IV.* という記載のもとに分類されたフッサール未刊稿への言及。この手稿は、Die Welt der lebendigen Gegenwart und die Konstitution der außerleiblichen Umwelt という表題のもとに *Philosophy and Phenomenological Research. Vol. 6, n°3, mars 46.* に発表された。

科学と存在論

一九六〇年一月四日、月曜日

科学を、与えられた認識状況の内部での操作として正当化すること——そして、まさにこのことによって、かかる操作的科学を「補充する」存在論の必要性を明らかにすること——

存在、時間、進化等々といった事柄の科学的取扱いを「宇宙」の「相貌」(traits)「諸存在」の「相貌」の標定(repérage)として、つまり、それら［存在、時間、進化等々―訳者］が蝶番としてのそれらの役割のゆえに含んでいるものの体系的な説明として、性格づけること。原理的にいって、科学なるものは、

［対象を］すみずみまで汲み尽くすことではなくて、外貌の描写である——その取扱いの自由、操作上の自由は、直ちに一個の内‐存在論（intra-ontologie）の同義語なのだ。[九六] 解析幾何学が空間と数との間に確立する等価性は、（ブランシュヴィックのいうように）空間の精神化として［ばかり］ではなくて、また同様に知性の空間化として、つまり世界に属する（qui est *du monde*）認識主観の前での、空間と数との存在論的等価性の直観として、理解さるべきもの［である］。

科学的演繹‐実験的諸事実の平行関係は、否認さるべきものでもなければ、科学の実在論の証左として理解さるべきものでもない。この平行関係は、演繹科学が、世界の諸構造、諸枢軸、世界の骨組の若干の相貌を、明るみに出しているという事柄に基礎を置いているのである。この科学の真理性は、哲学を無用ならしめるどころか、却って「存在」への超越の関係によってのみ、すなわち科学の主観と客観とが共にある一つの前客観的「存在」に内属しているという事態によってのみ基礎づけられ、保証されているのである。

「スケール」——この概念の存在論的意義
「内‐存在論」（Endo-ontologie）フッサールの現象学的絶対者参照

一九六〇年一月二十日

それ［スケール］は、「自体者」[九七]（l'En soi）の存在論の超出である——しかも即自（en soi）の言葉でこの超出を言い表わしているのだ――「スケール(九八)」（Échelle 規模・尺度）とは、射影的（*projective*）な概念である。つまり人びとは、即自的な平面の上へと転写されたある自体的存在を想像するのである。それはこの平面上に、しかじかの大きさの比に従って、移し替えられて現われる。その結果、あい異なるスケールに応じた幾つかの表現（représentations）が、同じ自体者の、さまざまな「視覚像」（tableaux visuels）となるのである――人びとは、さらに一歩進めて、原形である「自体者」を抹殺する。つまりもはやあい異なるスケールにおける諸表現《ルプレザンタシオン》しか存在しない、というわけだ。しかしこれらの表現は、依然として、「視覚像」の秩序ないしは即自の秩序に属している。哲学の問題系《プロブレマテイク》にアプローチしない以上は、避けることのできない不合理によって、こういう結果になるのである。――さまざまなスケールにおける「眺め」が、接近不可能な「自体者」の諸多の身体性――遮蔽幕《スクリーン》への射影ではないこと、これらの眺めとそれらが相互に側面的に含蓄しあっている事情こそ、実在性であること、正確にいうと、実在性とは、これらの眺めの共通の肢体構造（membrure）であり、それらの核であって、それらの背後の何かあるものではない、ということを理解することが問題なのである、それというのも、これらの眺めの背後にも、自体者-射影という図式に従ってなおも考えられる他の諸多の「眺め」しか、存在しないからである。実在的なものは、もろもろの眺めの間、それらの手前に存する。マクロ現象とミクロ現象とは、それらの背後の実在自体の、あるいはプラスの方向に、あるいはマイナスの方向に拡大（縮小）された二つの投影ではない。例えば、進化のマクロ諸現象がより非実在的であってミクロ諸現象の方がより実在的だ、などということはない。それらの現象間に位階秩序（hiérarchie）は存在しない。

　私の知覚のなかに含まれたもの、つまりミクロ諸現象と、包絡-現象（phénomènes-enveloppes）の大規模な眺めとの両者は、「自体者」の二つの投影ではない。むしろ「存在」とは、これら両者に共通の肢体構造なのである。各々の領野は、それぞれ一個の次元性であり、「存在」とはまさに次元性そのもの（*la dimensionalité même*）なのだ。それゆえ、「存在」は、私の知覚によってもまた、接近可能なのである。（動詞的意味での）*Wesen* の核心としての本質《エサンス》への、諸多の「現われ」からの側面的超越という照合関係《レフェランス》を私に繰り広げて見せるものも、まさに知覚にほかならない。スケールを超えた規模の認識、もしくはスケール以下の規模の認識(九九)（マクロ現象‐ミクロ物理学）とは、知覚のみがその現実性《アクテュアリテ》を私に与えてくれる存在諸核心、そして知覚の肢体構造からの借用によってのみ理解される存在諸核心の（数学的道具による、つまり諸構造の調査目録による）点描的規定である。

つねに外部から見られた世界の眺めであり、宇宙の観察者（Kosmotheoros）の観点からする世界の眺めである因果的思惟なるものを、その対立‐主張（anti-thèses）としての、これと対抗的でこれから分離できない反省的捉え直しの運動とともども、廃棄せねばならない――もはや私は、私自身を、客‐観的空間性の意味における世界のなかで考えてはならない、こんなことをすれば結局、私自身を自立化（autoposer）させ *Ego uninteressiert*（公平無私な自我）のうちに居を置く結果となる――因果的思惟に取って代るものは、超越の理念、すなわちある世界への内属において、またかかる内属のおかげで、見られるところのこの世界、という理念、「内　存在論」（Intra　ontologie）の、包括し‐包括されるある「存在」の、垂直の、次元的「存在」の、次元性の理念である――［因果的思惟に］対抗しつつも「これと」連帯するところの反省的運動（「観念論者たち」の内在性）に取って代るものは、原理的に外部をもつところの「存在」の襞もしくは窪みであり、もろもろの布置（configurations）からなる建築的構造（architectonique）である。

意識——
もろもろの射影——
「自体者」もしくは客観——

なるものはもはや存在しない

相互に交叉しあう諸領野が、諸領野の領野のうちに、存在するのである。この諸領野の領野において、フッサールが、目的論と現象学的絶対者についての未刊稿において示しているように、もろもろの「主観性」が統合されるのだ、それというのも、もろもろの主観性は、徹頭徹尾それらの基礎の上に立つところの、一個の *leistende Subjektivität*（遂行的主観性）を、それらの内部構造（intrastructure）のうちに担っているからである

一九六〇年一月

見えざるもの、否定的なもの、垂直的「存在」

見えるものと見えざるものとの、ある関係、つまりそこにおいては、見えざるものが単に可視的-でない[1]（かつて見られたもの、もしくはやがて見られるであろうが、現在見えていないもの、あるいは、私以外の他者によって見られており、私には見えていないもの）というだけではなく、その不在が世界に算入される（それが見えるものの「背後」にあって、さし迫った、あるいは優越的な可視性であり、まさしく *Nichturpräsentierbar* 原的には呈示されえざるものとして、他の次元として、*Urpräsentiert* 原的に呈示されている）といった、ある関係、見えざるものの所在を示す空隙が「世界」のもろもろの移行点の一つ

である、といった、ある関係。これこそ、垂直的世界を、共可能的ならざる事柄の統合を、超越性の存在を、トポロジックな空間、ならびに接合（jointure）と肢体構造（membrure）の［そして同時に］離‐接（dis-jonction）と肢体‐解体(2)（dé-membrement）の時間を、――そして現実存在《エグジスタンス》を主張するものとしての可能的なもの（「過去」と「未来」とはこれの部分的表現でしかない）――、ならびに男性‐女性の関係を（幼児でさえ、おのずと抗《あらが》いがたいほどぴったり合体するのを見るに違いない二つの木片、それというのも、各断片は、他方の可能性なのだから）、――そして、「偏差《エカール》」と、諸多の偏差の彼方の総体性を、――ならびに思惟されるもの‐思惟されざるものの関係（ハイデガー）――と、二つの志向が唯一の*Erfüllung*（充実）に至るという*Kopulation*(100)（交接、連結）の関係とを、可能ならしめるところの、あの否定的なものなのである。

（1）あるいは、可能的に見えるもの（可能性のさまざまな度合において、――過去は見られえたものであり、未来は、やがて見られうるであろうものである）。

（2）これは同じことだ――la [?] は *Kopulation*（フッサール）である。

一九六〇年一月

フッサールもまた、ただ一つの世界だけが、つまりこの世界だけが、可能であると、考えている（cf. ソルボンヌ未刊稿*――世界の唯一性、神のそれのように）。「他の可能的諸世界」は、この世界の観念的諸変更である。――しかしわれわれの世界というこの唯一可能の世界は、その織地そのものにおいては、現実性（actualité）から織りなされているのではない――無‐矛盾としての、否定性を伴わぬものとしての、可能的なるものというライプニッツの考え方は、現実主義（actualisme）の反対物ではない。むしろ、それはこれとあい補うものであり、これと同様、肯定主義的（positiviste）である。そして、現実的なるものも、ライプニッツにおいては、究極のところ以上のような可能性の極限の場合、つまり完全な可能性にすぎない。すなわち、それは道徳的矛盾を含まぬもの、邪《よこしま》ならざるもの、もしくは、二重の意味で、つまり可能な限りよいという意味と、諸可能性のうちで、この上なく可能的なそれという意味とにおいて、最善の可能性たるもの、である。フッサールの場合は、世界の唯一性とは、それが現実的であり他のいかなる世界も空想的であるとか、この世界はそれ自体として存在するのに反して、他のあらゆる世界はわれわれにとってのみある、などということを意味するのではなくて、この世界が可能的なものに関するいっさいの思惟の根に存しており、それは、おのれの諸属性たる諸可能性の暈《かさ》によってまさに取り巻かれていること、これらの可能性は *Möglichkeit an Wirklichkeit*（現実性に即した可能性）もしくは *Weltmöglichkeit*（世界可能性）であること、そしてこの単数の知覚された存在は、おのずからして世界という形態をとりつつ、考えられうる限りの可能的なもののすべてであり、かつこれを包括し *Weltall*（天地万物）であるという、いわば自然の定めを担っている、ということを意味するのである。われわれの世界の全般性（universalité）、その「内容」に従ってではなく（というのも、われわれはその全体を知っているどころではないからだ）、また記録された事実（「知覚されたもの」）としてでもなく、その形態（configuration）の上での、世界の全般性、いっさいの可能的なものを包み、またいかなる可能的なものもそこへと戻ってゆく先の、世界の存在論的構造に従っての、その全般性。形相《エイドス》的変更とは、したがって私を、遊離した諸本質の秩序へと、論理的に可能なるものへと、移行せしめるのではない。それが私に与えてくれる不変なるものとは、構造的な不変項、内構造的な（d'intrastructure）ある「存在」であって、これは結局のところその *Erfüllung*（充実）を、ほかならぬこの世界の *Weltthesis*（世界措定）のうちにしか、有しないのである。

＊ 一九三〇年の未刊稿 *E. III. 4.* に分類されているもの。

見えるものと見えざるものとの問題系

一九六〇年一月

原理――見えざるものを、別の「可能的な」見えるもの、ないし誰かある他者にとって見えるところの「可能的なもの」とは見なさないこと、このように見なすならば、われわれをそれに結びつける肢体構造（membrure）をぶち毀す結果となろう。そのうえ、これ［＝見えざるもの―訳者］を、「見ているでもあろう」かの「他者」――あるいは、彼が構成するでもあろう、かの「他の世界」も、必然的にわれわれの世界と結びつけられることになるだろうから、真の可能性も、再びいや応なしにこの連繫のうちに現われるということになろう――見えざるものは、客観たることなくしてそこにある、これは存在的《オンティック》仮面の伴わぬ純粋の超越性である。そして、もろもろの「見えるもの」そのものも、結局それらもまた、ひたすら、ある一つの不在の核を中心として、これに向って存するにすぎないのである――

次の問いを提起すること――見えざる生、見えざる共同体、見えざる他人、見えざる文化。

「他の世界」の現象学を作ること、想像的なるものと、「隠れたもの」との現象学の果てとして――

知覚――運動――感性野の原初的統一――受肉と同義の超越――内‐存在論（*Endo-ontologie*）――精神と身体――質的な統合と質的な差異化――

一九六〇年一月

私が動くと、知覚された諸事物もそれにつれてそれぞれ見かけの上で移動するが、この移動の程度は、それらの私からの距たりに逆比例している――つまりいっそう近い物はいっそう大幅に動くというわけだ――移動の幅は距たりの指標となることができる。

肝心な点――この現象を幾何光学のやり方で組み立て直すことは、絶対に不自然である、つまり、しかじかの点に対応する幾つかの映像の間の、網膜上の角の変動からかの現象を作図することは、絶対に不自然である。この幾何学は私の関知せざるものであり、現象として私に与えられているものは、かかる類いの［角の］変動もしくは不変動の束ではなくて、ある距離と他のある距離とにおいて起る事柄の間の差異であり、これらの差異の積分なのである。光学的‐幾何学的解析が［対象として］おのれに与える諸「点」は、現象的には点ではなくて、極めて小さな諸構造であり、モナド、つまり形而上学的諸点もしくは諸超越なのである。この*Veränderung*（変化）と*Unveränderung*（不変化）の差異化のシステムをいかに名づくべきか。ほんとうは、これをかように形容し、かように記述することが、すでにこれに、客観的分析の空間へのその「投射」を、置き換えることなのである。ほんとうは、見かけの運動、静止、距離、大きさ等々は、私を諸物そのものから分離する透明な媒質による屈折の、あい異なる指標であり、それを貫いて「存在」が姿を現わしたり隠したりするところの、かの筋の通った膨張の、さまざまな表現なのである。心理学がやるように、しかじかといった距離の指標の効力の問題を提起することは、すでに世界の構造的統一をこわし、孤立化的態度を取ることである。真に知覚を現在形において捉えるところの、「垂直的」哲学にとっての「世界」と「存在」との絶対的優位性――

この同じ哲学にとっては、したがって、「部分的な」諸現象（ここでは *Veränderung*〈変化〉かしこでは *Unveränderung*〈不変化〉）は、措定的（positifs）なものと見なされるべきではない、つまり中立的な地の上の諸多の措定的な線が措定的な諸点を結合するといった式の幾何学的図式によって、表わさるべきではないのである。却って、これらの線の各々、これらの点の各々は、*Übergang*（移行）の運動、視野を掃く志向的踏み越え（empiétement）の運動から、識別（différenciation）と客観化とによって、結果するものなのである。運動の絶対的優位、といっても *Ortsveränderung*（場所の変化）としてではなく、有機体自身によって設定された変り易さ（*cf.* F・メイエ）*、有機体によって組織され、したがってまさにそれがために、統御されている彷徨変動としての運動の、絶対的優位。私の運動可能性が諸物の動揺を補整し、したがってそれはこれを理解し、俯瞰する手段なのである。まさに原理的にいって、いかなる知覚も運動である。そして世界の統一、知覚する者の統一は、互いに補整された諸多の移動の、この生ける統一である。私の身体の（両眼の運動によって補整された）運動においても、揺るがない凝視点がある。その手前には、私の頭部の運動に伴う諸対象の見かけの移動があり、その彼方には逆方向への見かけの移動がある。両者それぞれ、凝視された点の *Unveränderung*（これは頭部の運動を補整しつつ私の両眼が動くことによる）

の、プラスならびにマイナスに向っての読み変えなのである——凝視された点の不動性と、その手前ならびに彼方に存する物の動揺とは、部分的・局部的現象ではないし、諸現象の束でさえない、それは唯一無二の超越なのであり、諸偏差の唯一無二の段階系列なのである——もろもろの近さ、遠さ、地平を伴った視野の構造は、超越ということが存するために不可欠であり、ありとしあらゆる超越の範型《モデル》なのである。私が（フッサールにおける）時間の知覚について述べたことを、空間の知覚に適用すること、——時間的差異化の渦巻きの肯定主義的（positiviste）投影としてのフッサールの図表。**そして、もろもろの志向の糸でもって領野を組み立てようと試みる志向的分析は、これらの糸が、一つの織地からの放散（émanations）であり理念化であること、この織地の識別（différenciations）であることに、気づいていない。

もし世界と存在とに関する、以上のような垂直的‐知覚的展望を復元するならば、神経生理学がおこなうように、そのおかげで、客観的に規定された刺激が全体的な知覚に仕上げ（élaborés）られでもするかのような、隠れた神経的諸現象の厚みの全体を、客観的身体の中に構築しようと努める理由はなくなる。このような生理学的再構築と、志向的分析とに、同じ批判が、向けられる。つまり、両者のいずれも、これらの措定的（*positives* 肯定的・積極的）な諸項や諸関係をもってしては、知覚と知覚世界とが決して構成されるはずはないということを、看取していない、ということだ。その試みは、肯定主義的（*positiviste*）である。すなわち *innerweltlich*（内世界的なもの）、世界に属する諸特徴でもって、*Welt*（世界）の建築的構造（architectonique）を製作し（fabriquer）ようというわけである。これは、あたかもまったく措定的（positif）な世界が与えられているかのように、そしてあたかも、最初は存在しないものと見なされた、世界の知覚を、そこから出現させることが問題であるかのように、考える思考法なのである。この問題の立て方は、次のような型のものだ、つまり何故にいかなる知覚も存在しないということではなくて、世界の知覚が存するのであろうか、と。これは、因果的、肯定主義的《ポジティヴィスト》、否定主義的《ネガティヴィスト》思考法である。措定的（positif 肯定的）なものから出発して、この思考法はそこに空隙（空洞としての有機体、「対自」〈pour Soi〉の隠れ処としての主観性）を穿つことを余儀なくされ、しかも逆説的にも、これらの間隙が神経諸活動の装置、組立て……であると、主張するのである。これはどだい無理な企てだ。そしてそれは、これらの複雑な働きの結果しか、われわれが所有してはいないという誤った観念、われわれが全然関知しない諸過程の大海の上にわれわれが浮かんでいるという誤った観念を、誘い出す。精神のもつ唯一の *Weltlichkeit*（世界性）とは、あい接する物の間の因果関係による *Weltlichkeit* の型に属するもの、デカルト的な *Bloße Sachen*（裸の物象）の間を支配する因果性の型に属するものであるという要請——［問題となるのが］[101]（?·）（無意識的な）心理学的諸過程であろうと、生理学的諸過程（脳髄の「神秘」）であろうと、その点に変りはない。この角度からフロイトの無意識を批判すること。いわゆる知覚の諸「標識」の作用なるものを了解するためには、現象的なものに立ち戻らねばならぬように、——そして、この作用は世界の諸等価関係の明白さを思い出すならば、立ちどころに明らかになることなのだが——これと同様に、極めて単純な決して隠蔽されてはいないさまざまな実存範疇を通じての、人間的世界への、われわれの半ば知覚的な関係を再発見することによって、多元的決定[102]（surdétermination）や、動機づけの両義性を了解せねばならないのである。ただし、実存諸範疇はあらゆる構造と同様、われわれ［相互］の諸行為ならびに諸企画の間にあるのであって、それらの背後にあるのではない——相互人間的、いや精神的でさえある生の全体を、これらの言葉で改めて記述すること、精神の *Weltlichkeit*、その非‐島国性、他の諸精神や真理へのその絆もまた同様に、空‐時間的建築構造の差異化として、了解されねばならぬ——

ひとたび以上の条件が充たされると、二つの肯定的（positives）な実体間の関係として精神と身体との関係の問題を提起する必要はもはやない。また精神を身体装置に応じて機能させ、身体にも同様、精神にまったく出来合いの諸想念を提供するように強いるところの、「自然の定め」（institution de la nature）を導入する必要も、――平行論を考える必要ももはやない。この平行論なるものは、精神と身体とがそれぞれ一連の諸現象もしくは諸観念の厳密に連続した結合系列を含んでいると予想するのだから、完全な背理（contre-sens）なのだ。心身の絆は、もはや平行関係ではない（そして最終的には、身体の総体性と精神の総体性とがその二つの表現となるところの客‐観(一〇三)的な無限の「存在」における同一性）ではない、――またそれぞれ自己充足した二つの秩序を、［終局的な?・］効験によって結合するところのある定め（institution）といったまったくの不透明なものでもない――その関係は、凹面と凸面との絆、堅固な円天井とそれが提供する窪みとの間の絆と理解されねばならない――いかなる（平行論的な、もしくは純然たる機会原因論に属する）対応関係も、知覚において「身体の内部で」生起することと「精神の内部で」生起することとの間に、求められるべきではない。これは、物理的世界のなかに、有機体の正確な等価物を探し求めたり、あるいは有機体のなかに、微細な因果性による完全な説明を探求したりすることによって、犯すところの背理と同じ背理である――土に打ち込まれた杭と土との間には正確な対応関係が存在しないが、精神はちょうど土中における杭のように、身体に打ち込まれている――あるいはむしろ、精神は身体の窪みであり、身体は精神の膨みである。精神が身体に付着するのは、文化的諸事物に、それらの裏面もしくは他の側面たるそれらの意義が付着するような仕方によるのである――

　しかし（充満と窪み）という以上の考え方では、十分ではない。それというのも、観念論も同じことをいっており、しかも、われわれがこれをいうのは、同じ意味においてではないからである。精神、対自は窪みであって、空虚ではない。すなわち充実ないし堅い核でもあるかのような「存在」に対する、絶対的非存在ではない。他者たちの感受性（sensibilité）は、彼らの感覚論的身体の（一〇四）「他の側面」である。そしてこの他の側面、*nichturpräsentierbar*（原的には呈示されえざるもの）、これについて私が推測しうるのは、他人の身体の、私の感受能力（*mon sensible*）への節合（articulation）によるのであるが、この節合は、私を空虚にするものでも私の「意識」の出血（一〇五）でもなくて、逆に私をもう一つの自我（un *alter ego* 他我）でもって裏打ちするのである。他人が（他人の）身体のなかに生まれ出ずるのは、この身体の［いわば］突出部分によるのであり、ある *Verhalten*（態度・行動）へのこの身体の自己充当（investissement）、私がまさに目撃するところのこの身体の内的変容によるのである。身体同士の連結（accouplement 番うこと）、すなわち両身体の志向を唯一の *Erfüllung*（充実）に向って合わせること、両身体が両側からぶつかりあうただ一つの壁に向ってそれぞれの志向を合わせること、これは、万人の与《あずか》りうる、各人に与えられた唯一の感性的世界への顧慮のうちに、潜んでいることなのである。垂直的な「存在」の再発見によって呈示されるがままの、見える［世界の］、そして踏み越しを通じて、［同時に］見えざる世界の、唯一性こそ、「心身関係」の問題の解決である——

統合‐差異化としての知覚について、すなわち全般的な弁別的システムへの私の構え（montage）について、われわれが最初に述べたことは、私の受肉をもはや一個の「難問」、哲学の明晰なダイヤモンドにおける一つの瑕瑾《きず》ではなくて——却って私の構成的超越の、典型的事実、本質的分節構造たらしめるのである、つまり私が私自身を関知しないでいることが不可能であるべきならば、一個の身体（corps）が諸多の身体を知覚しているのでなくてはならない、ということである——

　胎児の有機的組織体が知覚し始める際には、即自的な身体による「対自」の創造がおこなわれるのでもなければ、身体のなかへの予定の霊魂の降臨といったことが存するのでもない。胚形成の渦巻が突然、おのれの準備していた内的な窪みを中心としてこれに集中するのである——ある基本的な偏差、ある種の構成的な不協和が出現する——この神秘は、幼児がよろめきながら言語活動に加わり、これを習得する所以の神秘、ある不在者が到来して、臨在者と〔再び-〕なる所以の神秘と、同じものなのである。不在者もまた、即自に属するのであって、「垂直的なもの」[1]の起伏《レリーフ》にはもはや算えられない。この絶対的な新しい生の由来する所以の貯水池の所在は、「世界」という普遍的な構造のうちに——いっさいの、いっさいに対する踏み越し（empiètement）、混淆的存在のうちに——ある。すべての垂直性は「垂直的存在」から由来する——

「思惟《パンセ》」（*cogitatio*）が、自己の自己に対する見えざる接触ではないこと、「思惟」が、自己とのこの親密性の外部で、われわれの内にではなくてわれわれの前で、つねに中心をはずれた姿で生きていることを、理解するのに慣れねばならない。感性的世界の領野を、内部-外部として（*cf.* 出発点においては、無数の運動上の指標ならびに動機づけへの全般的な応諾として、この *Welt*〈世界〉への私の帰属として）再発見するのと同様に、またわれわれの統合の場所でもあり、他人の生と私の生との唯一の *Erfüllung*（充実）でもあるところの、私と他人との間の分離の表面を、相互-人間的世界と歴史との現実性として、再発見しなくてはならないのだ。分離と統合のこの表面——私の個人的《ペルソネル》歴史の実存諸範疇が向って行くのは実はこれなのであり、それは、もろもろの投射（projections）と摂取（introjection）[106]との幾何学的場所であり、私の生と他者たちの生とが相互のうちへと揺れ動くためにそれを軸として回転するところの見えざる蝶番であり、相互主観性の骨組（membrure）なのである。

* *François Meyer*, Problématique de l'évolution. *PUF, 1954.*

** 上記三二〇頁の注****参照。

（1）Cf. Freud, le deuil. [die Trauer—訳者]

人間の身体　デカルト

一九六〇年二月一日

人間的なものとしての人間の身体というデカルト的観念、思惟によって支配されている以上、閉ざされておらず、開かれている人間の身体という観念――これは恐らく、心身統合に関する最も深遠な観念であろう。これは、即自に属するものではない一個の身体（仮に即自に属していたとするなら、それは動物の身体と同様、閉ざされていることだろう）のなかに参入する霊魂のことである、そしてこの身体は、思惟という「自己視」において成就することによって、初めて人間的な――身体であり、かつ生けるものたりうるのである――

フッサール――思惟の Erwirken（獲得作用）と歴史性
「思惟」についての「垂直的」な考え方

一九六〇年二月

フッサールによれば、*Gewordenheit aus menschlichen Aktivität*（人間的能動性からの生成態）をおのれの *Seinsart*（存在の仕方）とするような *Gebilde*（諸形成物）は、純粋な *Erwirken*（獲得作用）において *originär*《*erfasst*》（原的に「捕捉」）されていることになる（フィンク*によって呈示された *Ursprung*〈起源〉に関するテキスト、これはルーヴァンの文庫には再収されていない）。

異常なこととといえば、私が私自身の思想や諸意義を産出することについて抱く意識が、それらの「人間的」起源についての私の意識と同一だ、ということである――したがって思惟が人間的活動性との絆であるのは、まさしく見えざるものにおける歩み、全自然、全「存在」の外部での歩みである限りにおいて、つまり根本的自由たる限りにおいて、なのである――私が人間と再び合体するのは、まさしく私の絶対的非存在においてなのだ。人間性とは見えざる社会である。自己意識は他人の自己意識と、まさにその絶対的孤独を通じてシステムを構成することになる。

私は以上の主張を好まない――これは極めてサルトルに近い――しかし、それは能動性‐受動性の断絶を予想することとなるのだが、かかる断絶の存在しないことはフッサール自身よく承知している。なぜというに、二次的受動性なるものが存するからであり、いかなる *Vollzug*（遂行）も *Nachvollzug*（追遂行）である（最初の遂行ですら、——言語活動と、いっさいの *Vollzug* に先立つある *Vollzug* への、言語活動の準拠）からであり、また沈澱こそ、理念性の唯一の存在様態だからである——

私は以上の事態を、次のような方向（sens 意味）に発展させたいものだと思っている、つまり見えざるものは見えるものにおける窪みであり、受動性における一つの襞であって、純粋の生産作用ではない。これを果たすために、言語活動の分析をおこなって、どの程度まで言語活動が半ば自然的な転位（déplacement）であるかを示すこと。

しかし望ましいことは、思想の *Erwirken* を、文字通りに捉え、それはほんとうに空虚であり見えざるものと見なすという考えである——「諸概念」「諸判断」「諸関係」といったポジティヴィスム（肯定・実在主義）的骨董品のいっさいが排除され、精神は、「存在」の裂け目のなかなる水のように、湧き出る——精神的諸事物を探求する謂れはない。空虚なるものの諸構造しか存在しないのである——ただし、私は、この空虚を可視的な「存在」のなかに植え込み、それがこれの裏面であることを——とりわけ言語の裏面であることを、示したいと思う。

垂直的な可視的世界を復元しなくてはならないと同様に、精神についての垂直的な見方が存する。これによれば、多数の追憶や心像や判断から精神が成り立っているのではなくて、精神とはただ一つの運動であって、われわれがこれをもろもろの判断や追憶に、いわば宝石を換金するように引き替えることができるといった類いのものであり、しかも、この運動は、ちょうどおのずと発言された一語がある生成の全体を含み、手のたったひと握りが空間の一断片全体を含んでいるように、諸多の判断や追憶を、ただひと束にまとめて保持するのである。

＊ *Edmund Husserl*, Die Frage nach dem Ursprung der Geometrie als intentional-historisches Problem. *Revue internationale de Philosophie, Ire année. N° 2, 15 janvier 1939, p.209.* ［*Cf.* Krisis, Husserliana IV, *Beil. III* ; 両テキストは完全には一致していない——独訳による］

一九六〇年二月

本質——否定性

私は質を量に、知覚を理念に対立させているのではない——私は見え‐ざるものたる意味のもろもろの核心を知覚世界のなかに、探求しているのである。しかしこれらの核心が見えざるものであるというのは、単純に、絶対的否定（もしくは「英知的世界」のもつ絶対的肯定性）の意味においてではなく、ちょうど、奥行が高さと幅の背後におのれを窪ませ、時間が空間の背後におのれを窪ませるように、他の次元性の意味においてなのである——他の次元性は、先だつ諸次元性に、例えば奥行のゼロからの［現出の］ように(一〇七)付け加わる。しかしこのこと自体、普遍的な次元性としての「存在」のなかに包含されているのである。

フッサールの形相的変更、ならびにこの変更における不‐変なるものとは、もっぱら「存在」のこれらの蝶番のみを示すものである、つまり量を貫いて近づくことができるだけでなく、質を貫いても同様に接近可能なこれらの諸構造のみを、示しているのである——

あらゆる次元性の、「存在」への挿入を研究するために、——知覚のなかへの奥行の挿入、ならびに沈黙の世界への言語活動の挿入を研究すること——
言葉(*parole*)なしには形相的変更なるものが存在しないことを明示すること、形相的変更の支えとしての想像的なるものからして、さらに想像的なものの支えとしての言葉《パロル》からして、これを明らかにすること

否定的なもの、ならびに概念の問題

勾配

一九六〇年二月

否定性の問題とは、とりも直さず、奥行の問題である。サルトルは、垂直ではなくて即自的な、すなわち平面的な、そして絶対的な深淵たる無にとってのみ存するところの世界について語る。つまるところ彼にあっては奥行なるものが存在しないわけだ、それというのも、「彼のいう」奥行には背景が伴っていないからだ——私にとっては、否定的なものは、絶対に何も意味してはいない、それに肯定的なものも同様、何も意味するものではない(両者は同義語である)、そしてこう言うのも、存在と無との漠とした「混合」に訴えてのことではない、構造とは「混合」ではない。サルトルの到達点、つまり「対自」によって捉え直された「存在」のうちに、私の出発点がある——これが彼において到達点となるのは、彼が存在と否性(négatité)から出発し、両者の統合を構築するからである。私の場合は、説明原理は構造もしくは超越で

あって、（サルトルの意味における）存在と無とは、その二つの抽象的特性なのである。内部からの存在論（ontologie du dedans）にとっては、超越を構築せねばならぬ謂れはない。無によって裏打ちされた「存在」として、最初に超越が存するのであり、説明されねばならないものは、むしろその二分化なのである（といってもこの二分化は、決して成就されることはない）――構造を記述すること、いっさいは、これにかかっている、そして諸多の構造の *Sein*（「存在」）のなかへの統合を、また人を取り囲み擒にする意味（一〇八）としての意味（私が誰かある人に向っていう言葉の意味は、彼の「頭上を襲い」、彼が理解してしまう前に彼を捉え、彼から答えを引き出す）（一〇九）を記述すること――われわれは、「存在」地平としての人間《ユマニテ》のうちにある、それというのも、地平なるものはわれわれを、諸物に劣らずわれわれを、取り囲むものなのだから。しかし、存在であるのはまさに地平であって、人間ではない――人間（*Menschheit*）と同様、いかなる概念も、まず最初は、地平的類属性、様式的類属性である――感覚的なものそのものが見えざるものであり、黄色でさえ基準もしくは地平とおのれをなすことができるということが理解された暁には、もはや概念の、一般性（一一〇）の、理念の問題は存在しなくなる――

　サルトルの場合は、奥行を構成するもの、奥行を穿ち、すべてを構成し、内側から私自身に向って私の囚獄《ひとや》を閉ざすものは、つねに私なのである――

　私にとっては逆に、最も特色のある行為、決断（［例えば］一人の共産主義者の、党からの絶縁）でさえ、おのれをあらしめる（共産主義者であらしめる、もしくは非‐共産主義者であらしめる）所以の一個の非‐存在ではない――互いに際立つこれらの決断は、私の場合は両義的なのだ（私が党と絶縁する場合には、共産主義の外に立つ共産主義者であり、党に再び加担する場合には、共産主義の内にいる非‐共産主義者である）、そしてこの両義性は、これを告白し、公言せねばならぬ。それは、過ぎ去れる歴史が、われわれのかつての諸多の選択や、かつての諸多の教説を、真偽の彼方に置く際の、この歴史の不偏不党性と同じ型のものなのである　私にとって真理とは実は、この、真理の彼方ということであり、考察すべき多くの関係がまだ残っている、この奥行なのである。

概念、意義といったものは、次元化された単独者（le singulier *dimensionalisé*）、定式化された構造であり、そしてこの見えざる蝶番を見ることはできない。唯名論には道理がある。それというのも、諸意義とは、定義された諸偏差にすぎないのだから――

勾配[二]（gradient）――線状的存在ではなくて、構造化された存在

一九六〇年二月

「表象的」諸作用と他の諸作用――意識と実存

フッサール（L. U.論・研*）は、表象的諸作用が、いつでも他の諸作用に対して、基礎づける作用であること、――しかも他の諸作用はこれに還元されぬこと――意識はまず第一に認識として定義されていた――を認めていた、しかし *Werten*（評価作用）が独自のものであることも認められていた――これは、「意識の哲学」における唯一可能な立場である――

この立場は、例えば性本能が「超越論的観点から」考察されている未刊の草稿においても、なお維持されるであろうか。** このことは、非表象的「諸作用」（?・）が存在論的機能を所有していることを、意味し

てはいないだろうか。しかしどうして、それらが、——「客観」を与えるのではなくて（時間と同様）作用というより *fungierende*（作働的、実効的）であるそれらが——認識と等しい権利で、これ［存在論的機能］を、所有することができるであろうか

実は L. U. の解決は暫定的なものであり、形相的方法、すなわち反省能力の全能に結びつけられているのである——この解決は、フッサールが冷徹に、反省されたものと反省されざるもの（機能する言語と理念性としての言語）とを、*Wesen*（本質）と *Tatsache*（事実）として、区別していた時期に対応する——仮に、ここにわれわれが留まるならば、「非客観化的な諸作用」の介入、ならびにそれらの存在論的機能は、まったく単純に、意識の転倒、非合理主義でしかなかろう。

　われわれが「意識」と「諸作用」とを考えている限りは、合理主義‐非合理主義のディレンマを脱却できない。——決定的な一歩は、意識が実は作用なき志向性、*fungierende* であること、意識の「諸対象」そのものが、われわれの眼前のポジティヴ（実在的・実証的・肯定的）なものではなくて、それを巡って超越論的な生が廻転するところの、もろもろの意義核心、特定された空虚であること、——そして、意識そのものが、他人にとっては *Nichturpräsentierbar*（原的には呈示されえざるもの）として呈示されるところの、「自己」にとって *Urpräsentierbar*（原的に呈示可能）なものであり、感覚することとは原理的には *Nicht-urpräsentierbar* であるもの、超越的なもの、事物、「基準」もしくは次元となった《*quale*》[13]（性質）の *Urpräsentation*（原的呈示）であること、——交差《キアスム》と志向的な「踏み越し」（empiètement）とは、還元不可能であること、以上の諸事実を認めることとである。そしてこれは、主観の概念の拒斥へと導き、あるいは主観を領野として、つまり発端となる「…がある」（*il y a*）によって開かれた諸構造の階層化されたシステムとして、定義することへと、誘《いざな》うのである。

「意識」のこの変革に伴って、直ちに、非客観化的なもろもろの志向性は、もはや従属的なものか、それとも支配的なものかという二者択一には拘束されぬものとなり、情感性（affectivité）の諸構造も他の諸構造と同じ資格で構成的なものとなるのである、それも、それらが言語活動の諸構造であるがゆえにすでに認識の構造でもあるという単純な理由によって、なのである。「表象的諸感覚」のほかに、何故にわれわれが諸情感（affections）をもつのか、といぶかしく思う謂れは、もはや存在しない。それというのも、表象的感覚も（われわれの生のなかにもそれが挿入されているという事態において「垂直的に」捉えられるならば）身体を通じて世界に臨むことであり、かつ世界を通じて身体へと臨むことなのだから、つまり肉であり、そのうえ言語活動も同様な事情にあるのだから、それ［表象的感覚］もまた情感であるからである。「理性」にしても、またこの地平のうちに——「存在」ならびに世界との混淆のうちに存するのである。

* *Edmund Husserl*, Logische Untersuchungen, *1901-2, Niemeyer-Halle.* 改訂版三冊本（*1913 et 1922*）。［独訳による補正——*E. H.*, L. U. 1900-01. *Überarbeitete Neuauflage in* : Huss. Bd. XVIII-XIX.］

** Universale Teleologie と題された未刊稿，*E III 5, publié et traduit en italien dans le volume* Tempo e Intentionalità. *In Archivio di Filosofia. Organo dell' Istituto di Studi filosofici. Anton Milani ed., Padoue, 1960.* ［独訳による補充 Zur Phänomenologie der Intersubjektivität, Huss. XV, *S. 593ff.*］

語りの哲学と文化の不如意

一九六〇年三月

語り《パロル》の哲学は、書き物の際限なき繁茂を正当化するという危険を孕んでいる、——いやそれどころか、書き物になる以前の文書の限りない繁茂をも（研究ノート——フッサールの*Forschungsmanuskript*。フッサールにおける*Arbeitsprobleme*〈研究作業の諸問題〉の概念——Arbeit——超越論的意識をその現場で（sur le fait）取り抑えようという、この不可能な企て）、——何を言っているのか心得ずに語るという習慣、語り口《スタイル》と思想との混同などを正当化する危険を孕んでいる……

しかしながら㈠実際は、つねにこうした事情にあったのだ——以上のような膨張を免れるような諸研究は「大学流」の研究である

㈡「これに対する」救済策はあるが、それは、アメリカ式の大学流‐分析的方法に立ち戻ることではない、——こんなことをすれば、以上の状況の手前に舞い戻ることになろう——そうではなくて、諸事象に再び直面することによって、かかる状況を超出することである

過去ならびに世界の輻（rayons）

一九六〇年三月

内的な独語《モノログ》、――「意識」ですら、（感性的であれ、非感性的であれ）個々の「…と我思う」（*je pense que*）のひと繋がりとして理解さるべきではなく、普遍的な（*générales*）もろもろの全体形態（configurations）あるいは布置（constellations）に向っての、つまり過去のもろもろの輻ならびに世界のもろもろの輻に向っての、通路（ouverture）として、理解されねばならない。これらの輻の末端には、諸多の空隙や想像的なものにちりばめられた多数の「遮蔽‐記憶(二三)」（souvenirs-écrans）を貫いて、ほとんど感覚的ともいうべき若干の構造、若干の個別的記憶が脈打っているのである。われわれは実は「存在」の一領野であるのに、個々の*Erlebnisse*（体験）からなる一つの流れでもあるかのようにわれわれ自身に信じこませたのは、諸物に対してと同様、精神にも施されたデカルト的理念化（idéalisation）なのである（フッサール）。現在においてすら、景観は全体形態（configuration）である。

精神分析学の「連想」なるものは、実は、時間と世界の「輻」（rayons）なのである。

例えば黄色の縞模様をもった蝶という遮蔽記憶（フロイト L'Homme aux loups p.394）『狼人間』*）は、分析してみるとロシア語の*Grouscha*を想起させる黄色の縞模様のついた梨の実へと結びついていることが判明する。そしてGrouschaとは、ある若い子守女の名である。この際、三つの追憶、互いに「連合」しあった蝶—梨の実—（同名の）子守女の追憶が存するのではない。ここにあるのは、彩られた領野における蝶のある戯れであり――（言語活動の受肉の力によって）Grouschaという言語的Wesenと通じ合うところの――蝶と梨との（動詞的意味での）ある種のWesenなのである――同じ存在の輻に属し、それぞれの中心によって結びついた三つのWesenが存するのである。分析はそのうえ、子守女がちょうど蝶の翅を開くように彼女の両脚を開いたことを、明らかにする。したがって、連想の多元決定（surdétermination）が存するのである――一般的に次のように言うことができよう、つまり多元決定が存する場合でなければ、すなわち諸関係の関係、偶然ではありえない合致、前兆的な（ominal）意味をもつ合致が存する場合でなければ、連想は登場しない、と。「沈黙のコギト」は多元決定しか、すなわち象徴的母胎しか、「思惟」してはいないのである――多元決定はいつでも不意に出現するのだが、真なるものの退行運動（＝理念的なものの先在）（すなわちフッサールによれば名付けうるものへの訴えとしての「発言《パロル》」の事実そのもの）が、そのつど所与の連想に対して、別の諸根拠を提供するのである――

この点に関して『日常生活の精神病理学』を検討すること――（Cinq Psycha., p. 397[**]における次の事例参照、つまり被験者は翅をもぎ取られたある*Espe*〈やまならし〉を夢に見る――ところでこれは*Wespe*〈すずめ蜂〉である――しかし彼の頭文字もSP〈エス・ペ〉である――去勢されるのはほかならぬ彼自身である――この頭文字から明らかになる言葉の上での去勢ということの操作を分析すること（多元決定）――「去勢する主体」は真実を承知していて、そのうえでこれを切りつめる「思考者」ではない。それはSPと去勢との側面的な連結なのだ）――一般的にいって、フロイトの言葉に関する分析が信じがたく思われるのは、これらの分析を、一人の「思考者」のうちで現実に起ることと見なすからである。しかし、このような仕方で分析を現実化（*réaliser*）してはならない。すべては常套的ないわゆる思惟ではないような思惟において起るのである。

* *S. Freud*, Cinq Psychanlyses, *trad. fr., P. U. F., 1954.* [Aus der Geschichte einer infantilen Neurose, *in* : Gesammelte Werke. *Bd. 12, London*（*Imago*）*1947, p.124*――独訳による補充]

** [*Cf. op. cit. p.128*――独訳による補充]

一九六〇年三月

「世界の輻」の概念（フッサール――未刊稿）[一四]（もしくは宇宙の線）

これは、私と地平線との間の客観的世界の一断面の観念ではない、また（ある理念のもとで）総合的に組織された客観的全体の観念でもない、そうではなくて、諸多の等値性の軸の――つまり、そこで出会われうるありとしあらゆる知覚が、その上で互いに等値となるところの一本の軸の、観念なのである。ただし等値となるといっても、もろもろの知覚が許容する客観的な推論の関係のもとにおいてではなくて（それというのも、この関係のもとでは諸知覚は互いに甚だ異なっているのだから）、私の現在の瞬間の視覚の能力のもとにそれらがすべて属する、という点においてなのである

基本的な例をあげれば――すべての知覚は、私の現在の「我能う」のうちに含まれている――見えるものは、近くて小さい対象か、大きくて遠い対象か、いずれでもありうる。

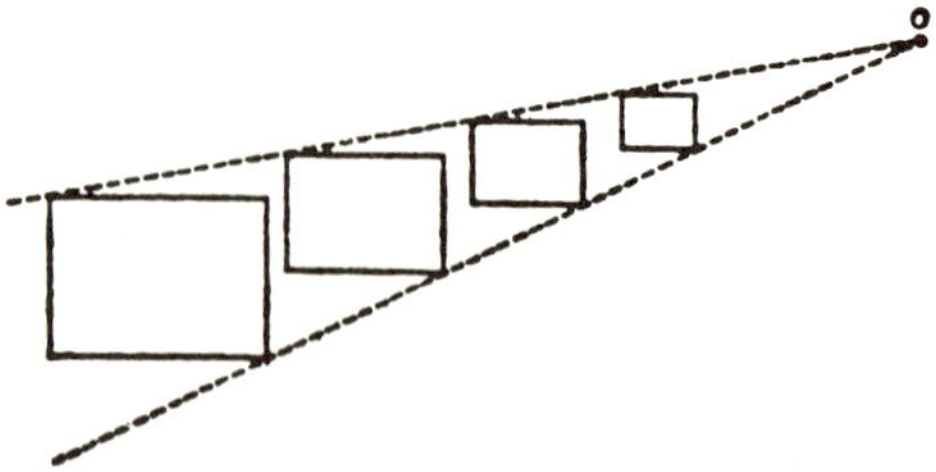

上図で表現されているものは世界の輻ではない。私がここに描いたのは、一系列の「視覚像」と、それらの法則である——世界の輻とは、論理的諸可能性のかかる系列でも、それらを定義する法則——（客観相互間の関係）——でもない。世界の輻とはまなざしなのであり、そこにおいてはそれらがすべて同時的であり、私の「我能う」の所産でもあるような、そうしたまなざし、なのである——それは、奥行を見ること、そのことにほかならない——世界の輻は、ノエマ-ノエシス分析を受け入れない。このことは、それが人間を予想することを意味しないということだ。それは、「存在」の一葉層（feuillet）なのである。

「世界の輻」とは、総合でもないし、「受容」（réception）でもなくて、分凝（ségrégation）なのである。すなわち、われわれがすでに世界のうちに、もしくは存在のうちにいることを、予想している。われわれは、おのれの場所に留まるところのある存在、ひと眼で綜観（*synopsis*）されない——そして、即自的にあるのではない——ある存在のうちから、［我能うの領域を］を切り分けるのである——

一九六〇年四月

見えるものと見えざるもの

（私が着手している）著作の第二部、これは、見え-ざるものとしての見えるものの記述を伴っているのであるが、それはやがて第三部においてデカルト的存在論との対決へと導くはずである（ゲルーの『デカルト』を読破すること――彼の『マールブランシュ』を読み――ライプニッツ、スピノザを検討すること）。この対決の指導理念は次のとおりである、つまりデカルト＝精神の *Weltlichkeit*（世界性）の欠如、精神は思惟の彼方にある神の側へと差し戻されている――そのため実体間の交通《コミュニカシオン》の問題が未解決のままである（機会原因論、［予定］調和［説］、平行論）――知覚世界についての私の記述、「主体性」にとってのあらゆる帰結を伴った知覚世界の復権、とりわけ、身体性と「垂直的な」〈存在〉についての私の記述、これらのすべては精神‐身体、精神‐精神間の交通へと、*Weltlichkeit* へと導くはずであるが、この *Weltlichkeit* なるものは、ライプニッツにおけるように、単に移し換えられた「自然」の *Weltlichkeit* などではないのである。それというのもライプニッツにあっては、微小知覚と、実測図としての神とが、「自然」の連続性と対称的《シメトリック》な連続性を精神の側に再建しにやって来るからである。かかる連続性は、もはや「自然」のなかにすら存在しえないのだから(一二五)、況んや精神の側には存在しない。しかしそれにもかかわらず、精神の *Weltlichkeit* は存在するのであって、精神は島のように孤立してはいない。フッサールは、精神とは遠隔作用(一二六)（記憶）の存するあの場《ミリウ》であることを、明らかにしている（Cahiers Internationaux de Sociologie に見られるテキスト＊）。諸多のモナドへの「自然」の投射（厳密なる対応関係）というライプニッツの要請は、まさに典型的に、「視覚像」の要請であって、「野生の」もしくは知覚された世界に対する無頓着を意味する。

＊ *Cahiers internat. sociol., vol.* XXVII, *juill.-déc. 1959, P. U. F., 1960,* L' Esprit collectif, *inédit de Husserl, traduit par R. Toulemond, p.128.* ［Gemeingeist II *in* : Zur Phänomenologie der Intersubjektivität, Huss. XIV, *p. 202*――独訳による補充］

「毀たれえざる」過去
と志向的分析、——ならびに存在論

一九六〇年四月

「毀たれえざる」ものとしての、「非時間的な」ものとしての、無意識と過去というフロイトの観念＝「*Erlebnisse*（諸体験）の系列」としての時間というありふれた観念の除去——建築術的な過去なるものが存する。*cf.*プルースト——真実の西洋さんざしは、過去に属する西洋さんざしである[二七]——*Erlebnisse*なき、内面性なきこの生を復元すること、——これはピアジェが甚だ不適切だが、自己中心主義と呼んだものであるが、——しかし実は「記念碑的」な生であり、*Stiftung*（創設）ないし導入（initiation）なのである。

この「過去」は、神話的時間に、時間に先だつ時間に、前生に属し、「インドよりもシナよりも遠くに」ある——

これに対して志向的分析なるものは、いかなる意味をもつのであろうか。志向的分析がわれわれに示すことといえば、どのような過去も意味の上からいって（*sinngemäß*）かつては現在であったのだ、つまり過去としてのその存在は、ある現前のうちに基礎づけられていたのだ、ということである——そしてもちろん以上のことは、過去に「ついて?」まことに真実である、過去は今なお現前しているといえるほど真実である。しかし、まさしくここにこそ、志向的分析の捉えることのできぬ、何かがあるのである、なぜなら、志向的分析論は、メタ‐志向的であるかかる「同時性」にまで高まることができぬ（フッサール）

からである（*cf.* *Nachlaß* についてのフィンク論文）*。志向的分析論は、絶対的観想の場所を暗黙のうちに前提している、つまり、そこからして志向的解明がおこなわれる場所、そして現在と過去とを、そのうえ将来へと開かれた通路さえも、包括しうるような場所を、言外に含意しているのである――これは、諸意義に関する「意識」の秩序であり、そしてこの秩序においては過去‐現在の「同時性」なるものは存在しない、存在するのは、過去と現在との隔たり（écart）の明証性である――これに反して、フッサールが記述し主題化している *Ablaufsphänomen*（経過の現象）は、それ自体のうちに、まったく別のものを含んでいる。すなわち、それは「同時性」、移行、*nunc stans*（立ち留まる今）を、そして、過去の守護者としてのプルースト的身体性を、「意識」**の「諸展望《パースペクティヴ》」に還元されぬ超越の「存在」に浸っているという事態を、含んでいる――それは、単に過去から事実的・経験的な現在へと向うばかりでなく、また逆に事実的現在から、次元的現在もしくは *Welt*（世界）もしくは「存在」へと向うところの、志向的回付を含んでいる、そしてこの次元的現在、世界、「存在」にあっては、過去は、限られた意味での現在と「同時的」なのである。この相互的な志向的回付は、志向的分析論の限界を、つまりそれが超越性の哲学となる点を、印しづけている。志向的照合関係（référence intentionnelle）が、ある *Sinngebung*（意味付与）から、それを動機づけるもう一つの *Sinngebung* への関係ではもはやなくなって、一つの「ノエマ」からもう一つの「ノエマ」への関係となるときには、そのつどわれわれは、以上に述べたような *Ineinander*（相互透入）に出会うのである。そして、実際ここでは、現在に粘着しているのはまさに過去であって、現在についての意識に過去についての意識が粘着しているのではない。それというのも、かつて知覚したことがあるという意識が過去についての意識を担っているどころではなくて、「垂直な」過去がそれ自身のうちに、かつて知覚されたことがあるという要求を含んでいるからである。過去は、ここでは*Bewußtsein von*…（……についての意識）の「変容」（modification）もしくは様相化（modalisation）ではもはやない。逆に*Bewußtsein von*、過去を知覚したことがあるということこそ、実質的な「存在」（Être masif）としての過去によって担われているのである。私が過去を知覚したのは、まさに過去があったからにほかならない。フッサール的分析の全体は、意識のφ（哲学）がそれに強いるところの諸作用という枠組によって、がんじがらめにされているのである。存在に内的な志向性たる*fungierende*（作動的・実効的）もしくは潜在的な志向性を、改めて捉え直し発展させねばならない。以上の事情は、「現象学」とはあい容れないことである、すなわち無に非ざるいっさいのものに*Abschattungen*（射映）を通じて意識におのれを呈示することを強いるところのある存在論、それも一つの作用たる、つまり数ある*Erlebnis*中の一つの*Erlebnis*たる原初的能与から由来するものとして意識に対しておのれを呈示することを強いるところの、ある存在論とは、あい容れないことなのである（現象学討論会にかつて提出されたフィンクの論説におけるフッサール批判***参照）。意識と、それぞれ明確に分たれた志向の糸を伴った意識の*Ablaufsphänomen*（経過現象）とを、根本的なものと見なしてはならない。そうではなくて、この*Ablaufsphänomen*が図式的に表現するところの渦巻、空間化的-時間化的渦巻（これは肉であって、ノエマに直面する意識ではない）をこそ、根本的なものと見なさなければならない

* *E. Fink*, Die Spätphilosophie Husserls in der Freiburger Zeit, *in* Edmund Husserl（1859-1959）*Phaenomenologica, 4. 1960.*

** 「過去」という語の下に、著者は括弧入りでsubordonné（従属した）と注記している。

*** *E. Fink*, L'analyse intentionnelle, *in* Problèmes actuels de la Phénoménologie, *Desclée de Brouwer, 1952.*

テレパシー——対他存在——身体性

一九六〇年四月

見られうべき諸器官（ポルトマンPortmann）*——見られうべき器官としての私の身体——すなわち、私の身体の一部分を知覚すること、これはまた、この身体部分を、可視的なもの、つまり対他として、知覚することでもある。そして、それがこの性格を獲得するのは実際に誰かがそれに眼を向けるからであることには、違いない——しかしながら、他人の臨在《プレザンス》ということの事実そのものも、仮にあらかじめ件《くだん》の身体部分が可視的でなかったとしたら、すなわち、身体各部分の周辺に、可視性の暈《かさ》が存しなかったとしたら、可能ではないであろう——ところで非‐現勢的に見られているこの可視的なものとは、サルトルのいうところの想像的なものではない。すなわち不在者への現前《プレザンス》、もしくは、不在者の臨在《プレザンス》なのではない。それは、間近に迫った者、潜在的な者、もしくは隠れた者の臨在（現前）なのである——それぞれの感官は、それに属する想像的なものをもつ、というバシュラールの言、参照。

いわゆるテレパシーを生ぜしめるものも、（私にとっての——しかし、また全般的でもあり、すぐれて他人にとっての）私の身体のこの可視性にほかならない。なぜなら、可視性というこの危険を活性化するためには、他人の振舞のほんのかすかな徴候があれば十分だからである。例えば婦人は、感知されえないような気配にも、自分のからだが欲望の対象となり、見つめられているのを感ずるものだが、彼女自身は、彼女を眺めている人びとを見ることとさえしていないのである。この際「テレパシー」といわれる所以は、他人による実際の知覚にそれが先行すること（色情狂）によるのだ *cf. Psychoanalysis and the occult***——われわれが、見つめられていると感ずる（焼けつくような項《うなじ》）のは、何かあるものが、まなざしからわれわれの身体へと移って来て、見つめられているまさにその局所において、これを焼くからではなくて、おのれの身体を感ずることが、また他人にとってのおのれの姿を感ずることでもあるからなのである。他人の感覚性（sensorialité）が私の感覚性のうちに含まれているのはいかなる意味においてであるかを、ここで探求しなくてはなるまい。私の両眼を感ずることは、それらが見られる恐れがあると感ずることなのである——しかし、相関関係は、いつでもこのように、見るものから見られるものへ、あるいは語ることから聴くことへと、向うとは限らない。私の手、私の顔もまた、可視的なものに属するのだ。（見つつ、見られる）、（互いに手を握りしめる際の触れつつ、触れられるという）相互性の場合は、準‐反省（*Einfühlung* 自己移入）、*Ineinander*（相互透入）の存する際だった完全な場合であって、通例の場合は、私にとって見えるものを私にとって触れうるものへと嚙み合わせ、私にとってのこの見えるものを他人にとっての見えるものへと合わせる調整なのである——（例えば、私の手）。

* A. *Portmann.* Animal forms and patterns. A study of the appearance of animals. *Londres, Faber and Faber, 1952*（*Trad. angl. de* Tiergestalt）. [Die Tiergestalt, Studien über die Bedeutung der tierichen Erscheinung. *Freiburg, Basel, Wien 1965.*——独訳による補充]。著者は、動物の器官構造についてのポルトマンの若干の注意を人間の身体に適用している。*Cf.* 特に *p. 113* 若干の動物の身体の構図は「見る眼と中枢神経系とへの関係における特殊な照合器官として評価されねばならない。眼と見られるものとは、あたかも食物と消化器官との間に支配している諸規則にも劣らぬ厳格な諸規則に従って、互いに適合した機能的一体性を、ともども形成している」。

** *Georges Devreux,* Psychoanalysis and the Occult, *Intern. Univ. Press., I.N.C., New York, 1953.*

Ἐγώ と οὔτις（二八）

一九六〇年四月

「私」とは、真実のところ、誰でもない、それは匿名者である。「私」が「オペレーター」であるためには、あるいはいかなる客観化も命名もそれにおいて生ずべき当の者であるためには、「私」は誰でもない、匿名者であって、いっさいの客観化、命名に先だたねばならない。命名された「私」、「私」と名付けられた者、これは一個の客体である。もともとの「私」、上述の「私」がその客観化であるようなもともとの「私」は、それに対してあらゆるものが、見るべく、もしくは思惟すべく与えられている知られざる者であり、すべてのものが、それに向って訴え、その眼前に……何かあるものがある (Il y a quelque chose)、ところの知られざる者なのである。それゆえ、これは否定性であり――それそのものとしては、もちろん捉えられえない。それというのも、それは、何ものでもないからである。

しかし、まさにこれが、思惟する当のもの、推論し、語り、論議し、苦しみ、楽しむなどする当のものなのであろうか。明らかに否である。なぜなら、それは何ものでもないからである――思惟し知覚しなどする者は、身体を通じての、世界への開披としての、この否定性なのである――反省的という性格を身体によって、身体の、語り《パロル》の、自己関係によって理解せねばならない。語る‐聴くという二重性が「私」の核心に残存している。つまり「私」なるものの否定性は、語ることと聴くこととの間の窪み、両者の等価性が成立するところの点にすぎないのだ――否定的なもの‐身体、もしくは否定的なもの‐言語という二重性が、主体である——alter ego（第二の我）としての身体・言語——私の身体と私という「われわれの-間」（ミショー Michaux）——私の二重化——これは、受動的-身体と能動的-身体とが*Leistung*（遂行）において癒合し——重なり合い、非-差異となることを、妨げるものではない——現実になし遂げられるあらゆる*Leistung*（活発な討論など）は、私に「私の外に出た」という印象をつねに与えるものであるが、それにもかかわらず以上のとおりの事情なのだ——

一九六〇年五月

見えるもの——見えざるもの

およそ見えるものはいずれも、（一）図の意味では可視的とはいえない地を伴っており（二）それが所有している図柄的（figural）なもの、ないしは形象的（figuratif）なものにおいてすら、客-観的（ob-jectif）な一個の*quale*（性質、あり様《よう》）ではなく、つまり上空から捉えられたある「即自体」（en Soi）ではなくて、むしろ視線の下にそっと忍び込み、もしくは視線によってさっとひと撫でされ、まなざしのもとで無言のうちに生まれる（正面に生まれるときには地平から、側面から登場するときには——ニーチェが、偉大な諸理念は音もなく生ずるといった[二九]、あの意味において——「音もなく」生まれる）などと、私が述べる場合——したがって「可視的」という語によって客観的な*quale*が意味されるならば、いかなる見えるものもこの意味においては可視的ではなく、*Unverborgen*（隠蔽されていないもの）である、と私が言う場合したがって私が、いかなる見えるものも見えざるものである、知覚は非知覚である、意識は《*punctum caecum*》（盲点）をもっている、見ることは見えるものより多くのものを見ることである、と述べる場合——これを矛盾の意味に理解してはならない——「即自体」としてすみずみまで規定された見えるものに、（あたかも客観的な不在でしかないかのような）（すなわち即自的な他所における、他所なる客観的現前にほかならぬ）不 - 可視なるものを私が付け加えていると、想像してはならない——不 - 可視性を伴っているのは、可視性そのものであると、理解しなくてはならない——私が見ている限りにおいては、私が何を見ているのか私は承知していないのだ（親しい人物は、明確にこれこれしかじかと規定されてはいない）、この事実は、そこに何もないことを意味するものではなくて、ここで問題になっている *Wesen* とは、無言のうちに触れられるところの世界のある輻《や》（rayon）の *Wesen* であることを、意味しているのである——知覚される世界とは（絵画と同様）私の身体に開かれたもろもろの途の全体なのであり、多数の空間時間的個体ではない——見えるものに属する見えざるもの。これは、世界のある一本の輻への見えるものの帰属性ということである——赤の *Wesen* は存在するし、これは緑の *Wesen* ではない。しかしそれは、見ることを通じてしか原理的には接近可能ではない *Wesen* なのである。そしてそれは見る働きが与えられるやいなや接近可能となるのであり、したがって、もはや思考される必要もないのである。それというのも、見ることとは、*Wesen* を所有するために思考を必要としないところの、かの類いの思惟だからである——赤の *Wesen* は、高校《リセー》の思い出がその香のなかに宿る（一一〇）ように*赤のなかに立ち現われる（este）**——この、赤そのものからやって来る能動的な *Wesen* を、恐らく、他の諸多の色彩を地とする赤という、分節化として、もしくは照明のもとでの赤という、分節化として、理解すべきこと。この理解を通じて、赤がそれ自身のうちに、中立的となる可能性（赤が照明色となる場合）を、つまり次元性を所有しているということを、理解すること、——この中立‐化とは、赤が「別の色彩」に変ることではなく、それ自身の持続による赤色の変容なのである（ちょうど私の視覚に対する一つの形態もしくは一本の線の影響力が次元的なものとなり、空間の曲率の指標たる意味を件の形態もしくは線に付与する傾向をもつように）——そして、空間（透明性、諸多の恒常性）による性質のしかじかの構造的変容も、他の諸性質による変容と同様に存在するのだから、感性的世界とは、こうした知覚的論理、等価性のシステムであって、空間‐時間的諸個体の堆積ではない。そしてこの論理はわれわれの精神物理的体制の産物でも、範疇的装備の産物でもなくて、むしろ一個の世界から採取された標本である、つまり、われわれの諸範疇、われわれの体制、われわれの「主観性」といったものが、その肢体構造を明瞭に言い表わすところの一個の世界の標本なのである

＊　ハイデガーへの言及 Einfühlung in die Metaphysik, *Niemeyer, ed. Tübingen 1953, p. 25–26, Trad. fr.*, Introduction à la Métaphysique, *coll. Épiméthée, P.U.F., 1958, p. 42.*

＊＊　上記三三二頁の注＊〔原著 p. 256〕参照。

一九六〇年五月

「意識」の盲点（punctum caecum）

意識が見ないもの、意識がこれを見ないのは、もろもろの原理的理由による、つまり意識がそれを見ないのは、意識がまさに意識だからである。意識が見ないものとは、意識にあって残余の眺めを準備すると

ころのものなのである（ちょうど網膜において視覚を可能ならしめる繊維が周囲に広がっている出発点にあっては、網膜が盲目であるように）。意識が見ないものとは、意識をして見るようにさせる所以のものであり、「存在」へと意識を繋ぎ止める絆、つまりその身体性であり、世界が見えるようになる所以の諸実存範疇であり、対象（*objet*）の出生の場所たる肉なのである。意識が煙に巻かれ、倒逆され、間接的であるのは、避け難いことである。原理的に意識は諸事象を、他の端から眺め、原理的に「存在」を見損ない、「存在」（l'Être）よりも対象を、つまり意識がそれとの絆を断ったある「存在」（un Être）を、そしてこの否定を否定することによって、この否定の彼方に措定するところのある「存在」を、選好するのである——意識はこの存在のうちに、「存在」（l'Être）の非‐隠蔽性、*Unverborgenheit*を見失っている。つまり措定的（positif 肯定的）なものには属さず、遠きものどもの存在であるところの媒介されざる現前を、見失っているのである

一九六〇年五月

世界の肉——身体の肉——存在

世界の肉、（時間、空間、運動に関して）分凝、次元性、継承、潜在性、踏み越しとして記述された世界の肉——ついで改めてこれらの諸現象‐諸問題に問いかけること、それらは、われわれを、*Einfühlung*（自己移入）知覚するもの‐知覚されるもの［という関係］へと差し戻す。なぜならそれらは、われわれがかように記述された存在のうちにすでに居ることを、われわれがそれに属している（*en sommes*）ことを、

そして存在とわれわれとの間に *Einfühlung* の存することを意味しているからである。

以上のことは、私の身体が世界と同じ肉から成り立っていること（つまりそれは知覚されるものであること）、そしてそのうえ、私の身体たるこの肉は、世界によって分け持たれ、世界はこれを反映し、世界はこの肉へ、肉はこの世界へと足を踏み入れ（感覚されるものは主観性の頂点であると同時に、物質性の頂点でもある）、それらが互いに犯し合い、あるいは跨ぎ越し合う関係にあることを意味する――これはまた、私の身体がただ単に知覚される諸物のうちの一個の知覚されるものにすぎないだけでなく、すべてのものの尺度であり、世界のすべての次元の *Nullpunkt*（零点《ゼロ》）(三一) でもある、ということをも意味する。例えば、私の身体は、あらゆる運動体ないし動くもののうちの一つの運動体ないし動くものではない、私はその運動を私に対して遠ざかることとして意識しない、すなわち諸物は動かされるのに反して、それは *sich bewegt*（動く・おのれを動かす）のである。これは、一種の「反省されたるもの」（*sich bewegen*）を意味する。身体は、これによって、おのれを自己へと構成する(三二)――これと平行してそれは、おのれに触れ（*se* touche）おのれを見る（*se* voit）。そして、私の身体が何かある物に触れたりそれを見たり、すなわちそれらのうちに（マールブランシュ）おのれの変容を読みとる（それというのも、われわれは霊魂の観念をもっていないからであり、霊魂とは、その観念の存在しない存在、われわれがまさにそれである当の存在、われわれに見えない存在だからである）(三三) ところの諸事物に対して開かれていることが可能であるのは、まさに、このことによってなのである。おのれに触れること、おのれを見ること、「感情による知」――

この、身体のおのれに触れおのれを見るという現象は、それ自身、見ることと見えるもの、触れることと触れられうるものについてすでに述べられたところに従って、理解さるべき事柄である。つまりそれは作用ではなくて、…に臨む存在（un être à …における、…への存在）である。おのれに触れること、おのれを見ることとは、以上に従えば、おのれを対‐象（ob-jet向こうへ‐投げ出されたもの、客体）として捉えることではなくて、おのれに対して披《ひら》かれていること、おのれに充《あ》てられて（destiné à soi）いること（ナルシシズム）である——したがってまた、それはおのれに到達することではなくて、逆におのれから逃れ、おのれを知らずにいることであり、そして問題の自己とは、隔たったもの（d'écart）、*Unverborgenheit du Verborgen* comme tel（隠蔽されているものが隠蔽されているがままに露わになっていること）であり、それゆえ、どこまでも隠され続け、もしくは潜在的たることをやめないのである——

　われわれが感ずるところの感覚する働き、われわれが見るところの見る働き、これは、見ている、感覚していると思惟することではなくて、見ること、感覚すること、無言の感官による無言の経験である——身体の半ば「反省的」な二重化、身体の反省的性格、身体が触れつつある自己に触れ、見つつある自己を見るという事実は、結合されたものの背後の結合の働きを不意打的に捉えること、つまりこの構成的な活動性のうちにおのれを復位させることを意味するのではない。自己の知覚（ヘーゲルは自己感情と称していた）もしくは知覚の知覚は、それが捉えるものを客観と化して知覚を構成する源泉と一体化することではない。じじつ私は触れつつある私自身に触れ、見つつある私自身を見ることに、完全には成功しはしない。知覚する私について私が抱く経験は、いわば間近に迫ること（*imminence*）以上に出るものではない（二四）。この経験は見えざるものにおいて終結するのであるが、ただし、この見えざるものとは、それの見えざるもの、すなわちそれの鏡像的な知覚の裏面、私が鏡のなかで私の身体についてもつところの具体的な眺めの裏面なのである。自己知覚もなおまた一つの知覚なのである。すなわち、それは*Nicht Urpräsentierbar*（原的には呈示されえざるもの）（不‐可視的なもの、我）を私に与える、しかし、それを私に

与えるのは *Urpräsentierbar*（私の触覚的ないし視覚的現われ）を通じてであり、透かし見的に（つまり潜在性として）である――私の私自身にとっての不可視性は、私が積極的な意味での精神・「意識」・霊性である、意識としての（すなわち純粋な自己への現出としての）実存である、ということによるのではない。それは、私が、（一）可視的な一つの世界を、すなわち次元的でそれに参加することが可能な一個の身体を（二）換言すれば自己自身にとって可視的な身体を、（三）そしてそれゆえ究極においては、自己からの不在であるところの自己への現前を所有するものであることに、基づくのである――問いかけから中心に向っての前進は、条件づけられたものから条件への、根拠づけられたものから *Grund*（根拠）への運動ではない。それというのも、いわゆる *Grund* とは *Abgrund*（深淵）だからである。しかし、かくして発見される深淵とは根底の欠如のゆえに深淵だということではない。それは高みによってもちこたえるところの *Hoheit*（高さ）の出現である（cf. Heidegger, *Unterwegs zur Sprache*）*、すなわち世界にやって来るところのある否定性の出現である。

世界の肉が身体の肉によって説明されるというのではない。あるいは身体の肉が、それに宿る否定性もしくは自己によって、説明されるというのではない――以上の三つの現象は、同時的なものである――世界の肉とは、私の肉のようにおのれを感覚することではない――世界の肉は感覚されうるものであって、感覚するものではない――それにもかかわらず、私はこれを肉と呼ぶ（例えば起伏《レリーフ》、奥行、ミショット（三五）の経験**における「生命」）のだが、それは、これがさまざまな可能性を孕んでいること、*Weltmöglichkeit*（世界可能性）（ほかならぬこの世界の、すなわち単数と複数との手前の世界の、変奏としての可能的な諸世界）、したがってそれは絶対的な意味では客-観（ob-jet）ではないということ、*bloße Sache*（裸の物象）という存在様態は、その部分的で二次的な表現でしかない、ということを、述べんがためなのである。

これは物活論ではない、逆に物活論とは肉的現前についてのわれわれの経験の概念化——説明的-「存在者」の秩序における、誤った「主題化」なのである——自己の身体が究極的に理解可能となるのは、世界の肉を通じてである——世界の肉とは見られた-「存在」の一部である、すなわち優越的に知覚されること（*éminemment percipi*）にほかならない一つの「存在」である、そして知覚すること（*percipere*）が理解可能となるのも、世界の肉によるのである。それというのも、私の身体と呼ばれるこの知覚されたものが、知覚されるものの残部におのれを押しあて、換言すれば、おのれを自己によって知覚されるもの、したがって知覚する者と見なすにしても、かかる事柄のいっさいが結局、可能となり、幾許《いくばく》かのことを意味するのも、まず「存在」が、といって、即自的な自己同一的な、闇夜のなかの「存在」ではなく、おのれの否定をも、つまりおのれの知覚されること（*percipi*）をもまた含むところの「存在」が、現にある（*il y a*）がゆえでしかないからである——ベルクソンの次の言葉参照（二六）、われわれは「イマージュ」を措定することによって、すでにわれわれに意識を与えてしまっている。それゆえイマージュからなる宇宙より貧しいものであってより豊かなものではない「意識的」生物、イマージュの宇宙の集中もしくは抽象である「意識的」生物の水準において、わざわざこの意識を演繹するには及ばないのだ——こんなふうに意識以前に意識を実在化することとは、何ものをも意味することではなかった。こういう次第でわれわれは次のように述べるのだ、すなわち最初にあるのは諸多の「イマージュ」の拡散した「意識」ではない、（拡散した意識とは、何ものでもない、それというのも、ベルクソンは[***]、非決定性の中心と身体の「暗箱」によって、初めて意識が存するようになる、と説明しているのだから）、最初にあるのは「存在」である、と

＊ *Unterwegs zur Sprache*, *Neske ed.*, *Tübingen*, *1959*, *p. 13.*——《*Die Sprache ist : Sprache. Die Sprache spricht. Wenn wir uns in den Abgrund, den dieser Satz nennt, fallen lassen, stürzen wir nicht ins Leer weg. Wir fallen in die Höhe. Deren Hoheit öffnet eine Tiefe.*》（「言葉は存在する、言葉が。言葉は語る。この命題が名づけるところの深淵のなかにおのが身の落ちるにまかせるとき、われわれは空虚のなかに失墜するのではない。われわれは高みに落ちる。その高さが深みを開くのである」）。

** Cf. 本書上掲二九二頁の注 ***

*** 原文に従えば次のようにベルクソンはいう「生命体は、宇宙のなかでそれぞれ《非決定性の中心》を構成している。……」そして彼はもっと先にいってから、次のようにはっきりさせる、「……どこでもいいから宇宙のある場所を取り上げて見よう、物質全体の作用が何の抵抗にも出会わず、少しの消耗もせずにそこを通過し、また全体を写す写真は、ここでは透明であると、われわれは言うことができよう。それというのも、映像がその上に浮かび出る黒い遮光膜が欠けているからである。われわれのいう《非決定性の地帯》は、いわば遮光膜の役目を演ずるようなものだといえよう」Matière et Mémoire, *10e ed., Alcan, Paris, 1913, p. 24 et p. 26-27. [P.U.F., p. 33 et p. 36 ; Œuvres, p. 186 et p. 188]*。

一九六〇年五月

形而上学——無限

世界——Offenheit

世界と「存在」——

両者の関係は、見えるものと見えざるもの（潜在性）の関係である　見えざるものとは、別の見えるものの（論理的意味における「可能的」なもの）単なる不在というだけのポジティヴ（肯定的・実在的）なものではない。

それは、原理上の *Verborgenheit*（被隠蔽性）つまり可視的なものの不可視なるもの *Offenheit* d'*Umwelt*（周囲世界の開放性）であって、*Unendlichkeit*（無限性）ではない。――L'*Unendlichkeit* は、ほんとうは、即自、客‐観である――私にとって問題となりうる「存在」の無限性（infinité）とは、現に働いている、戦闘的な有限性、すなわち *Umwelt* の開放性なのである――私は経験的な意味での有限性、諸多の限界をもった事実的実存に立ち向っている、そしてそれゆえにこそ、私は形而上学に向っているのだ。しかし形而上学は、事実上の有限性のなかに存在しないのと同様、無限性のなかにも存在しないのである。

一九六〇年五月

文学としての、感性的なものの哲学

科学的心理学は、次のように信じている、すなわち現象としての性質については語るべきことは何もない、「現象学は究極のところ不可能」である（ブレッソン*）と、（たとえそうであっても科学的心理学にあってすら、諸現象以外のいったい何についてわれわれは語るのであろうか。心理学において諸事実は、眠っている諸現象を目醒めさせるという役割以外の役割をもつものではない）――ほんとうの事情は、*quale*（性質、あり様《よう》）は、ちょうど人生が、著述家《エクリヴァン》に非ざる人間にはいかなる着想も示唆しないように、不透明で言い表わしがたきものと見える、ということである。感性的なものは、人生と同様、哲学者（すなわち著述家《エクリヴァン》）たる者にとっては、これに反して、いうべき事柄につねに充ち溢れた宝庫なのである。

著述家《エクリヴァン》が人生や感情について述べることを、それぞれの読者が真実だと感じ、おのれ自身のうちに再発見するのと同様に、現象学者は、現象学を不可能だと称する人びとによっても理解され、利用されているのである。事柄の真相は、感性的なものは、哲学者ないし著述家《エクリヴァン》に対してでなければ、言い表わすことのできるようないかなるものも実際、呈示しないけれども、これは、感性的なものが、何とも言い表わせない「即自」（en Soi）であるといったことに基づくのではなく、ひとが言い表わす術を心得ていないことによる、ということだ。真なる事柄の「回顧的実在性(二七)」の問題——「回顧的実在性」は、世界ならびに「存在」が多形的なもの（polymorphisme）、神秘であり、決して平板な諸多の存在者、もしくは即自からなる一つの層ではないという事情に由来するのである。

＊ *François Bresson,*《*Perception et indices perceptifs*》, *in, Bruner, Bresson, Morf et Piaget,* Logique et Perception, *Et. Epistem. genet., IV. Bibl. Scient. intern., PUF, 1958, p. 156.*——「現象学的記述は、究極のところ実現不可能であり、内的経験は、言い表わせないものである。まさにそれゆえに、内的経験は、何であれあるコミュニケーションの対象、したがってある科学の対象たることをやめるのであり、かかる経験にもはや携わらずに、ただその存在を認めることだけでこと足りるであろう」。

「視覚像」——→「世界の表象」
Todo y Nada（二六）

一九六〇年五月

視覚像（Tableau visuel）の批判を一般化して《*Vorstellung*》（表象）の批判となすこと——なぜなら視覚像の批判は、単に実在論、もしくは観念論（綜覧《シノプシス》）の批判であるだけではないからである——それは本質的に、両者によって物と世界とに付与される存在意味の批判なのである。この存在とは、つまり「自体者」（*En Soi*）という存在意味である——（まさにそれに意味を付与する唯一のものたる、距離、偏差、超越、肉に関係づけられていない自体者）

ところで、「視覚像」の批判が、以上のごときものであるなら、それは、*Vorstellung* の批判へと一般化される。それというのも、世界へのわれわれの関係が *Vorstellung* であるならば、「表象される」（re-présenté）世界は、「自体者」という存在意味をもつことになるからである。例えば、他人が世界を表象するとする、そうすると、どこにもありはしない一個の内的客観、観念性という一個の内的客観が、彼にとっては存するわけで、そしてそれとは別に世界そのものが現実に存在することになる。

私が為さんと志していることとは、「表象されるもの」というのとは完全に異なる「存在」意味（sens d'Être）としての世界を復元すること、すなわちいかなる「表象」も汲み尽しえず、しかもすべての表象が「到達し」ている垂直的「存在」としての、野生の「存在」としての、世界を復元することである。

このことは、ただ単に知覚に適用さるべきだけではなくて、また、述定的諸真理と諸意義の「宇宙」にも同様に適用されねばならない。ここでもまた、「自体者」と「純粋意識」から完全に区別されたものとしての、「野生の」意義を——あらゆる意義作用がその上であい交るところの、そして諸意義がその削り屑でしかないところの、（単数・複数以前の）かの「個体」としての（述定的‐文化的）真理を、理解しなくてはならない。

そのうえ（自然的と文化的）という二つの面の区別も、抽象的である。われわれにあっては、いっさいが文化的である（われわれのLebenswelt〈生活世界〉は「主観的」である）（われわれの知覚は文化的‐歴史的である）しかもわれわれにあっては、いっさいが自然的である（文化的なものですら、野生の「存在」の多型性《ポリモルフィスム》に基づいている）。

露呈さるべき存在意味——存在的なもの《*Erlebnisse*》（諸体験）、「諸感覚」、「諸判断」——（諸客《オブ》‐観《ジェ》、もろもろの「表象されたもの」つまり「精神《プシケ》」と「自然」とのすべての理念化）、これらのいわゆるポジティヴな（そして隙間だらけで「孤立した」、本来の*Weltlichkeit*〈世界性〉の伴わぬ）心的「実在《レアリテ》」というすべての骨董品が、実は存在論的な織地からの、「精神の身体」からの、抽象的切り抜きであることを、明示することが肝心なのだ——

「存在」とは、そこにおいて「意識の諸様態」が「存在」のもろもろの構造化としておのれを刻み込む場所（ある社会のなかでおのれを思惟する仕方は、その社会的構造のなかに含まれている）、そして「存在」のもろもろの構造化が意識の諸様態であるような場所なのである。即自‐対自という統合は、絶対的意識のなかでではなくて混淆性の「存在」のうちで、成就するのである。世界の知覚は世界のなかでおこなわれ、真理の検証は「存在」のなかでおこなわれる。

サルトルと古典的存在論　サルトルがつねに前提している歴史的「総体化」——これは彼の「無」(néant)の反映である、——それというのも、無に等しきもの(rien)が「世界においてある」(être au monde)ためには、「全体」に依拠せねばならないからである。

一九六〇年五月

触れる - おのれに触れる
見る - おのれを見る
身体、「自己」としての肉

触れること、自分に触れること(自分に触れること＝触れるもの - 触れられるもの)両者は身体において合致するのではない、なぜなら、触れるものは、正確には決して触れられるものではないからである。とはいえ、これは、それらが「精神において」もしくは「意識」の水準において一致することを、意味するものではない。接合がおこなわれるためには、身体とは別の何かあるものが必要である、つまり接合が生ずるのは、触れえざるものにおいてである。私が未来永劫、触れることのない他人のそれ(触れえざるもの)。しかし、私が決して触れることのないものに、彼もまた触れるわけではない、ここには、他者に勝《まさ》る自己の特権はない。それゆえ、触れえざるものとは、意識ではない——「意識」だとしたならばこれも肯定的（positif）なものに属することになろう、そうなると意識に関して、反省するものと反省されるものとの二元性が、触れるものと触れられるものとの二元性と同様に、再び始まることになるだろうし、実際始まるのである。触れえざるもの、これは事実において接近不可能な、触れうるもの、ということではない、――無意識的なもの、これは事実において接近不可能な、ある表象のことではない。ここにおける否定的なものとは、どこか他所にある肯定的なもの（超越的なもの）ではないのである――これは、正真正銘否定的なもの、すなわち*Verborgenheit*（被隠蔽性）の*Unverborgenheit*（非隠蔽性）*Nichturpräsentierbar*（原的に呈示されえざるもの）の*Urpräsentation*（原的呈示）、換言すれば他所ということの起源をなすもの（un originaire de l'*ailleurs*）、一個の「他者」・「空洞」であるところの*Selbst*（自己）なのだ――したがって、触れるもの‐触れられるものの接合は、「思惟」もしくは「意識」によって果たされる、などといっても、何の意味もない。そもそも「思惟」とか「意識」とかとは、「世界」もしくは「存在」……へと向う一個の身体性の*Offenheit*（開披）にほかならぬのだから。

触れえざるもの（それにまた見えざるもの*、なぜなら同様の分析を視覚についても繰り返すことができるのだから。私が自分自身を見るということの妨げとなるものは、さしあたり、事実上の見えざるものである（私にとって見えざる私の眼）しかし（その空隙が他人ならびに私の類属性《ジェネラリテ》によって埋められるところの）この見えざるものの彼方に、権利上の見えざるものがある、私は運動しつつある私自身を見ること、つまり私の運動を見物することはできない。ところで、この権利上の見えざるものとは、実は*Wahrnehmen*（知覚すること）と*Sich beuegen*（動くこと・身を動かすこと）とが同義語であることを意味するのである。*Wahrnehmen*が、捉えようとする*Sich beuegen*に決して追いつかぬのは、まさに以上の理由による。つまり*Wahrnehmen*は今一つの*Sich beuegen*なのである。しかし、この見えざるものは、

Wahrnehmen が *Sich bewegen* であることを、まさしく証拠立てている、つまりこの場合、失敗のなかに成功が存するのである。*Warhnehmen* は、*Sich bewegen* を捉えることに失敗する（そして私は、運動のさなかにあってさえ、私にとって運動の無《ゼロ》であり、私は私自身から遠ざかることはない）それというのも *Wahrnehmen* と *Sich bewegen* とが性質を同じくするものであるからにほかならず、この失敗はこの等質性（homogénéité 一致）の証《あか》しだからにほかならない。*Warhnehmen* と *Sich bewegen* とは、相互に相手側から立ち現われるのである。これは「脱－自」（Ek-stase）による反省の類いなのであって、両者は同じ房に属する。

触れることは、おのれに触れることである。これは、次のような事態として、理解されねばならぬ、つまり諸事物が私の身体の延長であり、私の身体が世界の延長である、身体を通じて世界が私を取り囲むといったふうに——私が、私自身の運動に触れることができないのは、この運動がまったく、私との接触から織りなされているからである——おのれに触れることと、［単に］触れることとを、相互に表裏として理解せねばならぬ——触れるということに宿る否定性（私はこれを矮小化すべきではない、それというのも、身体が経験的事実ではなくて存在論的意義を有するのも、これによるからである）、触れる働きに存する触れえざるもの、視覚作用に存する不可視なるもの、意識に存する無意識なるもの（意識の中心をなす *punctum caecum*〈盲点〉、意識をまさに意識たらしめるこの盲目性、すなわち意識をあらゆる物の間接的で逆さの把握たらしめるところのこの盲目性）それは感性的「存在」の別の側面あるいは裏側（もしくは他の次元性）である。それがここにはない諸点は確かにあるにもかかわらず、それがそこにあるとは、われわれはいうことができないのだ——それがそこにあるのは、もう一つの別の次元性への充当（investissement）による現前《プレザンス》、「二重の底」をもった現前によるのである　　肉、*Leib*（身体）とは、おのれに触れることとの(「触感覚」の)総和ではない、しかしまた触感覚プラス「運動感覚《キネステーゼ》」の和でもない、それは「我能う」である――身体図式(schéma corporel)は、仮にそれが自己の自己へのこの接触(これはむしろ非-差異である)(X…への共通の呈示)でないとしたらschéma(図式)ではないであろう

世界の肉、(《quale》性質)とは、私がそれであるこの感性的「存在」と、私のうちでおのれを感覚する残余のいっさいとの、分かたれざる連帯性、快感-実在性の連帯性(indivision)である――

肉とは、鏡的現象である、そして鏡とは、私の身体への私の関係の拡張である。鏡=物の*Bild*(像)の実現(réalisation)、そして私-私の影という関係=(動詞的意味での)*Wesen*の実在化(réalisation)つまり、事物の本質の抽出、「存在」の外皮の、その「現われ」の抽出――おのれに触れること、おのれを見ること、それは、おのれから、かかる鏡に映った抽出物を獲得することである。すなわち、現われと「存在」との分裂――すでに触れるということにおいて生じている分裂(触れるものと触れられるものとの二重性)そして、鏡(ナルシッサス)の場合は、「自己」へのいっそう深い執着でしかない分裂。私における世界の視覚的投射(projection)は、諸事物-私の身体という内-客観的な(intra-objectif客観内部の)関係として理解さるべきではない。そうではなくて、影-身体という関係、動詞的意味での*Wesen*の共同性、したがって結局は「類似」、超越という現象として理解さるべきである。

視覚-触覚(両者を互いに重ね合わすことはできない、両宇宙の一方は他方の上に張り出している)の間の偏差は、それぞれの感官の内部に存する張り出し、それぞれの感官をして《*eine Art der Reflexion*》(一種の反省)たらしめる張り出しの、いっそう著しい場合として理解されねばならない。

この偏差は、ただ単にわれわれの有機的組織に属する事実にすぎない、つまり、それぞれある閾を具えたしかじかという若干の受容器が存在する等々……という事実にすぎないと、評者はいうであろう。

私だって、これと反対のことを述べているわけではない。私のいわんとするところは、これらの諸事実が説明的な力をもつものではない、ということである。これらの事実はある存在論的な起伏《レリーフ》を別の仕方で表明しているのであり、それらが物理的因果性という唯一の平面にこの起伏を統合することによってこれを抹殺することなど、不可能なのである。それというのも、われわれの身体という「特異な諸点」(cf. F・メイエ**)の体制の、それゆえ、またわれわれの感覚論的機構(esthésiologie)の、物理学的説明なるものは、存在しないからである。

この場合における現象学とは、次のことの、つまり物理学的説明に基づく理論的に完全な、充実した世界なるものは、[実は]完全なるものではないということ、それゆえ、感性的存在ならびに人びとに関するわれわれの経験の全体を、究極のもの、説明不可能なものと、したがってそれ自身による世界と、見なされなくてはならないということを、認知することなのである。それ自身による世界とは、——すなわち科学ならびに実証的心理学が、「即自」における前提条件の裏付けなき(*absque praemissis*)諸断片と見なすものを、知覚の論理として読みかえねばならぬ、ということである。

触れる - 自己に触れる
(諸事物
自己の身体)
見る - おのれを見る
聴取する - おのれの言葉を聴取する(ラジオ)
理解する - 語る

聞く－歌う
葉脈による統一
先－客観的な――
触れること＝触れる運動
と触れられる運動

WarhnehmenとSich bewegenとを解き明すために、いかなるWahrnehmenも、運動の「自己」であるという条件においてしか、知覚しないことを、明示すること。
自己の運動、物－主体たることの証左、いわば諸物の運動のようでありながら、しかも私がおこなう運動――

言語活動を、我思うの基礎として理解するために、以上の点から出発すること。それというのも、言語活動の我思うに対する関係は、運動の知覚に対する関係にほかならないからである。運動が肉的であることを示すこと――「運動」とその「自己」（ミショットによって記述された運動の「自己」）と、Wahrnehmenとの関係が存するのは、肉的なものにおいてである。

＊ ここで開かれた括弧は閉じていない、節の続きは見えざるものを対象としている。
＊＊ *Op. cit.*

一九六〇年五月

見えざるもの、それは、
（一）現在は見えるものではないが、条件次第によっては見えるものでもありうるもの（事物の隠れた、もしくは目下関心をひかない側面――隠れた、「他所《よそ》」に位置する諸事物――「ここ」と「他所」）
（二）見えるものに関係するものでありながら、それにもかかわらず、物として見ようとしても見られえないであろうようなもの（見えるものの実存諸範疇、その諸次元、その非‐形象的肢体構造（membrure non-figurative）
（三）触感的もしくは運動感覚的等々としてしか、現実に存在しないもの。
（四）λέκτα（語られたこと）、「コギト」

以上の四つの「層」を、私は見え‐ざるものの範疇に、論理的に統括するのではない――

まず第一に、見えるものが客観的なポジティヴなものではないのだから、見えざるものは論理的意味における否定ではありえないという単純なる理由によって、以上のような統括は不可能である――

問題なのは否定‐指示《レフェランス》（…の零《ゼロ》）もしくは偏差なのである。

この否定‐指示《レフェランス》は、あらゆる見えざるものに共通である。それというのも、見えるものが「存在」の次元性として、すなわち包括的（universel）なものとして、定義されたからであり、したがってその一部をなさないものもすべて必然的にそのうちに包み込まれ、同じ超越の様相でしかないからである。

見えざる見えるもの

一九六〇年五月

感覚可能なもの、見えるものは、私にとって無とは何であるかを述べる機会であらねばならぬ――無とは、見えざるもの以上の（また以下の）何ものでもない。

見えるものとは客観的な現前（もしくは、この現前の観念）（視覚像）であると信ずるという、全面的な哲学的誤謬の分析から出発すること

この誤謬は、即自としての *quale*（性質・性状）という観念を誘発する。

quale とはつねに、ある型の潜在性であることを示すこと

サルトルはいう、アフリカにいるピエールの心像《イマージュ》とは、ピエールの存在そのもの、彼の可視的な存在、現存する唯一の彼の存在を「生きる」一つの「仕方」でしかない、(二九)と――

実際、この心像は自由な心像とは別ものである。それというのも、これは一種の知覚、遠隔知覚（télé-perception）だからである――

感覚されうるもの、見えるものを、私が実際の視覚を通じて現に事実的な関わりをもっている対象としてではなくて——また、それに引き続いて私が遠隔知覚をもつことができるものとして定義しなくてはならないのだ——なぜなら、見られた事物というものは、これらの「心像」の *Urstiftung*（原創設・創建）だからである——

Zeitpunkt（時間点）と同様、*Raumpunkt*（空間点）は「そこにあること」（Être-là）の最終決定的な *Stiftung*（創設）である。

一九六〇年六月一日

哲学｜歴史、超越論的地質学　歴史的時間、歴史的空間

サルトルの述べるような歴史哲学〔一三〇〕（これはつまるところ「個人的実践」の哲学であり——それにおいては歴史なるものは、かかる実践と、「加工された物質」の惰性との出会い、本来的な時間性と、これを凝結させるものとの出会いにほかならない）に、もちろん地理の哲学を対立させるのではなくて（それというのも空間的「即自」〈en Soi〉との個人的実践の出会いを基軸と見なすことは、惰性的なものとの個人的実践の出会いを基軸と見なすことと同様に空疎なことだからであり、空間によって媒介された「個人間の関係」を基軸と見なすことも、時間によって媒介された個人間の諸関係を基軸と見なすことに劣らず、空疎なことであろうから）——構造の哲学を対抗させること、実をいうとこの構造の哲学は、歴史との接触

によるよりも、地理との接触において、いっそう首尾よく形成されることになるであろうが。それというのも、歴史はあまりにも直接的に、個人的実践、内面性に結びついており、あまりにもその厚みとその肉とを隠蔽しているので、容易に人格《ペルソンヌ》の哲学のすべてをそこに再導入する結果とならないはずはないからである。これに反して、地理は——あるいはむしろ、*Ur-Arche*（三三）（原‐箱船）としての「大地」は、肉的な*Urhistorie*（原歴史）（フッサール—*Umsturz*...）*を、明るみに出す。じじつ肝心なことは、歴史と超越論的地質学との——「歴史的」でもなく「地理的」でもない——*nexus*（結合・連累）を捉えること、つまり、空間でもあるところのこの同じ時間、時間でもあるところのこの同じ空間、——見えるものと肉とに関する私の分析が成就した暁には、私はこの分析によって、それを再発見したことになるであろうが——を捉えること、歴史的な景観と、歴史の半ば地理的な記載とが、存する所以をなす時間と空間との同時的な*Urstiftung*（原創設・創建）を、捉えることなのである。根本的な問題とは、沈澱と再活性化ということである。

* *Umsturz der Kopernikanischen Lehre : die Erde als Ur-Arche bewegt sich nicht*（inédit）.［以下の題名によって公表されている—Grundlegende Untersuchungen zum phänomenologischen Ursprung der Räumlichkeit der Natur, *in* : *Philosophical Essays in Memory of Edmund Husserl, ed. M. Farber, Cambridge, Mass., 1940, S. 307–*325—独訳による補注］［邦訳『講座現象学』3 二六七頁以下—訳者］

肉——精神

一九六〇年六月

精神を、身体の他の側面として定義すること——われわれは身体によって裏打ちされないような、そしてこの地面の上におのれを確立するのでないような、精神の観念を、所有してはいない——

「他の側面」とは、身体が、この他の側面をもつ限り、客観的な用語では、つまり即自の用語では記述されえないこと——この他の側面なるものは、真実のところ身体の他の側面なのであって、身体のなかに溢れ込み（*Ueberschreiten* 踏み越え）、それに侵入し、そのなかに隠される、——そして同時に、それを必要とし、それにおいて終結し、それに投錨する、ということを、意味するのである。精神の身体なるもの、身体の精神なるもの、そして両者の間の交差（chiasme）があるのである。他の側面とは、客観的思惟におけるように、同一の実測図の他の投影という意味において理解さるべきではなく、深み（profondeur 奥行）に向っての、つまり延長という次元性ではないある次元性に向っての身体の *Ueberstieg*（乗り越え）の意味において、そして［同時に］感性的なものに向っての否定的なものの超越の意味において、理解されねばならない。

かかる哲学にとって本質的な概念は、肉の概念であるが、これは客観的身体ではないし、また精神によっておのれのものとして思惟された身体（デカルト）でもない、それは、感覚されるものであり、かつ感覚するものであるという二重の意味において、可感的（le sensible）なるものである。感覚されるもの＝感性的な事物、感性的な世界＝能動的な私の身体の相関者、私の身体に「答える」もの――感覚するもの＝私は、いかなる感性的なものも、私の肉から奪い取られたもの、私の肉から抽出されたものとしてそれを措定せずには、措定することはできない、そして、私の肉そのものが感性的なものの一つであって、そのなかに、あらゆる他の感性的なものが刻み込まれる当のもの、つまりあらゆるほかの感性的なものが、それに与《あずか》るところの、当の枢軸をなす感性的なもの、鍵となる-感性的なもの、次元的な感性的なものなのである。私の身体とは最高度に、ありとしあらゆるものがそれであるところの当のものであり、次元的なこれ（*ceci dimensionnel*）なのである。それは、すべてにわたる物（chose universelle）である――しかし、もろもろの事物は、ある一つの領野のなかに受け入れられる限りにおいてしか、それぞれ次元とならないのに対して、私の身体は、まさにこの領野そのもの、すなわちそれ自身でおのずと次元的であり、すべてにわたる尺度であるところの、一個の可感的なものなのである――感覚されうるものとしての私の身体の、感覚するものとしての私の身体への関係（私が触れるこの身体、触れる主体たるこの身体）＝触れられて-いる存在の、触れている存在への、触れている存在の、触れられて-いる存在への、潜没――感覚性（sensorialité）、そのSICH-*bewegen*（おのれを-動かす）ならびにSICH-*wahrnehmen*（おのれを-知覚する）、その自己への到来――周囲をもつ一つの自己、この周囲の裏面たる自己。この分析を明確化するならば、ここにおける本質的なものとは、ぶれにおいて反省されるもの（*le réfléchi en bougé*）であって、そこでは、触れる主体がいつでも、触れられうるものとしてまさにおのれを捉えようとしてはいるが、この把握を逸し、これを成就するのは、ただ何がしかの*il y a*（……がある）においてでしかないといったような事情であることがわかってこよう――*warhnehmen-sichbewegen*の絡み合いは、思惟-言語の絡み合いである——肉とはこのサイクルの全体であって、ただ単に、空間‐時間的に個別化された一個のこれ〈ceci〉への内属にとどまるものではない。そのうえ、空間‐時間的に個別化された一つのこれなるものは、*Unselbständig*（非自立的）なものである。つまり、（動詞的な意味での）諸本質（essences）のさまざまな輻射しかないのであって、空間‐時間的な分割不可能なものなど存在しない。感性的な物そのものが、ある超越に担われているのである。

次の事情を明示すること——問いかけとしての哲学（すなわち、これ〈ceci〉とそこにある世界との周囲に、これと世界とがみずから、おのれの何たるかを言い表わすべき場としての、窪み、問いかけを、しつらえる作業としての哲学——つまり、言語《ランガージュ》の不変項の、語彙の本質の探求としてではなくて、沈黙の不変項の、構造の探求としての哲学）とは、ひたすら、無に非ざる存在の零《ゼロ》からいかにして世界がおのれを表明するかを明らかにすることにのみ、その本質が存しうるということ、すなわち存在の縁《ふち》に身を置くことにのみ、かかる哲学の本質が存しうるのであって、「対自」（pour Soi）にも「即自」（en Soi）にも立場をとることにではなくて、継ぎ目に、すなわち、世界への多様な入口の互いに交叉しあう場所に居を占めることにのみ、かかる哲学の本質が存しうる、という事情を明示すること。

一九六〇年十一月

正確なところ、可視的とは、いかなる意味においてなのか。――私自身について私に見えるものは、決して正確には見るものではない、とにかくその瞬間における見るものではない――しかし見るものは見えるものに属して（*du visible*）いる（en est その仲間だ）、そして見える身体の諸徴表《シーニュ》の延長線上にあって、点描的に暗示されている（他者にとっては可視的である）――ほんとうをいうと、他者にとってすら、見るものは本来的に、見るものとして見られうるのであろうか。――見るものがつねに、他者に見えるもののいくらか背後に存するという意味においては、然らずである――ほんとうは、背後にも、前にも――他者が注視する場所にも――［見るものは］存在しない。

私という見るものが見出されるのは、つねに、私が見つめる場所ならびに他者が見つめる場所より、いささか遠方にである――一羽の鳥のように、見えるものの上にとまり、それに繋ぎとめられているのであって、そのなかにあるのではない。しかも、見えるものとの間に交差《キアスム》の関係にある――

触れるもの‐触れられるものの場合も、同様である。この構造は、ただ一個の器官のうちに存する――私のもろもろの指の肉＝それらの各々は、現象的な指であるとともに、客観的な指でもある、相互的・交差的に指の外部であり、かつその内部である、ひと番《つが》いになった能動性と受動性である。両者（能動性・受動性）はお互いに侵入し合い、実在的対立の関係（カント）(三三)にある――指の局所的な自己、その空間は、感覚するもの‐感覚されるものである。——

見るものと見えるものとの、合致なるものは存在しない。しかしながら、それぞれ互いに借用しあい、互いに他方へ乗り移りもしくは他方へと侵入し、交叉しあい、相互交差《キアスム》の関係にあるのである。これらの多様な交差《キアスム》がただ一つの交差しか構成しないというのは、いかなる意味においてであるか、総合、原初的に総合的な統一、という意味においてではない。そうではなくて、つねに*Uebertragung*（一三）（転送）、踏み越え、したがって存在の輻射という意味においてなのである——

諸物は、私が諸物に触れ、私自身に触れるのと同様に、私に触れる。世界の肉——私の肉から区別された［世界の肉］、つまり外部と内部とにおける二重の書き入れ（inscription）。内部は肉なしに受け入れる、とはいえ［内部が］「心的状態」だからではなくて、内‐身体的（intra-corporel）なもの、私の身体が諸物に対して示す外部の裏側［だからだ］。

見るものと見えるものとが同一者であるのは、いかなる意味においてなのか。観念性《イデアリテ》の意味における同一者でも、実在的同一性の意味におけるそれでもない。構造的意味における同一者、つまり同じ肢体構造（membrure）、同じ *Gestalthafte*（ゲシタルト的なもの）、「同一の」存在の今ひとつの次元の開披という意味における同一者。

私‐世界という先行的統一、世界とその諸部分との先行的統一、私の身体の諸部分の先行的統一、分凝に先だつ統一、多様な諸次元に先だつ統一、——そして同様に時間の統一［がある］——諸多のノエシス‐ノエマの、互いに重層的に立てられ互いに相対化しあいながらも首尾よく統合に到達することができぬ建築構造が、ではない、そうではなくて、最初にあるのは非‐差異性（*non-différence*）によるそれらの深い絆なのである——以上のすべてが、感覚されうるもの、見えるもののうちに、展示されている（*s'ex-*

hibe）のだ。（たとえ外的であっても）一個の感性的なるものは、以上のすべてを伴っている（いわゆる綜観《シノプシス》とか知覚的総合を成り立たせるのは、この事情なのである）（一四）——
見るもの‐見えるもの＝投射（projection）‐摂取（introjection）それらはいずれも、ただ一つの素地からの抽象物でなければならない。

そのうえ、見るもの‐見えるもの（私にとって、諸多の他人たちにとって）は、何か心的なあるものでも視覚行動でもなくて、一つのパースペクティヴ、あるいはいっそう適切にいうと、ある種の筋の通った変形（déformation cohérente）（一五）を伴った世界そのものなのである——交差《キアスム》、予定調和の真実態——これより遥かに正確。なぜなら、予定調和とは、局所的な‐個別化された諸事実の間のことであるが、交差《キアスム》は、差異化（分化）の過程にあるところの、あらかじめ統合されたもろもろの全体《アンサンブル》を、表面・裏面として結びつけるからである

要するに、ここからして、客観的意味においては一個でも二個でもないところの一つの世界——先‐個体的であり、普遍性（généralité）にほかならぬ一つの世界が——

……………………………………

言語《ランガージュ》と交差《キアスム》

夢
想像的なもの

一九六〇年十一月

夢、夢という別の舞台――

現実的なものに想像的なものを付け加えるようなφ（哲学）においては、理解不可能――それというのも、こういう考え方では、これらのいずれもが同じ意識に属するのはいかなる次第によるのか、という疑問が依然として理解されずに残るからである――

身体から夢を理解すること――つまり夢を、身体を伴わずに、「観察」を伴わずに世界に臨むこと（l'être au monde）として、あるいはむしろ、重みのない想像上の身体を伴いつつ世界に臨むこととして、理解すること。想像的なものを、身体に関する想像的なものを通じて理解すること――したがって観察として通用する無化としてではなく、観察と分節化した身体とがその特殊な変異体《バリアント》であるような「存在」の真の*Stiftung*（創設）として。

――夢のなかに交差（*chiasme*）的なものが残るとすれば、それはどのようなものか。

夢は、外的な感性的なものの内的な写しが内部にあるという意味においては、内部にある、それは、いずこであれ、世界の存在しないような至るところで、感性的なものの側に存する――これこそ、まさにフロイトの語るところの、かの「舞台《セーヌ》」であり「劇場《テアトル》」であり、われわれの夢想的諸信念のかの場所であって、

——「意識」とその想像的狂気ではない。

夢の（そして不安の、ならびにあらゆる生の）「主体」、それはひと（*on*）つまり囲いとしての身体である——

われわれがそこから歩みでるところの囲い、なぜというに身体とは見えるもの、「一種の反省」だからである。

交差（*Chiasme*）——可逆性

一九六〇年十一月十六日

言葉《パロル》は沈黙として幼児のもとに入ってゆかねばならぬ——沈黙を貫いて、沈黙として、（すなわち単に知覚された物として——*Sinnvoll*〈意味に満たされた〉語と知覚された‐語との差異）、孔を穿ち幼児にまで届かねばならぬ——沈黙＝然るべき言葉《パロル》の不在。ほかならぬこの実り豊かな否定的なものこそ、肉によって、肉の裂開によって、設定されるものなのである——否定的なもの、無、これは二重にされたもの、身体の二つの葉層、互いに継ぎ合わされた内部と外部——無、これはむしろ同一のもの同士の間の差異である——

可逆性——裏返される手袋の指——両側に目撃者がいる必要はない、一方の側から私が、表向きにされた手袋の裏側を見、一方に他方を通じて触れることができれば、それで十分である（領野の一点もしくは一面についての二重の「表象」）交差《キアスム》とは、このこと、すなわち可逆性ということである——ほんとうのところ「対自」から「対他」への移行が存するのは、ひたすら可逆性によってでしかない——両者は二つの隠れ処《が》、ろ積極的《ポジティブ》なものとしての、積極的な主体性としての、私も他人も存在しないのだ。両者は二つの隠れ処、二つの開披、何ごとかが起ろうとしている二つの場面《セーヌ》である——そして両者共ども同じ世界に、「存在」の光景《セーヌ》に、属するのである。

「対自」と「対他」とが存するのではない　両者はそれぞれ互いに相手方の他の側面である。それゆえ、両者は互いに合体する、投射-摂取（projection-introjection）——私の眼前、若干の距離を隔てて、私-他人、他人-私という転化が生起するところの、この境界線、この境界面が存するのである——ただ枢軸だけが、与えられている——手袋の指の端は無である——しかし、裏返しにすることの可能な無、そして、その時、諸物がそこに見られる場所としての無、である——否定的《ネガティブ》なものが真に存するところの唯一の場所、これは折れ目であり、内部の外部への、外部の内部への相互適用であり、転回点である

——

交差《キアスム》　私-世界
　　　私-他人——

私の身体の内部と外部とへの二分化、——ならびに諸物の（それらの内部と外部とへの）二分化によって、実現される私の身体-諸物という交差《キアスム》

これら二つの二分化の存することによってこそ、私の身体の二つの葉層の間への世界の挿入、各事物と世界との、それぞれの二つの葉層の間への、私の身体の挿入が可能なのである

これは人間学的見方ではない、それというのも、二つの葉層を研究することによって、存在の構造を発見しなくてはならないからだ――

ここから出発すること、つまり存在するのは同一性でも、非-同一性でも、あるいは不-一致でもなくて、相互の周囲を廻転しあう内部と外部なのである――

私の「中心的な」無、それは、いわばストロボスコープによる渦巻の尖端のようなもので、どこか分からぬある場所にあり、「誰でもない」(personne) ある者なのである

私-私の身体という交差―私は次のことを、つまり［目標に向けられた?・］身体は *wahrnehmungsbereit*（知覚への準備ができて(一三六)）おり、……に挺身しつつあり、……に向って扉を開いており、今にも飛び出そうと身構えている観客であり、電荷を帯びた場であることを、承知している――

措定、否定、否定の否定。こちら側、あちら側、あちら側のあちら側。同じものと他のものとに関する問題に、私が寄与するものは何か。次のことだ、すなわち同じものとは、他者の他者であり、同一性とは差異の差異である、ということ――これは㈠止揚とか、ヘーゲル的意味での弁証法とかを実現するものではなくて、㈡踏み越し、厚み、空間性を通じて、その場で自己を実現するのである――

能動性・受動性――目的論

交差、可逆性、これは、いかなる知覚も、対抗-知覚（contre-perception）によって裏打ちされており（カントの実在的対立(三七)）、二つの面をもった作用であるという見解、誰が語り誰が聴くのか、もはやわからないといった見解を意味するのである。語る-聴く、見る-見られる、知覚する-知覚されるという円環関係、（知覚が諸物そのものにおいて生起するように、われわれに思われる所以をなすものは、まさにこれである）――能動性＝受動性

これは、無（le néant）すなわち空しきもの（*rien*）とは何か、ということを考えるならば、自明の理である。［条件次第によって］この空しきものが能動的に有効になるとすれば、それはいかなる仕方によるのか。そして、もしも主体性というものが、これ［空しきもの］ではなくて、これプラス私の身体だとするならば、主体性の働きが身体の目的論（téléologie）によって担われないなどということが、どうしてあろうか。

然らば目的論（*finalisme*）に対する私の立場は、どういうことになるのか。私は目的論者ではない。それというのも、身体の内面性（＝内的葉層と外的葉層との適合関係、それら相互の折り合わせ）は両葉層の取りまとめによって何か造られた、製作された代物ではないからである。つまり両者は決して別れ別れになったことはないのである――

（私は進化論的展望に疑いを差しはさむ　私はこれに見えるものの宇宙論を置きかえるのだが、それは次

のような意味においてなのである、すなわち、内部時間〈endotemps〉ならびに内部空間〈endoespace〉を見つめる私にとっては、もはや諸起源、諸限界、第一原因へと遡る出来事の諸系列に関する問題は存在せず、永劫にあるところの「存在」(三八)の唯一の炸裂があるばかりだ、という意味においてである。系列的か‐永遠妥当的〈sêrial-éternitaire〉もしくは理念的か、といういかなる二者択一をも越えて、その彼方で「世界のもろもろの輻」からなる世界を記述すること――実存的永遠性を――永遠なる身体を――措定すること)

私は目的論者ではない、それというのも、裂開が存するのであって、人間の積極的な産出があるのではないのだから、つまり、われわれの知覚と思惟とが、その目的論的組織を継承延長することになるといった、人間の――身体の合目的性を貫くところの――積極的産出があるというのではないのだから。

人間は身体の目的ではないし、有機的身体もその成分の目的ではない。そうではなくてむしろ、従属的なものが、開かれた新しい次元の空虚のなかへとそのつど転入するのであり、下位のものと上位のものとが、高きものと低きもの(側面‐他の側面という関係の変異体《バリアント》)として、互いの周囲を廻転しあうのである――実のところでは私は、高低の区別を、この区別が、そこにおいて側面‐他の側面という区別と合体し、以上の二つの区別が「存在」という普遍的次元性(ハイデガー)(三九)へと統合される所以の渦巻の中へと、引き入れるのである

肉的な意味、つまり図と地よりほかの意味は存在しない――意味＝図と地両者間の離脱と引力(Ph. P.*において私が《échappement》「逃亡・脱出」と呼んだもの)。

* Phénoménologie de la perception, *op. cit.*

政治——哲学——文学

一九六〇年十一月

……交差（chiasme）という考え、これはすなわち、存在へのいかなる関係も、同時に捉え捉えられることであり、把捉が把捉され、書き込まれるということ、そしてほかならぬそれが捉える同じ存在に書き込まれるということ、なのである。

ここからして、哲学についての一つの見解を練り上げること、つまり哲学は、全面的で能動的な把捉、知的な所有ではありえない、なぜかというと理解さるべきことは「却って」所有権の剝奪ということなのだから、という考えを、だ——哲学は、張り出した姿勢で生の上にあるものではない。それは下にある。それは、あらゆる水準において、捉えるものたることと捉えられるものたることの同時的体験である。それの述べること、その意味することどもは、絶対的な見えざるものに属しているのではない、それというのも、それは、言葉（mots）によって、見えるようにさせるからである。すべての文学のように。哲学は、見えるものの裏側に居を占めるのではない、それは「見えるものと見えざるものとの」両側に存するのである

したがって哲学ないし超越論的なものと経験的なもの（むしろ存在論的なものと存在的なものといった方がよい）との間に、絶対的な相違はない——絶対に純粋なる哲学的な言葉《パロル》なるものはない。「宣言」が

問題となる場合にも、例えば純粋に哲学的な政策といったもの、哲学的厳格主義といったものは、存在しない。

しかしながら哲学は、直ちに非‐哲学というわけではない――それは非‐哲学から、そこに存する実証（肯定）主義的要素を、戦う ϕ に非ざるものを、拒斥する――つまり歴史を可視的なものへと還元し、歴史にいっそう忠実であろうという口実のもとに、その奥行をまさにこれから奪うようなものを、拒斥する。これに反して非合理主義 *Lebensphilosophie*（生の哲学）、ファシズムと共産主義、これらはなるほど哲学的意味をもってはいるが、この意味はそれら自身に隠されているのである。

一九六〇年十一月

想像的なもの

それ「想像的なもの」は、サルトルにとっては、否定の否定、無化が自己をおのれ自身に適用するところの秩序であり、そしてこのことによって、無化があたかも存在措定に相当するといった秩序である。もっとも、無化は存在措定の等価物では絶対にないし、真の、超越的な存在のほんのわずかな一片といえども、たちまち想像的なものを吹き飛ばしてしまうのであるが。

したがって、以上のことは、二つの部分からなる分析を前提している、すなわち「一方においては」観察としての、いかなる「隙間」もない緻密な織り物としての、単純なあるいは端的な無化の場所としての知覚

［他方では］自己否定[140]の場所としての、想像的なもの。

存在と想像的なものとは、サルトルにとっては、いずれも「客観」「存在者」である——私にとっては、それらは（バシュラールの意味における）《éléments》である、すなわち客観ではなくて、諸領野であり、穏やかな、非‐措定的な存在、［これこれという］存在に先だつ存在[141]（être avant l'être）である——そのうえ、それら自身の自己‐記載（auto-inscription）を伴っており[142] それらの「主観的相関者」が、それらの一部をなすのである。*Rotempfindung*（赤の感覚）は *Rotempfundene*（感覚された赤）の一部をなす——これは合致ということではなくて、裂開、おのれを裂開として承知している裂開である

自然

一九六〇年十一月

「自然は［宇宙開闢の］最初の日にある」（La nature est au premier jour）、自然は今日でも依然としてそうなのだ　この言葉は、原初における一体性という神話、ならびに還帰としての合致[143]を意味するものではない。

Urtümlich（本然的）、*Ursprünglich*（根源的）なものとは、大昔にあったものということではない。（過去のうちにではなく）現在のなかに、つまり世界の現身《うつしみ》（chair 肉）のなかに「つねに新たなるもの」と「つねに同じもの」を見出すことが、肝心なのだ——一種の睡眠の時間（それは、つねに新たな、そしてつねに同じ、ベルクソンの、生まれいでつつある持続である）なのである。

感性的なるもの、「自然」は、過去・現在の区別を超越し、一方から他方へと内部からの移行を実現する実存的永遠。破壊不可能なもの、未開の「原理」（一四）「自然」の精神分析学なるものを企てること、それというのも、「自然」は肉であり母なのだから。

肉の哲学は、それなしには精神分析学がいつまでも人間学にとどまることになる、といった条件なのだ

私の眼前に見える景観が、時間の他の諸瞬間ならびに過去……に対して外的で、これらと総合的に結びつけられているということではなくて、それらを同時性において真におのれの背後に、おのれの内部に所持しており、両者を時間の「中で」並列的に所持しているのではないということは、いかなる意味においてであろうか

一九六〇年十一月

時間と交差《キアスム》

ある時間点の*Stiftung*（創設）は、時間が交差《キアスム》として了解されるやいなや、「連続性」「保存」、心性《プシケ》のうちの仮構の「支え」など必要とせずに、他のもろもろの時間点へと、伝えられうるものとなる。そうなると過去と現在とが*Ineinander*（相互のうち）にあり、それぞれ包み‐包まれるものとなる——そしてこれこそまさしく肉なのだ。

一九六〇年十一月

感性的なものの果肉そのもの、その定義不可能なるもの、これは「内部」と「外部」との感性的なものにおける統合、厚みを通じての自己の自己との接触以外のものではない——「感性的なもの」における絶対的なもの、これは、この安定した爆発、すなわち復帰を許容する爆発である

循環的な諸関係（私の身体‐感覚されうるもの）同士の間の関係は、諸「層」もしくは線状的な諸秩序間の関係が呈示するような、幾多の困難を呈示しはしないし、（内在性か‐超越的かという二者択一も）提起しはしない。

Ideen II（『イデーンII』）、フッサール、縺れあったものを「解きほぐし」「整理する」

交差《キアスム》とか *Ineinander* とかいう観念は、これに反して、解きほぐすようないかなる分析も〔却って〕理解不可能ならしめる観念なのである——〔つまり〕直説法による答えを呼び招くことではないような問いの意味そのものに、以上の事情は結びついて〔いるのである〕——

新しい型の理解可能性（あるがままの世界と「存在」とによる理解可能性、——「垂直的」で水平的ではない理解可能性）を創造することが問題なのだ

知覚の沈黙
明白な意義を伴わぬのに
しかも意味豊かな沈黙の言葉——言語活動——物

一九六〇年十一月

知覚の沈黙＝鉄線でできた対象、それが何であるか、いくつの側面をもっているか、など私が言おうとしても言えないような、それにもかかわらずそこに存在する対象（ここで論駁されているのは、サルトルによるところ（一四五）の観察可能なものの基準にほかならない、——そして知覚のなかに介入してくるアランによるところの想像的なものの基準なのである（一四六））——

言語活動にもこれに類似した沈黙がある、すなわちこの知覚と同様、再活性化された意義作用を含まぬ言語活動——それにも拘らず機能している言語活動が存する、そして著作の作成において創造的に介入してくるのは、ほかならぬこれなのである——

一九六〇年十一月

興味深いことは、「他人」という問題を解くための廻り道ではない——

それは問題の変換ということである

見えるものと見る働き、感覚されうるものと感覚する働きから出発するならば、「主観性」についてのまったく新たな概念が手に入る。つまり、もはやもろもろの「総合」が存するのではなくて、存在のもろもろの転調もしくは起伏《レリーフ》を通じての存在との触れ合いが存するのである——

他人は、もはや格別、宿命・運命として外部から見られた自由であったり、一個の主体と競いあうもう一個の主体といったものではない、そうではなくて、彼はわれわれと同様、彼を世界へと結びつける回路のうちに入れられており、またこの事実によって、彼をわれわれへと結びつける回路のなかに捉え込まれているのである——そして、この世界はわれわれにとって共通であり、相互世界（intermonde 間世界）である——そして類属性（généralité）を通じての推移性（transitivisme）が存する——そして自由でさえその類属性をもち、類属性として理解される、すなわち能動性は、もはや受動性の反対ではないのだ

その結果、上からする、鋭い尖端からの諸関係に劣らず、肉的な下からの諸関係が　編み合わせること

その結果、本質的な問題＝共通の状況の、共通の出来事プラス過去による拘束の、無からの創造という意味においてではなく、言葉を発する——言語活動——という意味において、共同化すること

他人は私と同様、一個の起伏《レリーフ》であり、絶対的・垂直的実存ではない

一九六〇年十二月

身体と肉——

エロス——

フロイト主義の哲学

フロイト主義の皮相な解釈——彼は肛門愛的であり、糞便はすでに粘土なのだから、彼は彫刻家である、こね上げ仕上げる、など。

しかし、糞便は原因ではない、仮にそうだとしたら、あらゆる人びとが彫刻家ということになろう

糞便が一つの性格（Abscheu 嫌悪の念）を出現させるのは、主体が、糞便に存在のある次元を見出すような仕方で、これを生きる限りにおいてでしかない——

経験論（幼児にある性格を刻みつける糞便）を復活させることが、問題なのではない。糞便への関わりが、幼児にあっては具体的な一つの存在論である所以を理解することが、問題なのである。実存的精神分析（一四七）をではなくて、存在論的精神分析をおこなうこと

多元決定（＝循環性、交差《キアスム》）＝すべての存在者は「存在」の象徴として、際立たせられることができる（＝性格）→それは、まさにかかるものとして読み取られねばならない

換言すれば、肛門愛的であるといっても、何ごとの説明にもならない、それというのも、そもそも肛門愛的であるためには、存在論的力倆（＝ある一つの存在者を「存在」を表わすものとして捉える能力）をもたねばならぬからである――

したがって、フロイトが示そうとしていることは、因果性の諸連鎖ではない。それは、混淆的・推移的な「存在」との触れ合いである多形性もしくは無形態性から出発して、「存在」への開披をある一つの「存在者」へと充当することによって――そして今後はこの「存在」への開披はこの「存在者」を通じておこなわれることになるのであるが――一つの「性格」を固定させる、ということなのである

したがってフロイトの哲学は、身体の哲学ではなくて、肉の哲学なのである――

エス、無意識、――そして自我（これらは相関的である）は、肉からして理解されねばならない

心‐理学（psycho-logie）に属する諸概念（知覚、観念――感情、快感、欲望、愛、エロス）からなる構築物の全体、この骨董品の山のすべては、われわれが以上の諸項を肯定的なもの（＋《プラス》もしくは－《マイナス》厚みのある「精神的なもの」）と考えるのをやめて、といってそれらを否定的なものもしくは否性（négatités）と考えるのではなくて（それというのも、こんな考え方をすれば同じ困難に舞い戻ることになるから）、そうではなくて、肉にほかならない「存在」への唯一の、そして実質的（*massive*）な加盟の、もろもろの差異化と、（場合によっては「レース細工」と）考えるならば、突如としてその本態が明らかとなる――こう考えると、シェーラーが立てたような諸問題（志向的なものは情動的なものと横断的に交叉している――例えば愛は快苦の振動に対して横断的である――が、前者の後者への関係はいかに理解すべきか↓人格主義《ペルソナリスム》）は、消滅する。なぜなら、諸多の秩序もしくは層、もしくは面の間の位階関係（これはつねに、個体‐本質の区別に基礎づけられている）なるものは存在せず、存在するのは、すべての事実に具わ

る次元性、すべての次元の事実性だからである——以上の事柄は「存在論的差異」(一四八)に拠るのである。

一八六〇年十二月

世界のなかの身体
鏡像——類似性

可視的なもののなかの私の身体。これは単純に、身体が可視的なものの一片である、かしこに、可視的なものがあり、(かしこの変種としての)ここに私の身体がある、ということを、意味するだけではない。否、私の身体は見えるものに取り囲まれているのである。これは、身体がそのなかの象眼細工でもあるかのような、平面の上で生起する事態ではない。それは、正真正銘取り囲まれ包囲されているのである。この事態は、身体がおのれを見ること、一つの見えるものであること、を意味する——しかし、身体はおのれが見ているのを見るのであり、かしこに身体を見出す私のまなざしは、身体がこちらに、まなざしの側にあることを承知しているのである——かくして身体は世界の前に直立して立てられ、世界は、身体の前に直立して立てられる、そして両者間には、抱擁の関係が存する。そしてこの二つの垂直的な存在の間に存するのは、境界ではなくて、接触の表面である——

肉=私の身体が受動的-能動的(見えるもの-見るもの)であり、即自的な塊であるとともに身振りである、ということの事実——

世界の肉=その *Horizonthaftigkeit*〈地平性〉(内部ならびに外部地平)、これら二つの地平の間の、厳密な意味での可視的なものの薄い膜を取り囲むところの、その *Horizonthaftigkeit*——

肉＝私がそれであるところの当の可視的なるものが見るもの（まなざし）でもある、あるいは同じことになるが、内部をもつという事実＋《プラス》外なる可視的なものもまた見られるという事実、すなわち私の身体という囲いのなかにその延長をもち、私の身体がその存在の一部をなすという事実

鏡像、記憶、類似性——基本的な諸構造（物と、見られた‐物との、類似性）。なぜならこれらは、身体‐世界という関係から直ちに由来する諸構造だからである——反映は反映されたものに類似している＝視覚は諸物において始まる、若干の事物もしくは諸物の組が、視覚を呼び求めるのである——精神に関するいかなるわれわれの表現も概念化作用も、これらの構造からの借用物である、例えば反省（réflexion）のように、ということを明示すること。

一九六〇年十二月

「垂直的」と実存

サルトルは言う、円は説明不可能ではない、それは一本の線分の、その一端をめぐる廻転によって説明可能である——しかしまた、円は実存（現実存在）しない——実存は説明不可能である……

私のいわゆる垂直的なものとは、サルトルが実存と称するものである、——しかし、それは彼にとっては直ちに、世界を浮き上がらせる無の稲妻、対自の働きである。

実は円は実存（現実存在）するのであり、実存は人間ではないのだ。私が単に円‐客観のみならず、こ

の可視的な円、つまりいかなる知的な生成も物理学的な因果性も説明できないところの、そして私にとって未だ知られざる諸特性を持つ（一四九）ところの、この円形の相貌を考慮するやいなや、円は説明不可能なものとして実存するようになる。

蘇らせねばならないのは、この「垂直的なもの」の領野の全体なのである。サルトルの実存は「垂直的」ではなく、「直立」していない。もっともそれは、諸存在者の平面を裁ち切りはする、それはこれにたいして直交する、しかしそれは、あまりにも確然とこれから区別されているため、「直立して」いるとは言われえないのである。直立しているのは重力によって脅かされている実存、客観的存在の平面から脱出しはするが、実存がそこから持ち帰った不都合なものも好都合なものも、すべて引きずっていないわけではないといった類いの実存なのである。

身体はつねに「同じ側に」現われる――（原理的に、それというのも、これが可逆性に反するのは、外見上のことなのだから）

そのわけは、可逆性とは触れるものと触れられるものとの、現勢的な同一性ではないからだ。それは（つねに挫折に終る）両者の原理上の同一性である――とはいえ、これは観念性ではない、なぜなら身体とは、ただ単に可視的な諸物の間の事実的な一個の見えるものたるにとどまらず、見えるもの‐見るもの、もしくは、まなざし、だからである。換言すれば、外部の見えるものを、見る身体に向って再び閉ざすところの、諸可能性の織物が、両者間に、若干の隔たりを維持しているのである。しかしこの隔たりは、一個の空虚ではない。これは視覚、つまり能動性を担う受動性の出現の場所としての肉によって、まさに埋められている、――そしてまた同様に、外部の可視的なものと、世界の詰物の縫い込みをおこなう身体と

の間の隔たりも

身体はつねに同じ側に現われる（もしくは、われわれはいつも、身体のある側に留まっている——身体は内部と外部をもつ）と言うのは、拙劣な記述の仕方である。なぜなら、以上のような身体の一面性は、身体という現象の単なる事実上の抵抗にとどまるものではないからである。つまり、それには存在理由があるのである。身体の一面的な呈示は、身体が見るものであるための、すなわち諸多の可視的なるもののうちの一個の可視的なるものではないための、条件をなすのである。身体とは、主要部分の欠けた一個の可視的なるものではない。それは原型的な可視的なものなのである、——仮にそれが上空から鳥瞰されうるとしたら、かかるものではありえないであろう。

一九六一年三月

デカルト

先《プレ》‐方法的《メトディック》なデカルト、*spontaneae fruges*（自然の実り）「獲得された思惟につねに先だつところの」この自然的思惟——と後《ポスト》‐方法的《メトディック》なデカルト、『第六省察』による、つまり世界を方法的に踏査した後にその世界のなかに生きるところのデカルト——*intuitus mentis*（精神の直観）のデカルトではなくて、心身としての「垂直的」なデカルトを研究すること——そして彼がおのれのモデル（「光」等々）を選んだ仕方、そして結局はそれらを超出する仕方、もろもろの根拠《レゾン》（理由）の秩序の前と後とのデカルト、「コギト」以前の「コギト」のデカルト、自分が思惟していることをつねに承知していた、それも究極的な、解明を必要としない知によって承知していたデカルト［を研究すること］――この自生的《スポンタネ》な思惟の明証性、*sui ipsius contemplatio reflexa*（自己自身の反省的観察）が何に存するのか、Psychè（心）を構成することに対するこの拒絶が何を意味するか、いっさいの構成より明晰で、彼が拠り所にしているこの知が、何を意味するかを、みずからに問うてみること

一九六一年三月

デカルト――Intuitus mentis

intuitus mentis（精神の直観）の定義、視覚との類推に基づいたその定義、この場合視覚自身も、視覚にとってこれ以上分割できないもの[150]（職人の見る細部）の思惟として理解されている――「海」を（個別的な物象としてではなくて「エレメント」として）把握する、そうした把握が不完全な視覚と見なされる、ここから判明な思惟という理想が［由来するのだ］。

視覚のこの分析は、完全に再検討さるべきである（この分析は、まさに問われていることを、つまり物そのものを、前提している）――それは、視覚というものが遠方‐視覚（télé-vision）、超越であり、不可能なものの結晶であるということに注目していない。

したがって、*intuitus mentis* の分析も、またやり直さなくてはならない、それというのも、思惟の不可

分な要素、単純な性質（nature simple）なるものは、存在しないからだ――単純な性質、「本然《ナテュレル》の」知（我思うの明証性、それに付加しうるいかなるものにもまさって明晰なものとしての）、これは完全に把握されるか、全然捉えられないか、いずれかといった知なのだが、これらのすべてはいずれも思惟の「図」であって、「地」もしくは「地平」がこの際顧慮されていないのである――「地」もしくは「地平」は、*Sehen*（見ること）の分析から始める場合にのみアプローチされうるのである――*Sehen* と同様 *Denken*（思惟すること）も同一性ではなくて、非‐差異であり、判別（distinction）ではなくて、初見の明晰性なのである。

一九六一年三月

肉

奇異なことではあるが、身体が見るものであると言うことは、それが見えるものであると言うことと別のことを言っているのではない。見るものは身体である、と言うことによって何を意味しているかを尋ねるとき、私が見出すのは、身体が、まなざしを向ける行為において「何がしかの場所から」（他人の観点から――もしくは、私にとっては鏡のなかで、例えば三面鏡のなかで）見られうるものである、ということ以外の何ものでもない――

もっと正確にいうならば――私の身体が見るものであると言うときには、私がこれについてもつ経験のなかに、それについて他人がもつ眺め、あるいは鏡がそれについて提供する眺めを根拠づけ、告知するところの、何ものかが存する、ということだ。すなわち、それ［見る私の身体］は私にとって原理的に見えるものである、もしくは少なくとも、私にとっての見えるもの（*mon* visible）がその一断片たるところの、「見えるもの」に（au *Visible*）算入される、ということである、つまり、この限りにおいて、私にとっての見えるものは、それ［見る私の身体］を「包含する」[一五二]（comprendre）ために、これに向って反転するのである――そして、私にとっての見えるものが、決して私の所有する「表象」ではなくて、肉であるがゆえに、すなわち、私の身体を抱擁し、それを「見る」ことができる肉であるがゆえに、というのでなければ、どうして私はこのことを承知しているのであろうか。私が見られ、あるいは思惟されるのは、まず第一に世界を通じてである。

一九六一年三月

私の計画　一　見えるもの

二　自然

三　ロゴス

［表記の私の計画は］人間主義とも、また自然主義とも、そして最後に神学とも、いささかも妥協することなく、呈示されねばならぬ。――哲学は、神、人間、被造物という分断――これはスピノザの分断であった――に従って思惟することはもはや許されないということを、示すことがまさに肝心である。

それゆえ、われわれはデカルトのように人間から（*ab homine*）始めるのではない（第一部は「反省」ではない）われわれは、「自然」をスコラ学者のいう意味には取らない（第二部は「自然自体」とか、「自然」のφ〈哲学〉ではなくて、人間‐動物性の編み合わせ *entrelacs* の記述である）そして、われわれは、「ロゴス」と真理を「言《ことば》」（Verbe 聖なる言）の意味には取らない（第三部は論理学でも、意識の目的論でもなくて、人間を所有するところの言語活動の研究である）

見えるものを、人間を通じて自己実現するところのあるものとして、記述しなくてはならない。しかしこれは、決して人間学ではない（したがってフォイエルバッハ‐マルクス一八四四年（五三）に逆らって）

人間の別の側面としての（肉としての――決して「物質」としての、ではない）「自然」

また人間において自己を実現するものとしての、しかし決して人間の所有物（*propriété*）としてではない「ロゴス」

以上のような次第で、やがて到達されるはずの歴史についての構想は、サルトルの場合のように、決して倫理的なものではない。それは、遥かにマルクスの考え方に近い。物としての「資本」（サルトルが呈示しているような部分的な経験的調査の部分的対象としての、ではない）、歴史の「神秘」としての、ヘーゲル的論理の「思弁的神秘」を表現するところの歴史の「神秘」としての資本。（「呪物」としての商品の《*Geheimnis*》〈秘密〉）（いかなる歴史的対象も呪物である）

加工された‐物質‐人間＝交差（*chiasme*）

編者後書

たとえ、時折はどれほど予期されることであるにせよ、近親者もしくは友人の死というものは、われわれを深淵に直面させる。何の前触れもない場合には、つまりこの出来事が病気によるのでも老衰によるのでもなく、またもろもろの事情の明らかな競合によるのでもない場合には、そしてそれに加えて、われわれがおのれの思想を彼の思想に帰し、われわれに欠如している諸力を彼のうちに探求し、われわれの企ての最も確かな証人の一人に彼を算入する習慣がつくほどにまで、死にゆくひとが生き生きとしている場合には、その死はそれだけいよいよ、われわれを深淵へと臨ませるのである。モーリス・メルロ＝ポンティの突然の死とはかかる出来事であったし、彼の人物も以上のごときものであったので、彼と友情によって結ばれていた人びとは誰によらず、その死が彼らの生活のなかにもたらした動揺によって、以上の試練のもつ苦い真実を身にしみて知らされたものである。しかし、彼の人柄を示す独得の口調を帯びて絶えず彼らのもとを訪れたために、あたかもずっと以前から語っているかのように思われ、また決して語り止むはずもないかのように思われていた一つの声の沈黙を、この瞬間に、彼らは今さらのように悟らなくてはならなかったのである。

断絶した談話がわれわれをそれへと委ねるところの沈黙とは、——そしてわれわれが著者の死をこの沈黙のなかに忘却するのも、別の途を通じてその死へ立ち戻るためでしかないといった沈黙とは、奇異な沈黙ではある。著作はすでに月満ちてその結末に手が届かんばかりである。そしてそれにおけるすべてが述べられているという単なるひとことによって、われわれは突然彼の居合わせる場所に置かれるのである。終末があまりにも早くやってきたと、われわれは思う。しかし、この遺憾の念も、著述活動がおのれを鎖すその刹那にこそ著作が生まれるのだという明白な事実を、如何ともすることができない。著作は今後、それが述べる内容以外の何ものでもなく、それ自身にのみ帰せられ、それ自身にのみ依存するところの完全な言葉《パロル》、そしてそこにおいてはその起源の記憶が影を留めぬ完全な言葉なのである。消え去った著者、彼は今後はわれわれの読む彼の作品なのだ。われわれが期待を置くのは、作品にであって、もはや彼にではない。これは甚だしい変化ではある。それというのも、著作のうちに書き込まれた、それの担う意味が、われわれの許に到来するためには、注意と根気さえあれば十分だと、われわれが信じて疑わないからである。この意味を、今やすべてが誘い出すのだ。そしてわれわれが最も疑わしいと判断していた諸観念でさえも、然りである、なぜならこれらの諸観念もまた、それなりの仕方で、論述《ディスクール》の真実態を教示するからである。昨日はまだ、著者は、われわれが自分自身に向って提起するもろもろの問いに答えているだけだと、あるいは、この世におけるわれわれの共通の状況から生ずる問いを言い表わしているまでだと、われわれは信じていた。彼のまなざしの端にある諸事物は、われわれが見ていた、もしくは、われわれのいる場所から見ることが可能な事物そのものにほかならなかった。彼の経験は、確かに独自のものではあった、しかし、それは、われわれの経験と同じ諸地平のなかで展開し、旧来の諸真理をわれわれと同様に拒絶することによって、また将来に関する同様な不確実を糧として、生きていたのである。われわれの眼にとって彼が享受していた名声がどのようなものであれ、彼の職能が彼にいかなる力も付与するものではないということ、彼はただ、今のところその名を得ていないものを名付けるという冒険を敢えてなしているだけだということ、われわれが前進を企てるときわれわれの歩みのもとで道がおのずと切り拓かれるように、彼の歩みのもとで道がおのずと印されるのだということを、われわれはよく承知していた。したがってわれわれは、彼の書きものを、新しいすべてのものにふさわしい驚嘆の念をもって発見したのだが、その際、われわれの最も讃美していたものに対する保留の心構えを決して放棄しはしなかった、それというのも、これらの書きものが何をわれわれに考えさせるかについて、つまりそれらがわれわれのうちに発展させるはずの諸結果について、われわれは大して確信がもてなかったし、著者自身、いずこまで行かねばならぬことになるのか、見当がついていないのを、われわれは承知していたからである。われわれは彼に較べらるべきものではないとはいえ、彼の近くにはいたのである、それというのも、われわれは彼と同じ世界のリズムに従い、同じ時代に参加し、同様に支柱を奪われていたのだから。著作がもはやその著者に何ものも負わないことになるやいなや、著作とわれわれとの間には新しい距離が生じ、われわれは別の読者となる。われわれの批判力が減らされる、ということでは決してない。われわれが、いくつかの不確実な箇所、隙間、不一致な点、いや諸多の矛盾さえも暴き立てるということも起りうる。いずれにせよ、諸観念の多様性とそれらの生成が、われわれによって感じとられる。例えば、われわれは、晩年の書きものを若い時代の著述から分つ差異を、測定する。しかし批判は、著作の存在を疑わせることではない。批判はなお、著作と再び合体する一手段なのである。なぜなら、われわれの観察するかかる運動、これらの偏差、これらの矛盾自体、著作に固有のものとしてこれに属するからである。それがそのなかに居座っている暗みも、その志向があからさまに現われる若干の輝くような条《くだ》りに劣らず、本質的である。いっそう一般的にいうと、この著作のなかには、それ自身について語らぬもの、その身元を表わしていないものは、何ひとつ存在しないのである、――つまり、著作が申し立てるものと、沈黙のうちにやり過ごすもの、その諸命題の内容とその文体、それがおのれの目標に向う率直な仕方と、その紆余曲折もしくは脱線のいずれにしても。注意を促すものは何によらず、著作へと導く道標であり、いずれも等しく、その何たるか、つまりその本態へと案内する扉なのである。

著者が逝ってしまった際に、かように読者の視線が屈折するのは、何に由来するのであろうか。これは、著者の経験が作品に変ってしまった今となっては、それに直面して経験が形成される当の現実を理解可能たらしめる唯一の機能を、この経験がもはや占有するものではないということに因《よ》るのである。確かに、作品は依然として媒介者である、われわれは、そのなかに、現在ならびに過去の世界へと近づく途を探し求め、われわれの認識の課題を測定することをそれから学ぶのだが、しかしこの媒介者は今後は、それが誘い入れる世界の一部をなすという特異な事情を伴っているのである。著者が身を引いた結果その手を離れたこの著作は、他の諸著作のうちの一個の著作となっている。そしてそれは、われわれの文化環境の一部をなし、これに対してわれわれ自身を位置づけるのに寄与するのである。それというのも、この著作はその諸地平のうちにしかおのれの意味を見出さないからであり、かくして、それがその独特の姿を現わすまさにその刹那にその意味をわれわれに提示するからである。それは自己自身によって存在する一個の物象である。もっとも仮にそれが著者のうちにおのれの起源をもたなかったとしたら、もちろん何ものでもないだろうし、また読者がそれに関心を抱くのをやめたとしたら、忘却の淵に沈むであろうが、しかしそれにもかかわらず、それは著者にも読者にも完全に依存するというわけではなく、却って彼らこそ、またこれに依存するのである。すなわち、著者がいかなる人間であったか、その記憶は著作を通じてしか生き残らないということ、人びとがこの著作を発見するのも、ほかならぬこれに導かれて、それがかつてひとたび居を定めた場所たる思想領域に案内されるという条件においてでしかないということ、これも同様に真実なのである。そして、われわれが著者に従って現在問い調べているように、かつて著者が問い調べていた精神的宇宙の懐のなかに、おのれの空間を獲得したこの物象［著作・作品］は、無数の仕方でこの精神的宇宙に結びつき、過去と未来のあらゆる方向に向って光を放つのだ。それが、起源も終末もないある思惟の転調であり、断えず繰り返し始められる言説《ディスクール》の内部の分節化であることが判明する暁に、初めてそれは、おのれの真の意味を手に入れるのである。したがって著作が生きるのは、外部においてである。自然に属する諸物象、歴史に属する諸事実と同様に、それは外部に属する存在であって、同じ驚きを喚び醒まし、同じ注意を、まなざしによる同じ探求を、要求し、その諸言表《エノンセ》のなかに閉じ込められている諸意義とは別の部類の意味《サンス》を、その単なる現存《プレザンス》によって約束するのである。あらゆるほかの事物と同様な仕方で、それは世界に属しているのではない、それというのも、それが現存《エグジステ》するのは、存在するもの、ならびにわれわれをこれに結びつける絆を命名するためでしかないからである。しかし命名することによって、著作はおのれの現存《プレザンス》を諸事物の現存と交換し、諸事物よりその客観性を借用する、それは、おのれが言い表わす（exprime）もののうちに、おのれ自身を刻み込む（s'imprime）。われわれが世界を著作のうちに見るように強いられるのも、それがいっさいの事物を思惟された事物へと転化するまさにその瞬間に、思惟が諸事物と協約を結び、諸事物の重みでおのれを安定させ、それらの運動、それらの持続、それらの外在性に捉えられるがままとなり、そしておのれの諸起源と断絶することによってのみ諸事物をおのれのものとなすがゆえでしかない。これは恐らく、それぞれの著作が、書かれるが早いか、示すところの断絶であるが、しかし、思想家がもはや生存していないといった場合にしか完全には成就されないところの断絶なのである。それというのも、こうなれば今後は、彼の生前の足跡を印しづける諸多の出来事、彼の個人的歴史――読者がいつでもその幾らかは知っており、自分自身について最も慎み深い著者といえども決して完全には隠しおおせない内輪の歴史、もしくはかれの諸活動、諸発見、同時代の人びととのいざこざの歴史――に属する出来事、ならびに、彼と同時にわれわれもその結果を蒙っていた公的歴史に属する出来事、これらが今や、かつてわれわれがそれらに帰していた効果を喪失し、視線を方向づけることを止め、逸話に類する照会資料といった資格に移行し、これらの出来事の意味しか手許に留めていない著作の実在性に、その場所を譲るからである。諸多の出来事はその古《いにし》えの形態と力を奪われて、新たな一つの時間性のなかにおのれを刻み入れ、新たな歴史に奉仕するようになる。その意味へと変容されて、今後それらは、同様に過去の諸著作の深みのなかで生きていることがわれわれに知られている、他のもろもろの出来事と、謎めいた対応関係を結ぶのである。一般的な諸力へと変化して、それらは日付も場所も正確には指定されえない存在の一領域を、おのれの支配下に置くのである。

かくして諸事象が世界から姿を消すことが、これらを思惟する者の退去に伴っているのであり、そして著作が完全に存在するようになるのは、以上の二重の不在のおかげでしかないのだ、つまり、ありとしあらゆる事象が思想となり、あらゆる思想が事象となって、著作が突如存在の全体をおのれに引き寄せるように思われ、おのれを、おのれのみで、意味の源泉となすように見える暁においてでしかないのである。

したがって、著作は著者の死後もなお生き延びるとか、著作の未完成が忘却されるに至ったときには、われわれは今までにもましてその著作の意味の充実性を知るばかりであろう、などといっただけでは、十分ではない。この充実性は権利上のもので、著作はひたすら事実上の存在のみを所有しているように見える、なぜならその運命は、それについて審判を下す未来の読者の決定に懸かっているとはいえ、少なくともひとがこの著作に眼を向けるたびごとに、それは、これが世に出た最初の日と同様に、読者と、読者の居合わせる世界との間に介入しにやってきて、読者に、著作を通じて世界に尋ね、おのれの思想を著作の内容と関係づけるように強いるからである。

完成した著作がその読者に及ぼす魅惑はかくのごときものなので、著者の死についてのいっさいの苦情も一瞬、虚ろに聞こえるほどである。著者は新しい仕事への出発の準備をしている最中に姿を消した。創造活動は中断され、それが予告していた表現の、そしてそこからその究極の弁明が引き出されるはずであった表現の、手前に、永遠に立ち留まっている。しかし不条理な終局を勘《かんが》うる者の感情が、たとえどのようなものであれ——とりわけ著者の仕事場のなかに立ち入り、打ち棄てられた作業台や、もろもろの覚書、もろもろの計画、発酵しつつある思想の、今にもおのれの形を見出さんばかりになっている思想の、それと感知されうる足跡を、至るところ留めている手稿をこの眼で推し測るという、悲しい特権を与えられている者の感情が、たとえどのようなものであれ——それは、おのれの仕事の追求を突然禁ぜられた、かの人物の追憶に、今なお結びついているのである。この追憶が消失してしまえば、いつ、またどのような事情のもとで著者が逝去したか、彼はなお仕事を続ける能力をもっていたかどうか、などということを知ることは、重要ではないと、われわれは自分にいい聞かせるだろう。なぜなら、彼の創造活動に伴う思惟のさまざまな動き、彼の内的な混乱、彼のためらい、彼が没入した挙句、まったくの徒労に終った努力の末にそこから立ち戻ることになる、もろもろの試み、彼の言語活動がそのなかで形成される口ごもり、といったことなどは、われわれが想像することもできなければ想像する必要も感じないのと同様に、彼の企てがそのなかに沈没した究極の挫折のうちに、彼の著述についての反省の材料を発見することは、望んでも不可能であろうからである。

しかしながら、一個の著作がその創造の諸条件に対して、みずから縁なきものとなる、ということは、何を意味するのだろうか。この著作が、未完成の彼方にあるのと同様、また完成の彼方にあるというふうに、理解するのでなければならないのではないか。そして実際、一個の著作が、語の通常の意味においていつの日か完成されるなどということが、そもそもいかにしてありえようか。これを考えるためには、著作の意味が厳格に規定された状態、つまりそれが、若干の命題からなる陳述によって、いかなる新しい発言も余計なものとなってしまうような統一的連関を獲得することがいつか可能となるような状態を、想定しなければならないであろう。著作のうちに、最後の証明においてその終局を見出すように仕組まれた、長い論証の連鎖を見るのでなくてはならないであろう。しかしそれでは、未来の読者たちの反省を限りなく促し、彼らが著作に向って立てる問いと、彼ら自身の経験から生まれる問いとを、同じ問いかけのなかで結びつけるという、われわれが著作に認めた能力が、たちまち理解不可能となるであろう。仮に完成した著作というものがあるとすれば、それは、著者がすみずみまでその支配者となってしまったような著作、そしてまさにかかる理由のゆえに、読者も読者でただそれを所有しさえすれば済むような著作、したがって、それを読むすべての者を通じてたった一人の読者しかもっていないような著作ということになるであろう。それゆえ、かかる著作について、その創造の瞬間よりどれほど時間が経過しようとも、依然として人びとの前に存在し続ける、などとは言うことができなかろう。といっても、発見された諸真理が真理として通用することをやめるだろうから、というのではなく、これらの諸真理が、いつでも反復可能な認識の諸手続きのうちに決定的に定置されてしまったので、そこに立ち戻ることが益なきことでもあるような、単なる既得物と化することになろうから、ということなのだ。

著作は魅了する、とわれわれは言った。著者が姿を消す瞬間に、著作はわれわれを彼から解き放ち、そして、未来の読者が見るような仕方で、これを見ることをわれわれに強いる。しかし、これは、著作が時間の外で定義される同一性を獲得したことを、意味するものではない。いかなる時間からと同様われわれの時間から身を引くどころか、著作はわれわれの眼前で、過去ならびに将来の領野に足を踏み入れ、未だなきものに対してもあらかじめ現前し、しかもこの現前の意味は、部分的にはわれわれから隠されている。われわれが生存しなくなって、もはやそれを理解する術もなくなったときでも、それが依然として語りかけるだろうことを、われわれは疑わない——ちょうど、過去の諸著作が、その著者たちやその最初の読者たちから遠く隔たって、なお語り続けているのと同様に、——そしてわれわれが読むことのできない何ごとかを、この著作のなかに将来の読者が読み取るだろうこと、最も根拠のしっかりした解釈といえども、著作の意味を汲み尽くしはしないだろうということを、等しくわれわれは承知している。著作が打ち建てる新しい時間、それは現実の歴史の時間とは異なるものではあるが、だからといって、これと無縁のものではない、それというのも、いかなる瞬間にも、著作は、現在、過去ならびに未来という三重の次元に生き存在しているからであり、著作が依然として同じ著作であり続けるのも、それがつねにそれ本来の意味を待ち望んでいる、ということだからである。新たになるのは、ただ単にそのイメージだけではない、持続するのは、ほかならぬ著作自身なのである、著作にとって持続は本質的である、なぜなら世界の変化と他者たちの思想の変化との試練に進んで応ずるために、それは作られているのだから。ただこの視点からのみ、著作は一個の積極的な存在《エグジスタンス》をもっているのである、——こう言うのも、それが、最終的・決定的に、それがまさにそれである当のもの、であるからではなくて、限りなく考える材料を提供し、それに向って問いかける者を決して避けず、明日も昨日と同様に、世界へのわれわれの関係に関わってくるからなのである。

著作家の作業がその終局に到達しているように見えるかいなかということは、したがって、大した問題ではない。実際われわれは、著作に直面するが早いか、いずれにせよ同様な不確定性に曝されるのだ。そしてわれわれが、著作の領域の内部に入り込めば入り込むほど、またわれわれの知が増加すればするほど、われわれの問いに限界を与えることができなくなる。結局われわれは、この不確定性に応じてしか著作と交流しあっていないこと、何であれそれが思惟することを促すものを、ほんとうにわれわれが迎え入れるのは、まさにこの贈りものが名前をもっておらぬがゆえでしかないこと、著作自身おのれの思惟を至高の高みから支配しているのではなく、却っておのれが伝えんとする意味の支配下にとどまっていることを、認めねばならないのである。

こういう次第だから、この著作の運命を改めて考え直すことが是非とも必要になる。われわれは、中断された創造活動の不幸を完成された著作の安定と安らぎと交換した、と思っていた。そのなかにわれわれは意味の充実性と存在の堅実さとを見出していた。ところで、なるほど著作の現前《プレザンス》は心に落ち着きを与えるものではある、それというのも、それには限界というものがないからであり、過去の諸多の著作の間に正当な権利に基づく場所をそれが占め、われわれの想像の欲するがままに遠くまで、将来の方向へと光を放っているからであり、それがいつか人びとの記憶から消え失せるかも知れないなどという思いでさえ、文《ふみ》が世界へのわれわれの関わりについての尋求を担う以上は、それがいつまでも生ける符標であり続けるだろうという確信を、少しも揺るがすことはできないから、なのである。しかしながら、この現前は、おのれを一個の謎として呈示する、なぜならこの著作がおのれにわれわれの眼を転ずることを求めるのは、ひたすら存在することのある種の不可能性を感得させるためでしかないのだから。この不可能性に、それは特殊な形態を付与するのだが、しかしこれは、それを超出するものではない。この不可能性の証人となることが、この著作にとって本質的なことなのである。すなわちそれは世界の意味を捕捉せんと欲するのだが、それがこの当の世界から分離されたままでいるように、それ自身から分離されたままでいることが、この著作にとって、本質的なことなのである。

かくして再び、われわれはこの著作のうちに死を発見するのである、それというのも、この著作の力は、その究極の無力さと結びついているからであり、それが拓くところのあらゆる道、そしてつねに開かれたままに保持するところのあらゆる道が、結末のないものであり、将来も結末をもつことがないであろうからである。この死、この死からわれわれはその脅威を遠ざけようと、空しく試みている。例えば、著作が言いえなかった事柄は、将来他の著作が言うことになろう、などと、われわれは想像する。しかし、それが言わなかったことは、まさに本来それに属するものなのであり、しかもそれが喚起する諸構想は、ひたすらそれから遠く離れて新しく出発することによってのみ、新しい著作のなかに書き入れられることであろう。それが流布する意味は、いつまでも未決のままに留まり、それが描く円環は、ある種の空虚もしくはある種の不在を取り囲んでいる。

未完成の著作を前にして、われわれが当惑を感ずる理由は、恐らく以上のごときものであろう。つまり、われわれがたいていの場合は避けたいと思っている本質的な両義性に、それはぶっきら棒にわれわれを直面させるのである。面くらわせることは、論述の最後の部分がわれわれの眼から隠されていること、著者が接近しつつあった目標が未来永劫到達されないのは事実なのだから、今後とも接近不可能であるということ、ではない。それはむしろ、著作のなかに刻み込まれた必然性——世界についての汲み尽くしがたい注釈へと扉を開くために、著作がそれによって言葉のなかに身を落ち着ける所以の深い運動、永遠にそこにおのれを打ち建てるかのように思われる存在《エグジスタンス》秩序へのその登極——と、それと並んで、著作をその企画の手前に打ち捨て、その表現の事実上の限界のなかに投げ返し、そして突然その企ての正当性を疑わしめる、かの不可解な停止とを、われわれが同時に発見せねばならなかった、という事態である。なるほど、著作がわれわれをそれへと委ねるところの不確実性が、［却って］世界についてのわれわれの問いかけを動機づけ、維持するのだと、著作が黙《もだ》すときにもなおそれは語り続けるのだと、現在も将来も表現可能なものの彼方に存し、かついつまでも存するであろうものを指し示すこの著作のもつ力によって、語り続けるのだと、われわれは自分を説得することもできる。だが、著作が意味の不断の開示のためにおのれを捧げたのだという事実、その真実の全体がこの開示に存していたのだという事実、しかもその場に至って掩《おお》いが著作の終局を包み隠すことなしには、これはその終局に到達しえないこと、したがってその道は闇のうちに見失われている、という事実に、変りはない。

以上のような考え《パンセ》がその念頭に浮かぶ当の人物は、これらの考えがモーリス・メルロ＝ポンティその人のものであることを承知しており、それらがいずこに彼を導くかを見定めることもまたメルロ＝ポンティから学んでいる以上、それだけますます彼の最後の書きものを前にして、これらの考えを忘れる気にはなれないのである。例えば「哲学者とその影」「間接的言語と沈黙の声」「著名な哲学者たち」のために起草されたいくつかの覚書（Notices）を読み返すならば、あるいは著者が死後に残した草稿を読んだだけでも、彼が、哲学的著作の本質について自問することを決してやめたことがないことが、わかるであろう。おのれの企てを彼の先人たちの企てと結びつけていた不思議な絆を了解することが、すでに彼にとっては一つの問題であった。そして彼はほかの誰にもまして、他人によって思惟された事柄の真実態に対してわわれわれを開くと同時に閉ざすところの関係の両義性、われわれの背後の意味の豊かさと、そして同時に、現在から過去への乗り越えがたい距離——この距離のうちに哲学的伝統の意味が見失われ、孤独のうちに、外部からの支えなしに、表現の作業を改めて引き受けるという要求が生ずるのであるが——とを露呈するところの関係の両義性を明らかにしたのである。さて、彼が過去に関しておのれに提起したもろもろの問いが、彼が哲学の将来に視線を向け、自分自身の言葉《パロル》の射程を見積ろうと試みたときに、どうして彼の関心を惹かなくなる、などということがあったであろうか。どれほど意味豊かであろうとも、過去の諸著作が決してすみずみまで解読可能なものではなくて、世界があたかも初めて思惟さるべきものであるかのように世界を思惟する必要性から、われわれを解放しなかったということを認めることと、われわれの後にやって来る人びとに、彼らは彼らで新しい視線で物ごとを眺め、もしくは少なくとも哲学的問いかけの中心を、われわれとは別の場所に移動するという権利を、容認することとは、同じことなのであった。彼は、哲学者の企てがそもそも体系の構築にほかならなかった、などという可能性に異議を申し立てると同時に、そして同じ動機からして、彼自身の経験を絶対的なものに高めてそこにありとしあらゆる可能な経験の法則を求めることも、拒んでいたのである。著作というものが、いつまでも意味の源泉であり続けるのは、ひたすら著者が彼の時代にあって、その当時の現在が彼に思惟させるものを何であれ思惟する術を心得ていたからでしかないこと、また、われわれが著作と心を通《かよ》わすのも、かつての現在をおのれのものとして捉え直すことによってであること、しかしこの心の通いも、われわれの居る観点からすべての事象を理解するように、われわれの側で強いられている限りは、つねに妨げられる、ということを、確信していたので、彼は同様に、彼の探求の正当さを確信していたし、もちろんまた、彼の状況をまったく知らないであろうような他者たちのために語るおのれの能力を確信してもいたのだが、しかしだからといって、彼の問いに価値を付与しているものが、真理についての彼の観念に本質的に基づくものだとしたり、今後もそれが同じ光のなかに留まるようになすなどということは、彼にとって不可能であることも、まったく同様に納得していたのである。以上のような次第で、われわれの表現作業が他者たちのそれと接合するのは、われわれが支配してはいないもろもろの道を通じてでしかなく、われわれにとって哲学的真理の運動そのものと思われるような運動によって、われわれが探求するものを、われわれの表現作業のなかに他者たちが探求しにやってくるなどということは、つねに疑わなくてはならない、と彼は考えていた。そしてもちろん、かかる疑いは彼の精神においては、哲学の統一性の理念を滅ぼすものではなかった。まさに哲学が彼の眼から見れば継承される問いかけであればこそ、哲学は、何も前提しないこと、既得のものを無視すること、そしていずこにも導かぬ道を拓く危険を冒すことを、たびごとに厳命するのである。それぞれの企てが、取り返しがつかないほど孤独な企てとして現われるとともに、先行する企て、ならびに後続の企てのすべてと縁を結ぶのも、同じ必然性によるのである。それゆえ外観がどのようであれ、自己展開する一つの大いなる談論《ディスクール》が——その内部で各人の発語《パロル》が互いに融け合うところの大いなる談論が——存するのである。なぜというに、各人の言葉《パロル》が寄り集まって、論理的な分節構造をもった一つの歴史を構成するようなことは決してないとしても、少なくとも、それらは同じ言語活動の推進力のうちで捉えられ、同じ意味へと運命づけられているからである。しかし、かかる談論《ディスクール》がわれわれを支えているという確信も、諸多の著作の間の境界を抹消せしめることはできないし、またわれわれの経験のなかにこの経験についての思惟を促す動機を発見する場合にも、われわれがこの談論に忠実であるという保証を与えることはできないであろう。いかなる瞬間にも、われわれは、問いかけがおのれの形態を見出した諸著作から、この問いかけを完全に解き放つことはできないし、われわれが真に諸著作のなかに導き入れられるのも、諸著作の囲いのなかにわれわれが侵入することによってなのであり、そして結局、われわれ自身を通じて問うことは、なお語ることでもあり、ある言語《ランガージュ》のうちにわれわれの探索の尺度を発見することなのだから、両義性は決して一刀両断に解決されることはないのである。したがって、われわれは、つねに著作の事実とその暗がりとにぶつかるのであり、世界についてのわれわれのあらゆる問い、先人の著作を読む際に見出されるとわれわれに思われる問い、ならびに、われわれ自身から引き出されると思われる問い、これらのすべてが、言語《ランガージュ》と著作の存在についての問いによって、必然的に裏打ちされていることが、判明するのである。意味がおのれをわれわれに呈示するという確信によっても、この問いは無効にされるものではなく、却って、この確信と同時に成長する。この意味の基礎と、存在するものへの著作の関係は、これほどにまで闇に包まれているのである。

メルロ＝ポンティがこの世を去ってしまった現在、彼の著作も他の諸著作と並ぶ一つの著作と見なして、彼自身他人の著作を考察したやり方、またわれわれにも考察することを教えてくれたやり方で、それを考察すべきである、などと言っても、これはある意味においては、われわれにとって何の助けにもならない。われわれがいっそう容易にメルロ＝ポンティの［思索の］方向《サンス》（意味）を引き受けることができ、哲学の内部において彼の課題は何であったか、そしてわれわれの課題はいかなるものとなるのかを、見積ることができるのは、世界が彼に［彼にとっての］現在において思惟すべく差し出すものに［思索の］方向（意味）を限定することをおのれに禁じ、あらかじめわれわれの自由に余地を取って置いているからではない。著作を構成する逆説――著作は存在をあるがままに名づけんと欲し、しかもおのれが立ち向っている謎を、おのれの存在において繰り返していることが判明するという事実、その方向《サンス》（意味）が他者にとっては永遠に不確かな一本の道を拓く以上のことはできないのに、問いかけの全体を著作が要求するという事実――がわれわれの眼に見えるようになるときには、そして著作に対するわれわれの関係の両義性――われわれがこの著作において思惟することを学んだのでありながら、著作の領域をおのれのものとする力がないために、われわれの思想を他所に移動せねばならなかったという、関係の両義性――が露呈されるときには、われわれの逡巡は増大するばかりである。しかし、恐らく、われわれの哲学者の問いでもあったこれらの問いを改めて記憶に留めることによって、われわれは彼の思想を、とりわけ彼がほんの手をつけることしかできなかった最後の書きものを、迎え入れ、彼の企てがその終局を見出すはずであった、この最後の出発という出来事を測定し、彼の言説《ディスクール》の意味が彼の著作の存在において、いかにおのれの証しを立てるかを遂に理解する、心の用意がいっそうよく出来上がることであろう。

死の直前、メルロ＝ポンティは『見えるものと見えざるもの』という一つの著作に取り掛かっていた。そしてこの著作の第一部だけが起草されていたのである。この第一部は、おのれの思想に新たな表現を与えようとする彼の努力を、証拠だてる。彼の最初期の、当然のことながら著名な、諸著作が、彼の哲学の決定的状態をなすものでは決してなく、それどころか、彼の企ての基礎を投じ、いっそう先までゆく必然性を彼のうちに創造することしかしていなかったということを、納得するためには、『シーニュ』に収められた諸論考の若干、彼がそれらに先だたせた「序言」それに『眼と精神』つまりすべて彼の生涯の最後の時期に属するところのいくつかの書きものを読めば、それだけで十分である。しかし『見えるものと見えざるもの』は、観念論と実在論とに対する二重の批判が彼に新大陸へと接近させたとき以来、経過した道を、白日のもとに曝すはずであった。われわれの手許に残されている草稿と、それに伴う研究ノートのうちでは、諸事物、身体、見るものと見えるものの関係に関する、以前の諸分析を再び取り上げて、それらの曖昧さを一掃し、これらの分析がおのれの完全な意味を獲得するのは、心理学的解釈の外部で、新しい存在論と結びつけられた場合に限られることを、示そうとする意図が明らかとなっている。意識の観点を維持することが今後われわれにとって不可能なる所以を明らかにすることによって、この新しい存在論のみが反省哲学、弁証法、ならびに現象学に向けられた諸批判――それまでは分散していて、一見、経験的な諸記述に従属しているように見える諸批判――を連結することを可能ならしめるであろう、そして同様に、今やこの存在論のみが、これらの分析の正当性をも根拠づけることができるのである。

メルロ＝ポンティが、この作業を企てるとき、自分の著作がおのれの背後にではなく、おのれの前方に存すると判断していることに、何の疑いもない。彼が意図していることは、自分の以前の書きものの増補や修正をおこなうことではない、またそれらをいっそう大衆に近づき易くしたり、あたかもみずから顧みて、それらが明確な同一性をもっているかのように、それらに加えられたさまざまな攻撃に対してそれらを単に弁護することなどではない。彼がすでに成し遂げたことは、一つの課題を巡る合目的性を彼がそこに見出す範囲においてしか、勘定に入らないのである。つまり彼がすでに獲得したものが何がしかの価値をもっているのも、ひたすら、それが［その仕事を］継承する力を与えるがゆえにでしかなく、そのうえこの力も、先だつ作業の転覆、すなわち新しい諸次元に従ってのその再組織という代価を払って初めて発揮されうる、という事情にあるのである。彼の初期のいくつかの試みが空しいものではなかったという確信は、ただ、それらに立ち戻って考え直し、それらの要求に正しく応対するという必然性のうちに、それらが彼を置くことから彼に生ずるにすぎない。

読者が以上のような感情を完全には分けもつことができないということは、確かである。述べられたもろもろの事柄は、読者にとっては、著者をそれらに結びつけ、われわれをもそれらへと向わせるところの、ある重みをもっている。読者はメルロ＝ポンティの初期の諸著作を読むとき、すでに、一個の哲学を発見する。これらの著作が読者の心に、その後続を期待する気にならせるような無数の問いを喚び起すにしても、そしてこの期待が読者を、われわれがすでに述べたように、著者の時間と同じ時間のなかに位置づける場合であってすらも、読者は、彼の眼にはその確かな存立が疑いもないような――もろもろの主張ではなくとも――［少なくとも］もろもろの理念を、知覚するのである。まさにこれらの理念に対して、その確認を、もしくは逆にその変容を、いやそのうえ否認すらをも求めるために、読者は今後、著者の発言を引き合わせることになるのだ。しかし、著者にとっては、述べられた事柄は、別の重みをもって、のしかかってくる、それは発言に対して暗黙の圧力となる。その責任を著者は引き受けねばならず、それは、つねに考慮に入れねばならぬ事柄であって、肯定的な実在性といったものでは全然ない。著者が背負っている諸理念は虚ろなものである、それらが思考すべく訴えているすべてのものが、それら自身に欠けていればこそ、それだけますます有効であり、そして著者の企てを支えるものは、まさに、この極めて限定された空虚なのである。そして、著者の展望と読者の展望とを合致するようにさせうるものは、恐らく何もない。なぜなら両者の錯覚は、相補的な動機に由来するものだからである。しばしば注意されたように、前者はおのれが何を書いているか、それを見ることができない、彼には見えないから、彼は書くのである。後者はその代りに、見ることしかできない。ところで、著者が眺めることのできぬ著作は、彼の眼にとっては、あたかも存在しないのも同然であり、著作のあるべき姿を著者が確認しようと求めるのは、つねに、書くことにおいてなのである。これに反して著作は、読者としてのわれわれの眼に訴えることによって、おのれを他の諸物と並ぶ一つの物、つまり知覚されるがゆえに存するところの一つの物、そして読者の眼はただその諸特性を知りさえすればよいといった一つの物と、見なすことを、読者に促しているのである。著者の展望と読者の展望とのこの距離は、哲学者の逝去と同時に、突然限りなく増大する。それというのも、ほかならぬ彼の業績のすべてが、述べられた物ごとへと変換され、今後は、一個の客体という姿で現われることになるからである。著者が自分の未来の労作について心に描くイメージにわれわれが彼の私的な覚書を読んで気づくときでも、このイメージでさえ一つの著作に対面しているというわれわれの確信を揺るがすものではない。そして最後の書きものは——その未完成たるにもかかわらず——なお、この著作を測る機会を、いや、それがこの著作の本性についての究極の情報を与えてくれるがゆえに、いっそう的確にこれを測る機会を、提供するのである。とはいえ、それにもかかわらず、われわれがこの最後の書きものを発見する瞬間は、また、われわれの錯覚が揺らぐ瞬間でもある。そのなかに、究極の意味そのものとはいわずとも、少なくとも以前の諸著作に究極の意味を付与するはずのものを探求することが、われわれには当然と思われるのだが、却ってそれと同じぐらい、［諸著作の］かかる仕上げを、一個の導入部（introduction 序論）をなす筆致のもとに認知することは困難なのである。それというのも、この導入部においては問いが問いを呼び、答えはつねに延引され、思惟は、将来の、しかしもはや禁ぜられてしまった論述に終始依存しているからである。

そして、『見えるものと見えざるもの』は中断されて一五〇頁に縮められて残されているのだが、この一五〇頁の役割とは実際、以上のこと、つまり導入することにほかならないのである。読者の思惟習慣が直接には近づけないようにしている領域へと、彼を差し招くことが問題なのだ。近代哲学の基礎的諸概念——例えば、主観と客観の区別、本質と事実との、存在と無との区別、意識、心像、物といった諸概念——これらは絶えず使用され続けてきたのであるが、すでにこれらが世界についての特殊な解釈を含むものであり、われわれの意図が、われわれの経験のうちに意味の出生を探求するために、まさしく改めておのれをこの経験に対面させることにある場合には、特別の資格を主張することができないものだということを、読者に納得させることが、特に肝心なのである。新しい出発点を取ることが何故に必要となったのか、古来の諸体系の枠組のなかで思惟することが、もはや何故に許されないのか、また、これらの諸体系がその方向づけにおいてはかくも多様でありながら、等しくそこにその根を埋めているとわれわれの眼に映る土壌に、われわれが足場を据えることすらも、もはや何故に許されないのか、著者がまず第一に言わんと努めていることは、以上のことなのだ。彼は、科学と哲学とがそれぞれの言葉遣いの要求に従ってその翻訳を作成する以前の、そして科学と哲学そのものがそれら自身の起源について釈明せねばならぬということをわれわれが忘れるに至る以前の、あるがままのわれわれの条件の吟味に訴える。しかし、この吟味は呈示されてはいない、それは予告されているだけだ。ただ若干の目印だけが、経験に忠実な経験の記述なるものがあるとすれば、それはどのようなものとなるだろうかを、垣間見させるにすぎない。論述《ディスクール》の形式そのものが告示態なのである。絶えざる保留、もっと後になってから言われるはずの事柄への仄めかし、条件法的言い回しといった語り口が、思惟を現在の陳述のなかに封じ込めることを禁ずる。時至れば陳述の真の意味が明らかになるはずだ、などという主旨のことを、著者は述べている、そしてこれに加えて、最初に自分の探求の大筋を示す必要に迫られなかったなら、立論の展開の仕方も別様となっただろう、とも付言している。ところで、こうした前口上を手練手管と見なすならば、それは誤りであろう。われわれに残された草稿を著者の望むとおりに、つまりここに述べられていることはいずれも、まだ暫定的なことなのだと心得ながら、読まなくてはならない。そしてこれに続くものへのわれわれの期待は充たされえないのだから、この草稿をあるがままに、つまりそれに欠けている後続の諸頁に結びつけられたものとして、読まねばならない。すなわち、論述《ディスクール》の、今われわれの手許にある分野のなかに、自己充足した意味を探求したいという、われわれの趣向がどれほど強かろうとも、この論述の中心に存する空洞を、無視することは許されないのだ。この著作はひたすら、述べることがそれにとっても不可能となった事柄を指し示すためにのみ、われわれの前に形を取っているにすぎない以上、その分だけいっそう口を開いたままの状態にあるわけである。そして確かに、この著作に対して施すべき第一の正しい処遇は、それがおのれを呈示するがままにそれを見ること、それがわれわれを置くところの喪失状態を知り、それがわれわれに嘗《な》めさせる欠乏を測り、結局、この喪失が償われえないこと、この著作にとって表現不可能に終ったことに何ものといえども表現を与えることはできないであろうことを、悟ることとなるのである。

　しかし、以上のような次第で『見えるものと見えざるもの』の第一部のもつ価値が導入部としてのものであることを納得するからといって、もしわれわれが、それが本質的なものの手前に留まっているなどと結論しようとするならば、なおいっそう重大な誤謬を犯すこととなろう。こうした考えがすでに、思惟の作業の本性を見誤ることにほかならない。それというのも、思惟の作業においては、導入することがつねに決定的な意味をもつのであって、それから先の進路の真理性は、いつでも最初の歩みのうちに見越されているからである。なおそのうえ論述《ディスクール》のある瞬間に、すでに語られたこととまだ語られざることとの間に、次のような一つの関係が創造されるのである、つまりこの関係はあらゆる陳述につき添い、諸観念の継起の彼方に、そこにおいて諸観念が共存し、実質を共にするものなることが判明する所以の、意味の奥行、そして、諸観念がどこまでも時間のなかにおのれを記入し続けながら、同じ領野のうちに同時に刻み込まれる、というような意味の奥行を、生ぜしめるのである、――したがって、この次元がひとたび披かれると、われわれは著作の面前に置かれるわけで、著作は運命がこれに蒙らせた切断を越えて生き残ることになる。しかしこの特殊な場合にあっては、かかる考え方は、とりわけ著作家の意図をないがしろにするものとなろう。それというのも彼は著作の出発点からして、哲学のあらゆる問題の間の絆、それら相互の含みあい、それらの問題が由来する問いかけの必然性を、明らかにすることに骨折っているからであり、そしてあらかじめの考察に満足するどころか、後になってから醸造し、醸造し直すつもりの諸主題の大部分を、最初の粗描のうちに取り集めているからである。例えば、この第一部がわれわれに示すものは、方法の説明ではない。却ってそれはむしろ、普通、方法と呼ばれているものに対する、すなわち思惟の事実上の発展から独立に、それ自体で妥当しでもするかのような、論証の順序を定義しようとする企てに対する、警告を含んでいるのである。第一部は、経験の記述から、そして経験を過去の哲学の諸範疇に従って考えたりあるいは一般に思惟したりしようとするやいなや、経験が用意するところの諸困難の記述から、意味が立ち現われることを、要求する。それは、経験を再構築することを可能ならしめるがごとき、一個ないし若干の原理を呈示しようとするのではなくて、われわれが素朴に体験していると信ずるがままのわれわれと世界との関係と、この関係がそのなかに記入され、そこで一定の身分を獲得するところの文化的環境とに、同時に問いかけることによって、あらゆる方向に向って経験を探査する、という目論見を提案するのである。さて、この目論見が形をなすためには、われわれがおのれの状況の寸法をすでに取ってしまっているのでなくてはならない。——そして、これこそまさしく、メルロ＝ポンティが著述を始めるにあたって、おのれに課した課題なのであるが——もろもろの事物ならびに他者と連帯するようにとわれわれをしむける運動と、この運動がわれわれをそれに委ねるところの諸多の両義性とを、吟味しなくてはならないのだ。——なぜ、この運動は抗《あらが》うべからざるものなのか、そしてなぜ、われわれがそれを思惟しようとするやいなや、謎に変ってしまうのか——著者がわれわれの「知覚の信憑」と称するものと、科学上の諸真理とを比較対照しなくてはならない。そして、科学はその対象をその諸定義からして、またその測定の理想に従って構築する限りにおいては、対象を完全に支配するよう見えるが、科学がそれと言わずにそこから着想を汲み取っている当の世界経験を説明する段になると、それは無力であり、そして遂に、その手続きのさなかで、認識主観の、実在への連累の跡に出くわすときにも、通常の意識と同様、これに「正しい」地位を与える術に窮するということ、を暴露せねばならない。結局、近代哲学の道たる反省の道——その終局においては、あらゆる問題が解決されるように見える、それというのも、今や思惟が、知覚的生をその外延の全体にわたって裏打ちし、真と偽との間の、現実的なものと想像的なものとの間の、判別原理をおのれのうちに所有していることになるのだから——を、辿り直し、いかなる条件においてこのような「解決」が到達されるのか、いかなる毀損を代価として、われわれの状況が単なる認識対象に、われわれの身体が何がしか任意の物象に、知覚が知覚することについての思惟に、語り《パロル》が純粋な意義作用に変えられるのか、いかなる手練手管によって、哲学者は世界への、歴史への、ならびに言語へのおのれの内属を自己に隠蔽するのに成功するのか、を洞見しなくてはならないのである。

この最初の解き明かしは、すでに、経験の記述と哲学的知の批判の間の往復運動を、予想している。というのも、白紙の状態から新しい体系を打ち立てるために過去の哲学を拒絶するどころではなくて、過去の哲学においてこそ、よりよく見ることをわれわれが学び、その企てを引き受けながら、ただ、それを究極まで徹底することを求め、世界について思惟すべくこの企てがわれわれに提供するところの材料から出発して、われわれ自身の状況に光をあてることになるからなのである。以上のような次第で、われわれは、たったいま出発したばかりだと考えていたのに、もうすでに、まったき探求の只中に投げ入れられており、われわれの問いの野《や》に畝を起し、これらの問いを互いに接合し、そしてそれらを余儀なくさせる必然性を発見するのに忙殺されているのである。

ある意味においては確かに端緒が存在するのだが、別の意味においては、かかるイメージは、われわれを誤らせるものである。それというのも著者が新しい出発点を取ることを要求しているのも、またそれにもかかわらず、絶対知の道を辿ることを許すような原点の探求をおのれに禁じているということも、ともども真実だからである。彼の企てが、彼の先人たちの企てと最も深く区別されるのは、恐らく、この点においてであろう。彼は、哲学がおのれを意味の純粋な源泉と見なすことの不可能なる所以を、極めてはっきりと納得していたので、まず最初に哲学の錯覚を暴こうと思っていたほどである。こういうわけで、導入部の最初の諸草稿にあっては、彼は次のような注意から出発していたのである――すなわち、われわれは、神にも、自然にも、あるいは人間にも起源を発見することはできない、かかる起源の発見の試みは実はいずれも、世界のすみずみにわたる解き明かしという神話、思惟と存在との全面的な適合性といった神話に帰着するという点で、互いに等しいのだ、そしてこの神話は、われわれがそれについて語るところの当の存在のなかに、われわれ自身挿入されているという事態を考慮に入れておらぬし、そのうえこの神話は、われわれの時代にあって、いかなる生産的な探求の支柱にもなっていない、そしてこの神話を拒けることは懐疑主義や非合理主義に再び陥ることではなくて、むしろわれわれの状況の事実の姿を初めて認知することなのであると、こういう見解から出発していたのである。これは、彼の死の二ケ月前に書かれた、最後の研究ノートにも再び見出されるほど、彼にあっては変ることなき考えなのである。――「私の計画……は」と彼はいう、「人間主義とも、また自然主義とも、そして最後に神学とも、いささかも妥協することなく、呈示されねばならぬ。哲学は、神、人間、被造物というこの分断――これはスピノザの分断であった——に従って思惟することはもはや許されないということを、示すことがまさに肝心である……。」

再出発の必要があるというのは、したがって、まったく新たな意味においてなのである。新しい基礎を据えるために、廃墟を一掃することが問題なのではなく、肝心なのはむしろ、われわれが存在について何を語ろうとも、われわれ自身、徹頭徹尾この存在に住まっているのであり、われわれの表現作業もなお存在へと居を定めることであるということ、最後に、われわれの問いかけも、同様な理由によって、起源も終末もないものだということ、それというのも、われわれの問いは、つねに、いっそう以前の諸多の問いから生ずるからであり、いかなる答えも、存在とわれわれとの関係の神秘を、霧散させることはできないからであるが、かかる事情を認知することなのである。

カフカはすでに次のように述べている、つまり諸事物が彼に現われるのは「それらの根源を通じてではなく、それらの中頃に位置する何がしか、ある一点を通じてである」と。彼がこう述べたのは、彼自身の惨めさを表わすためであることは、確かである。しかし「根源」の神話からおのれを解放する哲学者は、この中頃に身を据え、この「何がしかの点」から出発することを、決定的に承諾する。この拘束は、彼の絆の印しである。そして、そこにおいては可視的なものを分つもろもろの境界が消え失せ、自然についてのいかなる問いも歴史についての問いへと導き、この類いのいかなる問いも自然もしくは歴史の哲学についての問いへと、そして、存在についてのあらゆる問いは言語についての問いへと導くといった、内的な迷路のなかで、一つの領域から別の領域へ進むという希望が、彼に与えられるのも、まさに彼がこの拘束に従うからなのである。かかる企てのうちに、もろもろの行程を見ることはできようが、しかし予備的段階と探求そのものとを区別することは、不可能である。自分の探求について語る際に、メロル＝ポンティは「その場での上昇」が肝心なのだと、かつて言ったことがある。たいていの場合、彼は自分の探求が円環を描いていて、彼に同じいくつかの立脚点を過《よぎ》り、また過り直すように強いるのを見るのである。この比喩《イマージュ》が何を意味するにせよ、それは、われわれが最初から本質的なものと取り組んでいるのではないと考えることを、禁じている。まったく反対に、導入部は円環の最初の行程なのであり、たとえ著作が終局まで運ばれたとしても、だからといって、そのもろもろの限界を超えてしまったり、運動を終えてしまうなどということはなかったであろうということを、われわれは認めねばならないのだ。著作がおのれの表現能力を発揮するのがこれらの限界の内部においてであり、またこの運動によってであることは、これほどにまで確かなことなのである。

今日われわれの手許に残された『見えるものと見えざるもの』は、わずか一五〇頁の草稿に切りつめられてはいる、そしてこれがこの著作の発端をなすはずのものであったということ、今日でもなおそれは導入部としてわれわれに呈示されるということと、これらの草稿が以上に尽きざるものであって、著作の意味（sens 方向）を担っており、これらのうちにこの意味を発見するようにわれわれを促すものである、ということとは、右に述べたような次第で、同時に真実なのである。また、著作の続きが仮に実現されたとした場合、その最初の部分に陳述されている諸観念の例証もしくは注釈などとはまったく別物となったであろうということと、最初の部分が後続部分を見越しており、これを予想することを可能にする、ということとは、いずれも同様に真実なのである。

ところで、以上の逆説は、それがどのように著作の言葉遣い《ランガージュ》のなかに、つまり著者が理解していたような執筆《エクリチュール》という作業のなかに、基礎づけられているかを、仮にわれわれが見透しているとするなら、恐らくそんなにわれわれを驚かすことでもなかろう。彼が準備していた著作の主要な分節構造を、仮にわれわれわれが再構成しようと欲したところで、首尾よくそれに成功することは実質的に不可能であろうということは、注目すべき事実である。なるほど、数多くの研究ノート、以前からのいくつかの素描、計画に関する若干の、極端に短い、それもすべて相互に一致しているわけではないたまさかの指示、といったものから、彼の探求の振幅を垣間見ることができることは、確かである。しかしながら、この著作が長々と知覚の問題に立ち戻って論ずるはずであり、とりわけ実験心理学や形態心理学の最近の仕事に大きなスペースをあけるはずであったこと、自然の概念の分析が人間の有機的構造の記述、動物の行動の記述と、進化の諸現象の吟味とを、要求したであろうということ、そして、これらの研究そのものが、著者のいわゆる「西欧哲学のコンプレックス」なるものの批判を余儀なくさせたであろうこと、またこの批判がこの批判で歴史と、自然‐歴史関係とについての、新しい考え方のうちにその成果を発見するはずであったということ、最後に――そしてこれこそ、あらゆる仮説のうちで最も疑わしくないものなのだが、――著作が言語活動と、哲学的論述という言語活動の特殊形態についての反省をもって成就することになっており、かくして、その終局において、その起源の神秘に立ち戻るはずだということを、われわれは承知しているのだが、このように承知したところで、辿られたであろう道に関して、思惟の諸行程もしくは変革の順序に関して、われわれは依然として無知のままに留まるのである。したがって、計画を描き出したり、おのれが述べるつもりのことを図式によって準備したり、おのれの計画に固執したりすることへの、メルロ＝ポンティの嫌悪感は、一つの気質的特徴であったなどと、どうして信ずることができようか。真相はむしろ、彼の、哲学する人たる経験が、著述家たる経験と合致していたということであり、この経験が、意味を一度で完全に所有しうるような者がおのれの著述活動を支配しているとみずから想像するようには、自分自身の作業を支配することを、彼に禁じていた、ということなのである。この意味について、彼は書くという作業において、それを試練にかけて見ねばならないのだ。自然、歴史、存在そのものが、そこから見ればパノラマのようにすっかり明るみに出る、といった特権的な観点が存在しないと確信していたので、あるいは彼がしばしば言ったように、上空飛行的思惟はわれわれの状況の真実からわれわれを切り離す結果になると確信していたので、彼は、自分自身の著述をも一幅の絵のように眺めるという幻想を、同時に放棄せねばならなかった。彼の提起するもろもろの問いの間の内的な絆を発見するために、半ば暗闇のなかを歩むことをみずからに義務づけ、すでに描かれ、すでに思惟された意味の安定性に決して安んずることなく、何であれ今ここで述べられることを要求している事柄をまったく正当に遇さなくてはならなかった。こういう次第で、われわれがすでに書かれている事柄のうちに著作の本質を探求するように誘《いざな》われることと、論述の続きを、その始まりの単なる延長として想い描くことが妨げられる、ということとは、つまるところ、唯一にして同一の理由によるのである。哲学者の言葉遣い《ランガージュ》は、単に論理的必然性ではなくて、存在論的な必然性を、われわれに教えてくれる。したがって、彼の言葉《ランガージュ》のうちに、われわれは一個の意味以上のもの、意味の意味を見出すのであり、われわれがこれを取り逃がすやいなや、諸観念に奥行、運動、ならびに生命を与えているものとの接触が失われるのである。著者の言葉《パロル》に注意を払い、それが住まっている空間中のあらゆるその共鳴を大切にすべきであるのと同様に、この空間の限界を越えて、それを包んでいる沈黙の地帯を犯すことも、われわれには禁ぜられているのである。この言葉とこの沈黙とを、いっしょに聴きとらなくてはならない。――言葉に続くこの沈黙、なお依然として言葉に結びついており、今後はこれを支えるものでもあるのだから、決して空無ではない、この沈黙。

　言葉《パロル》と沈黙との関係について、メルロ＝ポンティはすでに省察していた。ある覚書のなかで、こう書いている。「言葉《パロル》が心理学的合致という申し立てられた沈黙を取り囲んでいることに、われわれが気付いた後には、改めて言葉を取り囲む沈黙が、必要となるであろう。この沈黙とは、どのようなものなのだろうか。還元がフッサールにとって、究極的には、超越論的内在性でなくて、Weltthesis（世界措定）の露呈であるように、この沈黙も言語活動《ランガージュ》の反対物ではなくなるのであろう」と。これは語り《パロル》が二つの沈黙の間でおこなわれるということを、われわれに理解せしめることであった。言葉《パロル》は、物いわぬ経験、自己自身の意味を知らぬ経験に表現を供するのであるが、しかしただ、この経験をその純粋性において出現させるためでしかないのである。言葉が諸事物とのわれわれの触れ合いを断つのも、またわれわれがあらゆる事物と混淆している状態からわれわれを引き抜くのも、ひたすら、諸事物の現前の真相へとわれわれを目醒めさせ、それらの起伏《レリーフ》、われわれをそれらに結びつける絆を、感得させるためでしかないのである。少なくとも、おのれの本質に即応して語るところの言葉の場合は、こうなのだ。そして、哲学的談論《ディスクール》が問題である場合でも、雄弁の幻惑に屈せず、自己充足することに肯んぜず、おのれとその意味とに向って自己完結することを欲せず、却って外部に向って扉を開き、外部へと導くといった語り《パロル》であるならば、事情は同様である。しかしながら、沈黙から生まれる語り《パロル》が、沈黙のうちにおのれの成就を求めることができ、そして、まさしくこの沈黙をして語りの反対物ではないようにさせることが可能であるならば、それは、経験と言語活動《ランガージュ》との間に、原理的に、交換関係が存するからである。つまり経験とは、われわれがそれと合致しうるような何ものでもなく、それ自身にあってすでに差異化、分節化、構造化であるがゆえに、超越を担っており、そして、経験そのものが、いわば言語活動を招き求めるからなのである。それに言語活動もまた経験なのであって、メルロ＝ポンティがいみじくも書いているように、存在の謎がそこでおのれを反復するところの言語活動の存在なるものがあるからであり、純粋な諸意義の運動の彼方に、言表されうるものの秩序に属さぬところの、談論の沈黙せる実質があるからである。そして、表現の最高の効能とは、語《パロル》りから存在へ、存在から語りへの、この連続的移行、もしくは、以上のようにあい互いに二重に扉を開きあっている両者の関係を、明るみに出すことだからである。この交換関係を勘《かんが》えることこそ、恐らく『見えるものと見えざるもの』が、最後に専念するはずであった課題であろう。しかし著者の書いた最後の幾行かが、最後の言葉が、これを想い起させるためのものであるということは、心穏やかならぬことではある。メロル＝ポンティは次のように書く、——「ある意味では、フッサールが言ったように、哲学のすべては、意義作用《シニフィエ》の能力を復元すること、つまり意味《サンス》の出生を復元し、言語という特殊な問題を特に照らし出すところの経験による経験の表現を、復元することに存する。そしてまたある意味ではヴァレリーが言うように、言語活動がすべてなのだ。なぜなら言語活動は、誰の声でもなく、諸物や波や森の声だからである。そして理解しなければならないこと、それはこれらの見方の一方から他方へと弁証法的逆転があるのではないということ、これらの見方を一つの総合にまとめあげる必要はないということである。それというのも、これらの見方は、究極の真理である可逆性の二つの側面だからである。」

たとえ運命が、究極の真理について、この著作を封印するにもせよ、また著作が、そのめざしていた目標に遠く及ばず、［単に］それを予示するある思想で終っているにもせよ、読者はそこに必ずや、一つの予徴を——いわば、著者が不在でも著作が意味する術を心得ている予告の轍といったものを、見て取ることであろう。しかし、この予徴《シーニュ》も、意味《サンス》を忘却させることはできないであろう。そして、ここで、最後の瞬間に、述べられていることが、哲学的著作という問題を——著作一般、いやほかならぬ、われわれが読みつつある著作に関わる問題を、明るみに出すといった本性のものであることをも、また認めねばならないのである。なぜなら、経験と言語活動との可逆性が露呈されるのも、この著作においてだからである。この著作が表現という任務を、その極限まで押し進め、あるいは押し進めんとしているがゆえにこそ、つまり言葉にされる以前のあるがままの経験の真実を取り集め、言葉《パロル》のあらゆる能力を、おのれのうちに集中し汲み尽くそうと志しているがゆえにこそ、それは此処あるいは彼処で立ち留まることの不可能なる所以を発見し、おのれの運動が両方向に逆転するのを見、結局は、おのれの存在《エグジスタンス》をなすところの、この非決定性の証しを立てることを、おのれの責務となすのである。哲学者が語るところの可逆性なるものは、彼がその名を挙げるに先だって、その著作の形態のうちに言い表わされている。いっそう適切な言い方をするなら、彼は、その名を挙げることによって、ただ、おのれの企ての意味を忠実に表現しているにすぎないのである。それというのも、彼の企てが空しいものでないとするなら、それは、次のことを予想しているからである、つまり、われわれは、経験のなかに絶対的なものを見出すことも、言語活動を絶対的なものとなすこともできないということ、われわれが経験とか言語とか呼ぶこの匿名の力は、それだけで自己充足する積極《ポジティヴ》的な実在性ではないということ、存在のなかにはいわば語りへの要求が、語りのなかにはいわば存在への要求が、互いに分離不可能なものとして、存すること、語ることと生きることとは、等しく諸多の問いの源泉であって、そのうえこれらは相互に関係しあっている、ということを、予想しているからである。こういう次第で、『見えるものと見えざるもの』の終局をなす「究極の真理」とは、また著作の起源をなす所以の「究極の真理」でもあるのである。この真理は、停止点を設けるものではない、それは思考に休息を与えるものではない、むしろそれは、著作にとって、その次々と継続される基礎づけの拠点たるところの、移行点を示すものなのである。

　われわれは、語りに続く沈黙を聴くことができるのは、いかなる次第によるのか、を問うていたのである。実は、われわれが沈黙を聴くことができるのも、語りが沈黙を決して抹殺したことはなく、つねに語り自身の彼方へと導き、直接与えられる意味の限界内に身をかがめることを、われわれに禁ずるからなのである。終局の沈黙は、取りまとめられたこれらの沈黙からしか、成り立っていない、それは談論《ディスクール》の彼方へと広がっている、なぜならそれは、談論の地としてこれに役立つことを、決してやめたことがないからである。したがって、この談論を理解するのもこの沈黙を理解するのも同じことであり、述べられたい事柄の境界で停止する術を心得るのも、言語活動と世界との間には境界が存しないことを認知するのも、同じひとことなのである。

しかし、『見えるものと見えざるもの』が理解する力を与えるとすれば、それは、この著作とその未完成とを前にしてわれわれが提起するもろもろの問いが、著者の自己に向って立てた問いと結びつくからであるということは、やはり真実である。ただし、この、著者が立てた問いとは、語りの突然の予期せざる中止が、とはいわないまでも、彼の企ての終局が——もっとも、それは、たとえそれがどのようなものであれ、ただ単に一つの終局たるにとどまるべきものではなく、またいかなる終局の不在をも意味すべきものなのであるが、——このような彼の企ての終局が彼の意に反するものとはならない、というような仕方で、書くことを著者がおのれに義務づけたときに、彼がみずからに向って提起した問いなのである。この課題、この課題の意味を、著者自身、哲学的表現とはいったいいかなるものでありうるのかと、著述の過程で自問するとき、一瞬われわれに垣間見させてくれる。すなわち「……哲学の積荷を最も多く担わされた言葉《パロル》とは」と彼は注意している、「必ずしもおのれの語る事柄を閉じ込めておく言葉ではなく、むしろそれは存在に向って最も精力的に扉を開いている言葉なのである。というのも、こうした言葉は、全体の生を最も親密に表現しており、われわれの諸多の習慣的な明証性をばらばらに解きほぐすほど、これらを揺り動かすからである。したがって次のことを知ることが問題となる——つまり、なまの存在もしくは野生の存在の取り戻しとしての哲学が、果して雄弁な言語の諸手段によって成就されうるのか、もしくは言語からその即座のあるいは直接の意義能力を奪いつつ、それでもやはり哲学が語り出そうとしている事柄に言語を等しからしめんとするような、言語の使用法を哲学がなさねばならぬのではなかろうか、これらを知ることが問題となるのである。」確かに、謎めいた条《くだ》りではある。この問いには、答えが伴ってはいない。雄弁な言語活動の諸手段をみずから禁ずるような著作が仮にあったとしても、それがいったいどんなものなのか、また別の機会に著者によって用いられた定式を再び取り上げるならば、哲学における「間接的言語」とはいかなるものなのか、これは述べられていない。われわれはただ、彼が哲学のためにはそれ独得の表現の仕方を、絶えず要求してやまなかったこと、そして、これに替えるに、芸術ないし詩の言語を以てするなどということは、毛頭考えていなかったということを、知るのみである。しかしながら、われわれがこの著述家の書き物を読むならば、この謎めいた文章の秘密が明らかとなる。それというのも、彼自身の言葉《パロル》は、それが述べる内容を閉じ込めてはおらず、言葉の意味《サンス》はつねに、即座のもしくは直接の意義《シニフィカシオン》から溢れ出ており、結局、存在に向って扉を開く言葉の力が、言葉に活気を与える問いかけの力に結びつけられていることが、判明するからである。哲学的言語とは問いかけの言語活動であるということを、まさに、われわれは、理解すべきではなかろうか。このことすら、肯定的《ポジティヴ》用語で主張されえないとすれば、その理由は、いかなる定式も、問いかけの何たるかを理解せしめることができないことにある。メルロ＝ポンティはなるほど、幾度となく問いかけを名指し、それが何でないかを、――認識に属するいっさいの問いのように答えの前で姿を消すことを求めるような、疑問の言表ではないことを――述べることは、確かにできる。そして、なぜ、それがわれわれの経験との触れ合いにおいて、際限なく更新されるのかも、いうことができる。しかし、いかなる定義を試みても、問いかけが展開するのが生と言語活動においてであること、あるいはもっと適切にいうならば、問いかけは、生ならびに言語活動にほかならないこと、この引き受けられた生ならびに言語活動でしかないこと、この事実をわれわれに忘却させることによって、定義はわれわれを問いかけから逸《そ》れさせる結果となろう。問いかけを正当に処遇するためには、それが終りなきものであり、人間は世界におけるおのれの状況について問いを立てることを決してやめたことがない、と宣言するだけでは、哲学者にとって十分ではない。それというのも、いかに真実であるとはいえ、かかる見解は、具体性をもつにはあまりに一般的すぎるからである。このように宣言するだけではなく、哲学者は、問いかけを効果的に導き、それに道を拓いてやらねばならない。そして、著作においても、問いによって惹き起された答えがいずこにあっても反省に終止符を打つことがなく、経験の一領域から他の領域へとつねに移り行きの通路が残されており、われわれがいかなる場所にも留まることができないという事情においてこそ、意味が顕わになるのだというふうにしなくてはならない、結局、論述《ディスクール》の全体がいわば唯一同一の文章であって、もちろんそこに諸契機やもろもろの分節化や休止を区別することはできようが、その内容はそれぞれの命題にあっても全体的な運動から決して解離されえないというふうに、しなくてはならないのである。

そして、実際『見えるものと見えざるもの』は、終始一貫、問いかけを開いたままに維持しようという試みなのである。[それは]、主観がありとしあらゆる事物からおのれを解き放つかのごとき錯覚を与えるような、そして、おのれの権利を確信する思惟の再建を準備するがごとき、方法的な故意の懐疑の行使ではなくて、われわれの知覚的生と認識の生との、切れ目のない探求なのである、すなわち、通常のさまざまな確信の否定とか、諸事物や他者たちの存在に対するわれわれの信憑の破壊ではなくて、かかる確信・信憑に与えられた賛同[なのである]、それもこのような確信、かかる信憑に与《くみ》せんとする執念が、[却って〕これらが確信であるとともにそれと分ちがたく疑わしさであり、信憑であるとともにそれと分ちがたく不信でもあるという事実を暴露するほどにまでになるところの、これらの確信・信憑に対する賛同〔なのである〕、〔また〕臆断が隠蔽しているもろもろの両義性に追い付くためのいわば臆断を横ぎる通路〔であり〕、諸哲学者の諸理論の論駁ではなくて、諸理論のもたらす解答の彼方へとこれらが導くという事態を発見せんがために、これらの起源に存するものへと還帰すること〔なのだ〕、結局、たえず自己自身へと関わり続けるところの問いかけ〔であり〕、問いかける者の条件を見失うことなく、存在の表現に没頭している間も、おのれが存在のうちに据えられていることを承知している問いかけ〔なのである〕。

哲学がかかる言語活動を通じて、「それでもやはり、それが語り出そうとしている事柄に匹敵するものとなる」手段を見出すとするなら、それは、われわれの時間性の秘密が著作の時間性によって言い表わされているからであり、後者が、経験の連続性、不分割性を——その各瞬間があらゆる他の瞬間とともに時間の同じ推進力のうちに据えられているといった経験の連続性、不分割性を、——認知することをわれわれに教えるからであり、そして同時に、見えるものであれ見えざるものであれ、事物の意味を固定することを禁ずる運動、現在与えられている与件の彼方に、世界の潜在的な内容を際限なく出現せしめる運動を、認めることをわれわれに教えるからである。

しかし、著作がかかる自己意識に至った暁には、つまりそれが問いかけの場所であり、いや、ただ問いかけの場所にすぎないことを著作みずから悟った暁には、それは暗黙裡におのれの終局と一致していることにはならないだろうか。なぜなら、問いかけを究極まで徹底する者は、語り《パロル》の偶然性を発見し、ならびに、われわれに発見させることとしか、できないからである。彼にとっておのれの思想が生まれる陰暗たる領域に臨むのも、これらの思想が解体する運命にある領域に直面するのも、同じひとことなのである。わわれわれの側からいうと、至る所に彼の存在《プレザンス》の徴《しる》しを読み取るのも、身近に迫る彼の不在《アプサンス》を感ずるのも、同じひとことなのである。真の問いかけとは、死を訪れこれと交わることである。そして、死をめったに名指ししないこの哲学者が、それにもかかわらずその最後の書き物において、われわれの眼を死に向けさせる、かくも大いなる力をもっていることに、われわれは驚くものではない。

クロード・ルフォール

訳注

哲学的問いかけ

反省と問いかけ

（一）この〈しかし〉は一六頁一四—五行目の〈もちろん〉（certes原書p. 20, l. 13）に対応する接続詞（mais p. 21, l. 3）。したがって次の〈かの問題〉（il）は〈世界へのわれわれの接近の問題〉を指すことになる。

（二）原文はOn peut effectuer le passage en *regardant*, en s'éveillant au monde, … （p. 23, l. 3-4）であり、le passageが何を受けるか不明だが、単眼視像もしくは物以前の物から両眼協働的な知覚もしくは物への移行と解するのが、文脈からいって自然と思われる。

（三）「生活の行使」（usage de la vie　p. 23-4）なる表現について——デカルトのエリザベットへの書簡（一六四三年六月二八日付）に、次の文章がある。「……そして最後に、ただ生活と日常の会話を行使することによってのみ（en usant seulemant de la vie et des conversations ordinaires）……われわれは心身の統合を理解することを学ぶのです」。この条りは心身統合の理解に関するデカルトの見解を示す重要な箇所であり、純粋な知性の立場では洞察できない具体性の領域を承認するとともに、その理解のためには、まさにこの領域の構成機能としての生（vie）感覚（sens）を用いねばならぬことを説いているのである。メルロの「生活の行使」（usage de la vie）という言葉遣いは、ここに由来するものと察せられる。

（四）普遍化（extrapolation 外挿法）——extrapolation はもともと科学用語で、観察（測定）されている値の系列の外部に位置する変数の数値を、既知の関数の諸数値から推定すること、補間法、外部敷衍。ここからして一般に大胆な推論、普遍化、実際の観察範囲を超えた事実を推定することを意味する。

(五) 例えば相対性理論において、光の伝播する境域としての絶対空間と、その速度を測定する単位としての絶対的時間尺度が否定され、観察者と観察対象との間の相対的運動関係と相関的に空・時間が変容すると考えられていること、あるいは微粒子の観察条件が微粒子の振舞いそのものに影響を及ぼし、これを除去することが原理的に不可能と認められるに至った事例（不確定性原理）、そしてこのような不確定性そのものが物理的事態として承認されて、新たな力学的立場が考案された事実などを指すと思われる。

(六) 相対性理論の（ミンコウスキーとアインシュタインの）空－時間の定式。

(七) 以上の論点については『シーニュ』所載論文「アインシュタインと理性の危機」(Signe, VIII, Einstein et la crise de la raison) ならびにこれと関連してベルクソンの『持続と同時性』(Bergson, Durée et simultanéité, à propos de la théorie d'Einstein, 1922, Mélange, pp. 57-244)「ベルクソンとアインシュタインとの論争」(Discussion avec Einstein, 6 avril 1921, Mélange, pp. 1340-47)「仮構の諸時間と現実の時間」(Les temps fictifs et le temps rêel, 1924, Mélange, pp. 1432-49) 参照。

(八) スケール (échelle) への顧慮――科学の対象のスケールの違い、例えば微視的対象と並の対象、それに加えて巨視的対象との間で、観察条件と観察対象との関係に関する事情が本質的に異なる。「スケールへの顧慮」(considérations d'échelle) とは、このような事情を考慮に入れる必要を指す。「研究ノート」一九六〇年一月二〇日（原書 p. 279 et suiv.）本書三七一頁以下参照。

(九) 先決問題要求の虚偽 (pétition de principe) ――論証さるべき結論が前提のうちにあらかじめ含まれていること、論点詐取の誤謬。

(一〇) ce qu' il y a と ce qui est という表現の違いは、前後の文意から察すると、恐らく次のようなことであろうかと思われる。すなわち前者の問いは、われわれの生存の場に存在しているものへの問いであるのに対して、後者の問いは、例えばプラトン的に、真に存在しているものへの問いである――そこで訳文では、前者を現に何があるのか、後者を、何が［真に］あるのか、とした。

（一一） 訳注七の「ベルクソンとアインシュタインとの論争」参照。

（一二） この物言いは、行動主義の心理学者ウォトソン（Watson）などを指すように思われるが、次段を読むとゲシタルト心理学者も含まれる。

（一三） 「記述的」（descriptive）とは、「説明的」（explicative）に対する語。後者が自然科学的に現象を原因や法則から導出する認識方法をとるのに対して、前者は、現象のあるがままの姿を本質‐構造に即して描出することをめざす。

（一四） 前文に出てくる「基本的な層」（une première couche）に対して「ある初歩的な形態」（une première forme）と、同じ première という語を文意に即して訳しわけた。

（一五） 「かの存在論的枠組」とは、「関数的依存関係」で存在が規定されうるような、古典科学の客観主義的存在論の枠組のこと。

（一六） 前出の「客観主義的」思惟とこの「客観的」思惟とは、厳格に区別されねばならない。

（一七） 「第一性質と第二性質とのデカルト的区別」――正確にいうと第一性質の観念と第二性質の観念との区別を言いたてたのはロックだが、デカルトもこれにあたることを「第六省察」で述べている。物体の存在の論拠となる物に関する感覚的観念（色彩・音響・触感など）は、それにもかかわらず、物体そのものの性状を表わすものではなくて、明晰判明に捉えられる純粋数学の対象のなかに含まれているもののすべてが物体に属するのである。前者は不明瞭で混乱している。

（一八） この意味での「注意」や「判断」については『知覚の現象学』（法政大学出版局）六五頁以下参照（Phénoménologie de la perception, Introduction III, p. 34 et suiv.）。

（一九） that は……ということという意味の接続詞、したがって事実性、what は何であるか、つまり本質を表わす。

（二〇） idéat――スコラの用語 ideatum のフランス語形。観念に対応する対象。参考までにスピノザの用例を挙げると――「観念（idea）は、その観念対象（ideatum）が実在の秩序において（realiter）提示すると同じ諸特徴を思惟の秩序において（objective）提示する」（Spinoza, De Emendatione, VII, 41）。「真なる観念はその観念対象に合致すべきである」（id., Ethica, I, Axiome 6）［A. Lalande, Vocabulaire de la philosophie による］。

（二一） 「世界に臨んでいる私」（Moi qui suis au monde, p. 53, l. 8）。続いて être au monde と不定法で出てくるこの用

語は、メルロ＝ポンティの半ば術語化した基礎概念を表わすものであり、ハイデガーの In-der-Welt-sein の通例の訳語に倣って、「世界内存在」と訳してもよかろうが、意味がまったく同じかどうか不明なので、敢えて避けた。『知覚の現象学』（Ph. P.）では、訳者は「世界における〈への〉存在」という訳語を採用した。それというのも être au monde の au（à）は「における」という意味と「への」という意味とを併せ持つと解したからである。ここで採用した「……に臨む」という訳語も、この両義を併せている。因みに Ph. P. の独訳者は Zur-Welt-sein（世界への存在）と訳し、本書の独訳者は in der Welt sein と訳している。本書では、そのつど文脈に従い「世界における」「世界に臨む」「世界への」などと訳しわけた。

（二二）「反省へと思い立たせた着想」——原語は inspiration réflexive（p. 54, l. 10）、直訳すれば「反省的霊感・着想・創意」などとなろうが、訳者は意のあるところを汲んで、このように訳してみた。因みに独訳は ursprüngliche(n) Inspiration des Reflexionsdenkens（反省的思惟の根源をなす霊感……）と補訳している。英訳は what inspires the reflection.

（二三）「自己自身」——原文（p. 55, l. 3）では elle-même つまり女性形であり、それに当たる女性名詞は、原書前々行（p. 55, l. 1）の pensée もしくは溯って全文の主語 elle（＝réflexion）ということになる。恐らく前者 pensée を指すと思われる。反省哲学の立場に立てば pensée は当然自証能力をもつわけだが、思惟に還元されない「残滓がある限りは、混乱した、出来損ないの、もしくは素朴な思惟として」この自証能力が存しないことになる。なお、「それから」の「それ」は le であって un reste（残滓）を指すとせねばなるまい。なおメルロ＝ポンティがここでいわんとすることは、いわゆる反省哲学の立場は、真の反省の徹底性を欠いており、その課題に背いているということである。

（二四）原文は précisément comme retour ou reconquête（p. 55, l. 8-9）であり、直訳すれば「まさに帰還もしくは失地回復として」である。この句のかかる語句は、その前の「この能産者と一致せんとする努力そのもの」である。つまり、この「努力そのもの」が「まさに帰還もしくは失地回復として」志されているということであろう。そこで訳者は意訳して「——まさに帰還もしくは失地回復のつもりなのだが——」とした。独訳も *und das*（＝das Bestreben）gerade als Rückkehr oder als Wiedergewinnung dazu *angehalten ist*（イタリック—引用者）と補訳されている。つまり全文の意を察するに、反省哲学は、われわれが現にある世界の構成的根源（能産者）に立ち戻って、経験的に与えられた条件を根本から取り戻そうとし、そのつもりで根源的能産者と一致せんと努力するのだが、実はかかる試みはすべて再‐構成もしくは復旧の二次的な作業で、そっくりそのまま能産者の原構成を溯行的に再現する鏡像――あたかもエトワール広場からノートルダムに至る道が、ノートルダムからエトワール広場への道の逆であるのと同様な具合には――ではありえない。そこには反省的主観からする、再‐構成、つまり作為が加わっている。そして反省は反省自身のこの作業の実態を自覚しない限り、徹底的な反省とはいえないという意であろう。

（二五）「その」は文頭の「精神の眼」を受ける。

（二六）「仮設」hypothèse はこの語がふつう指示する仮定という弱い意味に解さるべきではなく、そのギリシア語語源からする強い意味に、つまり「基礎に置かれたもの」の意に解さるべきであろう。

（二七）「それ自身の光」（sa propre lumière, p. 57, l. 13-14）の「それ」とは「世界」もしくは「世界の厚み」を指すと思われる。

（二八）「精神の洞察」（inspection de l'esprit）――デカルトの『省察』第二参照。多様に変化する蜜蠟を同じ一つの対象として知覚するのは感官ではなくて「精神の洞察」つまり悟性である、とデカルトはいう。

（二九）デカルトの『屈折光学』のなかの図示――眼球の背後に網膜に映る像を見る人間が描かれている（A. T. VI, p. 139,191）。なおこの語句は『シーニュ』「人間と逆行性」（Signe, p. 305, l'Homme et l'adversité）のなかで、ヴァレリーの言葉として引用されている。因みにValéry, Œuvres I 〔Pléiade〕, p. 786 に次の文が見える――「デカルトの『屈折光学』に見られるように、大きな眼の背後に位置し網膜上に形成される像を見つめることに専念する小さい人間によって視覚現象を説明している古い木版画を……」

（三〇）inexistence はフランス語としては「非存在」「非現存」を意味し、デカルトの方法的懐疑に言及されているとすれば、この訳語で構わないが、この語にあたるドイツ語 Inexistenz は「内在」をも意味する。いずれにせよ後期ラテン語から由来した語。ここでは外物の意識内在の仮説の意にもとれる。

（三一）「視幻者」（visionnaires）という用語の意を察するに、恐らく次のようなものであろう。他の視覚主体が、反省哲学の立場によって抽象化され、現実に見る者、反省哲学の主体たる私と同じ資格で現実世界に臨み実在を見る者ではなくなって、単に彼にとって見えると思われるものを見る者、つまり幻を見る者とされてしまう、ということ。あるいはメルロの立場からすれば、「私」そのものですら、反省哲学においては現実の物象を文字通り見ているのではなくて、「見ると思惟している者」したがって「視幻者」ということになる。

（三二）　独訳は注して Ideen Ⅰ（Huss. Ⅲ）§§106, 138 を参照させている。barrées, biffées に該当する Durchstreichung という語が、両節に見える。とりわけ§138は、本書本文と関係のある内容である。これらの用語は、例えばいったん書かれた文字を棒線を引いて抹消することを意味し、消された文字は無に帰するのではなく棒線の下に見える。

（三三）　「自然の光」（lumière naturelle）――メルロ＝ポンティのこの語の使用法には、伝統的な「理性の光」という意味の場合と、現象学的な「世界への開披」（ouverture sur le monde）という意味の場合と、二通りある。後者の場合、われわれの「世界における（への）存在」（Être-au-monde）がそのまま、知覚を可能にする「自然の光」なのである。

（三四）　参考までにマールブランシュの『真理の探求』（De la Recherche de la Vérité）より次の文章を挙げておく――「諸事象がそれら自身によって可知的（intelligible）である場合、すなわち諸事象が精神に働きかけ、それによって精神におのれを顕わにすることが可能な場合、それらは、それら自身によって観念なしで認識される。なぜなら悟性は魂の完全に受動的な機能であり、能動性は意志にしか見出されないからである。魂の願望でさえ観念の真の原因ではなく、普遍的理性とわれわれの魂との統合の自然諸法則の結果としての諸観念の現前の機会原因もしくは自然的原因をなすにすぎない」。（Malebranche, Œuvres complètes T. I, p. 448.）

（三五）　以下メルロ＝ポンティ自身の意見。

（三六）　「いかさまな決断」（原語は décision de double jeu）。独訳では zwiespältige Entscheidung（自己分裂した決断）と訳されているが、《double》には、名詞としては、「仕掛けさいころ」の語義があり、さらに《jouer double jeu》という語句は「二心を抱いて行動する」という意味なので、如上のごとく訳した。

（三七）　カント『純粋理性批判』「純粋悟性概念の演繹」§16（Kr. d. reinen V., B S. 131ff.「我思うということが、私のあらゆる表象に伴うことができねばならない」で始まる一節参照。

（三八）　『知覚の現象学』（Ph. P., p. 430）邦訳八一三頁原注第三部（16）参照。なお同書本文六一四頁も参照。

（三九）「客観‐存在」——原語は l'être-objet。思惟の対象であること、古い意味での objet「客観」であること、つまり cogitatum であること。

（四〇）hypothèse を「基礎命題」と訳したのは thèse（テーゼ）に対比してのことである。つまり反省的態度は反省されたものについて、その根源的能産者に溯行し、原的構成の道をそのまま辿り直すと主張（thèse）しているが、かかる反省の実態は、実は先与された世界における私の事実的存在と知覚の信憑を前提し、したがって如上の反省の主張が、反省の基礎的条件（hypothèse）において否認されていることになる。なお前出（訳注二六）参照。

問いかけと弁証法

（一）原文は elle（＝cette《explicitation》）repose sur elle-même, sur la foi perceptive... p. 76, l. 1-2）だが、前の sur は削除して読む。repose は後の sur に繋がる。独訳者は編者に問い合わせたと注記している。

（二）「形相的実在性」（réalité formelle）とは、事実的実在性ということ。「形相的」とは、ここでは、「実際にある」「事実的」「現実の」という意味。

（三）「客観的実在性」réalité objective とは前注の語と同様スコラの用語法、意識の対象たる限りの実在性、つまり思惟内容としての実在性ということ。

（四）論者（on）とはサルトルを指すと思われる。以下サルトル説の紹介。

（五）「それ」——原語 Il（p. 79 下から l. 7）。この代名詞は何を受けるか。前の前の文章の *ceci*（これ）か、前文の mon présent（私の現在）かであろう。文の流れからいうと、直前の文章の「私の現在」を指すのが当然と思われるが、次の文章を読むと「別のこれ（un autre *ceci*）に席を譲り」とあるので、前出の「これ」（*ceci*）を意味するのかとも思われる。因みに独訳は Sie をあて、明瞭に直前の Gegenwart（現在）を指すものとしている。訳者はいずれかというと、「これ」としたい。

（六）「基本的に」の原語は constitutionnellement.

（七）「思惟の客観」の原語は《objet de pensée》。この「客観」（objet）は、思惟されている限りのもの、意識の内在的対象というスコラ的用法の「客観」であろう。

（八）「あるがままの姿においては」――原語 par position（措定によって）。その意は、反省的に対象化される前の、措定されているがままの状態においては、ということかと解釈して如上のように訳した。

（九）un rien は「一個の無」と訳すのも一つの訳し方である。その場合は訳文は「……私にとって一個の無、すなわち外部の証人ではない」となる。しかし今問題となっている箇所（原書 p. 84 下から l. 3 以下）では、前文を受けて Car（なぜなら）と続いており、前文は「事物への他人のまなざし」が「私」と同じ資格で「事物そのものへと開披する否定でもないし」「また……同一性の闇における事物でも……事物のもつ充満でもない」という。つまりこの段階では事物への他者のまなざしは、私のまなざしと同じ資格で、即自＝事物への否定的臨在（無）でもなければ、また即自の闇に埋没する対象性でもないと、言われているのだ。そして「なんとなれば」と続くのだから、訳文のように訳した方がよいと考えた。訳文の前半は先行文の後半に、後半は逆に先行文の前半に対応している。因みに独訳は、Denn der Blick des anderen auf das Ding ist für mich als äusseren Zeugen nicht ein Nichts（事物への他者のまなざしは、私にとって外部の証人として取るに足らぬものではない）であって、訳者の見解とほぼ一致する。

（10）独訳は indéclinable にあたる訳語 undeklinierbar に注記して、フッサールの『危機』§54 b [Krisis（Huss.VI, S.188)] の「原自我の人称的不変化性」（persönliche Undeklinierbarkeit）を参照させている。なお、indéclinable なる用語は『知覚の現象学』Ph. P., p. 462（邦訳・法政大学出版局・六六五頁）にも見える。Cette subjectivité indéclinable とあり、上掲の邦訳において、訳者は「この拒むことのできない主観性」と訳した。それに先だって p. 459（邦訳六五九頁）にも…comment la subjectivité peut être à la fois dépendante et indéclinable とあり、訳者は「主体性が他に依存するものでありながら、それと同時に拒むことのできないものであることがいかにして可能なのか……」と訳した。さらに、同書では Le sujet dépendant et indéclinable は第三部Ｉコギトの内容呈示のための小見出しにも使われている。ところで indéclinabe の訳語は文法用語として「性・数・格に従って語形変化しない」「無変化の」と訳されるのが普通だが、「主観（性）」（sujet, subjectivité）の場合はともかく、本書本文のように、ma perception indéclinable (p. 86, l. 19-20) とある場合には、この訳語に類した訳語では意が通ぜぬのではないか。むしろ indéclinable を décliner（断る、辞退する、拒否すること）のできないことと解し、「私の知覚というものは避けて通るわけにはゆかないもの、そうした特権が私の知覚にはある」と読みとるのが自然ではないかと、訳者には思われる。なお独訳者が指摘するフッサールの『危機』の当該箇所はdas Ur-Ich（原‐自我），das ego meiner Epoché（私のエポケーのエゴ）がその唯一性（Einzigkeit）とpersönliche Undeklinierbarkeitを失うことができない旨を述べ、これを飛び越して直ちに超越論的相互主観性へと突入することが本末転倒である、と主張している。persönliche Undeklinierbarkeitは文法上の人称を一人称から二人称へ、あるいは三人称へと変えることの不可能なることをいうのであろうか。Deklinationは文法用語としては格、数、性による名詞、代名詞、形容詞の語形変化をいうのだが、この場合は、persönlicheと形容詞がついているのだから、人称上の語形変化を意味しているのだろう。ラテン語のdeclinareには「曲げる、方向を変える」のほかに「避ける」という語義があり、文法用語としてではなく、一般的に釈義すれば、フッサールの場合にも「人称的不可避性」と訳してもよさそうに訳者には思われる。『知覚の現象学』の当該箇所では、「語られたコギトのかなたに、つまり陳述され本質的真理に変えられたコギトのかなたに、確かに沈黙のコギト、私による私の体験がある。しかしこのsubjectivité indéclinableは、自己自身と世界とに対して、滑りやすい手掛りしかもっていない。この主観性は世界を構成するのではない。……」という文脈のなかに出てくる。訳者としてはここでも「拒むことのできない、避けて通ることのできない、認めざるをえない」といった訳語を採用するのが、適切と思う。

（二）　サルトルの哲学においては「対自」が無であるということは、それが「同一性の意味においては何ものでもない」ことに等しい。つまり「対自」は「……であるところのものではなく、……ではないところのものである」という逆説的な存在の仕方で存する。「同一性の意味において」あるもの、つまり「……であるところのものである」ものとは、「即自」にほかならない。また「能動的な意味で私の身体であり私の状況である」とは、身体・状況を生きること、サルトルが《avoir à être》「……であらねばならぬ、……であるべきである」という言葉によって表現する事情、あるいは「……ではないという形式のもとに……である」と逆説的に言い表わす事情である。すなわち、身体や状況を生きること、能動的意味でこれらであること、とは、それらに否定的に関わりつつそれらであることなのである。

（三）　例えば「第六省察」の次の文章を想起しよう――「自然はまた、こうした苦痛、空腹、渇えなどといった感情によって、私がただ単に船のなかの船乗りのような具合に私の身体のなかに宿っているだけではなく、そのうえ身体とまったく一体をなすほど密接にそれと結びつき、混り合っていることを、私に教えるのである。……」（A. T. VII, p. 81）

（一三）〈ある（être）〉——後期ハイデガーの Sein に倣って考案された書き方と思われる。「ある」という語によって、非存在が存在に変えられるのを防いだもの。メルロのここ限りの書き方であって、サルトル自身のものではない。なお九六頁の原注（8）に既出。

（一四）〈独我論的存在は即自的にもすでに絶対的他者なのだ〉という文の意味は、一見理解しにくいが、「他者」というのを「他者性」「他性」「他在」などと言い換えてみるとわかってくる。「独我論的存在」（l'être solipsiste）とは「対自」＝「私」の身体性＝状況性を意味し、それが即自的にすでに絶対的他者（他在）であるというのは、「私」＝「対自」の存在でありながら「外部であり、世界を横ぎる諸作用に従うのをやめないから……」という理由によるのであろう。「私がそれであるところのものの総和は、私が私自身にとってそれであるところのものをはみだしており」——このことが即自的にも私の存在（独我論的存在）の絶対的他者性（他在）ということであり、この事態が他人の出現とともに対自化するのである。

（一五）「比類のない怪物」（le monstre incomparable）——著者はこの語を Signe, p. 59（le langage indirect et les voix du silence）『シーニュ』「間接的言語と沈黙の声」（邦訳・みすず書房、七一頁）において、マルローの言葉として引用している。そこでは「主観」（sujet）と同格に置かれている。「……主観への——あの《比類のない怪物》への——回帰……」

（一六）ライプニッツの「予定調和説」への言及。

（一七）これはカントへの言及か。「あらゆる表象に我思うということが伴いえなくてはならない」。あらゆる表象の、「我思う」による総合的統一は、普遍的思惟（意識一般）の諸法則（カテゴリー・原則）を条件とする。

（一八）他人の「まなざし」のもつ、私の主体性を疎外し石化する力を、サルトル自身ギリシア神話のメデュサにたとえている。

（一九）「存在をそのまったき要求において支え」——原文 soutient l'être dans son exigence intégrale(p. 92, l. 20)「その」son が主語「無」un néant（l. 16）を指すか、それとも補語の「存在」l'être を意味するか、必ずしも明瞭ではないが、恐らく後者と思われる。

(二〇) 今までの叙述はサルトルの『存在と無』の主旨をメルロの言葉で要約したものだが、この文からサルトル説の批評に入る。最初のパラグラフは、サルトル説の反省哲学に対するすぐれた点をある意味で認めるが、次の節よりその抽象性を剔抉攻撃する。

(二一) 「優越的に」――原語は éminemment、もともとスコラの用語で、デカルトによって踏襲されている(cf. par ex. 3e Med.「第三省察」参照)。ここで著者は、デカルト的使用法に従っていると思われる。éminent(優越的)は formel(形相的)objectif(客観的)に対立する。「形相的」は「事実的」「そのまま」、「客観的」は「思惟されている状態」「観念における」を意味するのに対して、「優越的」は「より卓越した」資質、性状をいう。例えば私の精神は「形相的には」三角でも重くもない。しかし三角や重さという観念を「優越的に」――つまり「より卓越した」資質によって――生ぜしめることができる。またその限り、三角や重さは私の精神において「客観的」となる。本書本文において「優越的に」と言われているのは、「存在」は「形相的」にも「客観的」にも「無」との接触を含んでいないが、「自己と同一なるものとしておのれを与える」限り、自己同一なものとしての認知の可能性を、つまり「無」との接触を含んでいる、という意味と思われる。

(二二) Cf. L'Être et le néant, Introduction, III(『存在と無』緒論第三節)。

(二三) 被昇天(assomption)――聖母マリアが死後天に迎え入れられるというカトリックの信仰を表わす語だが、ここでは、存在＝即自が、無＝対自において tel qu'il est(あるがままにかくのごとく)認知されることを意味する。

(二四) Cf. L'Être et le néant, p. 268, 邦訳『存在と無』第一分冊五一二頁参照。

(二五) 「おのれがそれであらねばならぬ当のもの」(ce qu'il a à être)――サルトルによれば、「対自」が何かあるものであるのは、能動的にそれを生きることであって、単なる物象のように受動的・客観的にそれであることではない。だから、「……でないという形式のもとに……である」という仕方で、対自のあり方が規定される。カフェのボーイはカフェのボーイを演じているのであって、真底までカフェのボーイであって、それに尽きるということではない。だからカフェのボーイであることは、却ってカフェのボーイではないことになる。したがって、それはわざわざカフェのボーイらしく振る舞うことであって、これを「……であらねばならぬ」という言い方でサルトルは表現した。しかしそうだとすると、サルトル自身認めるように、「対自」は何かでありきることはできず、いつまでもその手前に、つまり無、否定性にとどまることになる。

(二六) 編者原注の主旨を生かせば、独訳のように、——Es [das negativistische Denken] stellt nur eine empirische Spielart dieser [der Beziehung zum Anderen] dar（「それ［否定主義的思惟］はこれの［他者との関係の］経験的一変種しか描出しない」）と訳すべきかも知れない。しかし訳者は原文のままでも意が通ずると思うので、忠実に訳した。その場合は文頭の Elle（p. 101 下から l. 5）は、前文の Cette structure de la relation avec autrui（他人との関係のこの構造）を指す。

(二七) 〈現に存するものは何もない（il n'y a rien）という純粋な肯定性〉なる文言は、自己矛盾しているように見えるが、「現に存する」（il y a）というあり方を、世界に臨む主体（ここでは「対自」）に対して開かれる世界内の事物のあり方と考えれば、本来の存在、それ自体における存在、純粋な即自は、こうした対自に臨まれるあり方、つまり「現にある」というあり方を失うはずで、対自＝否定性と関わりのない「純粋な肯定性」の極限に押し込められるということになる。そういうわけで、一見自己矛盾する如上の文言も理解できる、と訳者は考える。

(二八) 『ソフィステース』252c。

(二九) 原文（p. 109, l. 24）は Il faudrait être lui. とだけある。訳文は nous（われわれ）を補って訳した。なお独訳も Wir müßten er sein. と Wir を補っている。

(三〇) この辺りの文章の連繋はやや混乱しているようだが、ここから先がメルロ＝ポンティ自身の見解と思われる。

(三一) 「嫌疑をかけられている」の原語は prévenu で、「先入主をもっている」という語義があり、それでも通用すると思うが、qui est considéré comme coupable ; inculpé という語義が法律用語としてあり、témoin（証人）という法律用語が先行しているので、敢えてこう訳した。

(三二) 「生の必要条件の総和」とは、前文の「超越論的・無時間的秩序」「アプリオリな諸条件の体系」をいう。このような、「必要条件の総和」だけでは、現実の生は成り立たない。必要条件は十分条件ではない。したがって現実の生を成り立たせるもの、つまり十分条件から必要条件を差し引いた残余を、外的原理によって説明することを余儀なくされ、生とは再び無効にされた死に過ぎなくなる。

(三三) 〈提供している〉の原語は、初版(1964)では複数動詞 donnent であり、新版(1979)では単数形 donne に改められている。前者によれば、その主語は「諸意義の運動」と「無矛盾の原理」との両者になり、後者に従えば「諸意義の運動」となる。この場合は、「無矛盾の原理」はこれと同格か、それとも関係代名詞(qui)の述語か、ということになる(原書 p. 118 段落より l. 14-17)。訳文は新版に従い、かつ後の解釈をとった。

(三四) この一文の原文(p. 120, l. 10-14)を挙げれば次のとおり——plus on décrit l'expérience comme un mélange de l'être et du néant, plus leur distinction absolue est confirmée, plus la pensée adhère à l'éxpérince, et plus elle la tient à distance. これを忠実に訳せば——「経験を存在と無の混合として論者が記述すればするほど、存在と無の絶対的区別は強固にされ、それだけ思惟は経験に密着し、そして[同時に]思惟は経験を遠くに隔てて保持することになるのである」となる。[……]の中の〈同時に〉を補わなければ、文意が通じないであろう。原文に忠実に訳した独訳も doch(しかも)を補っている。訳者は本訳文においては、原典批判をおこない、最後の句の先頭の接続詞 et を、その前の句の直前に移して訳してみた。この方が文意の通りがよいと思う。なお英訳も同様。

(三五) 原文 *l'être est, le néant n'est pas* (p. 121, l. 9)。

(三六) 原文 *il n'y a que de l'être* (p. 121, l. 10)。

(三七) il y a être, il y a monde, il y a *quelque chose* (p. 121, l. 11-12).

(三八) **τὸ λέγειν** の強い意味とは、「集める」「まとめる」「整理する」gather, lay in order, arrange ということか。ハイデガーの **λόγος** の釈義参照——Cf. Heidegger, Einführung in die Metaphysik (Tübingen, 1966), S. 95——「しかし **λόγος** は元来は Rede, Sagen(語り、言)を意味するものではない。…**λέγω, λέγειν** ラテン語の legere はドイツ語の《lesen》と同じ語である。Ähren lesen(落穂を拾う)Holz lesen(薪を集める)Weinlese(ぶどう摘み)Auslese(選別、ぶどうの房選び)。《ein Buch lesen》(本を読む)は、本来の意味での《Lesen》の一変種にすぎない。本来の意味での《Lesen》は、一を他に付加する、一つにまとめる、つまり sammeln(集める、つかねる)ということである。この際、一方が他方に対して際立たされる。…Münzsammlung(貨幣の収集)は、単に何がしかの仕方でかき集められた混ぜこぜでは決してない。……」

(三九) 以下弁証法について論ずる。

（四〇）「自体」（En Soi）と「われわれにとって」（Pour Nous）——この両用語は、ここでは、認識・知覚に伴う主観性から独立な対象自身の姿と、主観たるわれわれにとっての対象の姿——カントのいわゆる「現象」（Erss-cheinung）——を意味すると思われる。なお「研究ノート」のうちに、これらの用語を、ヘーゲルの『精神現象学』での用法に関連づけて論じた節がある。「研究ノート」［一九五九年六月四日（p. 252）］本書三二四頁参照。

（四一）signification（意義）と sens（意味）——メルロ＝ポンティにおいては、必ずしも術語的に区別されているわけではないが、この条りでは、前者は文字通り signifier する作用、もしくはその産物、つまり signe（記号）の働き、もしくはその所産を指すのだろう。簡単にいうと、言語を代表とする記号作用ならびにその相関者としての理念化された表象、ノエマを指すのだろう。これに反して、sens には「意味」のほかに、「方向、向き」という語義もあり、メルロはしばしば両者を重ねあわせている。したがってこれは、記号の対象として表象化される以前の、知覚・行動の次元において生きられた、生活世界の具体的諸事象の意味を指すと思われる。メルロの考え方では、後者（sens）が前者（signification）の基礎であって、後者を前者に還元することなどは、本末転倒ということになる。

（四二）前訳注（四一）参照。

（四三）「半ばしか存在しないところの思惟するもの」（chose pensante qui n'est qu'à demi）——デカルト的思惟は懐疑から始まる。「我思う、故に我あり」の我、つまり「思惟するもの」は、まだ確かな思惟には到達せず、疑い迷うものであり、したがって有限で不完全なもの、「存在と無の中間」に漂うものである。しかし「最終的には」疑う我は、疑い（思惟し）つつ存在する、として「存在」の側に押しやられる。『省察』第三（A. T. VII, p. 54; IX, p. 43）参照。

（四四）〈無限の「存在」、精神的実在性（positivité）の印し、足跡〉——疑い欲する我は、無限に完全なるもの（神）の観念を生得的にもつ。無限に完全なるものの観念があればこそ、おのれを有限な、不完全なものと自覚し、疑いもすれば、より完全になろうと欲しもする。デカルトは、「神が私を創造する際に、職人の作品に刻印された職人の印しのような具合に、［おのれ印しとして］この観念［＝神の観念］を私に植えつけた」と言う（『省察』第三（A. T. VII, p. 51）。

（四五）デカルトにおいては、疑う我＝思惟する有限者としての我は、却って無限なる精神的実在性＝神の存在に依存するというわけで、懐疑が逆に神の存在の認識根拠となる（『省察』第三）のだが、こうした神（＝自己原因たる「存在」）のおのずからなる存立（自然発生）を、「思惟が思惟自身のうちに捉えることができるとはみずから思えなくなった今日」においては、デカルト的懐疑の否定的側面だけが生き残り、その「あらゆる帰結を哲学のうちに生ぜしめ」ることになった、という意味であろう。

（四六）「懐疑という［判断］保留」――原語 suspension du doute（p. 134 下から l. 12）。素直に訳せば「懐疑の中止」となるが、そうすると、この語句を含む文の意味が前後関係からして、取りにくい。そこで suspension をフッサールのいう「エポケー」の意味に取り、懐疑――つまり世界措定の一時中止、保留――という suspension と訳してみた。とはいえ、この釈義は、メルロが懐疑と現象学的判断保留とを同一視していたことを意味するものではない。両者の区別は、次章「問いかけと直観」の初めの部分に出てくる。

（四七）「われわれ」とはメルロ＝ポンティ自身のこと。

（四八）この一文原文を示すと――quand j'en approche, les choses se dissocient plutôt, mon regard se dédifférencie et la vision cesse faute de voyant et de choses articulées（p. 136, l. 9–12）である。訳文では quand から plutôt までと、それ以下とを分けて、ブラケット内のように補って、訳した。これは解釈である。独訳はこのように分けずに、ひとまとめに取り扱っているが、その代り se dissocient を sich auflösen（溶解する）と訳し、そのうえ voyant をまったく訳していない。つまり独訳文を和訳すれば――「私が暗闇［独訳者は j'en approche の en を前文最後の語 noir を受けるとしている］に近づくやいなや、むしろ諸事物は溶解し、私のまなざしは消失する。そして分節化された［明瞭に現われた］諸事物が欠如するために、私の見るという働きが停止するのである」ということになる。les choses se dissocient は素直に読めば、事物と事物とが互いに分離することであって、事物そのものが溶解する――それなら se dissolvent と書きそうなものだ――ことではあるまい。quand j'en approche も視野の境界（輪郭）をなすと思われる所に、私もしくは私のまなざしが実際に近づくことと解するのが自然であって、単に、暗闇の近くでは、ということではあるまい。そうだとすると、本書訳文のように、前段と後段とを分け、前段は視野の境界に近づく場合、後段は、実際には近づかずに、そのあたりにおける現在の視覚事情を表わすと解釈したくなる。

（四九）ここでいう「実在論」とは、これに続く文章から察するに、われわれのまったく知らぬ外界が意識から独立に存するという主張ではなくて、科学的実在論、つまり合理的に認識された諸事象がそのまま、意識から独立に、それ自体で存するという主張を意味するものと思われる。

問いかけと直観

（一）「邪悪な作用因」――原語は agent malin――デカルトの「意地の悪い魔神」（genium malignum, Med. I, A. T. VII, p. 22）。

（二）*an sit* から *quid sit* へと問いの目標が変るにつれて、懐疑、「方法的懐疑」から「現象学的エポケー」へ、「形相的還元」へと、哲学は進展する。

（三）「遮蔽 - 記憶」（souvenir-écran）――精神分析の用語 Deckerinnerung。その内容は一見とるに足らぬことのように思われるが、その独特の明瞭性によって特徴的な、幼時の追憶。幼児の出来事の記憶は、重要な事実が忘れられ、取るに足らぬ追憶が保存されるのいう逆説的性格をもっている。フロイトが Deckerinnerung と呼んだものは、抑圧された性的経験や幻覚を掩蔽している限りでの、こうした追憶である。それは、やり損いの行為や言い間違い、一般にそうした症候と同様、抑圧された要素と禁制との妥協の産物である。遮蔽 - 記憶が、現実の、もしくは幻覚上の要素を多数圧縮していればいるほど、精神分析にとってその重要性は増す、遮蔽 - 記憶はただ単に幼時の本質的要素の若干を含むのみならず、ほんとうに、本質的なもののすべてを含んでいる。それらは幼時の忘れられた年月を表現している（J. Laplanche et J. B. Pontalis, Vocabulaire de la psychanalyse, P. U. F., p. 451-2 による）。

（四）「ある可視的なもの」とは、知覚する身体のことであろう。

（五）「類属性」（généralité）――普通の訳語は「一般性」「普遍性」だが、〈私の身体の普遍性〉とは何かというと、言葉遣いの上だけでは、ちょっと理解しがたい。もちろん私の身体が座標軸となって、その上に「諸事実」や「諸多の空間 - 時間的個体」が「乗せられる」という意味に理解することもできる。しかし、それなら universalité というべきではないか。すぐ先（本書一八八頁、原書 p. 155, l. 9）にいって、généralité という語は、prégnance（受胎）parturition（分娩、出産）générativité（生殖性、能産性）とならべて使用されている。明らかに生物的な意味あいがこめられている。そこで訳者は、ラテン語に溯って generalis=qui appartient à un genre（ある類に属する）という語義に即して、「類属性」と訳してみた。私の身体は、男（女）性の身体、大（小）人の身体、人間の身体、動物の身体、物体など、さまざまな類・種に属し、こうした帰属性が軸となり、この軸に乗せられることによって、知覚される諸事実、空間・時間的諸個体は、特殊であると同時に普遍的意味（理念性）をもたされていることになる。

（六） *Wesen* には動詞としては vorhanden u. tätig, wirksam sein（現存し、働いている）―Wahrig, Deutches Wörterbuch による――という語義がある。日本語の訳語として、仏教用語の「現成」（げんじょう）が用いられる場合あり。「研究ノート」（本書二八三、三三一、四〇七頁、原書p. 228, 256, 301それぞれ編者注も参照）。なおHeidegger, Einfüurung in die Metaphysik, Tübingen 1966, S. 55に次の文章がある、――「名詞《Wesen》は、もともとはWas-sein, quidditas（何であるがという何性）を意味しているのではなく、Gegenwart（現存）An und Ab-wesen（居合わせること‐居合わせないこと）としてのWähren（持続すること）を意味している」。因みにWahrigの用語例――hier west ein guter Geist（ここにはよき精神が現存し、働いている）は、動詞的意味のWesenの語義を如実に示している。

（七） 編者によって書き加えられたブラケット内の文献の当該箇所には、正確に原注どおりの文は見あたらない。ただし関係ありと思われる文言は存在する。「研究ノート」訳注（二〇）本書五四九頁参照。

（八） 「自己自身に情報を提供し、自己を知るところの一個の対象といった理念」――自己制御装置に関する数学的理論・サイバネティクスによって、今日の科学では、このような対象理念がオートメション装置だけではなく、有機体の理解のモデルともされている。なお「研究ノート」（本書三二七頁、原書p. 254）にも、「知覚に適用された情報理論」・「行動に適用された操作主義」という語句が見られる。

（九） 前出「反省と問いかけ」訳注（三）本書五〇〇頁参照、理性としての「自然の光」ではなく、いっそう原初的な世界への開披をいう。

（一〇） 「科学」とは、ソシュールに始まる近代言語学のことと思われる。

（一一） 以下ベルクソンの「直観」を問題とする。

（一二） 「純粋知覚」（原語 perception pure）――ベルクソンが Matière et mémoire（『物質と記憶』）において提唱した概念。われわれの日常的知覚は記憶の寄与分に掩われており、その限りで主観的なものだが、これを取り除くと、物すなわち「それ自体で存するイマージュ」(image qui existe en soi) にほかならない「純粋知覚」となると言う。純粋知覚と物そのものとは、本性の上で区別されるのではない。前者は後者を、知覚主体の置かれる位置、存在事情、関心などの限定のもとで、一面的・部分的に浮び上がらせる。したがって両者の間には、部分と全体という関係があるだけである。知覚は、知覚される物そのものにおいて、その場所で生起する(第七版序文、及び第一章参照)。

(一三)「純粋記憶」(原語 souvenir pur)。ベルクソンが Matière et mémoire ch. III(『物質と記憶』第三章)において提唱した概念。彼によれば、意識が持続(durer)する限り、経験は決して失われず、おのずと保存される。現在の意識とは過去を踏まえ、それに寄りかかりながら、未来へと立ち臨むことである。保存された過去の記憶のうち、現在の行動決定にとって有益なもののみ再生(想起)されて知覚と合流し、他は想起されずにただ互いに浸透しあって過去という背景を形成するだけである。したがって「純粋記憶」と想起された記憶、「記憶心像」(souvenir-image)とは、厳に区別されねばならない。後者が過去という性格をもつのは、過去そのものである「純粋記憶」から蘇らされたという、その出生の由来によるのである。image は現在であり、souvenir は過去である。

(一四)「追い越されて過去のものとなった」——原語は dépassée.

(一五) 例えば La Pensée et le mouvant, p. 95 (Œuvres, p. 1328)『思想と動くもの』「序説」II——「直観」を本能や感情となす誤解に対して、「われわれが書いたすべてのものに、その反対の主張つまり〈われわれのいう直観とは反省である〉という主張が見られる」とベルクソンは言う。

(一六)「堕罪前予定説的な先入見」——原語 préjugé supralapsaire——この語句の辞書的訳語は訳文にあるとおりだが、ここではそのとおりには解せられない。「堕罪前予定説」とは、人間それぞれが、堕罪以前に、救われるもの、然らざるものへと予定されているというカルヴァン派の一派の教義だが、これでは本文の文脈とはなじまない。むしろ supra-lapsus をそのまま字義通りに解した方がよいと思われる、つまり「堕罪に先だつ」人類(アダム・エヴァ)の無垢な状態を想定する周知の宗教的教義を意味する、と単純に理解する方がよさそうだ。ベルクソンは、われわれの真の存在性、すなわち「純粋持続」が言語や知性による空間化のために、その本来の姿を歪められるとして、かかる汚染からの浄化を哲学に要求した。そしてこの要求に答えるものが、「純粋持続」をありのままに捉える——それとの一体化、接触としての——「直観」だったのである。「反省哲学」は所産から能産者への、知性その他の活動による構築物から原状態への、溯元とその再構成の試みであるという意味では、いわば「堕罪以前」の無垢なる状態への還帰を前提している点で、ベルクソンの「直観」と通ずるものがある――このようにメルロ＝ポンティは見て、両者に共通の先入主の存在を主張するのであろう。

（一七） この「同一性」（identité）は文字通りの同一性ではなくて、その前の語句「二重の指示連関」（double référence）に対応する独特の同一性、偏差（écart）を媒介とする同一性でなければならない。これを見逃し、単純な同一化、つまり合致（coïncidence）の可能性を前提することが、前注で取り上げた「堕罪前予定説的な先入見」なのである。

（一八） 「哲学者」le philosophe とはベルクソンのこと。

（一九） 原文 parce qu'ayant'ayant éprouvé...（p. 167下から1.8）これを parce qu'il a éprouvé と読み換える。

（二〇） 「自己に向って身を捩ること」――原語 torsion de soi sur soi（p. 170, 1. 27）。例えば Bergson, L'Evolution créatrice P. U. F., p. 251, Œu: p. 707-8（『創造的進化』第三章）に、la torsion du vouloir sur lui-même なる用語例がある。これを含む文を訳せば――「出来上ったものしか捉えない単なる知性、外部から注視する単なる知性によってではもはやなく、精神でもって、すなわち行動する能力に内在するこの見る能力、そして、いわば意志の自己自身に向っての捩転から迸るところのこの見る能力によって、見ることを試みよう」。

編み合わせ――交差

（一） 「これらに」を含む原文は――des références vivantes qui *leur* assignent dans la langue une telle destinée（p. 172下から1. 4-3）であり、訳文は「以上のような定めを言語においてこれらに当てがう生ける指示関係のいくつかを」である（強調訳者）。ところで「これらに」（leur）が何を指すかが問題である。直前の名詞として使われた動詞 exercise du *voir* et du *parler*（実際に見たり語ったりするという行為）と取るのが自然であろう。そうすると「言語において〈見たり〉〈語ったり〉するという行為」に「以上のような定め」（une telle destinée――この destinée という語を Petit Robert に従って ce à quoi une personne est destinée, semble l'être――Destination, Vocation の意にとって「定め」と訳した）「を当てがう生ける指示関係」とは、いったいどういう事態を意味するのか、疑問になる。

独訳は、das lebendige Bezüge..., durch die ihnen eine solches *sprachliches* Schicksal beschieden ist（それによって、このような言語的運命がそれらに割り当てられている所以の、生ける諸連関）（強調訳者）と、かなり意訳している。「言語においてそれらに当てがう」というのと「言語的……がそれらに割り当て」というのでは、相当ちがう。原文に忠実に訳者は、この文を理解したい。そうすると「以上のような定め」(une telle destinée) とは、先行文章の「解き明かされてはいないが却ってそれだけ親しまれている神秘とか、ほかの事象を照らしつつもその源で暗がりにじっとしている光、といったものの、繰り返される暗示、もしくは執拗な呼び戻し」(l'indice répété, le rappel insistant, d'un mystère aussi familier qu'inexpliqué, d'une lumière qui, éclairant le reste, demeure à son origine dans l'obscurité) を指し、こういう役割を「言語において〈見たり〉〈語ったり〉するという実際の行為」に当てがう「生ける指示関係」とは何かが問題となる。それは、惟うに、語がそれぞれ対象や明確な意義を指し示す、意味するという関係ではなくて、上述のような「神秘」「暗がりにじっとしている光」という顕在化されないものが示される関係である。そしてこのような指示関係によって「言語において〈見たり〉〈語ったり〉する行為」に上述の「暗示」「呼び戻し」という役割が割当てられる、ということであろう。言語における〈語る〉行為については申すまでもないが、〈見る〉とはいったい何か。これは言語の実際の行使の状況に含まれている「見る」働きなのであろう。実際の言語行使の一半は、具体的な状況のなかで、状況内の諸物、諸現象を見ながら（あるいはそれに関連したものを想像しながら）、語るということである。こういう言語活動の生ける現実性のうちに、メルロは、語の指示機能を超えた、もしくはその基礎となる、いっそう具体的な生ける指示関係（références *vivantes*）を見たのであろう。

（二）「vision という語の二重の意味」——見る働きと見られた姿（イメージ）。

（三）「感性的なもの」——原語は le sensible　この語は先行する用法では、「感覚されうるもの」と受動態として、感覚の対象を意味するものと解されたが、ここでは能動態として「感覚する能力を有するもの」つまり感官と解釈するのが適当と思われる。しかし「感覚能力を有する」ことは「感覚すると思惟する」ことではなく、感覚されうるものが同時に感覚する力を有することであるから、「感性的」と訳した。

（四）「包括的な」——原語は universelle「全般的な」「宇宙的な」。

（五）「類属的な事物」——原語 *chose générale*. générale の訳語は「一般的・普遍的」でもよかろうが、前出「問いかけと直観」訳注（五）（本書五一〇頁）にあるような意味で「類属的」としてみた。あるいは単に「類的」の方がこの場合よいかも知れない。

（六）この文言はサルトルによる知覚主体としての私の感官の規定を思わせる。サルトルによれば、私の感官は、知覚している限り、それ自身は見られえぬものであり、ただ知覚される事物のパースペクティヴを通じて溯示される「観点」にすぎない。また私が他人に見られている限り、私は彼のまなざしを感ずるだけで、その瞳を見ることはできない。

（七）「我思う」――Cf. Kant, Kritik der reinen Vernunft, B S. 131-2（『純粋理性批判』第二版一三一―二頁参照）「我思うということが、あらゆる私の表象に伴いうるのでなければならない。なぜなら仮にそうでないとすると、まったく思惟されえないであろうような何ごとかが、私において表象されることになろうが、これは、表象として不可能であるか、もしくは少なくとも私にとって無であることに等しいであろう」。

（八）「感覚論的身体」――原語 Corps esthésiologique. esthésiologie なる用語については「研究ノート」訳注（一〇四）本書五四四頁参照。なお〈esthésiologie〉は文字通りには「感覚論」だが、Grand Larousse には、この語の説明として「感覚を扱う生理学の部門」とある。この語義に従えば、「感覚生理学」ということになる。本文の文意では、あるいはこの方が適切かもしれない。

（九）「調音的な存在」――原語 existence articulaire――「調音」とは声門から上の、音声の分化に役立つ諸器官（例えば舌、口唇）を発声に際して適切に位置づけたり運動させたりすること。

（一〇）『クレーヴの奥方』（La Princesse de Clèves）はラファイエット夫人（Mme de La Fayette）の作品、『ルネ』はシャトーブリアン（Chateaubrian）の作品。

（一一）『失われた時を求めて』（À la recherche du temps perdu）第一部「スワン家の方へ」のなかの人物。

（一二）「身体［そのもの］に具わる活気」――原文 une animation *du* corps（p.199 段落より l.3）。

（一三）「ある見透しを、つまり……ある可能性を」――原文 une visibilité, une possibilité qui...（p. 199 段落より l. 10）。〈visibilité〉は単なる「可視性」ではなくて、次の同格の possibilité と意が通ずるように、「見透し」と訳した。そしてこの「可能性」について「現実的なものの影などではなく、むしろその原理であり、〈思惟〉の固有の出資分などではなくむしろその条件であるといったある可能性」と従属節で規定している。したがってこの「可能性」は、思惟が現実事態の外部から、論理的にはこういうこともありえたと付加する可能性ではなくて、存在そのものに具わる生命であるような能動的可能性、思惟そのものを可能にするような可能性、ということである。こういう可能性と同格の visibilité とは、積極的な意味での、将来への見透しでなくてはならない。

(一四)「創造されたこの普遍性」——原語は女性代名詞 elle (la)。それゆえ前文の中途にある「純粋」の観念性(l'idéalité《pure》)を受ける、と取ることも可能であり、そうすると、「……この普遍性」に代えて「この観念性」としなくてはならない(原書 p. 200 l. 12-18)。

(一五) Xとは匿名の他者のこと。

(一六) entendre には「聞く」という語義と「理解する」という語義の両方がある。

(一七) 原文は puisqu'il [le lanage] n'est la voix de personne, qu'il est la voix même des choses, des ondes et des bois. なお、ポール・ヴァレリーの詩集『魅惑』(CHARMES)に収められている「アポロンの巫女」(La Pythie)の最後の詩節に次の詩句が見られる。

Honneur des Hommes, Saint LANGAGE,
Discours prophétique et paré,
Belles chaînes en qui s'engage
Le dieu dans la chair égaré,
Illumination, largesse !
Voici parler une Sagesse
Et sonner cette auguste Voix
Qui se connaît quand elle sonne
N'être plus la voix de personne
Tant que des ondes et des bois !

(Paul Valéry, Œuvres I, p. 136. Bibliothèque de la Pléiade, Gallimard.)

（人間の誉れ、聖なる言語
予言者風の飾られた言葉
肉のなかに迷い込んだ神が
おのれを縛る美しい絆
光明よ、寛容よ、
ここに英知が語り
かの厳かなる声が響く
その声は鳴り響きつつ
おのれがもはや何びとの声でもなく
むしろ波の声、森の声であることを
知る）

研究ノート

（一） 独訳者は bloße Sachen なる語がメルロ＝ポンティによってしばしば使用されている表現なることを指摘し、Ideen II（Huss. IV), S. 161 を参照させている。（しかし当該箇所には、この同じ表現は見出せない）。なお続いて現われる Gegenabstraktion なる語については、ergänzende Abstraktion（補充抽象物）なることが語られている Krisis（Huss. VI), S. 231 を参照させている（ただしこの頁にも Gegenabstaktion なる語そのものは、見あたらない）。

（二） Urhistorie, erste Geschichtlichkeit なる語に関連して、独訳者は Krisis（Huss. VI), Beil. XXVI と、とりわけ《Urhistorie》に関しては、Umsturz der kopernikanischen Lehre...（Philosophical Essay; in: Memory of Edmund Husserl: ed. by Marvin Faber, 1940, Harvard U. P.「自然の空間性の現象学的起源に関する基礎研究――コペルニクス説の転覆」邦訳『講座・現象学3』弘文堂所載）を参照させている。なお本書四二八頁（原書 p. 312）ならびに Resumé de cours, p. 170 にも、この語が見られる。

（三） 独訳者は注して Ideen II（Huss. IV）§ 62 を参照させている。この場所では、身体と精神とは《doppelten Gesicht》（二重の顔）をもった《zweiseitige Realität》（二面的実在性）として性格づけられている。また独訳者は、シェリング（Schelling, Die Weltalter, hrsg. von M. Schröter, München, 1979, S. 148）に溯り《Dieses erste Leibliche hat aber in sich selbst eine leibliche und eine geistige Seite》（この最初の身体的なものは、しかしながら、自己自身のうちに、身体的側面と精神的側面とを併せもっている）という文章を引用して、フッサールがこの点で長い伝統のうちに立っていることを指摘している。

（四）「研究ノート」初出の「真理の起源」の断章の原注***（本書二七〇頁）参照。ここでいう「自然」は「自然的傾向」の意味における「自然」である。

（五）「感覚論」（esthésiologie）前出「編み合わせ――交差」訳注（八）（本書五一五頁）及び後出訳注（一〇四）（本書五四四―五頁）参照。

（六） La Structure du comportement（『行動の構造』）と Phénoménologie de la perception（『知覚の現象学』）のこと。

（七） 独訳者は *Brief* Über den Humanismus, in Platons Lehre von der Wahrheit Bern, 1954, S. 69 を参照させている。ただしハイデガーにおいては、人間（現存在）の動物との身体上の Verwandtschaft が人間（現存在）の本質を規定するものではないことが説かれている、S. 70。

（八） *Logos endiathetos*――ストアの用語。ロゴス・エンディアテトスは超世界的な神の思想として、神の〈内〉に永遠に宿る理性力を意味し、これに対して、ロゴス・プロポリコスは〈外〉に表わされたロゴスのこと、世界に内在しこれに生命・目的・法則を与え、これを支配し指導する理性的原理を意味する（岩波『哲学小辞典』増補版四六五頁による）。なお Liddell and Scott, A Greek-English Lexicon には **ἐνδιάθετος**, *residing in the mind*; **ἐ. λόγος**, *conception, thougt*, opp. **προφορικὸς λ.**（expression）と見える。つまり表出される以前の「内蔵されたことば」がエンディアテトス・ロゴスで「表出されたことば」がプロポリコス・ロゴスということになる（岩波講座『哲学』「哲学の歴史」I加藤信朗氏述より借用）。しかしメルロ＝ポンティがここと、次の次の断章で用いているロゴス・エンディアテトスならびにL・プロポリコスの意味は、以上の語義と正確には合致するものではなさそうだ。丸括弧のなかにあるように、メルロは前者で「論理学以前の意味」を指している。次の次の段では後者をGebildeとして、「われわれの産出する論理学」と同格として取り扱い、前者をこれを招き寄せる「知覚世界」、「ハイデガーのいう意味での《存在》」にあてている。つまり言語によって表現される以前の思想、言語的意味の母胎としての沈黙の思想と、言語によって表現される意味形成体との関係として、両ロゴスを理解しているようだ。あるいは、アナロジックに用いているようだ。

（九）　前出訳注（八）参照。

（一〇）　参考までに次の文章を挙げておく——「われわれがソシュールから学んだことは、諸記号が、それぞれ別々には何ものをも意味するものではなくて、その各々は、一つの意味を表わすというより、おのれと他の記号との間の意味上の隔たり《エカール》を示すということである」（Signe, I. Le langags indirect et les voix du silence, p. 49『シーニュ』「間接的言語と沈黙の声」）。

（一一）　独訳者は《Einströmen》について語られているKrisis, § 59（Huss. VI）を参照させている。因みにS. 213-4の文章を抄訳してみると——「超越論的‐現象学的転回による素朴性との断絶とともに、重要な、心理学そのものにとって重要な変化が生ずる。現象学者として私は今でもなお自然的立場に、つまり私の理論的なもしくは、ほかの生活上の関心事に立ち帰ることはできる、以前と同じように、家庭の父として、市民として、職業人として……私の世界における人間として、行動することができる。以前のように——しかし以前とまったく同様に、というわけではない。……新しい類いの、現象学的還元にもっぱら結びついた諸統覚が……以前にはまったく閉ざされ、言い表わすことの不可能だったこうしたもののすべてが、今や……私の心的生活のなかに流れ込み（strömt...ein）、それを構成する諸能作からなる新たに開示されたその志向的背景として、統覚される。……以前に心的なものがそうであったように、今やこの新たに流入したもの（Eingeströmte）もまた……身体によって具体的に世界のなかに位置づけられている。今や私に割りあてられた超越論的次元と共に、我‐人間は、いずこか空間のなかに、いずれの時にせよ世界時間のなかにいる。新たな超越論的発見のそれぞれは、したがって、自然的立場への還帰において私ならびに（……）各人の心的生を豊かにするのである」。以上のごとくこの節には、メルロの「研究ノート」にあるような「世界史を変容する」などという語句は見あたらないが、現象学的還元を通じて日常的生の超越論的自覚が促される所以が述べられている。

（二）*Einströmen* 前訳注参照。なお、Ph. P., Avant-Propos, p.IX（邦訳・法政大学出版局版一三頁）に sich einströmen なる語句が出てくる――「これに反してわれわれは世界においてあるのだから、そしてまた、われわれの反省ですらそれが捉えようとする時の流れのなかでおこなわれるのだから（フッサールのいうように反省は *sich einströmen* おのれに流れこむのだから）、われわれの思惟の全体を包括する思惟などありはしない」。メルロ＝ポンティにとって現象学的還元（反省）は、経験する主体の構成的原点に文字通り溯源することではない。超越論的反省は、超時間的境域に溯行してここから時間を構成することではなく、現実の時の流れのなかでおこなわれる。つまり反省される意識――時と共に流れる意識――がおのれを省みるのであり、したがって *sich einströmen* するのである。さらにこうした反省の結果明るみに出された超越論的事情が、前訳注で引用されたフッサールの文章にあるように、現実の意識のなかに *einströmen* し、これを自覚させ、豊かならしめるのである。

（三）「歴史的記載」（*inscription historique*）――独訳者はペギーのこの言い表わしについて「例えば」と断りながら Clio, Dialogue de l'Histoire et de l'Ame païenne, *in*: Œuvre en prose, 1909-1914（*Ed. pléiade*）, p. 116, 164 を参照させている。*inscription historique* という観念は、ペギーにあっては、多くの言い回しと連関において反復出現する、と言う。なおこの条り、本書の編者クロード・ルフォールの示唆によることを独訳者は付言している。

（四）*immer wieder* 再三再四――この語句は本書三三三頁（原書 p. 257）にも見られる。独訳者は Hussrerl, Formale und transzendentale Logik（Huss. XVII), § 74 を参照させている。節の表題は「以下同様であること、構築的なもろもろの無限性の理念性、およびその主観的相関者」となっており、次のような文がある。「……論理学者によっては一度も取り出されたことのない、〈以下同様〉、反復的〈無限性〉の根本形式は、おのれの主観的な相関者を〈ひとは immer wieder できる〉ということのうちにもっている。それは明白な理念化である、というのは誰しも実際には immer wieder できないからである。しかしながらこの理念化は、論理学のいずこにおいても意味規定的なその役割を果たしている。ひとは理念的な意義の統一性へと、そして同様に理念的な統一性一般へと、immer wieder 立ち戻ることができる……。たとえばひとは、……どんな数aに対しても一個のa＋1を形成することができ、そして同様に1から〈無限の〉数系列を形成することができる。分析的意味の形式論においては、われわれは純粋に反復可能な諸多の合法則性をもち、そのすべてのうちに無限性、〈immer wieder〉、〈以下同様であること〉がひそんでいるのである」(S. 196)。

(一五) *west*（*wesen* する）——前出「問いかけと直観」訳注（六）（本書五一一頁）参照。

(一六) *daß*, *was*——前者は英語の接続詞 that にあたるドイツ語、後者は疑問詞 what にあたる。つまり前者は「事実」に関する問いを、後者は「本質」への問いを、意味する。

(一七) この等号、非等号からなる文章は、次のように分解して読むべきものと思われる。

テーブルの Wesen ≠……即自存在
同右　≠対自存在、「総覧」(Synopsis)
同右　＝テーブルにあって「テーブル化 tablifier する」もの……

(一八)「Weltanschauung（世界観）の哲学」とはディルタイ (Dilthey) への言及、「不幸な意識」とは、ヘーゲルの『精神現象学』(Phänomenologie des Geistes) B. Selbstbewußtsein. B. Freiheit des Selbstbewußtseins: Stoizismus, Skeptizismus und das unglückliche Bewußtsein, 3 への言及かと思われる。ただしなぜこの文脈にかかる語句が登場するのかについては、多様な解釈が可能であろう。

(一九) *Endstiftung* 究極的創設 (p. 230, l. 13)——独訳者は、フッサールの Krisis (Husserliana. VI) S. 73 を参照させている。この箇所が含まれている節「われわれの歴史考察様式の方法についての反省」でフッサールは、Endstiftung についておよそ次のようなことを述べている——現代の哲学者であるわれわれの課題は、近代哲学の歴史的生成のなかに潜む目的論を理解し、それと同時にわれわれがその目的論の担い手であることを自覚することにある。われわれがこの課題を成就するのは、ある世界観を批判することによってではなく、歴史の全体的統一を批判的に理解することによってである。われわれが、近代の哲学的人間性という課題を実行する公僕であるのは、ギリシアの Urstiftung の Nachstiftung であると同時にその変転でもあるといった、ある［新たな］Urstiftung に基づいている。

ギリシアのUrstiftungのうちに、ヨーロッパ精神一般の目的論的な端緒がある。Urstiftungへと溯及して問うという仕方で、歴史を解明する様式は、哲学者の真の自己省察（Selbstbesinnung）にほかならない。「ところで、本質的に、おのおのUrstiftungには、歴史的過程に課せられているEndstiftungが属している」（S. 73）。歴史の統一性を形成するのは、志向的内面性の隠された統一性のみであって、歴史上のすべての哲学者においてこの隠された統一性という仕方で究極的に何がめざされていたかは、Endstiftungにおいてのみ明らかになる。もっぱらこのEndstiftungからしてのみ、すべての哲学と哲学者たちの統一的な方向づけが開かれてくるのであって、過去の哲学者が自分では決して理解することができなかったような仕方で、彼らを照らし出すことができる。こうした目的論的歴史考察の独自の真理性は、過去の哲学者たちの自己証言を歴史的に研究することによっては決して反駁されえず、文書化された歴史的事実の背後に潜む合目的的な調和を明るみに出すような、批判的な全体的展望の明証性のもとで証示されるのである。——ただしフッサールのこの箇所では、Endstiftungが哲学者の営みとの関連で述べられており、言語活動におけるEndstiftungが主題となっているわけではない。

また、この言葉は、例えばRésumés de cours, p. 162にもでてきており、そこでは、メルロ＝ポンティは、フッサールのテキスト「志向史的問題としての幾何学の起源についての問い」を注釈しながら、Endstiftungについておよそ次のようなことを述べている——幾何学が、終りのない発展の歴史をもちながら、そのつど一つの体系を形成しているのは、偶然などではない。歴史性と理念性とは同じ源泉から由来する。この同じ源泉を見出すためには、発生しつつある理念性の次元を見定めるだけでよい。幾何学の歩みには、そのつどの幾何学者によって体験されたままの意味に加えて、ある超過の意味が含まれている。すなわち、この歩みは、創設者が未来への点描としてしか見てとっていない諸主題を創設し（Urstiftung）、これらの主題が次世代に伝達され、一種の第二の創造（Nachstiftung）によって使用できるものになり、他方ではこの第二の創造においては進行中の幾何学的思惟の展開が、究極的な再‐創造（Endstiftung）のうちに汲み尽くされることによって、一個の幾何学全体の再解釈が生じてくるところにまで、この思惟が新たな展開をおこなうのである。

（二〇） vinculum substantiale（実体的紐帯）——ライプニッツの用語。ただしもっぱらデ・ボス（Des Bosses）との書簡中でのみ使用され、有機体のように外見上の多様性のうちに自立的な単一者が存する場合に、かかる合成体そのものの実在性を示すために用いられた。「実体的紐帯」を認めることは、モナド論の存立を危くするものではなかった。ただしモナドの存立する位階より高い位階が考えられ、神の意志による新たな実体的被造物がこの位階において認められたのである（André Lalande, Vocabulaire...de la Philosophie による）。

（二一）「可能性の諸制約」という用語は、カントの『純粋理性批判』の「演繹」を想起させる。カントは諸範疇を、経験を合理的なものとして構成する思惟の「可能性の諸制約」として、権利づけた。したがって、ここでいう反省とは、実際の経験に権利上先だつ「可能性の先天的条件」としての「超越論的主観」への溯源ではない、ということである。

（二二）Besinnung については、本書二九六頁（原書 p. 235.）などを参照。

独訳者は、フッサールの Krisis, S. 510. を参照させている。そこには次のような文がある。「……われわれが念頭におかねばならない歴史的 Besinnung は、哲学者としてのわれわれの実存（Existenz）に関わり、そして相関的に、われわれの哲学的実存にそれはそれで由来するところの哲学の存在（Existenz）にも関わるのである」。さらに同箇所に関する原註には次のような文がある。「当該の Besinnung は、人格としての人間がおのれの現存在の究極的意味を熟考し（besinnen）ようと努めるところの Selbstbesinnung の、特殊な場合なのである」。

（二三）プルーストの小説『失われた時を求めて』の冒頭で、作者は、ある現在ベッドで目覚めたときの私（語り手）の独白から語り始め、やがて、私の意識を溯り過去への錯綜した回想を語り出していく。この小説の終りで、作者は、これまでに語り出された物語を今や書こうと決心している私（語り手もしくは作者）を再び登場させる。こうして、私（語り手）によって回想風に語り出された物語が、私（語り手もしくは作者）によって、一作家の物語（歴史）としてあらためて書き始められることになる。つまり、語り手が書こうと決心している時点で、物語の結末が物語の初めに結ばれ、円環が閉じられるのである（篠沢秀夫著『立体・フランス文学』、朝日出版社、「失われた時を求めて」の項、筑摩世界文学体系『プルーストI』、井上究一郎訳、訳者の解説、六二〇頁—六二八頁参照）。

（二四）「感覚論的」（esthésiologique）については「編み合わせ——交差」訳注（八）本書五一五頁および後出訳注（一〇四）本書五四四頁参照。

（二五）この条り——〈文字通り「知覚されて」いるわけではないが〉——の主語にあたるものは、「他者」ではなくて、次に来る「実存範疇」である（念のため）。

（二六）　前出訳注（八）の本書五一八―九頁参照。

（二七）　《circulus vitiosus deus》――この表現は、原注の指示にあるように、『善悪の彼岸』第五六節に見られるニーチェの表現である。この節において、ニーチェは「厭世主義を底の底まで考え抜き、……すべてのありうべき考え方のうちで最も世界否定的なものを洞察し、また見透したことのある者、……善悪の彼岸においてそうしたことのある者、――こうした者は、おそらく、まさにそのことによって、もともと彼がそれを欲したわけでなくても、逆の理想に対する眼を開いたことであろう。すなわち、最も不遜な、最も生気に充ちた、かつ最も世界肯定的な人間の理想に対する眼を」と語る。そして、さらに続けて、「こうした人間は、かつて存在したし、いまも存在するものと妥協し和解することができるばかりか、それをかつてそうであったし、いまもそうであるがままに、くりかえしもちたいと欲する。永遠にわたって、飽くことなく《もう一度》と叫びながら。……どうだろう？　これこそは――《悪しき循環なる神》（circulus vitiosus deus）ではないだろうか」と述べる（「悪しき循環なる神」とはディオニソスのことと思われる――吉沢伝三郎氏のご教示による）。

（二八）　独訳者は「直接的な存在論」に注して、これをガストン・バシュラール（Gaston Bachelard）の『空間の詩』（La Poétique de l'espace, *Paris 1957*, p. 2）に見える「諸科学の哲学」と並んで登場する「詩の哲学」という形態をとった「直接的存在論」の理念に引き合わせている。また独訳者は、Merleau-Ponty, Résumé de Cours, p. 156 におけるハイデガーへの言及をも指摘している。そこにおけるメルロの言葉を要約すれば、ほぼ次のとおり――「存在」の探求を哲学と呼ぶ場合に哲学が沈黙へと導かれるのは、ハイデガーが「存在」の直接的表現が不可能であることを示しつつも、同時にこうした表現を彼自身つねに求めてきたことによるのではなかろうか。「自然」の存在論についてわれわれが探求するような探求ならば、依然として哲学の特権であり課題である根本的なもの（「存在」）への注意を、諸存在者との接触、つまり「存在」の諸領域のうちに保持することになるだろう。――以上により本文で言われている「間接的」な方法なるものが、いかなるものか、およそ見当がつくであろう。

（二九）　独訳者はハイデガーの次の著書を参照させている――Was heißt Denken? *Tübingen 1971*, S. 110。また彼のリルケ解釈 Wozn Dichten? をも参照させ、Das《Unsichtbare des Gegenständigen》（対象的なものに属する見えざるもの）は、その［＝世界的現存在］《Innenraum》（内的空間）が《Weltinnenraum》（世界の内的空間）となるような《weltliches Dasein》（世界的現存在）のうちに身を移す（Holzweg, *Frankfurt 1950*, S. 301ff.）と付言する。

（三〇） 独訳者は Ideen II（Huss. IV, §§ 44-45 特に S. 163 の《das urpräsentierbare Sein (ist) nicht alles Sein》（§ 45）という文章を参照させている。訳せば「原的に提示されうる存在が存在のすべてというわけではない」となる。ところで、これに続く文は――Realtäten, die nicht für mehrere Subjekte in Urpräsenz gegeben sein können, sind *Animalien*: sie enthalten ja Subjektivitäten. Sie sind eigentümliche Objektivitäten, die ihre ursprüngliche Gegebenheit derart haben, daß sie Urpräsenzen voraussetzen, während sie selbrt in Urpräsenz nicht zu geben sind.（多くの主観にとって原現前において［＝なまのままの姿で］与えられていることのありえないような、もろもろの実在性とは、動物性である。それらは、実際主観性をも含んでいる。これら［主観性］は若干の原現前を前提しはするが、それ自身は原現前においては与えられえない、というような仕方の根源的な与えられ方を有する特異な客体性である）であり、この方が、メルロの本文の傍点部分にふさわしいように、訳者には思われる。

（三一）「関与的なもの」（le pertinent）とは、言語要素の意思伝達機能を可能ならしめるその要素の不可欠な特徴をいう。音韻としての〈t〉と〈d〉とを分つ特徴、つまり無声・有声の差異は、日本語においては別の語をつくるのに役立っているので「関与的」である。濁音の存在しない言語によっては、〈t〉の無声音という特徴は、関与的ではない。

（三二） *Seinsgeschick* 存在の配剤（摂理）。本書三三九頁（原書 p. 261）などを参照。独訳者はハイデガーの Der Satz vom Grund, *Pfullingen 1957* を参照させている。独訳者は特に参照箇所を指定していないが、同書 S. 108-9 には、例えばつぎのような文章がみられる。――「存在の歴史（Seinsgeschichte）とは存在の配剤（das Geschick des Seins）である、すなわち存在がその本質を遠ざけることによっておのれをわれわれに送り渡すという存在の配剤である。

……

通常われわれは Geschick ということを、運命によって規定され強いられたものと、理解している、すなわち、悲運、悪運、幸運というような。このような意味は派生的な意味である。なぜならば、《schicken》とは、もともとは、整える、秩序づける、各々のものをそれぞれに適わしい処へもたらす、したがってまた、ある空所を空け、その内に収めることを意味しているからである。

……

われわれが《Geschick》という語を存在について言うとき、われわれは次のことを意味している、すなわち、それは、存在がおのれをわれわれに語り渡し、おのれを明け開き、明け開きつつ、その内に存在者が現出しうるところの時間‐働き‐空間を空け整える、ということである。存在の配剤においては、存在の歴史は、経過や過程ということによって特徴づけられる出来事の方から、思惟されているのではない。寧ろ歴史の本質は存在の配剤から、つまり配剤としての存在から、すなわちおのれを遠ざけるということによっておのれをわれわれに送り渡すといったものから、規定されているのである。この両者つまりおのれを送り渡すということとおのれを遠ざけるということとは、一にして同一の事であり、二様のことではない」(S. 108-9. 辻村公一・ハルトムート・ブフナー訳『根拠律』、創文社、一二三—一二五頁を参考とする)。

(三三) Winke この言葉は、独訳者の注によれば後期ハイデガーの表現である。独訳者は例えば、Einführung in die Metaphysik や Der Satz vom Grund, *Pfullingen 1957*, S. 209f. を参照させ、後書から次の文を引用している。「思惟が Winke を決定的な言明へと転釈しない……場合には、Winke はひたすら Winke たるにとどまる」。

(三四) アインシュタインに関連する文献としては、Signe『シーニュ』所載の Einstein et la crise de la raison「アインシュタインと理性の危機」がある。

(三五) *a contrario*——正確に訳せば「反対推論により」。論理学の用語で、前提同士の対立から結論同士の対立を推論すること。これは、適用される内容に応じて成立する場合もあれば成立しない場合もある。なぜなら前提間の対立は必ずしも、結論における対立関係を帰結せしめるとは限らないからである。前提を偽となすことは、結論を偽となすのに十分な条件ではない。しかし本文の文脈では、こうした形式論理学的手続きが問題とされているのではないこと、言うまでもない。したがって、訳語としては、「これと対照的に」とか、「反対側から」とした方が文意に合うかも知れないと思って、このように訳してみた。

(三六) この一文の初まりの丸括弧を受ける締めくくりの括弧は、テキストに発見できない。編者の注記もない。

(三七)「二流の概念」——原語 concept de second ordre つまり一流の(本来的な)概念ではない、ということか。この条りでいわれている「神話」は、非神話的事実性という、もう一つの「神話」を前提しているのだから、まっとうな概念ではないことになる。ただし次の条りからは、本来的な意味で「神話」なる語が使われているように思われる。

（三八） *Vorhabe*——この語は、本書のたとえば、三一三頁（原書 p. 246.）、三二九頁（255）、三三四頁（257）、三六八頁（278）などにも見られる。独訳者は、Krisis（Husserliana VI）のS. 367を参照させている。そこには、例えば、次のような文がある。「学は、とりわけ幾何学は、以上の存在意味とともに、歴史的な端緒をもっていたにちがいない。この意味そのものは、ある働きのうちに、すなわちまず第一にはVorhabeとしてある働きのうちに、次には成功した遂行のうちに、ある起源をもっていたにちがいない。

明らかに、ここでも事情は、あらゆる発明の場合と同様である。最初のVorhabeから実行へと至るあらゆる精神的な働きは、現実の成功の明証性において初めて現存することになる。けれども、数学が、前提としての獲得から新たな獲得への、生き生きとした継続的運動という存在仕方をもち、この新たな獲得の存在意味のなかに前提の存在意味がともに入り込んでくる（そして以下同様）ということが、顧慮されるならば、（展開された学としての）幾何学の全体的意味が（……）、すでに最初からVorhabeとして現にあり、次いで動いてやまない充実のうちに現存する、などということはありえなかったことは明らかである。より原始的な意味形成が前段階として必然的に先行していたのであり、したがってこの意味形成が首尾よく成就した実現の明証性のうちで初めて姿を現わしたことは、疑いようもない。だが、このような言い方もほんとうは言い過ぎである。明証性とは、存在者を原的に〈それ自身－そこに〉という意識において把握すること以外のなにものをも、まったく意味しない。あるVorhabeの首尾よく成就した実現が活動主体にとって明証性なのであり、この実現において、獲得されたものがそれ自身そこにあるものとして原的に存在するのである」。

因みに、ジャック・デリダの仏訳（Edmund Husserl, L'Origine de la Géométrie, Traduction et Introduction par Jacques Derrida, Presse Universitaires de France. p. 178）では、Vorhabeにprojetという訳語を当てている。

また、メルロ＝ポンティのRésumés de cours. p. 163には、「現在の思考のうちでの思考の未来のprépossession（Vorhabe）」という表現も見られる。

（三九） 例えばL'Energie spirituelle, P.U.F. p. 169（Œu. p. 942）: L'Effort intellcluelleに次の文がある。Tout autre est l'intellection vraie. Elle consiste dans un mouvement de l'esprit qui *va et* qui *vient* entre les perceptions ou les images, d'une part, et leur *significations*, de l'autre（真の知解とは、以上とはまったく別ものである。それを成り立たしめるものは、もろもろの知覚もしくはイマージュと、それらの意義とを両極として、その間を往復する精神の運動に存する）。知覚されたイマージュの意味を探りとる知的作業は、知覚の与件に反射的・習慣的に適切な行動で答えることにすぎないような「自動的再認」（reconnaissance automatique）から区別されて、多様な知覚の与件——例えば目に見え耳に聞かれる文字や言葉——の言わんとするところを、知覚の与件に暗示されて察し取り、この「抽象的な関係」「動的図式」（schème dynamique）「仮設」から出発して、それに見合うイマージュを展開し、これを知覚与件に重ね合わせることによっておこなわれる。両者が合致しない場合には改めて知覚の与件に見合うように、「動的図式」「仮設」が建て直される。それゆえ、いっさいの「理解」「解釈」は——知的努力を伴う限り——多様な知覚・イマージュと、それを統合する意義との間の往復運動なのである。

（四〇）「真なるものの退行運動」——独訳者の指摘するとおり、この語はベルクソンに由来する（Cf. La Pensée et le mouvant, P.U.F. p. 13 et suiv.『思想と動くもの』序論第一部 Œu. p. 1262 et suiv.）。《mouvement rétrograde du vrai》という言い表わしは、「序論」第一部の見出しの一つをなしている。右に指摘した頁は、特にこの事象を取り上げた場所である。その要旨を説明すれば、以下のとおり——われわれは、真の持続における継起と空間化された時間における並置との間の区別を、おろそかにしている。したがって時間における創造的なもの、そのつどの現在の示すまったく新しいもの、予見不可能なものを見ることができない。事件が起ってからそれを確認する判断が生ずるはずなのに、事件の生起が可能性という形で、観念としてこれに先行するがごとく思う。これが不自然であることは、芸術作品の成立に想いを馳せれば、直ちにわかる。この作品の成立を妨げる障害物が存在しないという意味での可能性——消極的可能性——と、この作品の着想と制作とに関わる積極的可能性とが、混同されている。芸術作品の場合のみならず、いっさいの出来事は、意識的存在、生ける存在とともに捉えられる限り、予見不可能な新鮮さを、そのつど示す。真の持続の過程、創造的進化とは、与えられた諸可能性の間の選択ではなくて、可能性そのものの不断の創出である。それにもかかわらず、いかなる出来事もいったん起ってしまうと、可能性という状態で、何がしかの実在的な、もしくは潜在的な知性のなかで、永遠に存在していたはずだという確信が生ずる。この錯覚の起源は、われわれの悟性の本性に由来する。人びとや出来事についての、われわれの評価は、事後になされた「真なる判断の回顧的妥当性」(la valeur rétrospective du jugement vrai)「ひとたび立てられた真理が時間のなかでおのずとおこなう退行運動」にすみずみまで、影響されている。

以上が上述の参照箇所の要旨である。しかしメルロ＝ポンティの「ノート」でいう「真なるものの退行運動」が、果たしてこうした二つの可能性の概念の混同、持続における創造過程の減却に基づくものか、議論の余地があろう。いずれにせよ、メルロがよく引き合いに出す錯覚と知覚との関係に、想いを致すべきではなかろうか。例えば知覚の与件の誤った解釈、つまり錯覚は、それと判明するまでは、知覚と見なされているが、いったん本来の知覚、つまり知覚与件の真なる意味が出現すると、もはや従来の錯覚を知覚と見なすことはできなくなる。知覚素材そのもののなかに、その真なる意味が根付いてしまう。本文の例でいうと、一瞬とまどった英語の意味が理解されると、英語の音声はその意味によって形態化(Gestaltung)いやむしろ戻帰形態化(Rückgestaltung)され、音声はひたすらこの意味の「記号」となる。その結果、この意味は音声のなかにもともとあったものであり、これを理解するということは、それを素材のなかに再発見することに等しくなる。なお訳注(七〇)本書五三五頁も参照。

(四一) 原文――la perception est inconscient (p. 243, l. 15–6) 述語形容詞は〈inconscient〉であって、主語(女性名詞)と一致しない。もちろん無意識的知覚なるものもあるに違いないが、一般に知覚は、直接意識に対象が現前することである。無意識なるものは、次の文にくる「軸」とか「実存範疇」つまり対象の知覚の条件をなすもの、対象が「図」としてその上に浮びあがる「基準」(niveaux 水準)であろう。したがって問題の〈inconscient〉は副詞的に、「知覚は、無意識的に存する」と訳してみた。

(四二) 独訳者は「軸」(pivot)なる語に関して、La Prose du monde, p. 53 note(『世界の散文』)を参照させている。そこには「先‐概念的な一般性としての様式」とダッシュで繋げて「先‐客観的であり、世界の現実性をなすところの《軸》の一般性」(Le style comme généralité pré-conceptuelle — généralité du《pivot》qui est pré-objective, et qui fait la *réalité* du monde)という文言が見える。また chose-pivot(軸としての物)という語も登場する。ob-jet(客‐観、前に投げ出されたもの)ではなく、私の身体と互いに嚙み合っている物というような意味と思われる。

(四三) ここの原文は en ce sens, est et n'est pas perçu (p. 243, l. 17) である。そして主語は「軸」(pivot)「実存範疇」(existential) として働くもの (ce qui fonctionne comme...) と同一者だから、独訳 (in diesem Sinne wahrgenommen und zugleich nicht wahrgenommen wird. この意味において、知覚され、同時に知覚されない) のような解釈は、納得しがたい。次の文で、知覚されるのは、「基準」(niveaux「水準」の上の「図柄」(figures) であって、「基準」そのものではない、と言われているのだから。もっとも最後の文で「――基準の知覚といえば」(――La perception du niveau :) と書き出されてはいる。しかし「……つねに諸対象の間に (*entre*) あって、その周囲で……ところの当のもの (ce autour de quoi...)」であると言われる。つまり知覚の条件をなすもの、いわば「舞台をひきたてる観客席の暗さ」(『知覚の現象学』) に類するもの、知覚されるにしても、非主題的 - 非対象的にであって、その意味で「無意識的」といわれうるようなものでなくてはならない。なお前出「ノート」(本書二九二―三頁、原書 p. 233-4) 参照。

(四四) *Selbsterscheinung* (自己現出) ――独訳者は Zur Phänomenologie des inneren Zeitbewußtseins (Huss. X) S. 83 を参照させている。因みにこの語の出現する文章を示せば――Der Fluß des immanenten zeitkonstituierenden Bewußtseins *ist* nicht nur, sondern so...geartet ist er, daß in ihm notwendig ein Selbsterscheinung des Flußes bestehen und daher der Fluß selbrt notwendig im Fließen erfaßbar sein muß. Die Selbsterscheinung des Flußes fordert nicht einen zweiten Fluß, sondern als Phänomen konstituiert er sich in sich selbst. (内在的な時間構成的意識の流れは、ただ単にあるというだけではなくて、流れのうちに流れの自己現出が必然的に成立し、したがって流れそのものが、流れる過程において把捉されうるのでなければならないというふうな、性格のものなのである。流れの自己現出は第二の流れを要求するのではなくて、流れがおのれ自身において自己を現象として構成するのである)。

(四五) 原語は modulation de l'être au monde――この語句は『知覚の現象学』(Ph. P.) の諸所に散見される。

(四六) ベルクソン (Matière et mémoire, Ch. I『物質の記憶』第一章) によれば、知覚は脳髄のなかでも意識のなかでもなくて、知覚される物=イマージュの存する場所で、つまり「諸物のなかで生起する」のである。

(四七) 原語は diaphragme d'objectif.「対物レンズの絞り」とは、対象を包む視野をさえぎり狭めるものの意であろう。つまり「現在の領野」が過去に向う意識の視野をさえぎり狭めるということか。なお原書次頁 (p. 249) に diaphragme objectif という語例がでてくる。これは objectif の前の de を欠いているので、形容詞と見なし「客観的隔膜」という訳語をあてた。独訳も両者を訳しわけている。Blende eines Objektive と objektive Blende と。

（四八）「純粋・独立な」の原語は absolue。「まわりの状況と無関係な」という意味と思われるので、以上のように訳した。

（四九）原注で指摘された『思想と動くもの』の当該箇所（La Pensée et le mouvant, p. 294 [P. U. F., p. 294-5, Œu., p. 1459-60]「ラヴェッソンの生涯と仕事」）においては、ベルクソンは「実在的な線」（ligne *réelle*）とは書いていない。「目に見える線」（ligne visible）といっている。因みにこの語ならびに「蛇行線」「蛇のうねり」（serpentement, serpenter）の出てくる文を抄訳しておく――「ラヴェッソン氏が好んで引用するレオナルド・ダ・ヴィンチの『画家論』のなかの一頁がある。その頁には、次のようなことが述べられているのである。すなわち、生ける存在者は波うつような（onduleuse）もしくは蛇のうねるような（serpentine）線によって特徴づけられており、それぞれの存在は、蛇行する（serpenter）それ特有の仕方をもっている、そして芸術とはこの個性的な蛇行線（serpentement）を表現することなのである、と。……なお、この線はその形態に属する目に見える線（ligne visible）のいかなるものでもない。この線は、ここにもかしこにもないが、しかも全体の鍵を与えるものなのである。それは、眼によって知覚されるというより、精神によって思惟されるのだ。……画家のイメージを肉付けするのは霊《たましい》である……」。

（五〇）「部分的合致」については、本書「問いかけと直観」の章（一九九頁、原書 p. 163）参照。

（五一）独訳者は「例えば」と断って、フッサールが《normale Konstituierung》（正常な構成）を、自然と身体の水準にまで溯って追求している Ideen II（Huss. IV）, S. 67f. や Cartesianische Meditationen（Huss. I）S. 154 を参照させている。ただし指摘箇所には〈Normierung〉という語は見出されない。

（五二）独訳者の注を借用する――ハイデガーにあっては「存在」（das Sein）は《Maß-Gebende》となる（Der Satz vom Grund, S. 185）。これは詩人的な居住（dichterischen Wohnens）の《Maß-Nahme》において、著しく活発となる（Vorträge und Aufsätze, *Pfullingen, 1954*, S. 196 ff.—*Hölderlin-Auslegung* 参照）。

（五三）独訳は Clio（前出）を参照させている。そこでは événement du monde とか rythme de la durée という語が、あちこち散見されるという。なお独訳者は、本書の編者ルフォールの示唆によると断っている。なお rythme de la durée は、もとはベルクソンの用語である。彼は、それぞれの存在者の存在の仕方に応じて、さまざまな「持続のリズム」を認めた。

(五四) 無(néant)についてのベルクソンの諸観念――L'Evolution créatrice, Ch. IV, p. 275 et suiv., Œu., p. 728 et suiv.(『創造的進化』第四章)に「無」の擬似観念たる所以が詳しく論ぜられている。ひと言でいうと「無」とは、われわれの期待が裏ぎられた際の失望の感情を表わす観念であって、存在論的意味をもつものではないという主張。

(五五) 原文は il y a la [?] perceptive? (p. 250, l. 13) である。la のあとに conscience を補って「知覚的意識」とすることも可能だろうが、編者の方針に従って空白のままとする。

(五六) この等号の下段結合項は「感覚的なものそのもの」ではなくて、「心的材料の破壊」である。それゆえ正確に書き直せば、「もはや追憶を見ないという事実」≠「感覚的なものそのものでもあるかのような心的材料の破壊」となる。

(五七) 〈志向的踏み越え〉empiètement intentionnel。Signes, p. 213 にも同じ表現が見られ、原注によれば、この表現は、Méditations Cartésiennes からの借用である。原語は《Intentionale Ueberschreiten》としているが、実は《…Übergreifen》。また、Résumés de cours, p. 151 にも une《transgression》ou un《empiètement》intentionnels という表現が出てくる。後者の独訳者は、Husserl, Cartesianische Meditationen, S. 142.(Husserliana, Bd. I)を参照させている(Maurice Merleau-Ponty, Vorlesungen I, De Gruyer, 1973, S. 339)。

(五八) *an sich oder für uns*――例えば、Phänomenologie des Geistes, Einleitung(『精神現象学』序論)の終り近くに出てくる。für uns とは「哲学者たるわれわれにとって」ということ。an sich とは「自体においては」つまり事象の真実態を意味する。これに対する言葉は für das Bewnßtsein「意識にとって」。後者が前者に合致するまでの意識の経験の歩みを辿るのが、ヘーゲルの志したこと。An sich oder Fürunssein というのは、現実の意識そのものにとっては隠されているその真実の姿、道理(An sich)がわれわれ哲学者にとっては(Fürunssein)見えるというヘーゲルの主張であって、このことはメルロ=ポンティから見れば、事象自体(la chose en soi)を直接把握せんとして却って主観性に舞い戻っている(つまり独りよがりに陥っている)反省的思惟(反省哲学者の思惟)の存在を意味することになる。メルロは für uns(われわれにとって)という用語を逆手にとったのであろう。本来は An sich

と Fürunssein とはあい反するはずなのに、oder（あるいは、すなわち）で結びつけられているところに、反省哲学の独断性がある、というのであろう。そこで次の文章の意味がわかってくる。この反省的思惟、事象の真実態（An sich）を直視していると信ずる反省哲学者の思惟は、まさに「われわれにとっての存在」（Fürunssein）によって憑きまとわれていることになり、それゆえ、この「われわれにとって」という事態の真相に気づかず、ただ意義（signification）――つまり「思惟されたもの」――という形態における事象「自体」しか、捉えないということになる。

しかしメルロはヘーゲルをただこのように批判するだけではなく、次の文章で、真に弁証法的な哲学、つまり自己からの脱出と自己への還帰との一致――いやむしろ「交差」（chiasme）、反転（retournement）――を理解することの大切さを説く。本書本文「反省と問いかけ」の最後の文（本書八三頁、原書 p. 74）でもすでに、ヘーゲルの名を挙げてこの事情が述べられている。

なお En soi（*en soi*）と Pour nous（*pour nous*）について、本書本文「問いかけと弁証法」（一四七頁、原書 p. 124, l. 14 以下）でも論ぜられている。

(五九) この文言に関連して――La Prose du monde, p. 126（『世界の散文』「間接的言語」）の次の文参照――「芸術作品における掛け替えのないもの――つまりそれを単に快感の機会たらしめるだけではなくて、生産的なすべての哲学ならびに政治思想にその相似器官が見出されるような、精神の一器官たらしむるもの――は、それが諸観念よりもむしろ諸観念の母胎を含んでいることである。それは、われわれが決してその意味を展開し尽くすことのできないような象徴（emblème）を提供する。……」

(六〇) Cf. La Prose du monde, p. 46（『世界の散文』「科学と経験の表現」）――「しばしば注意されてきたことであるが、語彙――ある幼児のであれ、ある個人のであれ、ある言語《ラング》のであれ――の目録を作ることは……不可能である。……視野と同様、ある個人の言語野の限界は漠としてきめがたい。それというのも語ることは、一定数の記号を自由になしうることではなくて、区別の原理として言語《ラング》を所有することだからである」。

(六一) 「《personne》（誰も……しない）――ホメロス『オデュッセイア』第九書に見られる。トロイアを攻め落としたオデュセウスは舟を準備し部下たちを連れ脱出するが、出航後数日で暴風にあい諸方を漂流する。その途中キュクロープス（単眼巨人）の住む洞窟に入るが、彼は海神ポセイダーオーンの息子ポリュペーモスであった。オデュセウスの仲間は、このキュクロープスに次々と殺され食べられてしまう。復讐を誓ったオデュセウスは一計を案ずる。キュクロープスを酔わせ、自分の名前は*Οὖτις*《personne》（誰でもない）と教える。キュクロープスが眠った後、オデュセウスは彼の一つ眼をつぶす。大声を上げたキュクロープスに仲間のキュクロープスが集まり、「いったいどうしたのか」と尋ねるが、ポリュペーモスは「仲間達よ、私をだまして殺そうとしたのは誰でもない（*Οὖτις*《personne》）だ」と言う。それを聞いた仲間達は「もし、誰もおまえが一人でいるのに乱暴したのでないならば、ゼウス大神から来た病気なのだ、どうにも仕方がない」と立ち去ってしまい、オデュセウス一行は脱出に成功する。

（"The Odyssey I" Book IX. 366, 408. HOMER LOEB CLASSICAL LIBRARY, No. 104.）

（六二）「非存在の湖」——原語《lac de non-être》本書一〇九頁（原書 p. 94）にも同じ語句が、ただし複数の形で見える。

（六三）「自然の光」（lumière naturelle）に古典的な「理性の光」という意味と、知覚における世界の〈また世界への〉開披（ouverture）という意味との両方のあることは、すでに注記（本書五〇〇頁）したところだが、両者の関係を示す文言として、例えば La Prose du monde, p. 157（『世界の散文』「間接的言語」）から——「それ（言語というシステム）をわれわれに暴いて見せる《自然の光》は、絵画の意味を見えるようにさせる《自然の光》にほかならぬのであり……」。それゆえ視覚的意味を成立させる「自然の光」と言語的意義の世界を拓く「自然の光」とは、別物ではない。後者は前者の高次位の形態であり、しかも前者を土台としており、これなしにはありえない。逆に前者は目的論的に（「自然の光」の目的論にしたがって）後者を要求するのである。

（六四）*Vorhabe*（予持）前出訳注（三八）本書五二七頁参照。

（六五）signification opératoire——独訳は fungierende Bedeutung と訳しているが、furgierend にあたるメルロの用語は opérant——例えば intentionnalité opérante——これは「実効的な」「すで（現に）に働いている」「働きつつある」「有効な」……というような意味であり、意識的・措定的な志向性や意義作用の土台を形成し、それに有効性を頒ち与える原初的な志向性や有意義性を性格づける形容詞である。これに反して opératoire は「操作的、演算の」ということであって、両者は明確に区別されなくてはならない。

（六六）〈精神の働き、もしくは洞察〉une *opération* ou inspection de l'esprit〈精神の〉は〈働き〉と〈洞察〉両方にかかる。「精神の洞察」はいうまでもなく、デカルト第二省察の mentis inspectio である。つまり知覚の与件に対象的意味を賦与する知性の作用である。*opération* がイタリックになっているのは、知的操作とか演算とかいった作業を意味するともとれる。

(六七) *percipi*——esse est percipi（存在するとは知覚されることである）というバークリの周知の命題に関連しているのは明らか。

(六八)『省察』第二 A. T. IX, p. 24; VII, p. 31「注意深く考察し、蜜蠟に所属しないすべてのものを遠ざけて、何が残るか見てみよう。……」以下参照。

(六九)「距離を取ること」——原語は distanciation もとブレヒト（Brecht）の演劇用語 Verfremdungs [effekt]（異化〈作用・効果〉）の訳語として導入された新語。俳優がその演ずる人物に対して、また観客が劇の進行に対して、距離を置く態度をいう。転じて一般に、直接関係する事象や人びとから後退して冷静な態度を取ること。se distancier d'un maître, d'un allié, de son propre discours——師に対し、同盟者に対し、自分自身の言葉に対して、距離を取る（Petit Robert による）。ただし、ここでは原義に捉われず、文脈に即して理解さるべきである。

(七〇) この点に関して、関連文献として La Prose du monde（『世界の散文』）所載の論文 La langage indirect（「間接的言語」）と L'algorithme et le mystère du langage（「算式と言語の神秘」）を挙げておく。

メルロは、たとえば、数学者のガウス（Gauss）が1からnまでの整数の和を単純に加算してゆく代りに、和が $n/2$ と（n＋1）の積に等しいことを見出す思考操作を考察しながら、次のように述べている。「……新たな定式が新たな意義をもった定式であって、新たな意義を真に表現するのは、ひたすら、われわれがたとえばnという項に、まず第一に序数的な意味を次いで基数的な意味を与えたという条件においてだけであり、そしてそれが可能なのも、われわれが数系列の配置を、われわれの問いかけが数系列に与えたばかりの新たな局面のもとで顧みる場合だけである。ところでここには、言語活動の特徴を示すところの再構造化というぶれ（*bougé*）がふたたび姿を現わすのである。われわれがかの公式を見いだすのに成功すると、われわれはその後このぶれを忘れてしまい、真なるものの先在を信ずるのである。ところがぶれはつねにそこにあり、ぶれのみがかの公式に意味を与えるのだ。したがって、算式の表現は二次的なものである。それは言葉《パロル》の特殊な場合なのである」(ibid., p. 180)。

（七一） Cf. Heidegger, Wegmarken, Vittorio Klostermann 1967, S. 222（Zum Seinsfrage）——因みに当該箇所を訳すと——「みなさんは、さしあたりゲシタルトを当時のゲシタルト心理学の意味において、《部分の総和以上のものを包含する一個の全体》と理解なさる。われわれは、このようなゲシタルトの特徴づけが、依然としてどれほど加法的表象に——すなわち〈以上の〉と〈総和〉という語によって——依存しているか、そしてゲシタルト的なものそのものを無規定のままにほったらかしているか、考えてみてもよかろうと思う」。

（七二）「とはいえ」の原語は c'est à dire:（すなわち）だが、日本語に訳した場合これでは意が通りにくいので、あえて意訳した。

（七三）「開かれた帳簿」（registre ouvert）——独訳者は Bergson, Œuvres, p. 508（L'Evolution créatrice, P. U. F. p. 16 ベルクソン『創造的進化』第一章）を参照させている。因みにベルクソンの原文を訳せば——「何ものかが生きている所ではいずこでも、時間がそのなかに記入される帳簿（registre）がどこかに開かれて、存在している」。なお、さらに独訳者は Merleau-Ponty, Vorlesungen, I, De Gruyter, 1973, S. 331 をも参照させている。このドイツ語版『メルロ＝ポンティ講義集』の注には〈Nachschrift〉（講義ノート）が挿入されている。問題の参照箇所は、Résumé de conrs のベルクソンについて論じた文言に対する注で、そこに出てくる〈Nachschrift〉のなかに、registre ouvert にあたる語が見えるのである。〈Nachschrift〉の主要部分を訳すと次のとおり——歴史の概念とともに新たな観点が登場する。ベルクソンはなかんずく、自然の歴史を考えているのだ。……しかもベルクソンは有機体を、一個の歴史として、つまり一定の時間性類型という形における歴史と規定している。……ここでベルクソンは生命の統一を明らかにするところの〈開かれた帳簿〉について語る。この帳簿には、生誕が、あらゆるその後の生成を含みながらも、みずからはこの生成そのものではない時間契機として、書き込まれている。生ける自然は一つの歴史である。生ける現実の全体は、生命の設定、創設 Stiftung であり、端的に衝動であるが、しかし一定の、不変の目標に向っての方向づけではない。この Stiftung が歴史を初めてその道へと導き入れるのである。——

（七四）この条りは、明らかにスピノザの「実体」の「自己原因」（causa sui）による必然的存在を指している。

（七五）*New Look*——ニュールック心理学のこと。一九四〇年代後半より、ブルーナー（Bruner, J. S.）ポストマン（Postman, L.）らによって提唱された一種の機能的な知覚研究の立場をさす。知覚を生活体が環境に適用する機能の一つとして考え、従来のゲシタルト心理学のように、主として知覚と外的な物理的条件との関連を取り上げただけでは日常生活で働いている知覚過程を十分解明できないとして、社会的知覚の研究の必要性を主張した。一九五〇年代後半までに多数の例証実験が提出され当時の知覚研究に大きな影響を与えた。彼らのいう「社会的知覚」とは、社会的要因によって影響を受けている知覚のことを指す。すなわち、対象のもつ物理的な刺激条件のみならず、その対象の社会的価値や意味、ないし知覚者の社会的位置や態度などによって影響されている知覚のこと。たとえば、貨幣はそれと同じ大きさの厚紙円板よりも、見かけ上大きく知覚され、かつ貨幣価値の大きいほど過大視され、また金持ちの子供よりも貧乏人の子供のほうがいっそう過大視するなど（平凡社『心理学事典』による）。

（七六）「プレグナンツ」――Prägnanz――ドイツ語単語としての語義は「（表現が）簡潔にして的確な（含蓄の多い）こと」（小学館『独和大辞典』）であるが、心理学用語としては der Gesetz der Prägnanz（プレグナンツの法則）もしくは Prägnanz-Tendenz（プレグナンツ傾向）という熟語に登場する。つまりプレグナンツとは、刺激がその布置の文脈に従ってゲシタルトとしてまとまる際の、法則性、傾向性をいう。なるべく簡潔で含蓄に富んだ、つまり有意味的な形で、刺激の群はまとまる傾向があるということ。

（七七）「人間のうちにいる小さな人間」――デカルトの『屈折光学』Dioptrique のなかの図示（A. T. VI, pp. 125, 139, 191）参照。なお Signe, p. 305（l'Homme et l'adversité『シーニュ』「人間と逆行性」）にもその語が見える。前出「反省と問いかけ」訳注（二九）本書四九九頁参照。

（七八）「よい」形態とは、ゲシタルト要因の一つで、統一的な、規則的な、左右相称的な、同じ幅をもつような形のこと（平凡社『心理学辞典』による）。

（七九）「概念による再認」（récognition du concept）――もとカントの用語 Rekognition im Begriffe（Kritik der reinen Vernunft, A 103『純粋理性批判』「純粋悟性概念の演繹」第二節3参照）。――カントによれば、経験には、単に感性の多様な与件を受け取る感官の受容性だけではなく、想像力による過去の印象の再生と総合の働きが属しているが、さらにこうした感性的表象が、対象についてのある概念において再認されなくてはならない。そうでなければ、時間を経て熟成する感性的表象が、同じ一つの対象の表象としてまとまらないことになろう。

（八〇）「合成された実体」（substance composée）とは、心身統合体としての人間のこと。

（八一）「トポロジー的空間」――、数学でいう「トポロジー」のことを指しているのかどうかは訳者には不明である。もっとも「近傍」とか「被覆」とかいう語は、数学用語でもありうるが。あるいはレヴィン（Lewin, K.）の提唱したトポロギー心理学のいわゆる「生活空間」のことを言うのであろうか。この心理学は個体がそのつど置かれている心理学的場すなわち生活空間の制約のもとに、いかなる心理学的事象（行動）が可能か、不可能かを、トポロギー的方法といわれる方法によって考察する。行動は生活空間の関数と考えられている。この関数法則を解明するのがまさにこの心理学なのだが、その主要問題は生活空間の構造の究明にある。この構造の分析――生活空間の諸領域への分化、領域相互間の関係の解明――と表現のために、数学上のトポロギーの諸概念が利用されるので、トポロギー心理学の名がある（平凡社『心理学辞典』による）。なお、ハイデガーもトポロギーという語を使うが、「世界‐内‐存在」を「世界に住むこと」と理解する周知の立場からして、「地誌《トポグラフイー》」に対する「住居説《トポロギー》」を意味するようだ。

　なおSigne（p. 30 Préface『シーニュ』序文）にも「存在のトポロジーとも称せられうるもの」（ce qu'on pourrait appeler la topologie de l'être）という語が見える。そしてこの場合は、l'être d'enveloppement と同格に置かれてある。科学はこれを忘却し、「存在と知との関係を実測図（gêometral）とその諸射影（projections）との関係と理解している」と書く。それゆえl'être d'enveloppementとは、「見えるものと見えざるものとの交差」――われわれの運動に応じて隠れていた物の側面が見えるようになり、今まで見えていた側面が隠れるといった知覚の事情、決して上空飛行的な全面的開示を許さぬ、知覚主体と対象との包み包まれる関係――を意味するように思われる。そうとすれば、「トポロジー的空間」とは、具体的な知覚空間、生きられ住まわれる空間ということになる。なお本書三五〇頁参照。

（八二）「最初の日」――《au premier jour》このヘーゲルに関する言葉は、本書四四三頁（p. 320.）にも《La nature est au premier jour》として出て来る。独訳者は、ゲーテの『ファウスト』の一節《...sind herrlich wie am ersten Tag》（最初の日のように輝かしい）を参照させている。メルロのRésumés de cours, p. 94.には、Lucien Herr がヘーゲルを注釈した際に用いた言葉として、La Nature...《est au premier jour》という言葉がある。なお、後者の独訳（Maurice Merleau-Ponty, Vorlesungen I, De Gruyter, 1973, S. 319）の訳注によれば、出典はGrande Encyclopédie, Band XVI のヘーゲルの項目とのこと。

（八三）「自立的存在」（Être par soi）――「それ自身によって（per se）にあるもの」とは、いうまでもなく「神」である。スピノザは「実体」からの直接的帰結として世界を導出した。

（八四）ライプニッツによれば、神は可能なあらゆる世界のうちから可能な限り「最善なもの」として、この現実の世界を選んだ。

（八五）「取り戻し」――原語は retrait この語にはいろいろな訳語があるが、独訳の Rücknahme という解釈を適当と考えた。

（八六）「アハー体験」（*Aha Erlebnis*）――問題となる事象の構造（道具連関）に対してそれに適合した態度をとり、見通し、洞察がついたとき、「ああ、わかった」と感ずる体験をいう。ビューラー（Bühler）の用語（平凡社『心理学辞典』）による。この言葉は本書三〇九頁にもすでに出ている。

（八七）*λόγος ἐνδιάθετος* ――既出訳注（八）本書五一九頁参照。「世界への知覚的開披（ouverture perceptive au monde）と同義ととられている点に注意したい。

（八八）「右と左」に関するカントの論は、左記の文献に出ている。

Von dem ersten Grunde des Unterschiedes der Gegenden im Raum, 1768『空間の諸方位の区別の最初の根拠について』

De mundi sensibilis atque intelligibilis forma et principiis, 1770『感性的ならびに英知的世界の形式および原理』

Prolegomena zu einer jeden künftigen Metaphysique, die als Wissenschaft wird auftreten können, 1783.『学として登場しうる将来のあらゆる形而上学へのプロレゴメーナ』

Was heißt : Sich im Denken orientieren ? 1786『思考の方向を定めるとは、どういうことか』

以上のいずれにおいても、われわれが身体的に直接感じとる（上下・前後）左右の識別なしには、一般に空間における方位を定めることができないこと、そのうえ、左右の識別は、悟性的に理解・規定された延長体の部分間の関係のみによっては不可能であり、自己の身体の直観・感情によってのみ可能であることが説かれている。空間が純粋直観であって単なる概念ではないという主張と、もちろん繋っている。なお最後の論文では、身体による左右の定位、それに基づく空間的方向の定位と、形而上の領域における思考の方向の定位とがアナロジックに取り扱われているが、これは形而上的領域を主体的・実践的に理解するというカントの哲学態度を示すものとして意味深い（参考文献、坂井秀壽「右と左」『哲学誌』18 東京都立大学哲学会編、一九七四年）。なお空間は時間とともに、感性の形式＝純粋直観であるから、全体として最初に与えられ、諸部分はそこから切り抜かれる。したがって左右という方向は、私の身体感情を基準にして直ちに空間全体にわたる方位となる。

（八九） *ὁμοῦ ἦν πάντα* ——「すべてのものはいっしょにあった」アナクサゴラスの言葉と伝えられる（Diels-Kranz, 59B1；山本光雄編訳『初期ギリシャ哲学者断片集』六五頁参照）。もとの文は *ὁμοῦ πάντα χρήματα ἦν, ἄπειρα καὶ πλῆθος καὶ σμικρότητα.*（すべてのものはいっしょにあったが、それらは数においても小ささにおいても無限である——茂手木元蔵氏のご教示による）。

（九〇） Cf. A.T., VI, p. 113——そこでは銅版画が「紙のあちこちに印された少量のインクの染みからしか成り立っていないのに、森や町や人びとや、それどころか戦さや嵐さえをも、われわれに対して表わしている」こと、それも「銅版画がこれらの対象において想い浮かばせる無数の多様な性質のうち、それがほんとうに類似しているものといえば、形態だけしかないにもかかわらず」こうなのだということが、述べられている。メルロ＝ポンティは「インクの染み」でもって作られたにすぎない「銅版画」が、われわれに「森や町や人びと……」を想い描かせるという条りを、感官の与件が存在論的機能を発揮する例として利用しているのである。

（九一） この箇所の「普遍性」は universalité であって généralité ではない。次の節の「黄色が一つの宇宙」に対応するもので、普遍性とは宇宙性、世界を開く基軸、扉という意味で、類的一般性ではない。

（九二）「もとのまま」——原語は nettes。独訳はこれを faßlich（わかりやすい）英訳は distinct（はっきりした）と訳している。なるほど、この語には「明瞭な」という語義もあるが、ここではむしろ「無垢の、正味の」といった意味であろう。その意を汲んで「もとのままで」と訳した。この文の先には netteté（明瞭性）vision nette（明瞭な視覚）という語が出てくるが、これらは、いずれも対象の現に見えている姿、ないし対象を現に見ている働きを意味するので、上述の場合とはこの語の使い方が違う。

（九三）「タブラ・ラサ」はもちろんロックの概念。したがってこの条りは純然たる経験論を否認するとともに、次の文で「知以前の知」つまり「アプリオリな知」「生得観念」をも否定しつつ、これに代るに「領野」の存在、つまり経験主体の「世界における（世界への）存在」（être-au-monde）に対応する生存の場の存在を以てするのである。そして最後に「私‐他人」の問題が、コギト‐超越論的主観から出発する西欧の、近代の問題にすぎないことを指摘する。

（九四）「精神の身体」（corps de l'esprit）——Cf. P. Valery, Cahiers（Pléiade, Gallimard）p. 1093, 1233（邦訳『ヴァレリー全集カイエ篇3』一八二頁、同上4四七三―四頁）。ヴァレリーは前者の箇所で、「手や腕の一点によって描かれるどんな曲線も身体に関連して閉じられているように、それと同様……私が精神の身体と呼んでもよいような限りある振幅や脱線——何かあるものの偏差——がある。……おのれの返答を受けとることなく存続するあらゆる感覚や知覚が、精神の身体の感覚と、変容を規定し、しかも両者とも私の身体に関わりをもつ」と述べ、後者の箇所で、「精神の身体とは、もろもろの思い出や獲得した諸観念やもろもろの名前やもろもろの期待の、広がりないしは量である。もろもろの出来事はこうした広がりないしは量から絶えず返答を引きだし、こうした広がりないしは量はこれらの同じ出来事とこれらの返答によって同時に増加し変容する。大ざっぱにいって、この身体は記憶‐期待の組織によって構成されている。ここにわれわれの思考の素材とエネルギーがある」と述べている。

また著者の Résumés de cours, p. 177 にもヴァレリーの言葉として紹介されている。「人間の身体の霊活化を純粋な意識や純粋な反省の人間の身体への下降としてでなく、生命の変容として、身体を〈精神の身体〉（ヴァレリー）として記述すること、このことが講義の後半の目的であった」。Signes, p. 21（『シーニュ』序文）にも次の言葉がある。「時間とは、ヴァレリーが語っていたところのあの〈精神の身体〉である」。

（九五）原語は transposition 恐らく「見えるものへの置換」ということ。

（九六）「その［＝科学のもつ］取り扱いの自由、操作上の自由は、直ちに一個の内‐存在論の同義語なのだ」（p. 279, l. 14-15）。この一文がいわんとすることは、一見したところ、与えられた状況に対して無関与な自我によってなされる科学の知的操作の自由も、科学があくまで世界に属する認識主体のもとでの営みであり、Être-au-monde の一つのあり方である以上、内‐存在論の展望のもとでのみ真の理解に達することができる、ということと思われる。

（九七）「自体者」——原語 En soi は哲学用語としては、独語の An sich の用法と関連している。カントの Ding an sich ヘーゲルの An-sich-sein など。カントの場合、それは Erscheinung（現象）に対立するもので、「物自体」と訳される。つまり経験するわれわれにとっての事物のあり方に対して、それ自身における事物という意味である。仮に前者を主観的な現われとすれば、後者は事物の真実の姿、客観性ということになる。ただし周知のように、カントはこういう考え方を改めて、認識における真理性を現象そのもののなかに求め、客観性を現象の法則規定の普遍妥当性と見なし、物自体を認識可能性の範囲外とした。つまり認識主観＝経験の主体の万人に納得のゆくような手続きによって、整理され統一された現象が、事物の客観性であり、真理なのである。しかしこの手続き（感性の先天的形式、悟性の範疇による、感性の多様の秩序づけ）は、それ自体においてある物＝物自体には通用しないから、客観性、真理性といっても、経験の可能性に対して相関的でしかない。とはいえ、そもそもそれ自体における物＝物自体とは、原理的にいって人間悟性のめざすような真理性＝客観性の対象ではありえず、人間における道徳的実践の可能性＝意志の自由の場を確保するための理念だったのである。物自体‐現象という関係は、理論に対する実践の優位を意味している。これに対してヘーゲルの場合には、前出［本書三二四頁、五三二頁訳注（五八）参照］のようにFür das Bewußtsein（意識にとって）に対するFür uns＝An sich（われわれにとって＝それ自体において）という用語法があり、「われわれ」が哲学者を意味し、「意識」が哲学（『精神現象学』）の対象としての、〈経験する意識〉を意味する以上、この用語法においては、An sich は哲学者に見える事象の真実態であり、「意識にとって」つまり現象性を超えた事象の本態ということであろう。しかしヘーゲルの一般的な用語法では、An sich は Für sich, An und Für sich に対する概念で、「即自」と訳される。「対自」「即且対自」とひと組になって、弁証法的な概念、存在の仕方を規定する概念、したがってヘーゲルのいう意味での「論理学」の、つまり存在論的概念なのである。

　フランス哲学に目を向けると、まずベルクソンが『物質と記憶』の第七版序文において、物（chose）を「イマージュ」（image）となし、しかも知覚されることから独立に存するイマージュ「それ自体で存するイマージュ」（image qui exist *en soi*）と規定したことに、注目したい。この場合は、カント的意味での「物自体」を指すのではなく、バークリの「存在することは知覚されることである」というテーゼに対して、物は知覚されるがままの姿で――つまりイマージュとして――しかも知覚されることから独立に、それ自身において存する、ということである。しかし用語法としては、物の「われわれ、私にとって」「われわれ、私において」存するという存在仕方と対立する物の自立的存立を意味する点で、〈en soi〉はまさに自体性であろう。これに反してサルトルは『存在と無』において、ヘーゲル的意味合いをこめて、〈en soi〉を使用した。もっともヘーゲルの場合 An sich は弁証法的論理に即して必然的に Für sich へと発展することになるのだから、サルトルの〈en soi〉はヘーゲルの An sich と同じというわけではない。サルトルの〈en soi〉の最も重要な規定は、自己同一性ということである。つまり自己に対する否定的関わりをいっさいもたず、あるがままの状態に休んでいるということである。メルロ=ポンティの〈en soi〉の用語法は、以上の両義を必ずしも区別せずに無造作に用いているところに特徴がある。しかし本訳文では、いずれかの語義に重きが置かれるかに応じて、「自体」と「即自」とを訳し分けた。メルロが両義を敢えて併存させるにも、理由がある。つまり「現われ」「現象」「私（われわれ）にとって」から区別されて、それ「自体」として、客観性・絶対性をめざす認識の究極目標とされる限りの「対象そのもの」とは、理想的な知性の、コスモ-テオーロスとしての知性の——それでもなお科学的知性の延長線上に考えられた知性の——相手方として、一義的に規定された客観性、つまりサルトル流の「即自」ということになるからである。しかし事象に即していえば、すべての「自体」が「即自」ではなかろう。例えばカントの「物自体」のように。またメルロの場合、「即自」に対立する規定が、サルトルにおけるように、直ちに「対自」ではないことも留意すべきであろう。一義的に規定される客観性でなければ、「即自」ではないのである。伝統的知性は、理解の対象を一義的に規定される事柄として、構成しようとする。メルロはこうした理解の仕方を越えた、事象の生ける動的構造性（両義性）に即した、具体的了解を求めたのである。

(九八)「スケール」（*Échelle* 規模、尺度）——本書本文三二一—三頁（原書 p. 34）参照。

(九九)「スケールを超えた規模の認識、もしくはスケール以下の規模の認識」の原語は——Les connaissances à 〉ou à〈 échelle

(一〇〇) *Kopulation*「交接」とは空虚な衝動志向性としての「性の飢え」の充実形態を言い表す概念である。つまり「性の飢え」と「交接」とは、性的な「衝動志向性」の「志向-充実」構造の二つの項をなすものである。フッサールによると、性衝動は、おのれの内に他者への関わりをもっているのであり、その充実形態である「交接」において、自他二つの充実をもつのではなく、それらの相互透入（Ineinander）を通じて一つの充実形態をもつのである。「この（他者へと向けられた——訳者）規定された性的な飢えは交接という様態において充実の形態をもつ。衝動そのものの内に、他者としての他者への関わりと、そして他者のもつ相関的な衝動への関わりが存する。……われわれは端的な原様態的な充実の内で、そのつど双方の本原性の内にある分離可能な二つの充実をもっているのではなく、この二つの充実の相互透入を通じて樹立される双方の本原性の統一をもっているのである」（草稿E III5, Husserliana, Bd. XV, S. 593f.）。

（一〇一）この箇所の原文は次のごとし――Cela, qu'on [?] les processus psychologiques (inconscients) ou les processus physiologiques (《mystère》 du cerveau). (p. 285, l. 27–29) 編者の挿入した疑問符〈?・〉の位置は以上のとおりで、疑問符を付されたqu'onをどう解読するかは議論の分れるところであろうが、日本文として意味が通りやすいように、ブラケット内の小活字［問題となるのが］を補って訳した。

（一〇二）surdétermination 精神分析学の用語、独原語 Überdeterminierung (od. mehrfache Determinierung) ――無意識の形成体――例えばヒステリーの症候や夢――が多数の決定因子を暗に示すということ。

（一〇三）原文は六四年版では［dérisoire ?］七九年版では［dernière ?］となっている(p. 286, l. 11)。前者によれば［笑うべき?・］後者によれば［終局的な?・］で、本訳文では後者に従った。

（一〇四）「感覚論的身体」――原語 corps esthésiologique については本書二三七頁（原書p. 192）、本書二四六頁（原書p. 200）などに既出。また、esthésiologique なる用語については、以上のほか本書二八〇頁（原書p. 226）*Ineinander* esthésiologique　本書二八九頁（原書p. 231）に *Einfühlung* esthésiologique として既出。

なお、Résumés de cours, p. 177 に次のような文言がある。「《esthésiologie》すなわち諸知覚を具えた動物としての身体の研究」。さらに、Signes では次のように述べられている。「フッサールにとって他者経験とはまず第一に《esthésiologique》である。そして他者が実際に存在するのであって、観念的な項、すなわち私の意識と私の客観的な身体との、ならびに他者の客観的な身体との諸関係を補完するような第四の比例項としてではないとするならば、そうであらねばならない。私がまず知覚するのは、他の《感受性》Empfindbarkeit であり、そしてそこから出発してのみ、私は他の人間や他の思考を知覚するのである」(p. 213.)。「*Einfühlung* の謎の全体は、その端緒の位相、つまり《esthésiolgique》の位相にあり、そしてそれは一つの知覚であるのだから、その位相のうちで解決されている。他の人間を《立てる》のは知覚する主体であり、他者の身体は知覚されたものであり、他者そのものは《知覚するもの》として《立て》られる。問題なのは、共‐知覚以外のものではけっしてない。私が私の右手に触れつつある私の左手に触れるのと同様に、私はそこにいるその人間が見ているのを見るのである」(p. 215)。［『シーニュ』「哲学者とその影」より」
なお、独訳者は訳注で、Ideen II（Husserliana Bd. IV, S. 284）を参照させ、次のような説明を加えている。「Ideen II のこの箇所では、《aesthesiologischer Leib》が問題となっており、この身体は感覚するものとして物質的な身体に依存してはいるが、これと同じではない」。因みに、Ideen II の参照箇所では、次のように述べられている。「……われわれが、身体は物体であって、したがって物理学的自然として規定可能であるという点を度外視するならば、身体は、身体として二面的実在性なのである。……

1 *der aesthesiologische Leib.* 感覚するものとして身体は、物質的な身体に依存している。しかし、この場合にはさらに、人格的な周囲世界の現出ならびに項としての物質的な身体と、物理学的な身体とが、区別されうるのである。

2 意志的身体、すなわち自由に運動する身体。この身体はまた、精神がこの身体によって自由に活動的に遂行しているところの、さまざまな可能的運動への関係とも同じものである」。

（一〇五）「私の〈意識〉の出血」――hémorragie de ma《conscience》。サルトルに由来する言葉。『存在と無』第三部、第一章、Ⅳによれば、他の「対自」としての他者の出現に気づくことは、私という「対自」を中心に意味づけられていた世界が、この他の「対自」を中心とする世界へと偏心・流出することであり、いわば私の「意識」の出血である。「私の宇宙は、その存在の只中に、排水孔をうがたれ、この孔をとおして、私の世界がたえず流出するように思われる」（L'être et le néant, p. 313, 邦訳第2分冊八四頁）。また「人間は世界のなかの対象であるが、この対象は、宇宙の一つの内的流出、一つの内出血 hémorragie interne を起させるような対象である」（ibid., p. 315. 同上八七―八頁）。

（一〇六）「投射」（projection）と「摂取」（introjection）――精神分析学の用語として、この文脈で用いられているとは断定できないが、一応その意味を要約すると、前者は自我もしくは超自我によって承認されない欲求――つまり主体がみずからに対して拒みあるいは認めまいとする資質や感情・欲望――を自己から廃除し、他者（他人のみならず、物的対象や幻想対象も含めて）に帰することであり、後者は、逆に他者における好もしいもの――つまり快の源であるようなもの――を自己へと取り込む現象。前者は例えば、浮気心を起して妻が疎ましくなった夫が、逆に妻に不貞の疑いをかけたりする場合に、後者は例えば幼児もしくは生徒による両親・教師・偉人のイメージの自己への同一化に容易に見られる。

（一〇七）この箇所原文は——L'autre dimmensionnalité se greffe sur les précédentes à partir d'un *zero de* profondeur p. ex.（p. 289 下段 l. 8-9）であって、直訳すれば——他の次元性は、先だつ諸次元性に、例えば奥行のゼロからのように付け加わる——となる。訳文では「奥行のゼロからの［現出の］ように」と補訳した。

（一〇八）「取り囲み擒にする意味」——原語は sens d'investissement 独訳は einnehmender Sinn。

（一〇九）この閉じの丸括弧は原文にはなく、訳者の補い。

（一一〇）「一般性」の原語は généralité。これに先だつ *généralité d'horizon, de style* は概念化される前のいわば生きられた一般性ゆえ、「類属性」なる訳語をあててみた。もちろん「一般性」でも「普遍性」でも事柄がわかれば、構わない。

（一一一）「勾配」（gradient）——この箇所と直接関係があるかどうか不明だが、参考までにこの語が見られる Résumé de cours, p. 173（『講義要項』「自然とロゴス——人間の身体」）の一文を挙げておく——「《gradient》と《champ》（場・領野）という概念——すなわち互いに重なりあい、そこにおいては規整が蓋然的でしかないような周縁の存在を中心領域のかなたに許容するところの、〈器官 - 形成的〉諸管区（territoires）の概念——の出現は、物理学的思惟の変革にも劣らぬ重要な、生物学的思惟の変革を表わしている」。以上の文は、ドリーシュ（Driesch）以後の発生学の発展方向について論じた文脈のなかに現われる。発生学は、前成説（préformation）と後成説（épigenèse）の間の二者択一を拒み、この両者を《相補的》と見なし、胚胎形成（embryogenèse）を《Flux de détermination》（流動的な決定過程）として記述する。それゆえ《gradient》とは、胚における器官形成の力能が中心から周辺に向って漸減し蓋然的となる《champ》（場）の構造をいうのであろう。

（一一二）独訳者は《empiétement》intentionnel に相当する独訳語 intentionale《Übergreifen》に注して、「この表現については、Carterianische Meditationen（Huss. I), S. 142 ; Gemeingeist II,（Huss. XIV）S. 200f（s. u. S.306 Anm.）を参照」と付記している。なおこの語は原書 p. 251, p. 284（本書三二二頁、三七九頁）にもすでに出てきている。

(一一三)「遮蔽‐記憶」(souvenirs-écran) 前出「問いかけと直観」訳注(三)本書五一〇頁参照。

(一一四) 独訳者の注――「この未刊稿は見あたらない。しかしフッサールはIdeen II (Huss. IV) p. 31において、事物の実在的特性(reale Eigenschaft)のそれぞれは、Strahl seimes Seinsであるということについて語っている」。

因みに指摘された箇所の原文・試訳を下記に示すと――Das Ding ist, was es ist, in seinen realen Eigenschaften, die einzeln genommen nicht in gleichem Sinn notwendig sind ; jede ist ein Strahl seines Seins. Aber die körperliche Extension ist nicht in demselben Sinn Strahl des realen Seins, sie ist nicht in gleicher Weise 《eigentlich keine》 reale Eigenschaft sondern eine Wesensform aller realen Eigenschaften. (Huss. IV, S. 31) [物はその諸多の実在的特性において、物がそれである当のものなのであるが、これらの性質は個々にとらえれば決して同等の意味で必然的ではない。それぞれの特性は物の存在の一つの〈Strahl〉である。しかしながら物体的延長は同じ意味において実在的存在の〈Strahl〉であるのではなく、また同等の仕方で(「本来的にはいかなる」)実在的特性であるのでもない、むしろ物体的延長はすべての実在的特性の本質形式なのである]。ただし、以上の条りとメルロの「研究ノート」の文脈とがどう継がるのか、訳者には不明である。なお、〈rayon〉という語を「輻」と訳したが、「光線」とか「放射線」という訳語にも、本文の主旨からして、必ずしも納得がいかないからである。あるいは「半径」「範囲」ということかもしれない。「輻」はその意味も含めている。

(一一五) 近代物理学における「量子」の登場を指すのか。

(一一六)「遠隔作用」〈action à distance〉――フッサールによると、「感性的主観としての主観は、現在と過去とに跨がっている(übergreifen)。それは自然の場合と同様ではない、自然においては過去における事物の諸状態が存せず、ただ現在のものだけが現実的(wirklich)であり、現実的に《能作している(leisten)》のである。……私の過ぎ去ったもろもろの決断は再生され、再び生き生きしたものとなり、今や改めて、かつ直接的に活動する」。そして、フッサールはその在り方を「物理的自然」(die physische Natur)の在り方と明確に区別して、「それは自然におけるのと同様ではない。自然においては、連続的時間的作用が生起し、各瞬間は先行する瞬間の結果という沈澱をおのれの内に蔵し、各々の時間的《瞬間》だけが現実的(real)であり、すべての因果性をおのれの内にたたみ込んでいる」と語る。これに反して「[精神にあっては]過去そのものが再生の場(Medium)を通じて現在のうちに働く。

各々の決断は将来へと遠隔的に働く（wirkt ferner）のである。それは、その決断が《心《ゼーレ》》において連続的に変化する過程を引き起し、その末端に将来の結果が自然におけるのと同様に出現する、ということではなく、《未来に向って》立てられた意志が現在的になり自己を実現するものとなるということである。過去の自我が自己自身に遠隔作用（Fernwirkung）を及ぼすのである」と述べている（Husserliana XIV, S. 201-202）。

（二七）「西洋さんざし」については、プルーストの『失われた時を求めて』（À la recherche du temps perdu, Bibliothèque de la Pléiade, Gallimard）第一編「スワン家のほうへ」（Du côte de chez Swann）の第一部（p. 110 et suiv., p. 135 et suiv., p. 182. プルースト全集I『失われた時を求めて　第一編　スワン家のほうへ』井上究一郎訳、筑摩書房、一四四頁以下、一七六頁以下、二三七頁）参照。

最初の二箇所で、私（話者）は、幼少年時代に散歩をしたメゼグリーズの方などにまつわる思い出を語り、最後の箇所で、このように回想している現在の私について次のように述べる。「創造する信念が私のなかで枯渇したにせよ、現実というものが記憶のなかでしか形成されないにせよ、今日初めて私に見せられる花は、私にとっては真実の花ではないように見える。リラ、さんざし、矢車草、ひなげし、りんごの木とともにある、メゼグリーズの方と、……ゲルマントの方とは、私が生活したいものだと思うような土地の姿を私に対して永久に据え付けてしまったのであり、その土地で私が何よりもまず求めることは、人が釣りに行けることや、ボートで遊べることや、ゴシック風の要塞の廃墟を見ることや、……麦畑の真ん中に、いにしえを偲ばせる、ひなびた、藁塚のような金色をした教会を見出すことなのである。私が旅をしたときに野辺で今でも出くわすことがある、矢車草、さんざし、りんごの木は、それらが同じ深さに、私の過去の水準に位置付けられているがゆえに、ただちに私の心と交流するのである」（この訳文は訳者独自のもの）。

（二八）*Ἐγώ* と *οὔτις*――*Ἐγώ* は「我」*οὔτις* は「誰でも……ない」nobody。前出訳注（六一）本書五三三―四頁参照。

（二九）Also sprach Zarathustra（『ツァラストゥストラかく語りき』）の Die stillste Stunde（「いとも静かな時」）の次の文への言及と、独訳者は注している。《Die stillste Worte sind es, welche den Sturm bringen. Gedanken die mit Taubenfüßen kommen, lenken die Welt》（嵐を呼ぶのはいとも静かな言葉である。鳩のようにそっとやって来る思想こそ、世界を導く）

（二〇） 編者注にハイデガー『形而上学入門』のある箇所への言及とあるが、これはすでに原書 p. 154 本書一八七頁の原注にかなり長い文章とともに、ブラケット入りの編者補注で示されていることである。ただしこの文章にそっくり当てはまる原文は、少なくともハイデガー原書の指定箇所には見当らぬ。ほぼ該当すると思われる原文を抄訳すれば、下記のとおり――「二三の例が理解の助けとなるであろう。街路の反対側に高等学校の建物がある。……さて、この高等学校の存在《ザイン》はいずこにあるか……存在は、われわれが存在者を観察しているということのうちに、存するのではない。われわれが観察していない時にも、この建物はそこにある。そのうえ、この建物の存在は、誰にとってもひたすら同じであるようには、見えない。われわれ、すなわち見物人や通りすがりの人間にとってと、そのなかで学ぶ生徒にとってとでは、建物の存在は違うのだ。……このような建物の存在を、生徒たちはいわば嗅ぐこともできるのであり、しばしば、何十年後にもその香を鼻のなかにもっている、ということもある。香は記述や視察よりも遥かに直接的に、真実に、この存在者の存在を呈示するのである。しかも他方、この建物の存立は、この、どこかに漂っている嗅覚物質に存するのでもない」（Einführung..., Tübingen 1966, p. 25）。

（二一） *Nullpunkt*（零点《ゼロ》）――独訳者はフッサールの Ideen II（（Huss. IV）S. 158 を参照させている。因みに、該当すると思われる原文を挙げれば――Der Leib nun hat für sein Ich die einzigartige Auszeichnung daß er den *Nullpunkt* all diesier Orientierung in sich trägt. Einer seiner Raumpunkte, mag es auch kein wirklich gesehener sein, ist immerfort im Modus des zentralen Hier charakterisiert, nämlich in einem Hier, das kein anderes außen sich hat, in Beziehung auf welches es ein "Dort" wäre.（ところで身体は、おのれの自我にとっては次のような独特の卓越性を有している、つまりこれらの方向づけのすべての零点をおのれのうちに担っている、ということである。その空間上の諸点の一つは、たとえ実際に見られていなくても、つねに中心的なことという様態において特徴づけられている、すなわち他のいかなるここをも――つまりそれに対しておのれが「そこ」となるようないかなるここをも――おのれの外には有しない一個のこことして、特徴づけられている）。

（二二） 原文――il se constitue *en soi* par là（p. 302 下から l. 10） 独訳はこれを、er konstituiert sich dadurch *an sich*（それは、これによって即自的に自己を構成する）と訳しているが、訳者は承服できない。身体は反省的に自己に関わることによって、おのれを「自己」となすのである。*en soi* は *an sich* ではなくて *zu sich* でなくてはならない。

(一三三) マールブランシュは魂の自己認識を、「自己と区別されないものについての認識」(『真理の探求』第3巻第2部第7章第1節。Œuvres completes de Malebranche, Vrin, I, p. 449) として捉え、次のように述べている。「われわれは魂をそれについての観念によって認識しはしない。われわれはそれを神において見はしない。われわれはそれを意識によってのみ認識する。…われわれは魂について、われわれのなかで生起するとわれわれが感ずるもののみを、知るのである」(同第4節 id., p. 451)。「魂とその変容とは観念によってではなく、感情によってのみ、知られる」(id., p. 452)。

(一三四) 「それの」原語は *son* (p. 303, l. 21)。これが何を受けるか問題である。文の流れからいえば、この文中の先行する主語 elle (訳文では「この経験」) であり、さらにこれは l'expérience que j'ai de moi percevant (ibid., l. 19) ——「知覚する私について私が抱く経験」——であろう。難解だが意味は通ずると思う。

(一三五) 独訳者はフッサールの Umsturz der kopernikanischen Lehre, S. 323 を参照させている。なおこの文献については、本書五五一—二頁の訳注(一三一)参照。

(一三六) 例えば Matière et mémoire, P. U. F., p. 31-2 ; Œu., p. 185 (『物質と記憶』第一章) ——「意識を演繹するとすれば、それは甚だ大胆な企てというべきだろう。しかし、かかる演繹はほんとうは、ここでは必要ないのである。なぜなら、物質的世界を措定することによって、われわれはおのれにイマージュの全体を与えてしまっているからである……」。あるいは ibid., p. 258 ; Œu, p. 360 (同書「要約と結論III」) ——「いっさいの実在性が意識との親近性、相似性を、結局意識とのある関係をもっているということ、これは、われわれが諸事物を《イマージュ》の全体と称したことによって、観念論に対して認容したことなのである。……」

(一三七) 「回顧的実在性」(réalité rétrospective) ——もとベルクソンに由来する言葉。本書五二八—九頁訳注(四〇)「真なるものの退行運動」参照。ここでは「著述家が人生や感情について述べることを、それぞれの読者が真実だと感じ、おのれ自身のうちに再発見する」という事実をいう。

(一三八) Todo y Nada——スペイン語で「いっさいか無か」の意。

(一三九) 『存在と無』(L' Être et le néant) のなかに、「主観 - 他者」の存在仕方として「不在」を取り上げ、その具体例として、「ロンドン、インド、アメリカ、……にいるピエール」（p. 338）および「モロッコにいる私のいとこ」（p. 339）を挙げている。メルロがここで語っている「アフリカにいるピエール」とは、これのことか。例えば、先の「ピエール」に関して次のような文がある、「ロンドンにいても、インドでも、アメリカでも、無人島にいても、ピエールはパリに残っているテレーズに対して現前しているのであり、彼の死に至るまでピエールはテレーズに現前し続けるだろう」（p. 338）。

（三〇）「サルトルの述べるような歴史哲学」——恐らくLa critique de la raison dialectique, NRF, 1960のことか。そのうちのQuestion de méthodeは一九五七年に発表されている。

（三一）*Ur-Arche*については、本書の編者が注で指摘したフッサールの草稿Grundlegende Untersuchungen zum phänomenologischen Ursprung der Räumlichkeit der Natur. 通称Umsturz der kopernikanischen Lehre. (Philosophical Essays in Memory of Edmund Husserl, edited by Marvin Faber, Greeenwood Press, 1968, p. 307-325.)（講座現象学3　付録「自然の空間性の現象学的起源に関する基礎研究——コペルニクス説の転覆」弘文堂、二六七頁—二九四頁）参照。

この草稿の編者（A. Schutz?）の注によれば、「……根元的な意味での箱舟（Ur-Arche）としての地球は動かない。……」という語句が封筒の上に記されていたとのことである。

ArcheとUrhistorieについては、この草稿に、たとえば次のような表現がみられる。「……どんな民族にしても、またその歴史《ヒストリジテート》にしても、そしてどんな超民族（Übervolk）（超国家［Übernation］）にしても、それぞれ究極的にはもとより「地球」を故郷としており、あらゆる発展、あらゆる相対的歴史《ヒストリー》はそのかぎりで、それらをエピソードとして含む唯一の原歴史（Urhistorie）をもっている。……

……われわれはこれまで、飛行しているもろもろの箱舟《アルケー》（Arche）（これは〈根元的な住処《すみか》〉［Urheimstätte］の一つの呼び方といってもよいであろう）というものの可能性を明らかにしてきた。すなわち、「経験」のなかで、（換言すれば、そこにおいて世界が構成され、さらにその世界のなかで、物体的自然、自然のもつ空間と空間時間、人類及び動物たちすべてが構成されることになる歴史《ヒストリジテート》のなかで）これらの箱舟《アルケー》は結局のところ地球に対する「飛行船」「宇宙船」にすぎないことが判明するのである。すなわち、これらは地球から出発してふたたび帰還しつつあり、人間たちに住まわれ操縦されており、そしてこの人間たちは、世代発生上の究極的な起源と彼ら自身にとっての歴史上の起源からみると、彼らの箱舟《アルケー》である地球地盤を故郷としている、といったことが判明するのである」（p. 319. 新田義弘・村田純一訳、二八四―五頁）。

また、Résumés de cours, p. 169に「ノアの箱船（Arche）が生き物たちを大洪水から守ったように」という表現が見られる。

なお、ハイドシェックは、メルロ＝ポンティの別のテキストから、大地とは「知と文化の種を将来へと運ぶ箱舟（arche）」（Annuaire du Collège de France, 1957, p. 214, cité par F. Heidsieck.）である、という表現を引用しつつ、ドイツ語のArcheが、起源、始源を意味するギリシア語のarchéと、ノアの箱舟を意味するラテン語のarcaとの両者の表記であることから、メルロ＝ポンティは、語呂合わせを楽しんでいるとしている（F. Heidsieck, L'ontologie de Merleau-Ponty, P.U.F. p.70).

（三）「実在的対立の関係」（rapport d'opposition réelle）――カントによると、実在的対立（Realrepugnanz, reale Opposition）とは、「根拠としてのあるものが、何かほかの根拠の帰結を実在的反対によって廃棄するときにつねに生じる」ものであるが、しかしその帰結はなにものでもない無ではなく、なにかあるものEtwasである。カントは例えば、一つの物体において反対方向に働く二つの力を挙げている。「一つの物体におけるある方向への動力と、同じ度合の反対の方向へ向う力とは矛盾しない。両者は現実的にも同時に一つの物体において可能である。しかし一方は他方の実在的帰結を廃棄するものである、……一個のものにおいて、両方の力の帰結は合わせると0である。すなわち、この対立しあう動力同士の帰結は静止である。しかるにこの静止は疑いもなく可能である」（Beweisgr. Gottes, Akademie Textauogabe Bd. II, S. 86）と語っている。それゆえ、この実在的対立は、論理的対立（logische Opposition）ないし矛盾（Widerspruch）と、明確に区別されることになる。論理的対立ないし矛盾とは、「同一のものに関してあることが同時に肯定され否定される場合」であり、「この論理的連言の帰結はまったくなにものでもないgar nichts（表象不可能な否定的な無nihil negativum irrepraesentabile）」。例えば、「同一の観点において同時に運動しかつ運動していない物体はまったくなにものでもない」（Neg. Gröss. ibid., S. 171）。これはまた、思考不可能なものであり、先の論文の別の箇所で「四角な三角形」（Beweisgr. Gottes, ibid., S. 77）という例も挙げられている（『神の存在の唯一可能な証明根拠』Der einzig mogliche Beweisgrund zu einer Demonstration des Daseins Gottes, 1763, および『負量の概念を哲学に導入する試み』Versuch den Begriff der negativen Grössen in die Weltweisheit einzuführen, 1763 参照）。

（一三三） 独訳は例えば、として Cartesianische Meditationen（Huss. I), S. 142 における《Sinnesübertragung》in der Fremderfahrung（他者経験における「意味の転送」）あるいは Ideen, II（Huss. IV), S. 166：《übertragene Kompräsenz》（「転送された共現前」）を参照させている。しかし前者においてはすでにS. 140 に apperzeptive Übertragung von meinem Leib her という語句がゲシュペルトされて出現する。これは他者の身体の身体としての把捉が「私の身体からの統覚的転送」によっておこなわれるということである。後者においても S. 164 にやはり、私が私自身の感官領野ならびに感覚領域で遂行する《Lokalisierung》（位置づけ、局在化）が他者の身体に転送される überträgt sich という旨の文が見える。

（一三四）「投射」「摂取」については、前出訳注（一〇六）本書五四五頁参照。なおこの等式は等式として厳格に理解さるべきであろう。つまり見るものと見えるものとの関係が、投射と摂取との関係に等しいといっているのであって、見るものと投射、見えるものと摂取とが直接較べられているのではない。

（一三五）「筋の通った変形」（déformation cohérente)。アンドレ・マルローの用語。A. Malraux, La Création artistique, p.152. メルロ＝ポンティは La Prose du monde, p. 85（『世界の散文』「間接的言語」）において、この語を借用している――「われわれが世界のさまざまな与件を《筋の通った変形》へと従わせたときに、意義（signification）が存在するのである。……世界にとって最も無縁な当のもの、一つの意味（sens）を世界に到来せしめるためには、諸物象の充実のなかに、われわれが若干の窪み、何がしかの裂目をしつらえれば十分なのである――そしてわれわれは、生きるやいなや、こうしたことをおこなっているのである。また上述の意味とは、つまりはわれわれを現在もしくは将来、あるいは過去へと、存在あるいは非存在へと……誘《いざな》うところの教唆にも類するある教唆なのである。図と地、基準と逸脱、上と下とが存在するやいなや、すなわち世界のなにがしかの要素が、次元という価値を担い、今後われわれがこれに従って他のすべてを測り、それとの関係によって他のすべてを示すようになるやいなや、様式《スタイル》が、（したがって意義が）存するのである。様式とはそれぞれの画家にあって、この表現の作業のために、彼がおのれに向って構成する等値性のシステムであり、彼の知覚のうちにまだ分散している意義を、それによって集中し明らさまに存在せしめる所以の《筋の通った変形》の一般的・具体的指標なのである」。以上によって見ると《筋の通った変形》とは、画家の描くべき対象・景観——知覚世界——を、そこに含まれた若干の要素を尺度として編成し直し様式化することであり、しかも恣意的になされるのではなく、知覚世界に散らばっているその意味の集約・顕在化のためになされるデフォルメである。本書本文では、この語は画家の作業についてではなく、「見るもの－見えるもの」という視覚を可能ならしめる構造について用いられている。しかし上に引用された文においても、「一つの意味の世界への到来」について語られ、これが「われわれが生きるや否やおこなっている」ところの、「諸物象の充実のなかに若干の窪み、裂目をしつらえる」という存在論的作用によって生ずる所以が述べられている。それゆえ画家の作業について用いられた「筋の通った変形」は、すでに知覚において、つまり「われわれ」という存在の「窪み」「裂目」の出現において、すでに原初的になされているのであり、絵画とは、したがって知覚における意味の出現を今一度「筋の通った変形」「様式化」によって、顕在化させるものということができよう。なお ibid., p. 83 に「知覚はすでに様式化している」という言葉が見える。

（三六）「今にも飛び出そうと身構えている観客」——原語は spectateur imminent 独訳は Zuschauer auf dem Sprung——独訳を参考にして訳した。

（三七）前出訳注（三三）本書五五二頁参照。

（三八）sérial-éternitaire——sérial は英語から由来した語で、一人の人物の経るさまざまな出来事を描く小説や映画の様式——いわゆる続きもの——を言い、éternitaire は論理学の用語で、述べられる際の状況に関わりなしに真理価値を有する陳述を言う。例えば「ナポレオンはセント・ヘレナ島で死んだ」「2プラス2は4に等しい」など（以上 Grande Larousse による）。なお以上の語句に続く原文 ou idéal（もしくは理念的）は éternitaire と同義。

（三九）独訳者は注して、多分ハイデガーの Hölderlin-Auslesung（ヘルダーリン解釈）への言及だろうと推量して、次の文を引き合いに出している——《Wir nennen die zugemessene Durchmessung, durch die das Zwischen von Himmel und Erde offen ist, die Dimmension》（Vorträge und Aufsätze, S. 197）［それによって天地の間なるものが開かれる所以の、割り当てられた測定を、われわれは次元と名付ける］。この測定に添う尺度は《ganze Dimension》（S. 198）（全次元）に関わる、と付言されている。

（一四〇）「自己否定」――原語は la négation de soi.（p. 320 中段 l. 9）。独訳は Negation ihrer selbst（否定自身の否定）と意訳している。その断章の最初の文に「否定の否定」（négation de la négation）という語が見えるから、あるいは独訳どおりに解すべきかも知れないが、一応直訳して「自己否定」としておいた。原語は négation de soi であって négation d'elle-même ではないのだから。

（一四一）［これこれという］存在に先だつ存在――ブラケットのなかは、原語の être avant l'être の定冠詞にあたる意味を推察したもの。つまり文の前段に、「客観ではなくて、諸領野であり、穏やかな、非‐措定的な存在」とあって、その後にすぐ続いて être avant l'être とくるのだから「これこれと措定される存在となる以前の領野的存在」という意に、解せられる。

（一四二）前出訳注（三）本書五二〇頁参照。ならびに（Ch. Péguy, Cahier de la Quinzaine, X-13, 20. Juin 1909,「それ（歴史）はほんとうは、自己自身を書き入れるかの歴史のみを、記載するのである」参照（独訳注の借用）。

（一四三）本書本文「問いかけと直観」の章のうちのベルクソンに関する節（本書一九八頁以下、原書 p. 162 以下）参照。なお Résumé de Cours, p. 109-110 参照。

（一四四）原語 le Principe barbare――なおこの語について、独訳はシェリングの『世代』（Schelling, Die Weltalter, hrsg. von M. Schröter, München 1979, S. 51）を参照させている。《barbarischen Prinzip…, das, überwunden, aber nicht vernichtet, die eigentliche Grundlage aller Größe ist》（克服されはするが、根絶されてはおらず、あらゆる偉大なものごとの本来の基礎である未開の原理……）。なお独訳者はメルロ＝ポンティの一九五六―五七年の自然についての講義に触れ、Résumé de cours, p. 106 et suiv.を参照させている。ここには例えば次の文が見られる――「絶対者がもはや自己原因、つまり無の絶対的対立者《アンティテーゼ》ではないように、〈自然〉はもはや《可能的な唯一の世界》の絶対的肯定性をもってはいない。すなわち la erste Nature（第一の自然）は両義的な、シェリングのいうように《未開の》原理であって、この原理は超出されることはあっても、決してあたかも存在しなかったかのようになることは決してないし、神そのものに対してすら決して二次的と考えられることはできないであろう。」――この文は、先にシェリングの文として独訳注に引用されたものに対応する。

（一四五）「サルトルによるところの観察可能なものの基準」――サルトルはアランの『芸術論』（Alain, Système des beaux-arts, 1926, Gallimard）の言葉に基づいて、想像された限りのパンテオンが何本の柱をもっているか、数えることはできないが、知覚される限りのそれは、観察可能であり、したがって柱の数を数えることができると、論じている（J.-P. Satre, Imaginaire, p. 117 邦訳『想像力の問題』第二部V、人文書院、一二三頁参照）。

（一四六）「知覚のなかに介入してくるアランによるところの想像的なものの基準」については、Alain, Éléments de philosophie, Gallimard, 1941, p. 57（『哲学初歩』第十章『精神と情念に関する八十一章』第一部第九章）より次の文章参照――「最も厳格な知覚においても、想像は絶えず出没している。つまり想像は、絶えず現われてはすばやい尋問にあい、また観察者のちょっとした変化によって、最終的には断固たる判断によって、除去される」。

サルトルの「観察可能なものの基準」と並べて、アランによるところの「知覚のなかに介入してくる想像的なものの基準」が「ここで論駁される」ことになるのだが、厳密にいうと、アランによれば知覚のなかに絶えず想像的なものが入ってきて知覚を誤らせる恐れがあるが、これを防ぐのは「最終的には断乎たる判断」であることになる。そして「想像的なものの基準」とは、「想像的なものの真偽を判定する判断基準」ということである。こうした基準が、「知覚の沈黙＝鉄線でできた対象、それが何であるか、いくつの面をもっているか、など私が言おうとしても言えないような……対象」によって論駁されるのである。

（一四七）「実存的精神分析」psychanalyse existentielleとは、サルトルが『存在と無』において、フロイトの「精神分析」に対して、提唱したものである。彼によれば、フロイトの「精神分析」は「人格」を実体的な欲望に還元しようとするが、「実存的精神分析」は、具体的で個別的な「人格」を把握するものだという。それは、「コンプレックス」ではなく、その人の具体的な諸行為を貫く「根源的選択」を把えることによってなされる。この「根源的選択」は、個々人の、自己に対する、世界に対する、他者に対する、根源的関係を表わし、「対自」が、みずからの理想たる「即自対自」に至ろうとする「存在欲求」に動機付づられたものである。それはまた、個々の具体的な「物」の所有を通じて、世界全体を我が物にしようという、換言すれば、自己と世界の「存在根拠」であろうとする根源的欲求である。「実存的精神分析」とは、こうした個人における「根源的選択」、および具体的なある即自（対象）を通じての「存在欲求」を把握しようとするのである。例えば、「それ（実存的精神分析）は、おのおのの人格（personne）がおのれを人格となす所以の、すなわち自己自身におのれが何であるかをみずから告知する所以の、主体的選択を、厳密に客観的な形のもとで、明るみに出す方法である。実存的精神分析が探求するものは、一つの存在（un être）であるとともに一つの存在選択（un choix d'être）でもあるから、実存的精神分析は個々のさまざまな行動を、性欲（sexualité）や権力意志といった関係に還元するのではなく、それらの行動に表現されている根本的な存在関係に還元しなければならない」（L'Être et le néant, Gallimard, 1943, p. 662.）と、述べられている。また他の箇所では、「あらゆる対自は自由な選択である。……いまわれわれはこの選択の意味をとらえることができた。その選択は、直接的にせよ、世界の我有化（appropriation du monde）をとおしてにせよ、あるいはむしろ同時に両者によるにせよ、存在選択である。こうして、私の自由は神であろうとする選択であり、私のすべての行為、私のすべての企ては、無数の仕方でこの選択を表わし、これを反映している。……実存的精神分析は、各人がおのれの存在を選択する根源的な仕方を、経験的で具体的なこれらの企てをとおして再発見することを、その目的としている」（ibid. p. 689）と、語られている。

（一四八）「存在論的差異」différence ontologique　ハイデガーのいう、存在者と存在との区別のことをいう。ドイツ語では、die ontologische Differenz。例えば Von Wesen des Grundes, Vorwort zur dritten Auflage (1949). Wegmarken 1967, S. 21. 参照。

（一四九）「持つ」――*a*（avoir）　この語が特にイタリックになっており、実存する（existe）ものとしての「円」を主語とする述語動詞である以上、われわれは Ph. P.（『知覚の現象学』）p. 203（第一部VI表現としての身体と言葉・邦訳二八九頁）での avoir の使用法を想起する必要があろう。言葉《パロル》に関して「ここでも例によって《持つ》（avoir）という関係が《習慣》（habitude）という語の語源にはっきり現われているにもかかわらず、さしあたり《ある》（être）という領域に属する諸関係によって、あるいはこういってよければ世界内部的（intra-mondaines）な諸関係によって、掩いかくされている」。そしてここで注して（邦訳七九二頁）マルセルの用法と比較して、自分の用法をむしろほぼその逆だと説明している。「……私はむしろ、物としての存在もしくは述定機能（このテーブルはある、もしくは大きいものである）という弱い意味を《ある》という語に与え、《持つ》という語で、主体と主体が自己を企投するものとの関係（私は一つの考えをもつ j'ai une idée 私は欲求をもつ j'ai envie 私は恐れをもつ j'ai peur）を表わすことにしたい……」と述べる。

(一五〇)「エレメント」《élément》とは、ここでは近代的な意味での「要素」ではなく、「棲み処」「本領」の意。古代人のいう四大(地水火風)。本書二二六、三五九頁参照。前出箇所では「原質」と訳した。

(一五一)「包含する」(comprendre)――独訳は verstehen 英訳も understand と訳している。comprendre には「包含する」と「理解する」の両義があるが、訳者は前者を採った。ただし続く文章で――私にとっての見えるものが、……肉であるがゆえに、すなわち私の身体を抱擁し、それを「見る」ことができる肉であるがゆえに……――と言われているので、comprendre は「包含する」と「理解する」とを同時に意味しているのかもしれない。

(一五二)「フォイエルバッハ-マルクス一八四四年」――Marx, Ökonomisch-Philosophisches Manuskript(マルクス『経済学-哲学草稿』)が一八四三年から四五年のパリ滞在中に書かれた。フォイエルバッハも一八四四年のマルクスも「人間学」の唱道者とメルロは見たのだろう。

訳者あとがき

メルロ＝ポンティの『見えるものと見えざるもの』が世に現われたいきさつについては、編者前書に述べられているので、訳者がこれ以上付加すべきことは、何もない。

本訳書に接する読者があるいは奇異に感ずるかもしれない句読点も活字もない欠字部分も、原文のままであること、編者によるブラケット内の補充語句に、さらに本文より小活字で訳者の補いを付加したこと、独訳者の訳注を断り書きつきで借用した部分があること、などを、あらかじめ申し述べておく。

本書はいうまでもなく、メルロ＝ポンティの長年の思索の総決算として企てられたものだが、未完成であり、文意必ずしも明らかではない文章も見られ、とりわけ「研究ノート」は、覚書・断章の集積なので、この感が深い。「全体にわたって」隈々まで明晰に理解することは、訳者自身――何度か数えきれぬほど読み返したにもかかわらず――にも不可能である。しかし「全体として」著者の言わんとする所を察し取ることは、訳者には出来たと思うし、読者の方々にも可能と思う。著者好みの言い回しを使えば、一つ一つの言葉の語義の文法的加算といった式の理解ではなく、「差異化」としての語義を文章の音調とともに受けとり、その積分を求めるといった理解、つまり「行間を読む」といった流儀の理解なら可能であろうし、メルロを読む場合には、特にこのような理解が求められねばならない。

メルロにとって古典哲学者、例えばデカルトを理解する、ということは、いわゆる客観的理解、つまりデカルト自身が提起した問題に即してデカルト文献を辿り直すことに尽きるものではなかった。むしろわれわれが抱える問いを、表面的な問題状況の相違を越えて、デカルトにぶっつけて見ることこそ、却ってデカルトを現代に、われわれのうちに生かすという意味で、これを理解することなのである。デカルトには、その時代の精神的・学問的状況が課する特殊な問題があったに違いない。しかしメルロ＝ポンティによれば、その名に値する哲学者は、どのような問題状況においてであれ、特殊な問題を通じて実は「存在」を問うていたのであり、かつ「存在」へと問いかけていたのである。ゴッホがミレーを模写することによって、みずから自己を発見したように、われわれはデカルトを通じてわれわれ自身の問いを深めることができる。そしてわれわれの問い、すなわち「存在」への問いは、これをデカルト的状況において、彼のうちに再発見できるのであり、こうして中心的問いを媒介とするわれわれの問題状況とデカルトのそれとの間の相互透入こそ、われわれのデカルト理解を真に生けるものたらしめる所以なのである。

デカルトを理解することは、歴史上のデカルトになり切ることではない。こんなことは望んでも不可能だし、たとえ可能だとしても、われわれとデカルトとの間の隔たり、差異があればこそ、意味があるというものであろう。差異を介しての、距離を隔てての合致なら、意味もあろう。しかしまったく同じものが再現することに意味はない。メルロ＝ポンティがベルクソンを論じた幾節かを、本文の「問いかけと直観」の後半部分に見出すことができる。ひと言でいえば、ベルクソンの目指した知の理想、彼のいわゆる「直観」は、対象の生命つまりその持続と合致・融合することにほかならない。知の主体と対象との間には、社会通念はじめさまざまな夾雑物が介在して、この合致・融合を妨げる。何よりも社会の先入主と、事象を空間化し固定しようとする知性の傾向とを体現する言語が、知の主体と対象とを隔てる。ベルクソンの知の理想を実現しようとすれば、勢い沈黙の直観に立て籠るほかはない。しかし実際は、ベルクソンの哲学的経験のなかで沸騰する直観の泡立ちが表現を求め、哲学者もこれに応じて言葉に言葉を重ねて、言語の制約を越えようとする。したがってベルクソンが実際に求め獲得したのは、対象の持続との完全な合致ではなかった。精々、彼自身認めるように、「部分的な合致」であり、肉の厚みを隔てて対象の鼓動を探りとる「精神的聴診」、厚みを通じての「触診」にすぎなかった。

いや「すぎなかった」のではない。メルロによれば、距離を隔てて対象の生命に参与すること、他者の肉の厚みを通じて、この肉の裏面たる「見えざるもの」に臨み、不在者を点描的に窺い見ることこそ、他者を他者として——平坦な客体としてではなく——生けるもう一つの自己（alter ego）として知る真の方途なのである。

したがってメルロ＝ポンティの理解に際しても、われわれがこの哲学者そのものになり切るなどということを夢みてはならない。少なくとも文献の語句に従ってまったく客観的に解読できる、などと思ってはならない。われわれとメルロにとって、形こそ違え、本質において共通の問いがあるはずであり、それは「現存在」としての人間が、生きることにおいて必然的に課せられる問いでなければならない。メルロはクローデルの文章の一節を引用しながら、人間がおのれに向って執拗にたてる日常的・存在的な問いが実はおのれを宇宙の推進力のなかに位置づけるという存在論的企てに根差していると、論じている。

宇宙の推進力とは何か。「ある」とは何を意味するのか。私は私であって他者ではない。そして避けることのできない私‐存在という宿命を媒介として、他者に接し、世界に属し、かつ臨んでいる。しかしだからといって、私が他者や世界を構成するのではなく、却って世界と他者に臨まれ包まれているという逆説的事情は、いったいいかに理解さるべきか。私の死すべきこの世の生にいかなる意味があり、私のこの有限性は、私以前からあり私以後にも存続するであろうこの世界に対して、いかなる仕方で取り組んでいるのだろうか。人間なら誰しも感ぜざるをえないこの世におけるおのれの有限存在という謎への問い、私はいずこから由来しいずこに行かんとするのか、私と世界との関係はいったいどうなっているのか、こうした問いに、古来、宗教や哲学がさまざまな表象や概念を通じて答えようとしてきたし、実際答えを提供しもしてきた。

しかし宗教は信仰という態度を信者に強いることによって、教祖が提示した答えに対する問い返しの可能性を封殺してしまう。あくまで問うものとして、知的に問うものとしての哲学は、問いの誠実さに徹しなくてはならない。だが、あくまで問いに知的に対応せんとする結果、哲学は古来、問いの出発状況のなまなましい姿を、知的解答の水平的・平面的客観性のうちに、知的晴朗さのうちに、忘却し勝ちであった。どれほど筋が通っていようと論理的整合性のシステムは、先ほど挙示したわれわれの抜きさしならぬ生存状況から発する根本的問いの生命に応えることが出来ない。

メルロ＝ポンティが目指したのは、まず問いの出発状況を的確に記述することであった。われわれの生存は、客観的世界のなかで、それぞれ平等な資格で互いに対等な空間・時間の諸点に位置する諸多の主体の共存あるいは競合の関係ではない。このような図柄は、直接経験されるわれわれの生存状況のなまの姿ではない。個人個人の代替不可能な生存の現実を通じて世界が露顕するのに、そのような避けて通ることの出来ない私的性格が平等性（代替可能性）のうちに失われている。評者は、あるいはこうした私的性格を棚上げすることこそ、いっさいの誤謬の源泉である主観性を消去して学の目標たる客観性へと赴く第一歩であると、言うかもしれない。しかしこのような客観性は、事柄を技術的に処理したり操作したりする方法的知の性格ではありえても、哲学的問いの出発状況を写すものではありえない。

代替不可能な個々人の体験する生こそ避くべからざる現実であり、この生において生きられる他者、事態、世界こそまさに現実の他者、事態、世界なのである。私は私の体験するまさに私の生を通じて、世界のうちに生き、他者とあい対し、状況に臨んでいる。この世界は、私の世界、私的世界でありながら、私がそのなかに生きる世界、他者と共存する世界でもある。私は私的経験を通じて私を超える世界へと臨み、事物や他者についても同様、私の経験は私にとってという性格と私を越える存在に向うという性格を併せもっている。このような主観性と客観性、内在性と超越性という概念で分析すれば、当然矛盾する二重性格を示す原初的経験こそ、私の生存の本来の事情であり、汲めども尽きぬ問いを誘発する源泉なのである。

　こういう事情のゆえに、メロル＝ポンティは「知覚の信憑」についての問いかけから出発したのである。知覚とは、上述の二重性格を何の疑問も抱かせずに通過させる経験様式である。科学的経験などは知覚から出発し、知覚による検証を必要とするものでありながら、それでも最初から二人以上の観察者によって事実が確認され、二人以上の科学者によって納得される論理的筋道を辿る理論構成なのである。現実に即したものである限り「経験」に違いないが、理論の提示する観念内容は、直接経験されるものではない。経験ないし知覚されるのは、理論の支えとなる観察事実、理論から演繹される経験的帰結にすぎない。理論内容そのものは、概念的構築物であり、個人の経験には属さない。そういう意味で、科学的経験は、普遍妥当性という当該科学を理解する者には誰にでも納得される資格をもつという点で客観的であり、またその限りで相互主観性の場になりたつと言わねばならない。

　これに反して「知覚の信憑」は私という個人性から出発し、これを離れることはできない。なるほどメロル＝ポンティはやがて知覚主体の非人称性、匿名性を強調するに至る。知覚する当人は「誰でもない」（personne）という。「私」が知覚するのであっても、「ひと」としてである。科学的経験は、その概念内容、その手続きの性格からいえば、それこそ誰か個人の精神に属するものではなくて、普遍妥当的な知性、万人の知性、「意識一般」の産物であろう。しかしある特殊な科学的発見、理論の創設は、ある個人としての科学者の知的作業であって、この意味では非個人的ではない。これを理解したり追試・追認するのも別の科学者の精神の営みである。これに反して知覚の場合は精神の特別の働きなくして生ずる。眼をあければ物が見える。そしてベルクソンの言ったように、物の知覚は脳のなかでも精神のうちででもなく、物の知覚されるその場所で起るように見え、私が視覚に促されて手を延ばせば、視覚の示す場所で物の表面に触れる。体験の証言、知覚の現象に従うならば、イギリス経験論者の主張したように、それぞれの感官の与件がばらばらに呈示されるのではなくて、与件は互いに表現しあい、視覚は触覚を、触覚は視覚を告知する。諸感官の与件の「総合」は連想によるのでもなければ、カントの言うように悟性概念によるのでもない。おのずと、諸感官を担う身体の同一性に従っておこなわれるのだ。「身体の同一性」といっても客観的に認知される同一性ではなく、現象的身体の、体験される同一性である。

知覚の諸対象は、単なるその場限りの「感覚的性質」ではなくて、「奥行」をもっている。それも客観的事実として確認されるということではなくて、知覚という体験の証言によるのである。つまりわれわれは知覚内容を孤立した性質としてではなくて、物象を表わすもの、その表面、そのある象面として経験するのである。だから私の身体の動きにつれ、また対象に向う感官の交替につれて、呈示される知覚の与件は相関的に変動する。たとえ身体が動かなくても感官が交替しなくても、このような可能性を孕んだものとして知覚は体験されるのである。すなわち知覚に呈示される内容は、それ以上の潜在的内容を──つまり奥行・深みを──表わしているのである。そして奥行とは私が知覚しなくても知覚内容・対象が存続することを告知するものであると、メルロ＝ポンティは言う。

知覚は以上のような意味で、意識としての私には所属していないのだ。それは身体としての私と物象との存在関係である。もちろん身体は単に客観的身体、物体の一種であるだけではない。ここでいう身体とは生きられる身体、現象的身体である。この身体は裏面・窪みを抱いている。未来への可能性を宿し、これを通じて物象に臨んでいる。物象は可能性の窪みに臨まれて、知覚されたものとなる。この意味での身体の孕む可能性とは最も本源的な可能性、他のいっさいの可能性がそこから派生する可能性の源泉であり、可視性——「見透し」——を物象に供給する。しかし身体はひたすら物象に臨むだけの現象的身体に留まるものではない。それは物象とともに物的存在性格を共有するものでもある。つまり現象的身体は他面客観的身体でもある。見る身体は見られる物体でもある。知覚の、単なる思惟に尽きざる現実性は、知覚主体が知覚対象と同一の存在の場で対面しあっていることによる。見る者は見られる物の仲間であり、これと共存している。したがって物を見るとは、このような共存の場でこれに接することであり、この物の周囲、この物によって隠された諸物象、いや身体の背後さえ、非主題的・側面的に共‐知覚されているのである。われわれはこうした場において物象に臨む。つまり知覚対象はそれ自身の奥行、汲めども尽きぬ潜在的内容を伴うとともに、他の諸物象への開かれた場のうちで知覚される。これが知覚対象の内部地平・外部地平といわれるものである。

　私が知覚するには違いないが、それは私の能動的意識の作業ではなくて、私の身体の窪みのうちに含まれた未来への諸可能性の光のもとで物象そのものが身体へと向ける側面を通じて浮び上がることなのであり、知覚意識とは、私の身体が世界と未来へとおのれを披く次元にほかならない。だから見ること、知覚することは同時に見られる物象と縁結びすることなのであり、その仲間としてそれらの間にあることを自認すること、つまり知覚され見られる可能性に曝されていることなのである。私の見る物は、私の身体ともども、他者によって別の角度・視点から見られている。私の知覚は他者の知覚の可能性を包蔵している。

私は決して他者の知覚を他者自身が体験する状態で体験することはできないが、それでも私の知覚が他者の知覚とあい応じ、ちょうど私の両眼と同様、もしくは私の視覚と触覚と同様、同じ物象の世界に臨み、同じ物象に協働して立ち向っていることをを信じて疑わない。私の臨む世界は私の私的世界であるだけでなく、それ以上に私と他者たちとにとって共同の世界、両者ともども属する世界、それぞれの私的世界がその多様な象面にすぎないところの唯一の世界、つまり相互世界（間世界）なのである。知覚主体の匿名性ということは、このような自他のおのずからなる協働性のうちに、各人の知覚が縁組しあっているという事実をいうのでもあろう。われわれはそれぞれ個人個人として物を見、これに触れていながら、物そのものを見、物そのものに触れていると信じている。そして他人による私には体験すべからざる知覚とともに、この同じ物象に接していると信じている。知覚において私は私のうちに居るとともに、他者たちと手をたずさえて、物そのもののうちに居り、その仲間だと信じている。「知覚の信憑」は、しかしメルロによれば、言葉で明確に言い表わそうとすると、アウグスティヌスが時間についてすでに申し述べたような、困難に陥るのである。それというのも言語表現はそれが哲学的解明を意味する限り、要素への分析とその固定化を、つまり理念化を含むからである。

メルロ＝ポンティは従来の哲学・科学が知的分析・知的構築の結果として、生ける世界・存在を平面化し水平化するのに対して、生きられるがままの、なまの世界・存在を、それも言語による歪面を恐れるあまり、ひたすら沈黙のうちにこれとの合致を求めるというのではなくて、沈黙の経験をして語らしめることによって、表現することを求める。哲学的言語は、したがって、古来哲学の使用してきた諸概念を一義的に表明する専門用語ではなくなる。建築物の設計図や地図のような、知的平面へと展開され図式化された概念の構築物は、すでに世界のうちに居住し、他者たちと交通しあう人間が、技術的・操作的に出来事に対処するための補助手段、二次的表象ではありえても、われわれの、原初の世界における存在状況、世界の存在の、われわれの間にあってそのうえわれわれを包みつつわれわれの前に展開する、野生の姿を表わすものではありえない。メルロは、世界・存在の科学的諸観念を否定するものではない。それぞれの生活次元に応ずる真理性があり、これらの諸観念にもそれなりの意味が認められねばならない。排せらるべきは、ある知的水準、人間的態度において成立する認識を絶対化する独断論なのである。

こうした独断論に対して、近世近代の代表的哲学者はそれぞれ異議申し立てをしてきた。一見ひたすら世界と人間に関する近代的知性による構築物を探求したかに見えるデカルトにしてからが、心身問題に関連して、この企てがすべてではないこと、「生を行使し」「感覚」によるのでなければ心身統合の理解されえぬことを、エリザベットあてに書いている。カントは申すまでもなく、知性の絶対化をいましめた。彼にとっていわゆる「経験」は悟性の構築によるものだったが、これは「物自体」には及びえず、知的認識の範囲外に道徳的実践や美的 - 目的論的経験の領域を認めた。

しかしデカルト - カントを継承する近代的知の批判的創建の伝統は、知の真理基準を知自身のうちに求め、知の対象を知の自律的構成の産物と見なすという、メルロのいわゆる「反省哲学」の立場に立つものであった。これはフッサールの現象学についても必要な変更を加えるならば、言えることと思われる。メルロの「哲学者とその影」は、フッサールが現象学の反省の立場を徹底することによって、却ってこれを克服するに至る過程を素描している。古典的現象学は経験の基礎前提である世界措定を留保し、その現実性・実在性を中和化するという方針、そして経験と知の本質的で不可欠な条件と構造を、いわゆる形相的還元を施すことによって明るみに出すという方針のもとに立っている。しかしこの二つの方針は結局超越論的還元、つまり超越論的構成的主観への還元ということに帰着するのである。現実性を形相・本質へと還元し、前者を後者の投影と見なすプラトン的視点は、われわれの生きる現実、相互世界、つまり野生の経験世界をそっくり浮び上がらせるのではなく、すべてのものが星座のように静止した布置のうちに集約され昇華されて現われるような、無限の遠方からの、そして視線そのものはこの世界に属せぬ無であるような、そうした眺めを予想している。あるいは意味を担ったあらゆるものを、超越論的主観の構成の産物と見なすことは、現実を能産的活動の原点へと溯求することであり、したがっていっさいの隔たりを無視した「合致」の観点に立つものである。無限の遠方からの眺めといい、意味世界の能産者との合致といい、いずれも哲学する者自身の世界における存在、世界への帰属性を無視することである。哲学者は身体なき純粋精神へと昇華せねばならない。そうすると対象の側でもいっさいの影が失われ、すべては透明な意味として呈示され、したがって奥行も起伏もない平準化された図式――例えば遠近画法的平面図――が現実の奥行や起伏に置き換えられる。メルロ＝ポンティが目指した野生の世界、哲学者自身が帰属しつつ、帰属の場つまり身体‐状況を通じて却ってあるがままに、しかし距離を隔て明暗起伏のうちに透かし見ることとしか出来ないといった世界、これは以上の水平的・平面的図式世界に対して垂直的な存在・世界、肉・奥行・厚みを具えた世界と称されるのである。

メルロは決して精神の昇華を頭から否認しているわけではない。学の成立のために抽象が必要であることを認めている。しかし抽象はおのれの抽象性を自覚してこそ、つまりおのれの真理性を独断的に主張しないで、この抽象を可能ならしめる手続きの根拠、由来、背景を自覚してこそ、それなりの役割を果しそれにふさわしい真理性を主張しうるのである。

知覚が身体の厚み、対象の奥行、つまり世界の肉においておこなわれるように、そしてこうした不透明な隔たりを媒介として現前与件から隠れた側面へと志向的に踏み越えるように、思惟も言語という肉なしには成り立たない。もちろん純粋思惟を具体的言語から分離し、それ自体として運用する試みも論理学者によっておこなわれているが、極度に形式化された思惟といえども記号を欠くわけにはいくまい。そしてこのような思惟とは、記号の意義が統辞論的にのみ定義されるような、抽象的操作にすぎない。哲学的思惟はあるがままの世界と存在の意味を問うのだから、こうした操作に甘んずるわけにはゆかない。デカルトがエリザベット書簡で示唆しているように、日常の言葉遣いを活用して、それのもっている両義性、比喩性、語間の側面的呼応関係を通じて、個々の語義の文法的総和にはとどまらない用語法の差異化の積分を求めるのである。語義から直接文意が帰結するのではなく、語義間の微妙な差異からその向う側に、その積分として文意が察知されるような言葉遣いで考え表現するのである。ここにも距離を隔てた対象への臨在がある。そしてこの対象も客観的物象ではなくて、物象の持続する生命、その内外の地平への具体的脈絡なのである。

言語自体、沈黙との相補的関係なしには成立しない。ベルクソンは言語の空間化的・固定化作用を警戒して、沈黙の経験との合致を求めたが、その哲学は黙するどころか、表現を求めてやまないこの沈黙の経験を言葉にすべくあらゆる手段を用いた。その事情はすでに述べた。しかしメルロによれば、言語表現を支える地盤は、あくまで沈黙の世界なのであり、またこの表現が目指すのもこれである。表現によって沈黙が完全に饒舌に転化してはならない。言葉が沈黙に取って代ったり、語義のシステムが沈黙の奥深さを汲み尽くしたり、などということはない。哲学は「物言わぬ経験に語らせること」であって、語のなかに貯えられた意義の展開であってはならない。言語の世界は自律的なものではありえず、沈黙の世界を表現するものとしてのみ有効なのである。表現することとは記号のうちに納め込み閉じ込めることではなくて、本来の経験を想起させ、その背景・その意味を察知させることでなくてはならない。沈黙が言語を包む。

沈黙は言語の奥行であり肉である、しかしその逆も言える。沈黙の経験は表現を求め、これと相即関係に立つことによっておのれを成就するのである。哲学は沈黙の経験と「合致」することではない。言語表現を通じて沈黙の経験そのものに語らせ、その意味を悟らせるのである。知覚の世界そのものが言語表現の構造を準備し、それに向って開花することを求めているのである。

「研究ノート」の処々で、著者は『知覚の現象学』に登場する「沈黙のコギト」の自己批判をおこなっている。論旨必ずしも明晰とは言えないが、言語からまったく独立した「沈黙のコギト」はありえないのにこの点を無視したことを、言語的コギトの背景としての沈黙のコギトの無視というデカルトの素朴性とともに非難している。沈黙の意味の世界、未だ言語的に形成される以前の知覚経験の世界は確かに存在する。しかしそれは個別的体験の単なる連鎖であったり、個別的知覚与件の集積であったりするのではなく、経験の領野であり、領野として構造化されている。それは様式・類型をもっている。つまり自己同一的な個体の集まりではなく、つねに向う側へと、彼方へと超えてゆく運動であり、差異化である。知覚はつねに地の上の図という構造をもち、ゲシタルト的であり、超越である。沈黙の知覚世界がすでに差異化、分節化、構造性を示すならば、それが言語表現を期待しそれを通じて自己自身へと回帰する定めにあることは、理解するに難くはない。すなわち沈黙の経験も言語表現も、自律的・自足的なものではありえず、互いに他を期待し、他を包み、他に包まれ、他を媒介としておのれに達するという交差関係に立っている。端的な自己同一性、これ限りのもの、というものはない。つねに厚みをもち、厚みを介し、奥行をもち奥行を介して、そして他を介して自己に戻ってくる。すべては他への関係、差異のうちにある。すべては偏差、隔たりであり、「見えざるもの」に向ってのそれらの積分を要求する。

以上のような事象一般の具体性を、著者は「肉」と称した。この語はいずこでも明確に定義されることはなく、ただ出現する文章の文脈からその多義的な意義を推測するより仕方のない概念、いやむしろ「イマージュ」なのである。メルロの最初の二つの大著は、いずれも精神を身体へと受肉させること、また身体を生理学的客観としてではなく、生きられるがままの「現象的身体」として捉えることを目指している。精神とは、主体としての身体の高次のあり方にほかならない。つまりデカルト以来の身体（＝物体）と対峙する思惟的実体ではなく、主体‐身体（もちろん「精神としての身体」といってもよいし「身体としての精神」といってもよいのだが）の存在様式なのである。したがって知覚‐行動次元から出発しつつも志向の弧を膨張させることによって象徴機能を働かせ、単なる生物的環境を世界地平へと押し拔く存在様式なのである。世界も物理化学的世界ではもはやなく、「生活世界」として生ける主体‐身体の相関者として捉えられる。物理化学的世界は、主体‐身体の一生存様式たる精神の、それも特殊な近代的‐技術的知性という様態の相関者、世界の一つの表現、世界への技術的関わり方の媒介的表象となる。しかし以上のように要約される『知覚の現象学』は未だ、主体とそれの立ち向う世界という位相——部分的には「意識」の立場——に留まっている、と本書の「研究ノート」の一節は自己批判する。そして本書の意図は「心理学と見なしたければ見なすことも出来るような前著を、存在論として」捉え直すことなのである、だから初期のメルロと晩年のメルロとの間に非連続的な転換がある、とは訳者には思えない。（編者ルフォールはあるいはかかる見解をとっているかもしれないが——「編者後書」参照）。「意識の立場」といっても、もはや主・客の分離対立、あるいは構成的‐能産的主観の立場はいずれも克服されているのであり、それゆえ「部分的には」と前置きされているのであるが、これを超えて「存在」の立場に到達しようとするのが、本書の目論見なのである。

「存在」という語がまた哲学史的に多義的に使用されてきたし、本書でも同様であり、またメルロ独特の事象を暗示しているので、やっかいである。「意識」に対して「存在」というと、意識なきものの存在を指す場合が多い。例えばサルトルにあっては――そしてサルトルを論ずる本書の処々において――意識は「対自」であり、存在は「即自」である。また科学者にとって、「意識」とは主観的現象、「存在」とは「客観的存在」「科学的存在」なのである。

しかし「意識」もまた存在者のあり方、対自的なあり方――サルトルも「対自存在」という用語を使うし、いっさいの存在者、存在性を意識の内在的客観となす超越論的意識の立場をとらぬ限り、意識もまた存在の仕方としてこれに属する。それでもなおサルトルは、この存在の仕方をひたすら自己否定的な、無化的な働きにおいて見、本来の存在を自己同一‐肯定性として理念化した。デカルトは外的存在に懐疑の目を向け、疑うところの、つまり思惟するところの私のみを存在するものとしてまず確認した。そして外的事物は私が単に感覚していると思っているものにすぎず、その意味で内在的表象である。やがて神の誠実性を媒介として、この内在的観念に対応する外的事物の存在が認められることになる。だからデカルトにあっては自証的な意識こそ最初に認められる存在であり、この存在の不完全性の自覚からして無限にして完全な存在者、神が認められ、その挙句に外的事物の存在が認められるという順序になっている。こうしてデカルトでは意識の側にこそ存在の基軸が承認されたのだが、現代の哲学者から見ると、意識するとは自己の現状を自覚し、それを越えて未来に向うこと、私の存在は現在の存在を超出して未だあらざる可能としての私に向う否定的・無化的運動ということになって、却って意識・対自を特徴づける存在性格は、否定性、無であり、「存在」は静態的な自己肯定的・自己同一的存在者、物的存在者にあてがわれる。そしてこれに身体と認識を通じて関与する限りで、意識にも存在が認められる。これはデカルトから発した近世哲学の流れの百八〇度の転回である。したがってサルトルにあっても、意識は身体的・状況的に位置づけられている。しかし意識は根本的には存在に立ち臨む無化的作用なのであり、「存在」と「無」との「分析論」は、意識の身体的状況的存在性格を、原事態として、構造として捉えるものではない。以上がメルロのサルトル理解の要点である。

然らばメルロのいう「存在」とは、その多義性にもかかわらず、いかなる点で伝統的な存在概念と違う特徴を示すのか。従来の哲学は対象を無限の遠方から、そしてあらゆる方面から眺めるかのように、あるいは逆に見られるものとまったく合体してこれを振り返るかのように、要するに無限の距離をおくか、逆に完全に距離をなくすかして、問題の対象をそれだけとして、自体的に認識理解しようとしたのである。「存在」についても、こうした意味でのまったく客観的な規定か完全な内的合致かを求めたのだ。哲学者自身は、身体も状況ももたぬ純粋視覚であらねばならぬ。これは科学者の認識の理想でもあった。しかし今世紀の物理学は、物理学者が観察条件から完全に自由な純粋視覚になりえないことを経験した。物理学自体がこうした学問状況を存在論的にどう解釈したかについては、本書（三一頁以下）に述べられている。要するに物理学者は彼らの学問的実践においては、客観主義的存在論から脱却していても、その哲学的反省に移るやいなや、古い同じ存在論に舞い戻っている、ということである。哲学は、この学問状況から学ぶところがなくてはならぬ。哲学が「存在」を扱う場合、哲学者がまるで視点の拘束も状況による隔たりも免れている純粋視覚でもあるかのような、あるいは「存在」そのものと合致し、「存在」自体を了解できるかのような、幻想を抱かぬことが大切なのである。このような幻想のもとで捉えられた「存在」は、もはや経験されるがままの、生きられるがままの、「なまの」「野生の」存在ではなくて、記号の助けによって擬制的に客観化された「存在」、想像上の「合致」によって生ける哲学者＝私から分離された非現実の仮構の「存在」にすぎない。

現実のなまのままの「存在」には、考察する哲学者と対象たる「存在」との間に介在する状況の厚み、隔たりが、そのまま算入されねばならない。それというのも「存在」とは、それを経験する私をも含めた現実の生の流れだからである。私が経験する「存在」マイナス私の経験状況という客観化の手続きではなくて、いかなる記号操作によろうと想像力をいかに働かせようと除去できない状況性を「存在」のなかに組み込まねばならないということである。「存在」のいのちは私とこれとの間を隔てる諸事情を取り除くことによってではなく、却ってこれらを介して、志向的「踏み越え」「超越」によって「聴診」されるのでなくてはならぬ。これでこそ起伏《レリーフ》を具えた光と影の交錯する、奥行のある存在、垂直的存在が了解されるのである。

もはや「存在」に精神的と物質的とを区別する必要はない。思惟的実体と延長的実体というデカルト的精神・物体の概念は、原的経験に属するものではなく、反省的構成の産物である。これらからして心身統合の具体的経験を再構成することは、デカルト自身認めるように不可能である。もちろんこれらの概念が無意味というのではなく、近代の科学と技術とを可能ならしめた人間の世界への態度を表わすものであるが、この事情も原的世界経験から出発して理解されるのでなくてはならない。原的経験にあっては、物体の代りに直接知覚されるもの、つまり「見えるもの」が、精神の代りに直接知覚されざるもの、つまり「見えざるもの」が与えられる。他人の身体は「見えるもの」であり、その心は「見えざるもの」である。私自身についても同様だ。しかし精神と物体ないし身体という対立とは違って、「見えざる」心は「見える」身体を通じて何がしか表情・仕種に現われ、しかも隠れているという独特な関係にある。いやそれだけではない。物体といえども、隅々まで見えるものではない。確かに物体をいくら分割しても、同じ見える物体の部分しか含まれていない。今は見えない背部に廻って見ても、見える側面と同種の見える側面が現われるに違いない。その意味で、見えるものしての物体は、物体以上のものを隠しもっているわけではない。しかしあらゆる方面から、また内部からも同時に見ることができる遍在的まなざしを仮定しない限り、見える側面は見えざる側面、ならびに分解しない限り見ることのできぬ内面と一体をなしている。つまり見えるものは、同時に見えざるものでもあるわけだ。そして知覚が一般に孤立した感覚与件の集合に尽きない限り、またそうした与件の知的統覚もしくは習慣的連合による総合統一でもなく、端的に与えられた対象の相が未だ時間空間的に与えられていない相を示唆・表現するという現象であるならば、生命ある対象、精神的対象に限らず、一般の物体をも含めて、見えるものは見えざるものを担い表わしている、と言えないだろうか。換言すれば、われわれが遍在するまなざしではなく、状況づけられた具体的まなざしである限り、見えるものを透して見えざるものを見ているのだ、と言えないだろうか。

もちろん物体の見えざる側面は、他者の心情とか生命といったもののように、原理的に見えざるものというわけではない。単に事実上の見えざるものであり、私が視点を変えれば、見えるものとなる。しかし単に事実上の見えざるものといわれるものも、よく考えて見ると、原理上の見えざるものに属するのである。メルロ＝ポンティの「研究ノート」の諸断章は両者の区別を強調するとともに、私の考えるように、事実上の見えざるものも権利上の見えざるものに含めるべきだと読みとれる箇所もある。立方体の知覚について述べた断章（三三〇―一頁）において、「精神の洞察」の捉える立方体そのものと肉眼によって相貌として見られる立方体のイマージュとが区別されている。もちろんデカルトも区別するであろう。しかしメルロの区別の仕方はデカルトとは正反対である。「反省的思惟による分析、かかる存在の浄化（デカルトの〈まったく裸の〉蜜蠟）は、すでにそこにある〈存在〉、前‐批判的な〈存在〉を見過している」。この前‐批判的存在こそ現象学的に記述されるべき当のものなのであり、これを通じてこそ「立方体に対するある眺め、距離をとることであり超越することにほかならぬところの、立方体に対するある眺めによる立方体そのものへの通路が獲得される」。立方体そのものとは幾何学者にとっては、そのパースペクティヴ、「見え」とは無関係な幾何学的な関係規定である。それは肉眼にとっては「見えざるもの」であり、「精神の洞察」にとってのみ「見えるもの」である。これに反して肉眼にとっての「立方体そのもの」とは、かの諸多の「見え」を通じて相貌的に見とられ、距離を隔てた超越、志向的踏み越えによって感得される「形態《ゲシタルト》」なのである。幾何学者のいう立方体をしてこの現実の世界に現存せしめるのは、見るわれわれと見られる諸物との共通の場としての「肉的世界」なのであり、ここでは視覚自身が見えるものの仲間であり、見ることはこれと縁組することなのだ。それは立方体の「本質《エッサンス》」を生ける本質、働きつつある本質、「動詞的意味での本質《ヴェーゼン》」として、またベルクソンがラヴェッソンを通じてレオナルドから借用した用語をもってすれば、「蛇のうねり」として、共感することなのである。メルロのいう「立方体そのもの」とはこうしたものであり、幾何学者のいうそれは、これを経験の知性的位相においてある知的目的のために、操作的・記号的に捉え直したものなのである。

以上の事情からすると、現にある立方体を見るとは、その見える側面を通じて見えざる側面へと超越すること、志向的に踏み越えることであって、視覚の働き方は、他人の身体、その仕種・表情からして彼の感情や性格、精神状態など原理的に見えざるものを感じとる場合と本質的に変りはない。知覚とは対象の見える姿を通じて見えざるものも含めたその全体形態を相手とすること、いやそれと共感し、それと呼応することでなくして何であろうか。見えるものなしに見えざるものが、別の太陽のもとで輝いているのではない。本来の見えざるものとは、原的に呈示されえざるものなのである。しかもかかるものとして、見えるものを通じて原的に呈示されている。現在隠されてはいるが、別の視点から別の光のもとではあからさまに露呈されているはずであり、したがって推察はされる、というような事情ではなくて、隠蔽されているものが見えるものに即して隠蔽されるがままに現われている、ということなのである。隠れ処に引き籠っていることこそ、見えざるものの存在の仕方なのであり、しかも隠れ処は見えるものである。この見えるものによって見えざるものは、隠されたままに呈示されているのである。「原的に呈示されえざるものの原的呈示」ということが、他人の心情、文化的形成物の意味、その他勝義の見えざるものの現われ方である。ところで、並の知覚物にも見えざる側面がたえず伴う。これは視点を変え光をあてれば、見えるものとなる。私はこのような一見上述の勝義の見えざるもののあり方に反する事実上の、偶然的な見えざるものにも、前者に準ずる性格を認めたいのだ。私の勝手な解釈ではなく、事象に即した見方であって、メルロの真意を言いあてるものだと確信している。

「事実上」の見えざる側面を「原理上」の見えざる側面に算入するということは、見える物体を物的実体として、事実性の流れ、見るものと見られる物とのそのつどの関係から抽象しないで、この脈絡のうちにあるものとして理解する、ということなのである。私が見る目前のこの物体はその一面を私に見せ、隠れた側面はこの一面に動機づけられ、私の習慣的理解に従って見透されている。この見透しを伴ってこそ、私に見えている側面は私の承知しているある事物の側面なのであり、私は現に呈示されている与件を見ているのではなく、直接には見えざる側面を含めた「この事物」を見ているのである。この事物を、こうした事物と私との視覚的関係、事実性から抽象して一般に見える物となした結果、私に現在見えていない側面は、単に事実上見えていないだけで、原理的に見えるものへと算入されるのである。見えない側面を今向う側にいる他人は見ているであろう。私がその人の立場に立ったら、彼に見えるとおりに見えるであろう。いや私はすでに過去幾度もこれと同じような物に接したから、彼に教えてもらわなくても、見えざる側面がどのようなものか、わかっている。だから、この見えざる側面というものは、本来の見えざるものと違って、被隠蔽性、原的呈示の不可能性を、存在の、したがって現象の原理とはしておらず、もともと見えるものが、たまたま私に見えないだけだ、ということになる。だが、われわれは重大なことをこの際、見落していはしまいか。私に見えざる側面が他人に見えており、そして他人が私にどんな様子か教えてくれることによって、私にも見えるものと等しいものとなるにしても、私はまず他人を信頼しなくてはならない。私の経験に頼って見えざる側面の見当をつけるとしても、まず私の記憶という私における時間的他者に頼ることだし、何よりも私の現在直面している物が私が今まで接した物と同一であるという、物の他者性に伴う不確実性に足を踏み入れねばならない。さらに私がこの物の向う側に廻って見れば直ちにわかるといっても、厳密にいうと今見えない向うの側面が、一瞬の間に変化しないという保証は、この物を自己同一的な即自として、いっさいの周囲との連関から抽出しない限り、与えられないことである。

こうして見ると、見える物を経験の具体的連関からそれだけ即自的客体として抽出しない限り、そして私が遍在的なまなざしとならない限り——両者はいずれも仮構である——事実上の見えざるものも私にとっては原理上の見えざるもの、つまり「原的に呈示されえざるものとして呈示されている」ことになる。そして物を見るとは、現在呈示されている与件を志向的に踏み越えて、そのつどの見えざる側面、内面へとまなざしを向けることにほかならない。単なる現前与件で満足する知覚など、ありえない。必ず見えざるものへと踏み越えてゆく。だから知覚には錯覚が伴うのだ。よく、「感覚は誤らない。誤るのは判断である」と言われるが、それは知覚を単なる感覚与件の受容とそれらを結合したり、それらの意味を憶測したりする判断とに分解する結果である。しかし知覚は私と外的存在者・出来事との出会いであるので、このような分解は抽象的として排除されるべきである。

以上のように具体的連関においてあるがままに捉えられるなら、物的知覚における見えざるものとは、その奥行であり私に対する物の他者性を意味する。そうすると本来の見えざるもの、文化的形成物の意味とか他人の心情とか生物の生命とかといったものと、物体におけるそのつどの見えざるもの、実は奥行であり、その物体の何たるか、意味、動詞的意味での *Wesen* をなすものとの間に、程度の相違は認められても質的差異はないと言うべきではないか。物心二元論は平面的・水平的・上空飛行的な展望の所産であって、垂直的・野生的経験に即したものではない。それは経験に記号を代置することによって構築された、二次的存在表現である。もちろん野生的経験といえども、単なる物体と生物と人間との間を区別する。それは質的区別とさえいえよう。しかし野生的経験は物体にも人間や生物と同様表情を見てとるのであり、物体の物性、その惰性的性格そのものが、表情的に感得されているのである。この性格は物体の霊であり、見えざるものである。そうすると逆説的に聞こえるが、物性そのものが、精神や生命の動性の変容・転調と感ぜられるのだ。さらに物性も、固体・流体・気体で異なった相貌を示すだろうし、それぞれの固体・流体の種類に応じて、これまた独特のあり方、肌理《きめ》を表わす。つまり感性的な事物といえども、環境を構成する他の諸事物への、ひいては世界への独特のあり方、態度を示しているのであり、知覚するわれわれとの間にも、さまざまな次元で呼応の関係を結んでいるのである。

単なる物的存在であっても、それがこのようにそのつど本来的に見えざるものを担い、これによって初めて具体的な見えるものであるとするなら、最も広い意味でこれに身体性を認めざるをえないのではないか。「肉」という語がいわゆる肉体（本来の身体）のみならず、精神的な働きの受肉性の意味で用いられたり、逆に生命なき物象についても用いられたり、そのうえ「世界の肉」という語にさえ出会うということは、見えるものと見えざるものとの相即関係・不可分離性を意味するのであり、生命や精神の可能性を秘めた身体性をいっさいの存在の祖型となすということではないか。『知覚の現象学』は従来の精神主体に、身体主体を置き換え、精神をこれの一つの、最高次元の、しかしそれゆえに抽象的な機能形態と見なそうという試みであった。そしてこれに応じて、客観的世界の代りに生活世界が登場した。本書においてもこの点では何ら違いはない。しかし肉の存在論は、メルロ自身が認める前著に残存する「意識の立場」つまり伝統的な主・客の立場を、単に修正するというのではなく、前著を存在論として読み替え存在論の言葉で語り直そうとするのである。これこそが存在を肉として捉えることの真意であったと思われる。

「研究ノート」の一節（四一三頁）で、肉の存在論は物活論ではないと断っている。ということは、逆にいえば「物活論」と誤解される恐れなきにしもあらず、ということなのだろう。「物活論」とは物そのものが生きているという主張である。しかし肉の存在論は、そのように単純な主張ではない。確かに古来の、そして近代科学の物質概念はもはや、それが指している当のものに対して的確な概念ではない。これは、感性的なもの、見えるものである。それはわれわれの垂直的な野生的な経験の相手方であって、上空飛行的・平面的純粋視覚（精神の直観）の対象ではない。肉の存在論とは、こうした野生的経験に映る事象の姿を、この経験の受肉性をも算入して、究極の存在と見る立場なのであろう。すべてが肉の厚み、奥行を具え、距離を隔てて臨まれる。これを見るまなざしも肉を具えている。起伏、すなわち光と影とから織りなされた世界、共に可能的ではないもの――例えば私の見る世界と他者のそれ――を共存せしめる場としての世界、したがって両眼の映像のように互いにずれあっている私と他者の世界像が、自他の交互性・可逆性によって唯一の世界として、われわれの相互的生存と交通においてまとまるのだ。世界とはすなわち間世界・相互世界である。しかも、それぞれの避くべからざる私的世界の現実を通じて、生きられるのである。厚み、肉、奥行とは、精神にとってはその身体への、そしてこれを通じて状況と世界への帰属を意味し、逆に物質にとっては見える側面が見えざる側面や内部を必ず伴うという事態、したがって汲み尽くされない地平をもち、知にとっての他者性とこれに帰属するある種の自律性の萌芽を宿しているということ、つまり物質は即目的・客観的存在として自己同一的に固定したものではなくて、自己自身との差異を含み、宇宙の持続のうちで変化発展する存在であって、見られるだけでなく見るものでもある、ということ、なまの経験に現われるかかる事態を意味すると、私には思われる。

本書が私に示唆する哲学的展望は、以上によって尽くされたわけではなく、まだいくらでも申し述べたいことはあるが、切りがないからこの辺で一応筆を擱くことにする。

本書の翻訳については、私と版元の編集長稲義人氏とで話し合った時点で、すでにみすず書房より翻訳作業が進行中とのことで、お互いいささか躊らったが、改めて稲氏より重複しても構わぬではないか、と申し出があり、敢えて実行に踏み切った。『知覚の現象学』の場合とまったく同じ事情で、編集長の識見を高く評価し、深く感謝する次第である。みすず書房刊の訳書は、本訳書の下訳が殆んど終った時点で公けにされたことでもあり、またほぼ同時期に遂行された翻訳はむしろ互いに独立におこなわれた場合の方が、一方が他方に引きずられる恐れもなく、解釈の違いがあっても却って比較して読んで頂く場合に読者自身の思索を促すよすがともなるので、敢えていっさい参照しなかった。独訳（R. Giuliani u. B. Waldenfels; Wilhelm Fink Verlag）・英訳（A. Lingis; Northwestern University P.）——とりわけ独訳——は大いに参考にした。教えられる所もあり、異論のある所もある。訳注でその事情は述べておいた。また独訳者の注は断り書きつきで借用させてもらった。それが指摘しているフッサールやハイデガーの原典にも、訳者にとって可能な限りあたって、必要に応じて、要旨・訳文をつけた。

本訳書を作成するにあたって次の諸氏（敬称略）の協力を仰いだ。まず下訳に関していうと——

「問いかけと弁証法」中〈知覚の信憑と否定性〉——岩見徳夫
同上中〈知覚の信憑と問いかけ〉——重野豊隆
「問いかけと直観」中最初の四節——伊藤泰雄
同上中次の十節——重野豊隆
同上中最後の五節——永井　晋
「編み合わせと交差」——伊藤泰雄

他の部分の下訳は「研究ノート」・編者前書・後書も含めてすべて中島自身がおこなった。

訳注についても、渡仏した永井氏を除く以上の諸氏、ほかに日暮陽一氏にも懇請して、それぞれ資料を提供してもらった。

私は昭和五十年代、二箇所の大学院に、それぞれ年代の前半二年間、後半三年間、講師として出講し、本書を共同研究した。五十年代後半読み合わせあった諸君と公的授業期間終了後にも読み続け、その折新たに参加された方もあって、私自身の勉強にもなった。直接当翻訳には参加されなかったが、杉田正樹氏も時折加わり貴重なご意見を頂いた。

訳文の修正、誤訳の検討にあたっても、最終的には中島が責を負うべく何度も手を入れたが、また協力者諸氏にも互いに読みあって意見を交換してもらった。それを参考にして最終的な訳文の作成・決定を私がおこなったのである。訳注も私が最後に手書きでまとめたが、協力者の資料提供、意見具申なしには到底私一人で出来るものではない。

公式の共訳者として下訳部分の比較的多い岩見、重野、伊藤の三氏の名をあげることにしたが、他の諸氏も不可欠の協力者であったことに変りはない。

なお索引は、私一人の判断で作成した。人名はともかく、事項となると、機械的に拾い上げるのは無意味なので、同じ事項でも出見する場所であげたりあげなかったり、重要性に応じて判断しなくてはならない。それに、どういう文脈、問題連関で出てくるかも示唆した方がよいと考え、私一人で出来るだけのことはしてみたが、これだけはみずから満足のゆくものとは思えず、ないよりましだといった程度のものである。あぐべき事項を落したり、その逆の場合もあったり、判断基準も必ずしも一定でなかったり、だろうが、この索引だけに頼らず、単に参考にしていただくという意味では無駄ではないと思う。

最後に苦心惨憺の結果出来上った原稿の荒れた紙面を見て、これを本の形に編集し印刷する運びに至るのは大変な作業だと思いつつも、編集部の松永辰郎氏あてに送ったのは九二年一月二七日のことである。今「訳者あとがき」と「索引」を送付するにあたって、当事者のご苦労を改めてお察しする次第である。心から感謝の意を表したい。

なお校正は、協力者諸氏それぞれ多忙を極めているので老生一人で――もちろん編集部のご協力のもとで――おこなった。若干文章そのものに手を入れた所もあり、この点では印刷の方々にご迷惑をかけたと陳謝する。

それから最後になって失礼だが、先輩、元同僚、畏友の方々に、訳者にとって専門外の不明な点についてご教示を仰いだこと、とりわけある先輩兼元同僚には、校正の段階になって日時を問わずお電話をかけ、こまかなことを伺ってご迷惑を重ねたことを申し添えて、幾重にも御礼申し上げる次第である。

一九九三年　晩秋

中島盛夫識

著者

モーリス・メルロ＝ポンティ

1908年生まれ．エコール・ノルマル卒業後，多くのリセーで教えるとともに，エコール・ノルマルでも教壇に立つ．戦後リヨン大学，ソルボンヌ教授を経て1952年コレージュ・ド・フランス教授となる．1945年サルトルとともに雑誌『現代』を主宰し，実存主義の運動を理論的に指導したが，52年サルトルと決裂し同誌を去る．1961年不慮の死．著書に『行動の構造』(1942)『知覚の現象学』(1945)『ヒューマニズムとテロル』(1947)『意味と無意味』(1948)『哲学への讃辞』(1953)『弁証法の冒険』(1955)『シーニュ』(1960)『眼と精神』(1963-4)『見えるものと見えざるもの』(1964) などがある．

訳者

中島盛夫（なかじま　もりお）

1922年横浜市生まれ．東京大学文学部卒．横浜市立大学名誉教授．
著書：『ベルクソンと現代』(塙書房)『経験と現象』(世界書院) 訳書：メルロ＝ポンティ『知覚の現象学』(法政大学出版局)，マルクーゼ『理性と革命』(共訳，岩波書店)，シュペヒト『デカルト』(理想社)，ドゥルーズ『カントの批判哲学』(法政大学出版局)，リオタール『熱狂――カントの歴史批判』(法政大学出版局) ほか．1996年死去．

伊藤泰雄（いとう　やすお）

1950年生．学習院大学大学院博士課程単位取得．武蔵大学講師．

岩見徳夫（いわみ　とくお）

1956年生．東洋大学大学院博士課程単位取得．拓殖大学講師．

重野豊隆（しげの　とよたか）

1953年生．東洋大学大学院博士課程単位取得．東洋大学講師．

《叢書・ウニベルシタス　426》
見えるものと見えざるもの

1994年 3 月 3 日　　初版第 1 刷発行
2014年 4 月10日　新装版第 1 刷発行

モーリス・メルロ＝ポンティ
中島盛夫 監訳
伊藤泰雄／岩見徳夫／重野豊隆 訳
発行所　一般財団法人　法政大学出版局
〒102-0071 東京都千代田区富士見2-17-1
電話03(5214)5540／振替00160-6-95814
製版，印刷　三和印刷／製本　積信堂

Printed in Japan

ISBN 978-4-588-09979-3

事 項 索 引

カ行

人名索引

ア行

アインシュタイン（Einstein, A.） 35, 302
アウグスティヌス（Augustinus, A.） 12
アムラン（Hamelin, O.） 304
アラン（Alain） 170, 446
アリストテレス（Aristoteles） 201
アンペール（Ampère, A. M.） 241
ヴァール（Wahl, J.） 187, 316
ヴァレリー（Valéry, P.） 243, 251, 363
ヴェルトハイマー（Wertheimer, M.） 314
ヴォルフ（Wolff, W.） 290
エディングトン（Eddington, A.） 48
エルンスト（Ernst, M.） 340

カ行

カーン（Kahn, G.） 332
ガリレイ（Galilei, G.） 176
カント（Kant, I.） 59, 60, 84, 177, 281, 301, 355, 432
キルケゴール（Kierkegaard, S.） 297
クレー（Klee, P.） 345
グイエ（Gouhier, H.） 303-4, 325
クローデル（Claudel, P.） 170, 198, 213, 292, 358
ゲルー（Guéroult, M.） 291, 305, 307, 322-3, 399
ゴッホ（Van Gogh, V.） 346

サ行

サルトル（Sartre, J.-P.） 72, 89, 95, 117, 127, 139, 140, 151, 277, 284, 294, 297, 311, 315, 319, 321, 352, 354, 386, 389-90, 403, 419, 426-7, 442-3, 446, 451-2, 457
シェーラー（Scheler, M.） 296, 449
シャルボニエ（Charbonnier, G.） 340
シルダー（Schilder, P.） 362-3
スピノザ（Spinoza, B.） 60, 159, 274, 398, 456
スリオ（Souriau, E.） 321-2
ソシュール（Saussure, F. de） 329

タ行

デヴルー（Devreux, G.） 404
デカルト（Descartes, R.） 27, 34, 46-8, 63-4, 100, 159, 269-70, 271, 272-3, 274, 277, 279, 288-90, 322, 324, 325, 330, 343-4, 354, 381, 385, 395, 399, 429, 453-4, 457
ド・ブロイ（de Broglie, L.） 36

ナ行

ニーチェ（Nietzsche, F.） 292, 297, 406

ハ行

ハイデガー（Heidegger, M.） 187, 273, 275, 293, 296, 301, 318, 332, 335, 353, 375, 412-4, 440
バシュラール（Bachelard, G.） 403, 443
パンゴー（Pingaud, B.） 305
ピアジェ（Piaget, I.） 334, 342, 348-40
フィンク（Fink, E.） 187, 386, 401-2
フォイエルバッハ（Feuerbach, L.） 457
フッサール（Husserl, E.） 72, 78-9, 83-4, 189, 207, 209, 227, 240, 250, 268, 272-3, 279-80, 282-3, 291, 298-9, 301, 310-2, 313-4, 320, 369-70, 371, 374-6, 380, 386, 388, 391, 393-7, 399, 401-2, 428, 445
プラトン（Platon） 121, 201
ブランシュヴィック（Brunschwicg, L.） 371
ブランスウィック（Brunswik, E.） 338-40, 347-8

プルースト（Proust, M.） 240-1, 246-7, 276, 288, 400-1
ブレッソン（Bresson, F.） 415-6
フロイト（Freud, S.） 295, 319, 321, 381, 385, 395-7, 400, 435, 448-9
ブロンデル（Blondel, M.） 270
ヘーゲル（Hegel, G., W., F.） 83, 151, 154, 324, 345, 411, 438, 457
ペギー（Péguy, Ch.） 281, 318
ヘラクレイトス（Herakleitos） 149
ベルクソン（Bergson, H.） 96, 199, 201, 204, 207, 283, 305, 308, 315-7, 319, 413-4, 443
ボーヴォワール（Beauvoir, S. de） 136
ポルトマン（Portmann, A.） 403-4

マ行

マールブランシュ（Malebranche, N.） 73, 316, 325, 399, 410
マキアベリ（Machiavelli, N.） 303, 305, 325
マルクス（Marx, K.） 176, 196, 271, 457
マルティネ（Martinet, A.） 297
マルロー（Malraux, A.） 233, 346
ミショー（Michaux, H.） 406
ミショット（Michotte, A.） 290, 292, 327, 336, 412, 424
ミレー（Millet, J. F.） 346
メイエ（Meyer, F. ） 379, 384, 423
メッツガー（Metzger, W.） 360-1
モンテーニュ（Montaigne, M. de） 208

ラ行

ライプニッツ（Leipniz, G. W.） 247, 269, 274, 288-9, 302, 337-8, 345, 365-6, 376, 399
ラヴォワジエ（Lavoisier, A. L.） 241
ラカン（Lacan, J.） 206
ラファイエット（La Fayette, Madame de） 305-6
リュイエ（Ruyer, R） 283, 320
ルレイ（Leray, F.） 300, 302
ルプランス-ランゲ（Leprince-Ringuet, L.） 302
ルフォール（Lefort, C.） 303, 305, 325
レヴィ＝ストロース（Lévy-Strauss, C.） 273, 306, 338-9